2025
DÉCIMA SEGUNDA EDIÇÃO

MARIO ROBERTO FARIA

INVENTÁRIOS E TESTAMENTOS

DIREITO DAS SUCESSÕES

TEORIA E PRÁTICA

EDITORA FOCO

2025 © Editora Foco
Autor: Mario Roberto Faria
Diretor Acadêmico: Leonardo Pereira
Editor: Roberta Densa
Assistente Editorial: Paula Morishita
Revisora Sênior: Georgia Renata Dias
Capa Criação: Leonardo Hermano
Diagramação: Ladislau Lima e Aparecida Lima
Impressão miolo e capa: META BRASIL

Dados Internacionais de Catalogação na Publicação (CIP) de acordo com ISBD

F224i Farias, Mario Roberto
Inventários e Testamentos: direito das sucessões teoria e prática / Mario Roberto Farias. - 12. ed. - Indaiatuba, SP : Editora Foco, 2025.
424 p. ; 17cm x 24cm.
Inclui bibliografia e índice.
ISBN: 978-65-6120-328-9
1. Direito. 2. Direito sucessório. 3. Inventários. 4. Testamentos. I. Título.
2025-797 CDD 342.165 CDU 347.6

Elaborado por Vagner Rodolfo da Silva - CRB-8/9410

Índices para Catálogo Sistemático:

1. Direito sucessório 342.165
2. Direito sucessório 347.6

NOTAS DA EDITORA:

Atualizações e erratas: A presente obra é vendida como está, atualizada até a data do seu fechamento, informação que consta na página II do livro. Havendo a publicação de legislação de suma relevância, a editora, de forma discricionária, se empenhará em disponibilizar atualização futura.

Erratas: A Editora se compromete a disponibilizar no site www.editorafoco.com.br, na seção Atualizações, eventuais erratas por razões de erros técnicos ou de conteúdo. Solicitamos, outrossim, que o leitor faça a gentileza de colaborar com a perfeição da obra, comunicando eventual erro encontrado por meio de mensagem para contato@editorafoco.com.br. O acesso será disponibilizado durante a vigência da edição da obra.

Impresso no Brasil (3.2025) – Data de Fechamento (3.2025)

2025

Editora Foco Jurídico Ltda.
Rua Antonio Brunetti, 593 – Jd. Morada do Sol
CEP 13348-533 – Indaiatuba – SP
E-mail: contato@editorafoco.com.br
www.editorafoco.com.br

Ao Dr. Ataulpho Pinto dos Reis Filho, por sua inestimável colaboração.

Ao Dr. Carlos Flexa Ribeiro, meu genro e amigo, por sua prestimosa contribuição.

Aos meus pais, Fernando e Mariazinha, pelo exemplo que me deram.

À Maria Angela, minha esposa, à Ana Luíza e ao Pedro Alberto, meus filhos, hoje advogados, pela paciência e compreensão que comigo tiveram durante a elaboração desta obra.

Ao meu tio, Des. Francisco Eugênio Rezende de Faria, em agradecimento pelo constante incentivo.

PREFÁCIO

O Professor Mario Roberto Carvalho de Faria lança, para grande alegria e conforto de seus incontáveis alunos e admiradores, entre os quais nos incluímos, o seu livro sobre o *Direito das Sucessões*, matéria na qual já é considerado, com justiça, um dos maiores especialistas em nosso País.

Trata-se de um raro e curioso caso de vinculação genética ao tema, a desbordar os aspectos puramente jurídicos.

É que o autor, Prof. Mario Roberto, integra uma família há gerações dedicada, inteiramente, ao Direito Sucessório, tendo ele sido criado no Cartório da 3ª Vara de Órfãos e Sucessões, onde o conheci, quase ainda menino, já compulsando os autos dos inventários e demais feitos que ali tramitavam. Durante 32 anos ininterruptos, ali serviu o autor, granjeando o respeito e a confiança das partes e dos advogados.

No "Cartório Faria", como era conhecido, nos meus tempos teimosos de advocacia, e do qual era escrivão, o pai do autor era unanimemente apontado como modelo e exemplo, e nós, advogados, ansiávamos para que os inventários que distribuíamos fossem para lá direcionados, o que era garantia de processamento eficiente e de absoluta correção ética e técnica, o que até hoje ocorre.

Lá, o Prof. Mario Roberto consolidou os seus conhecimentos sobre o instigante tema das sucessões, aliando doutrina à prática, com sua curiosidade científica insaciável.

Lembro-me de que muitos dos advogados, inclusive eu, costumavam procurá-lo no Cartório em busca de orientação e conselho, encontrando-o sempre solícito e atencioso, seguro em seus imensos conhecimentos técnicos. De todo esse longo período de preparação intelectual foi possível elaborar este extraordinário livro, que trata da teoria e da prática das sucessões, exatamente as duas vertentes em que ele trilhou, como serventuário da justiça e, depois, como brilhante advogado e professor.

A prova mais eloquente de toda a admiração e gratidão que devoto ao autor foi ter indicado, com orgulho, o seu nome para lecionar Direito das

Sucessões, tanto na Universidade Candido Mendes quanto na Escola da Magistratura do Estado de Rio de Janeiro.

Advogado eficiente e competente, pelos colegas e magistrados sempre respeitado, professor admirado e querido pelos alunos e jurista completo, o Prof. Mario Roberto Faria arremata, agora, a sua vocação, elaborando o livro que será para todos nós fonte permanente e segura de consulta.

Os conhecimentos doutrinários, expostos em linguagem acessível e elegante, de agradável leitura, e os práticos formulários, fruto de seus anos de trabalho no Cartório, permitiram um livro completo, que se transforma em ferramenta indispensável de trabalho para todos os profissionais do Direito, dos estudantes aos magistrados, que poderão, agora, com maior facilidade e segurança, desvendar os mistérios e os desafios do Direito Sucessório.

Sinto-me extremamente honrado pelo convite do autor para prefaciar sua obra, o que faço com tranquila certeza, após a leitura, de que este livro será um poderoso instrumento de divulgação da matéria.

O Direito das Sucessões, nem sempre muito bem compreendido, não guardará mais os seus segredos para os que tiverem o bom senso de conhecê-lo por meio do livro do Prof. Mario Roberto, a quem volto a saudar como seu grande doutrinador.

As letras jurídicas se enriquecem com este *Direito das Sucessões* – Teoria e Prática, e todos nós estaremos, agora, muito mais seguros quando tivermos de enfrentar o tema em nosso trabalho.

Agradeço ao autor não apenas pela contribuição doutrinária, mas pela honra do convite, que me permitiu praticar um dos atos mais justos e corretos da minha vida, que foi o de recomendar este livro a todos os que amam o Direito.

Des. Sylvio Capanema de Souza

NOTA DO AUTOR

Iniciei meu relacionamento, se assim posso chamar, com o direito orfanológico por volta de 1966, quando ingressei no Cartório da 3ª Vara de Órfãos e Sucessões do Rio de Janeiro, onde trabalhava praticamente toda a família, meu pai, meus irmãos, meus tios, o "Cartório dos Faria", como bem salientou o Des. Sylvio Capanema de Souza em seu prefácio neste livro.

Iniciei o trabalho pelos processos da justiça gratuita. Ali estavam os inventários mais complicados, haja vista que a documentação das pessoas e a dos bens se encontravam quase sempre incompletas ou irregulares. Nesses processos lidávamos diretamente com as partes, e foi de capital importância ver como todos os operadores do direito vinculados ao processo, estagiários da Defensoria e Defensores, serventuários, membros do Ministério Público e magistrados procuravam solucionar os problemas mais complexos para ajudar àquelas pessoas carentes. Esse trabalho era feito com extrema dedicação por todos.

A justiça gratuita foi um momento de muito aprendizado e bastante gratificante. Após algum tempo, passei a ter uma banca de processos remunerados, assumindo a responsabilidade sobre o regular processamento deles perante o advogado, o escrivão e o Juiz da Vara. O correto processamento dos diversos autos era de nossa exclusiva responsabilidade.

Não obstante tratar-se de uma vara orfanológica, era, outrossim, competente para certas matérias de família como tutela, interdições e ausência. Com uma distribuição mais variada de processos, tinha sob minha responsabilidade além de inventários, tutelas, interdições, declarações de ausências, sub-rogação de gravames e outros mais, sendo importante estudar esses institutos.

Assim tive oportunidade de conhecer as diversas formas testamentárias, gravames de incomunicabilidade, impenhorabilidade e inalienabilidade, colação, comoriência, aplicação de lei estrangeira no inventário e outros tantos temas.

Oportunidade, também, de compartilhar com advogados os anseios de seus clientes, que necessitavam com urgência de alvarás para levantar uma importância ou vender um imóvel no inventário. Naquela época o Judiciário era uma grande família formada por advogados, escreventes, juízes, promotores e procuradores. Todos procuravam colaborar para a solução dos problemas e o rápido andamento do processo, o que tornava tudo mais fácil.

Em determinado momento, reconheci que o Cartório era minha grande escola, onde eu tinha toda a variedade de temas em processos e professores de enorme conhecimento, com quem eu podia aprender não só a teoria, mas, principalmente, sua aplicação na prática. As promoções do Ministério Público e da Procuradoria do Estado e as decisões dos juízes eram verdadeiras lições de Direito. Muito aprendi, também, com meu pai, meus tios, meus irmãos e os demais colegas de cartório.

Colecionava interessantes acórdãos e decisões de outros magistrados publicados no Diário Oficial.

Frustrava-me, entretanto, o fato de não poder utilizar aquele aprendizado de uma maneira mais efetiva. Foi quando a semente da advocacia começou a germinar.

Por outro lado, tive oportunidade de conhecer, no escritório Paulo Elísio de Souza, o então jovem e estudioso advogado Adolpho Correa de Andrade Mello Jr., quando decidimos escrever um livro.

Naquele momento, o grande evento jurídico era o Código de Defesa do Consumidor que acabara de entrar em vigor, e, assim, escrevemos o livro *O Código de Defesa do Consumidor ao alcance de todos*, em coautoria, editado pela renomada Forense. Adolpho, atualmente Desembargador do Tribunal de Justiça, foi muito generoso, pois a matéria era completamente estranha a minha formação.

Da 3ª Vara de Órfãos e Sucessões, transferi-me para a 6ª Vara de Família, no cargo de Escrivão.

Em seguida, fui convidado pelo Dr. Sylvio Capanema de Souza para lecionar na Universidade Candido Mendes e, também, pelo Desembargador Claudio Vianna de Lima, então Diretor da Escola da Magistratura do Rio de Janeiro, para lecionar Sucessões naquelas entidades.

Escrevi artigos sobre diversos temas orfanológicos, publicados na seção "Direito e Justiça" do Jornal do Commercio, na Revista de Direito do Tribunal de Justiça do Estado do Rio de Janeiro e em outras revistas.

Em 31 de dezembro de 1994, entrou em vigor a Lei 8.971, que regulou direitos a alimentos e sucessórios às pessoas que viviam em união estável. Foi uma inovação que pegou de surpresa o mundo jurídico.

Muito se debateu sobre os direitos dos companheiros, contudo existia pouca literatura a respeito. Escrevi, então, *Os direitos sucessórios dos companheiros*, editado pela Lumen Juris, abordando tão somente o aspecto sucessório da lei.

Em 2001, já aposentado e exercendo a advocacia no escritório Bastos Tigre, Coelho da Rocha e Lopes Advogados, lancei o livro *Direito das Sucessões* – Teoria e Prática, que agora alcança a oitava edição.

Este é um projeto de longos anos. Lia os livros dos grandes civilistas, Caio Mário, Orlando Gomes, Washington de Barros, Silvio Rodrigues, Maria Helena Diniz, excelentes sob a ótica da teoria, entretanto, na parte prática, deixavam a desejar, até porque não era esse o objetivo dos autores. Havia um vácuo na literatura orfanológica que reunisse o importante da teoria e sua aplicação na prática.

A principal ideia era mesclar teoria e prática, tomando por base o andamento de um processo de inventário.

Um livro dirigido a advogados e que fosse, também, accessível aos estudantes.

Inseri alguns modelos de testamentos e de petições, especialmente, sobre assuntos mais raros, como sub-rogação de gravames, extinção de fideicomisso, inventário negativo etc.

Não obstante ser um livro de direito sucessório, incluí institutos do Direito de Família que estão intimamente ligados à matéria. Relações de parentesco e regimes de bens pareceram-me essenciais o primeiro, abrangendo linhas e graus de parentesco, cuja contagem é ponto importante para saber quais parentes herdarão, e, o segundo, imprescindível para verificar quais os direitos do cônjuge em função do regime eleito.

As duas primeiras edições versaram sobre o Código Civil de 1916.

A terceira edição foi atualizada de conformidade com a Lei 10.406, o Código Civil de 2002. A péssima redação do texto legal permitiu variadas polêmicas, deixando uma enorme insegurança jurídica em face dos diversos entendimentos de seus dispositivos.

A sexta edição foi atualizada de acordo com o texto da Lei 11.441/2007, que admitiu o inventário extrajudicial.

Esta edição, oitava, foi revista, ampliada, atualizada e adequada ao texto da Lei 13.105/2015, o novo Código de Processo Civil, com todas as suas novidades.

Procuramos aperfeiçoar cada nova edição trazendo assuntos atuais debatidos na doutrina e na jurisprudência.

Não poderia, por fim, deixar de fazer um agradecimento especial ao Professor Luiz Paulo Vieira de Carvalho, autor da excelente obra *Direito das Sucessões*, por mim sempre recomendada, com quem constantemente troco ideias sobre a matéria e, particularmente, ao meu colega de tantos anos de escritório, Dr. Cesar Augusto Cury Fernandes, com quem divido todos os anseios e problemas da nossa advocacia.

Sumário

ÍNDICE DE MODELOS

Capítulo I
COMPETÊNCIA

FORO COMPETENTE PARA ABERTURA DO INVENTÁRIO

Prescreve o artigo 1.785 do Código Civil:

"A sucessão abre-se no lugar do último domicílio do falecido".

O foro competente, estabelecido pelo legislador civil, para abertura da sucessão é o do último domicílio do autor da herança.

O Código de Processo Civil seguiu a orientação do direito anterior, repetindo a mesma regra.

É o que preceitua o artigo 48 do diploma processual:

"O foro do domicílio do autor da herança, no Brasil, é o competente para o inventário, a partilha, a arrecadação, o cumprimento das disposições de última vontade, a impugnação ou anulação de partilha extrajudicial e para todas as ações em que o espólio for réu, ainda que o óbito tenha ocorrido no estrangeiro.

Parágrafo único. Se o autor da herança não possuía domicílio certo, é competente:

I – o foro da situação dos bens imóveis;

II – havendo bens imóveis em foros diferentes, qualquer destes;

III – não havendo bens imóveis, o foro do local de qualquer dos bens do espólio".

A regra do *caput* do artigo estabelece que o inventário deverá ser aberto no local onde era domiciliado o autor da herança.

Tendo o *de cujus* domicílio certo, aí deverá ser aberto o seu inventário.

A regra tem sentido, pois o local do domicílio do autor da herança é geralmente onde mantém seus negócios, suas aplicações financeiras, possui imóveis, presta sua declaração de imposto de renda e residem os herdeiros, propiciando ao juiz do inventário maior facilidade para julgar as questões relativas à sucessão.

Agiu bem o legislador ao determinar que, não possuindo o autor da herança domicílio certo, seu inventário poderá ser aberto no local da situação dos imóveis e, caso possua imóveis em lugares distintos em qualquer um deles e, ainda, não havendo bens imóveis, o local da situação de qualquer dos bens do espólio.

Essa competência é relativa.

A Súmula 58 do extinto Tribunal Federal de Recursos enuncia:

"Não é absoluta a competência definida no artigo 96 do Código de Processo Civil, relativamente a abertura de inventário, ainda que existente interesse de menor, podendo a ação ser ajuizada em foro diverso do domicílio do inventário".

Apesar da regra do artigo 48 anteriormente citada, reza o artigo 71 do Código Civil:

"Se, porém, a pessoa natural tiver diversas residências, onde alternadamente, viva, considerar-se-á domicílio seu qualquer delas".

Portanto, havendo diversos domicílios, o inventário poderá ser aberto em qualquer deles.

Sendo relativa a competência prevista no artigo 48 do Código de Processo Civil, não poderá ser reconhecida de ofício pelo juízo que se considere incompetente, devendo ser arguida apenas pelas partes interessadas, conforme o verbete 33 do Superior Tribunal de Justiça.

"A incompetência relativa não pode ser declarada de ofício."

A jurisprudência é pacífica quanto ao tema.

No julgamento do Conflito de competência n.0032173920248160115, a 12ª. Câmara Cível do Tribunal de Justiça do Estado do Paraná, relatado pelo Des. Fábio Luiz Fraco assim decidiu:

"DIREITO PROCESSUAL CIVIL CONFLITO DE COMPETÊNCIA. AÇÃO DE INVENTÁRIO. COMPETÊNCIA RELATIVA. PRORROGAÇÃO DA COMPETÊNCIA. RECONHECIMENTO DA COMPETÊNCIA DO JUÍZO SUSCITADO."

Por conseguinte, não pode o juiz de ofício declinar da competência se todos os herdeiros concordam em proceder o inventário em qualquer das comarcas onde o *de cujus* tiver bens.

Competência para lavratura da escritura de inventário – O art. 8º da Lei 8.935/94, que dispõe sobre Serviços Notariais e de Registro, estipula ser livre a escolha do tabelião de notas, qualquer que seja o domicílio das partes ou o lugar da situação dos bens objeto do ato ou do negócio.

O artigo 1.785 do Código Civil declara que a sucessão se abre no último domicílio do falecido, orientação seguida pelo legislador processual ao estabelecer, no artigo 48 do CPC, que o foro do domicílio do autor da herança é o competente para o inventário e a partilha.

Como salientado, o último domicílio é o local onde normalmente o *de cujus* possui seus bens, tem seus negócios, presta declaração de imposto de renda, o que possibilita maior facilidade para reunir a documentação necessária à transmissão da herança.

A nosso ver, o Conselho Nacional de Justiça, através da Resolução 35, de 24.04.2007, em seu artigo 1º, ao possibilitar a livre escolha do tabelião foi infeliz, pois o último domicílio do inventariado é, também, o local onde os credores do falecido encontrarão maior facilidade para cobrar seus créditos.

O respeito ao princípio da competência protege os credores do falecido e dos herdeiros. Se o *de cujus* era domiciliado na cidade do Rio de Janeiro e a escritura de seu inventário for lavrada no Estado do Acre, dificultará sobremaneira aos credores tomarem conhecimento da existência desta escritura e, consequentemente, de promoverem as medidas cabíveis para defesa de seus interesses.

Os herdeiros poderão fazer diversas escrituras de inventário em comarcas distintas, uma para cada bem, inclusive em uma escritura renunciar à herança e em outra aceitá-la, sendo inviável ao tabelião controlar a existência dessas escrituras lavradas anteriormente.

Parece-nos que a interpretação mais correta é permitir a livre escolha do tabelião de notas dentro da comarca do domicílio do autor da herança, aplicando-se o artigo 8º da Lei Notarial, em sintonia com os artigos 1.785 da Lei Civil e 48 da Processual, impedindo a fraude aos credores e a ofensa ao texto legal enquanto não for constituído um Registro Nacional de Inventários, como acontece com os testamentos.

Vale ressaltar que, não obstante o Tabelião para lavratura da escritura de inventário ser de livre escolha dos sucessores, o legislador estabeleceu no *caput* do dispositivo que o foro competente para a ação de impugnação ou anulação da partilha extrajudicial é o do domicílio do inventariado.

Capítulo II
COMPETÊNCIA INTERNACIONAL

BENS SITUADOS NO BRASIL

Reza o artigo 23 do Código de Processo Civil:

> "Compete à autoridade brasileira, com exclusão de qualquer outra: I – [...]
>
> II – em matéria de sucessão hereditária, proceder à confirmação de testamento particular e ao inventário e à partilha de bens situados no Brasil, ainda que o autor da herança seja de nacionalidade estrangeira ou tenha domicílio fora do território nacional".

Leciona Pontes de Miranda em seus *Comentários ao Código de Processo Civil* (v. 2, Forense, p. 195):

> "A regra jurídica do artigo 89, II, mostra que se teve por finalidade evitar-se a intromissão de juízo do exterior nas ações de inventário e partilha de bens situados no Brasil, sem se ter de averiguar se estrangeiro o *de cujus* mesmo se domiciliado e residente fora do território brasileiro".

Situando-se o bem no Brasil, não importa a nacionalidade do autor da herança e dos herdeiros, tampouco se tenha o de cujus residido no estrangeiro, o inventário terá que correr seus termos em nosso país e será competente para processá-lo o Juízo da comarca onde se situa o bem inventariado.

Essa competência é absoluta, não se admitindo sua prorrogação. Ao se expressar: "com exclusão de qualquer outra", proibiu o legislador a possibilidade de se inventariar em outros países os bens situados no Brasil.

O legislador não discriminou a espécie dos bens, aplicando-se, portanto, aos móveis e imóveis. Qualquer que seja a natureza do bem: apartamentos, contas bancárias, quotas ou ações de sociedades etc., o inventário deverá ser processado no Brasil.

Esse entendimento vem alicerçado em diversos julgados, dentre os quais podemos citar:

> "Agravo Regimental na Sentença Estrangeira. Bem imóvel situado no Brasil.
>
> Não é possível a homologação de sentença estrangeira que, em processo relativo à sucessão *causa mortis*, dispõe sobre a partilha de bens imóveis situados no território brasileiro. Competência exclusiva da justiça pátria, nos termos do artigo 12, parágrafo 1º, da Lei de Introdução às Normas do Direito Brasileiro, e do art. 89, inciso II, Código de Processo Civil. Agravo regimental desprovido" (AgRg na Sentença Estrangeira 8.502 – Ex. (2012/0120734-8), relatado pelo Min. Felix Fischer).

A *Revista do Tribunal de Justiça do Estado de São Paulo*, v. 41, p. 175, com a seguinte ementa:

"Testamento – Competência – Bens situados no Brasil – Competência da justiça brasileira – Irrelevância de não ser o testador domiciliado no Brasil nem cidadão brasileiro. Aplicação do art. 89, II, do Código de Processo Civil. Apelação Cível 248.871 – São Paulo – Apelantes: Alida Cornélia Wilhelmina Nitschmannfernhout por si e representando seus filhos menores e outros – Apelado – O Juízo".

Do acórdão acima, da lavra do eminente Des. Almeida Camargo, transcrevemos o seguinte trecho:

"Trata-se, como se vê, de competência absoluta e exclusiva da justiça brasileira, que se determina pela localização dos bens no Brasil, independentemente do domicílio ou da nacionalidade do *de cujus*, dos herdeiros ou legatários.

Conforme ensina Hélio Tornaghi, "a norma de competência exclusiva da autoridade judiciária brasileira afasta a competência da justiça de qualquer outro país e tem o efeito do não reconhecimento e da consequente negativa de homologação de sentença estrangeira a respeito da matéria" (*Comentários ao Código de Processo Civil*, v. I, Forense, p. 307).

BENS SITUADOS NO EXTERIOR

Por interpretação inversa, os bens situados no exterior devem ser partilhados pela autoridade do país onde se localizam.

O juiz brasileiro, por interpretação inversa do artigo 23 da lei adjetiva, não tem competência para processar o inventário de bens situados no exterior.

O professor Celso Agrícola Barbi preleciona:

"O interesse do legislador se limita aos bens aqui situados, de modo que se houver outros situados fora do país o inventário relativo a esses escapa à jurisdição brasileira. E, naturalmente, serão inventariados e partilhados em separado, em outro país" (*Comentários ao Código de Processo Civil*, t. II, 1. ed., Forense, p. 401).

Caso o inventariado tenha deixado bens no exterior, móveis ou imóveis, o inventário desses bens deverá ser feito no local onde os mesmos se situam. Atualmente, diversas pessoas possuem imóveis ou contas bancárias no exterior. O inventário desses bens deve ser processado no local de sua situação. As contas bancárias, no lugar onde se localizam as agências bancárias, aplicando-se a lei do local da situação dos bens.

Dessa forma, evita-se a ingerência da autoridade brasileira na soberania do país estrangeiro.

PRINCÍPIO DA PLURALIDADE DOS JUÍZOS SUCESSÓRIOS

Se o autor da herança deixar bens situados em países diferentes, ou seja, no Brasil e em outro país, serão feitos dois inventários. Um destinado à partilha dos bens situados no Brasil e o outro com a finalidade de inventariar os bens situados no exterior.

Esse princípio, tomado como paradigma, foi ressaltado no julgamento pela 1ª Turma do Supremo Tribunal Federal do RE 99.230-RJ, em 22.05.1994, relatado pelo Min. Raphael Mayer, publicado na *Revista Trimestral de Jurisprudência*, v. 110, p. 750:

"Partilha de bens. Bens situados no estrangeiro. Pluralidade dos juízos sucessórios. Art 89, II, do CPC.

Partilhados os bens no estrangeiro, se a lei sucessória for do Brasil, descabe à justiça brasileira computá-los na cota hereditária a ser partilhada no país, em detrimento do princípio da pluralidade dos juízos sucessórios, consagrado no artigo 89, II, do CPC.

Recurso extraordinário conhecido e provido em parte".

Entendeu o Ministro Relator que os bens partilhados em sucessão no exterior em favor de um dos herdeiros não podem ser compensados em seu quinhão no inventário promovido no Brasil.

Quanto à incompetência do juiz brasileiro para inventariar bens situados no exterior, o julgamento do REsp n. 510.084-SP pela 3ª Turma do Supremo Tribunal de Justiça, relatado pela Min. Nancy Andrighi, em 04.08.2005, que tem a ementa abaixo transcrita, respaldou esse entendimento:

"Processo Civil. Recurso Especial. Inventário e Partilha. Despacho com conteúdo decisório Nulidade. Ausência de prejuízo. Preclusão *pro judicato*. Competência. Situação do bem.

O despacho com conteúdo decisório e potencial de conter prejuízo é passível de recurso.

A nulidade deve ser reconhecida somente quando demonstrado efetivo prejuízo.

É vedado que o juiz decida novamente as questões já resolvidas no curso do processo

O inventário e a partilha devem ser processados no lugar da situação dos bens deixados pelo falecido, não podendo o juízo brasileiro determinar a liberação da quantia depositada em instituição financeira estrangeira.

Recurso especial parcialmente conhecido e provido."

Deve-se ressaltar que, tendo o inventariado domicílio no Brasil, outro entendimento vem ganhando relevância na jurisprudência mais recente, cujo fundamento esteia-se no dever de o inventariante descrever todos os bens do espólio; no direito de o fisco estadual cobrar o imposto de transmissão *causa mortis* sobre quaisquer bens e, por derradeiro, no respeito à legítima dos herdeiros necessários.

Entre os deveres do inventariante previstos no artigo 618 do diploma processual destaca-se a obrigação de descrever a relação completa e individuada de todos os bens do espólio, inclusive, declarando-se especificamente as importâncias em dinheiro ou em contas bancárias existentes no país ou no exterior.

O legislador atribuiu relevante destaque a esse dever para permitir que todos os herdeiros tenham acesso aos bens inventariados e possam buscar seus direitos onde quer que eles se encontrem, para permitir que o Fisco receba os tributos que lhe são devidos e, principalmente, para preservar a igualdade das legítimas que deve existir entre os herdeiros necessários.

A Des. Cássia Medeiros deixou certo esse entendimento, no julgamento do Agravo de Instrumento 55.17/97, pela 8ª Câmara Cível do Tribunal do Estado do Rio de Janeiro, em que atuou como relatora:

"Agravo de Instrumento – Inventariante – Remoção – Ocultação da existência de bens do espólio no exterior.

A teor do disposto no artigo 993, inciso IV, do Código de Processo Civil, incumbe ao inventariante, nas primeiras declarações, apresentar a relação completa e individuada de todos os bens do espólio.

Evidenciado haver o agravante ocultado a existência de bens do Espólio, ainda que situados no exterior, justifica-se sua remoção do cargo. Desprovimento do recurso".

O voto da i. Relatora traz em seu bojo o seguinte ensinamento: "Ademais, a teor do artigo 993 do Código de Processo Civil, incumbe ao inventariante, nas primeiras declarações, apresentar a relação completa e individuada de todos os bens do espólio e dos alheios que nele forem encontrados. O artigo 1.771 do Código Civil também exige a descrição de todos os bens da herança.

Portanto, o fato de ser, ou não, a Justiça Brasileira competente para o inventário e partilha dos bens existentes no exterior não exime o inventariante do dever de descrevê-los, visto que a relação dos bens há de ser geral e completa, abrangendo, inclusive, os bens alheios".

Os herdeiros necessários têm direito à legítima em igualdade de condições. Determinando o artigo 10 da Lei de Introdução às Normas do Direito Brasileiro que a sucessão por morte obedece à lei do país em que era domiciliado o defunto e sendo o autor da herança domiciliado no Brasil, dúvida não existe quanto à aplicação das regras do direito sucessório pátrio à sua sucessão, podendo-se afirmar com segurança que a regra da igualdade das legítimas entre todos os herdeiros deve prevalecer.

A propósito, colhe-se do magistério de Amílcar de Castro:

"Pelas regras do nosso atual sistema de Direito Internacional Privado, o direito em vigor no último domicílio do morto, por ocasião do falecimento, deve ser contemplado para apreciar: a determinação das pessoas sucessíveis e a ordem da vocação hereditária; a quota dos herdeiros necessários; as restrições e cláusulas das legítimas; as causas da deserdação, e as colações" (*Direito Internacional Privado*, 3. ed., Forense, n. 234, p. 432).

Segundo o pensamento dessa corrente, não se pretende aqui inventariar qualquer bem existente no exterior, em ofensa ao artigo 23, II, CPC. Pretende-se sim que os quinhões dos herdeiros necessários sejam compensados nos bens inventariados no Brasil, respeitando-se o princípio da igualdade das legítimas.

A matéria vem sendo debatida no direito luso há algum tempo, admitindo a doutrina e a jurisprudência incluir o valor dos bens situados no estrangeiro para cálculo da legítima dos herdeiros quando aplicada a lei portuguesa à sucessão.

Domingos Silva Carvalho de Sá expõe a matéria em seu livro *Do Inventário – descrever, avaliar e partir*, 3. ed., Almedina, p. 94:

"Por isso, mesmo que os bens se situem no estrangeiro, o cálculo da legítima faz-se sempre aplicando a lei portuguesa, no caso do falecido ter a nacionalidade portuguesa.

Estes os principais argumentos a favor da tese de relacionação. Tal tese, porém, depara com dificuldades de ordem prática.

Na verdade, também os outros países têm normas de direito internacional privado que conferem aos respectivos tribunais competência para proceder ao inventário de heranças tituladas por estrangeiros e, daí, que nenhum desses países, na falta de convenção ou tratado internacional que regule a matéria, reconheça, sem, mais, as sentenças proferidas sobre o mesmo assunto no nosso país. Como é sabido, só é reconhecida validade no nosso país às sentenças proferidas em país estrangeiro, depois de revistas nos termos do processo próprio – art. 1.094º do Código de Processo Civil."

Outra dificuldade de ordem prática é a que resulta de não serem cumpridas as cartas rogatórias para avaliação dos mencionados bens.

O prof. Alberto dos Reis, em seu livro *Comentários ao Código de Processo Civil*, v. I, p. 217, afirma, a propósito, que "o bom senso aconselha que os tribunais de cada país se limitem a inventariar, em caso de conflito, os bens existentes no território nacional".

E é nesse sentido, portanto, no sentido da não relacionação, que a Jurisprudência dominante tem se inclinado.

Recentemente pronunciou-se sobre a matéria o Supremo Tribunal de Justiça, no Acórdão de 21 de março de 1985 (B.M.J. 245, 335), assim sumariado:

> "I. No inventário instaurado em Portugal devem ser descritos os bens do falecido situados no Brasil, cujo valor, desde que comprovado no processo, será considerado para o cálculo da legítima.
>
> II. Esse valor tanto pode resultar de avaliação obtida por carta rogatória, como ser conseguido de outro modo, designadamente por certidão do inventário instaurado no estrangeiro, dele comparativo".

Ao contrário do que à primeira vista parece resultar da leitura deste sumário, os bens são relacionados apenas para que o seu valor seja considerado para cálculo da legítima e não para serem partilhados e adjudicados aos interessados. No caso, tratava-se até de inventário requerido nos termos do artigo 1.398° (agora revogado) do Código de Processo Civil.

O acórdão teve o aplauso de Antunes Varela na *Revista da Legislação e Jurisprudência*, ano 123°, n. 3.793, p. 118 e segs.".

José António de França Pitão, em seu livro *Processo de Inventário* (Nova Tramitação –, 2. ed., Almedina, p. 111), adota o mesmo posicionamento:

> "5. Bens situados no estrangeiro – A conclusão firmada, a de que deve relacionar-se no inventário instaurado em Portugal todos os bens que pertenciam ao inventariado, qualquer que seja o país de sua situação, é a única consentânea com as regras dos arts. 25° e 62° do Cód. Civil e com o princípio da universalidade".

Esse o entendimento que esposamos. A herança é uma universalidade composta de todos os bens pertencentes ao autor da herança, não havendo para sua composição qualquer discriminação com relação a sua situação, se no Brasil ou no exterior.

A 7ª Câmara Cível do Tribunal de Justiça do Estado do Rio de Janeiro, julgando o AI 2007.002.10277, relatado pela i. Des. Maria Henriqueta Lobo, assim se manifestou:

> "Agravo de Instrumento. Inventário. Bem situado no exterior. Incompetência da Justiça brasileira. Princípio da pluralidade dos juízos sucessórios. Inteligência do artigo, 89, inciso II, do Código de Processo Civil. Pedido de informações sobre conta bancária situada nos EUA. Ao invés de pretender partilhar no Brasil os bens localizados no exterior, deve o juízo, no momento da divisão dos bens localizados no território nacional, compensar a parcela relativa aos bens existentes no exterior. Desprovimento do recurso."

A matéria foi apreciada pela 4ª Turma do STJ, no julgamento do REsp 275.985/SP (2000/0089891-0, relatado pelo Min. Sálvio de Figueiredo Teixeira), assim ementado:

> "Direito internacional privado e civil. Partilha de bens. Separação de casal domiciliado no Brasil. Regime da comunhão universal de bens. Aplicabilidade do direito vigente na data da celebração do casamento. Comunicabilidade de todos os bens presentes e futuros com exceção dos gravados com

incomunicabilidade. Bens localizados no Brasil e no Líbano. Bens no estrangeiro herdados pela mulher de pessoa de nacionalidade libanesa e domiciliada no Brasil. Aplicabilidade do direito brasileiro das sucessões. Inexistência de gravame formal instituído pelo *de cujus*. Direito do varão a meação dos bens herdados pela esposa no Líbano. Recurso acolhido".

Do acórdão extrai-se a posição adotada pela Corte:

"VII – O art. 89, II, CPC, contém disposição aplicável à competência para o processamento do inventário e partilha, quando existentes bens localizados no Brasil e no estrangeiro, não conduzindo, todavia, à supressão do direito material garantido ao cônjuge pelo regime da comunhão universal de bens do casamento, especialmente porque não atingido esse regime na espécie por qualquer obstáculo da legislação sucessória aplicável.

VIII – Impõe-se a conclusão de que a partilha seja realizada sobre os bens do casal existentes no Brasil, sem desprezar, no entanto, o valor dos bens localizados no Líbano de maneira a operar a equalização das cotas patrimoniais, em obediência a legislação que rege a espécie, que não exclui da comunhão os bens localizados no Líbano e herdados pela recorrente, segundo as regras brasileiras de sucessão hereditária".

O conceito de patrimônio encontrado na doutrina pátria não diz respeito somente a bens situados em território nacional.

Segundo se infere do artigo 1.847 do Código Civil:

"Calcula-se a legítima sobre o valor dos bens existentes na abertura da sucessão, abatidas as dívidas e as despesas do funeral, adicionando-se em seguida, o valor dos bens sujeitos a colação".

Ao afirmar que a legítima é calculada sobre o valor dos bens existentes no momento da abertura da sucessão não fez o legislador qualquer restrição quanto aos situados no exterior. Para fins de cálculo de legítima, inclui-se o valor de todos os bens, situados no Brasil e no exterior que, por força do estatuído no artigo 23 do CPC, não serão inventariados nos autos aqui processados, mas tão somente serão computados seus valores para igualdade das legítimas na partilha.

Capítulo III
LEI APLICÁVEL – CAPACIDADE PARA SUCEDER

Preceitua o artigo 1.787 do Código Civil:

> "Regula a sucessão e a legitimação para suceder a lei vigente ao tempo da abertura daquela".

Este é um dos tópicos de maior relevância na prática para se verificar qual lei a ser aplicada a sucessão e, portanto, à capacidade das pessoas de suceder.

Trata-se da distinção que, obrigatoriamente, deve ser feita entre a "data da abertura da sucessão" e a "data da abertura do inventário".

A abertura da sucessão ocorre no exato momento do óbito do autor da herança (art. 1.784, CC).

A lei vigente na data do óbito regula a sucessão e a capacidade para suceder e, por isso, é que o fato da morte faz nascer o direito de suceder, e, em consequência, fixa o instante em que se opera a passagem do patrimônio do morto para o patrimônio do sucessor (art. 1.787, CC).

Ocorrendo o óbito, encontra-se aberta a sucessão e a partir desse momento apresentar-se-ão as pessoas relacionadas pela lei com capacidade sucessória.

Capacidade sucessória é a aptidão que alguém possui para receber a herança deixada pelo falecido. Difere da capacidade civil, que é a qualidade que uma pessoa possui para a prática dos atos da vida civil. O incapacitado mental, apesar de ser incapaz para a prática de alguns atos da vida civil, tem capacidade plena para ser herdeiro em um inventário.

Para ser sujeito passivo da transmissão hereditária é necessário estar vivo ou concebido no momento do falecimento do autor da herança e ser titular da vocação sucessória decorrente da lei ou de testamento.

O artigo 2.041 do Código Civil, referindo-se à ordem da vocação hereditária, reforça esse posicionamento:

> "As disposições deste Código relativas à ordem da vocação hereditária (arts. 1.829 a 1.844) não se aplicam à sucessão aberta antes de sua vigência, prevalecendo o disposto na lei anterior (Lei 3.071, de 1º de janeiro de 1916)".

A abertura do inventário poderá ocorrer no momento em que os herdeiros desejarem. Ninguém será excluído da sucessão por não ter sido aberto o inventário do autor da herança no prazo legal. Os herdeiros sofrerão uma penalidade: a imposição de uma multa sobre o valor do imposto de transmissão *causa mortis*, nos termos da lei tributária estadual.

Portanto, é importante fixar a distinção entre "data da abertura da sucessão", que corresponde à data do óbito do autor da herança, e a data da abertura do inventário.

Na data do óbito verificar-se-á a lei civil vigente e quais as pessoas a que essa lei atribui capacidade para herdar.

Se a abertura dos autos de inventário se der vários anos após o falecimento do autor da herança, a lei aplicável será a vigente na data do óbito e não a que estiver em vigor no momento da abertura do inventário.

Vejamos um exemplo:

Uma pessoa que vivesse em união estável com outra e viesse a falecer em 20 de dezembro de 1994. Ainda que seu inventário fosse aberto em janeiro de 1995, sua companheira não teria os direitos hereditários decorrentes da Lei 8.971, de 30 de dezembro de 1994, eis que a mencionada lei não se encontrava em vigor no momento da abertura da sucessão (data do óbito).

Não importa que a lei estivesse em vigor em janeiro, no momento da abertura do inventário. Na forma do artigo 1.787 da lei substantiva, aplica-se à sucessão a lei vigente na data do óbito.

Outro exemplo:

Se o autor da herança tivesse falecido em 1987, deixando um filho adotado anteriormente à existência de outros filhos legítimos, nos termos do artigo 377 da lei substantiva anterior, este filho não faria jus a qualquer direito hereditário.

Com a entrada em vigor da Constituição da República, em 05 de outubro de 1988, igualaram-se os direitos sucessórios de todos os filhos. Todos os filhos herdam igualmente, sejam legítimos, ilegítimos, adulterinos, naturais ou adotivos.

Ora, falecendo o autor da herança em junho de 1988, deixando um filho adotivo e três legítimos e, tendo seu inventário sido aberto em dezembro de 1988, o filho adotivo não tem qualquer direito à herança de seu pai, pois na época do óbito, junho de 1988, a Constituição da República não vigia, deixando, portanto, de aplicar-se o dispositivo da igualdade sucessória aos filhos àquela sucessão.

Examinando a matéria, decidiu a 1ª Turma do STF, por unanimidade, no julgamento do RE 217.473-8-SP, publicado em 09.04.1999, em que foi relator o Min. Ilmar Galvão:

> "Inventário – Filha adotiva – Abertura da sucessão antes do advento da nova carta.
>
> Pretendida habilitação, na qualidade de herdeira, no inventário dos adotantes. Indeferimento colocado no fato de a abertura da sucessão haver ocorrido antes do advento da nova Carta, que eliminou o tratamento jurídico diferenciado entre os filhos legítimos e adotivos, para fins sucessórios. A sucessão regula-se pela lei vigente à data da sua abertura, não se aplicando a sucessões verificadas antes de seu advento a norma do art. 227, § 6º, da Carta de 1988, que eliminou a distinção, até então estabelecida pelo Código Civil (art. 1.605 e § 2º) entre filhos legítimos e adotivos, para esse efeito" (*COAD – Jurisprudência – Informativo semanal* 35/99, n. 88.975).

O legislador não repetiu o teor do artigo 1.770 do Código Civil revogado, que declarava que se procederá ao inventário: "... na forma das leis em vigor no domicílio do falecido", deixando certo que a lei aplicável é a vigente no domicílio do falecido.

Porém, o *caput* do artigo 10 da Lei de Introdução às Normas do Direito Brasileiro estabelece que a lei aplicável à sucessão é a vigente no país do domicílio do falecido:

> "A sucessão por morte ou por ausência obedece à lei do país em que era domiciliado o defunto ou o desaparecido, qualquer que seja a natureza e a situação dos bens".

APLICAÇÃO DA LEI ESTRANGEIRA À SUCESSÃO PROCESSADA NO BRASIL

Vejamos a aplicação da lei estrangeira à sucessão no Brasil.

Prescreve o artigo 10 da Lei de Introdução às Normas do Direito Brasileiro:

> "A sucessão por morte ou por ausência obedece à lei do país em que era domiciliado o defunto ou o desaparecido, qualquer que seja a natureza e situação dos bens.
>
> § 1º A sucessão de bens de estrangeiro situados no país será regulada pela lei brasileira em benefício do cônjuge ou dos filhos brasileiros ou de quem os represente, sempre que não lhes seja mais favorável a lei pessoal do *de cujus*.
>
> § 2º A lei do domicílio do herdeiro ou legatário regula a capacidade para suceder".

Como vimos no capítulo anterior, somente a autoridade brasileira, com exclusão de qualquer outra, tem competência para processar o inventário de bens situados no Brasil.

Se o bem está situado em território brasileiro, os autos de inventário terão que ser processados no Brasil.

E o que sucederá se o autor da herança tiver domicílio em outro país?

Neste caso, prevê o artigo 23 do Código de Processo Civil, combinado com o artigo 10 da Lei de Introdução às Normas do Direito Brasileiro, o inventário será processado no local da situação do bem no Brasil aplicando-se a lei civil do país em que era domiciliado o *de cujus*.

Exemplificando: um francês, residente e domiciliado em Paris, que tenha adquirido um imóvel no Rio de Janeiro, não importa onde venha a falecer, seu inventário deverá ser aberto no Rio de Janeiro, pois este é o local da situação do bem (artigo 48 do CPC). A essa sucessão, porém, aplicar-se-á a lei francesa (art. 10 da LINDB), de vez que o autor da herança era domiciliado em Paris.

A aplicação da lei estrangeira definirá a capacidade sucessória dos herdeiros, mas o inventário se regerá pela lei processual brasileira, obedecendo aos dispositivos do Código de Processo Civil, seja judicial ou extrajudicial.

Poderá adotar-se o rito do arrolamento (art. 659 do CPC), caso existam os pressupostos para sua admissibilidade ou o rito ordinário observando-se o disposto na lei processual, mas sempre se atendando à lei civil do país do domicílio do falecido.

Imprescindível trazer ao conhecimento do juiz do inventário, anexando-se aos autos, o teor da lei estrangeira relativa ao direito das sucessões, que poderá ser obtida junto ao consulado do país, como prescreve o artigo 14 da citada Lei de Introdução:

> "Não conhecendo a lei estrangeira, poderá o juiz exigir de quem a invoca prova do texto e da vigência".

Caso o autor da herança seja casado, impõe-se a juntada do texto legal relativo aos regimes de bens para verificar quais os direitos do cônjuge sobre os bens do casal.

O texto da lei estrangeira deverá ser apresentado devidamente traduzido para a língua portuguesa, conforme determina o artigo 224 do Código Civil, e, para surtir efeitos em relação a terceiros, deverá ser assentado no Registro de Títulos e Documentos, como previsto no artigo 129, item 6°, da Lei 6.015, de 31.12.1973 (Lei de Registros Públicos).

Carlos Maximiliano, em sua obra *Direito das Sucessões* (5. ed., Freitas Bastos, v. I, p. 217), prevê a Teoria da Devolução:

> "181-A – Teoria da Devolução – Para resolver com segurança qual a norma positiva aplicável em caso de sucessão, ou de regime de bens entre cônjuges, não pode o magistrado cingir-se ao Direito Privado nacional; porquanto, não raro a lei de um país manda observar a da pátria de certo indivíduo, e esta por sua vez, *devolve* a regulamentação da espécie aos códigos do domicílio da parte. Em tal conjuntura, como decidir o juiz brasileiro? Devolução ou retorno, em português; *renvoi*, dos franceses; *rinvio*, dos italianos; *retorno*, dos espanhóis; *rueckverweisung*, dos alemães, consiste no seguinte: quando as regras do Direito Internacional Privado, vigentes no lugar onde um indivíduo reside em caráter permanente, mandam aplicar em uma relação jurídica o direito nacional do estrangeiro, porém as do país deste preferem as normas vigorantes no domicílio, o juiz da terra onde mora o alienígena, decide como se fora seu compatriota o interessado. Exemplo: Abre-se no Rio de Janeiro a sucessão de um inglês: o Direito brasileiro manda aplicar a lei inglesa; esta, a brasileira, por ter sido o *de cujus* domiciliado no Brasil; observam-se as normas civis brasileiras sobre sucessões".

A vocação hereditária é distinta nas diversas leis.

O preceito previsto no inciso XXXI do artigo 5° da Constituição da República, confirmando em outras palavras o teor do art. 10 da Lei de Introdução, oferece uma possibilidade ao cônjuge ou filho brasileiro de optar pela lei que mais lhe beneficie:

> "A sucessão de bens de estrangeiros situados no país será regulada pela lei brasileira em benefício do cônjuge ou dos filhos brasileiros, sempre que não lhes seja mais favorável a lei pessoal do *de cujus*".

Havendo cônjuge ou filhos brasileiros, poderão estes optar pela lei brasileira, caso esta lhes seja mais favorável.

O legislador constituinte visou beneficiar o filho ou o cônjuge brasileiro com a lei mais favorável.

Tal benefício é concedido somente ao cônjuge e aos filhos brasileiros do autor da herança, não atingindo os demais graus ou classes de herdeiros. Acrescente-se que tal direito deve, também, ser creditado ao companheiro(a).

Deverá ser postulado pelo beneficiário nas primeiras declarações, proclamando qual a lei a ser aplicada.

Julgando a Ap. 14.153/98, relatada pelo Des. Hudson Lourenço, a egrégia 3ª Câmara Cível do Tribunal de Justiça do Estado do Rio de Janeiro, decidiu:

> "Inventário – Presença de estrangeiros – Critérios de divisão dos bens Segundo o cânone constitucional que rege a *quaestio* (cf., art. 5°, XXXI), a presença de estrangeiros em sucessão causa mortis exige melhor estudo para o juiz solucionar os conflitos surgidos sobre a possibilidade de aplicação da Lei de países distintos. O texto em comento oferece duas soluções, a prevalecer aquela que for mais favorável ao cônjuge ou aos seus filhos brasileiros (Celso R. Bastos. Comentários à Constituição do Brasil, vol. 2, p.

152). *In casu*, sendo o falecido e seus pais portugueses e o cônjuge sobrevivente brasileiro, aplica-se o artigo 2.142 do Código Civil português, por ser este mais favorável a cônjuge, a qual será beneficiada com 2/3 dos bens e os pais do falecido com 1/3. Apelação improvida" (COAD – Informativo Semanal, n. 49/99, Jurisprudência, p. 763).

Poderá, porém, ocorrer um conflito de interesses entre o filho e o cônjuge do autor da herança.

Poderá a lei estrangeira beneficiar mais o cônjuge brasileiro, e a lei brasileira o filho do autor da herança ou vice-versa.

Qual a lei aplicável?

Havendo concorrência de cônjuge com filho do autor da herança, ambos brasileiros, e a lei estrangeira beneficiar mais o primeiro do que o segundo ou vice-versa, parece-nos que a opção pela escolha da legislação a ser aplicada privilegia o filho, haja vista que, referindo-se o dispositivo à sucessão *causa mortis*, pela ordem da vocação hereditária, este prefere àquele, inobstante ser o cônjuge herdeiro concorrente com os descendentes dependendo do regime de bens do casamento.

MODELO DE PRIMEIRAS DECLARAÇÕES – SUCESSÃO COM APLICAÇÃO DE LEI ESTRANGEIRA

"Exmo. Sr. Dr. Juiz de Direito da 3ª Vara de Órfãos e Sucessões

Proc. n. ___________.

Enrique Silva, inventariante nos autos de inventário dos bens deixados por sua finada esposa Maria Silva, vem apresentar a declaração de herdeiros e bens na forma seguinte:

Lei aplicável:

Prescreve o artigo 10 da Lei de Introdução às Normas do Direito Brasileiro:

'A sucessão por morte ou por ausência obedece à lei do país em que era domiciliado o defunto, ou desaparecido, qualquer que seja a natureza e a situação dos bens'.

A inventariada era natural da República do Paraguai e domiciliada na cidade de Assunção.

O Requerente e todos os herdeiros têm nacionalidades e domicílios diversos.

Portanto, a lei a ser aplicada é o Código Civil paraguaio, cujo teor atinente ao direito sucessório é ora anexado.

Tendo em vista o estatuído no artigo 96 da lei adjetiva, o foro competente é o da Comarca do Rio de Janeiro, onde localiza-se o imóvel a ser inventariado, devendo o feito seguir o rito solene, haja vista a existência de herdeiro menor.

Autora da herança

A autora da herança, como já dito, faleceu na cidade de Assunção, República do Paraguai, onde era residente e domiciliada, em 26.12.1990, no estado civil de casada pelo regime da comunhão universal de bens com o Requerente., sem deixar testamento, deixando herdeiros e bens.

Viúvo

O Requerente, já qualificado na inicial, nos termos do artigo 2.586 da lei aplicável, fará jus a parte igual a que corresponder a cada um dos filhos da autora da herança, que com ele concorrem.

Herdeiros:

Filha:

Mirian Marlene Fritz, alemã, arquiteta, casada com Joachim Manfred Fritz, residentes e domiciliados na cidade de Hamburgo, República Federativa da Alemanha.

Neta:

Representando o filho premorto Max Ruben Silva, falecido em 21.10.2015:
Leticia Raquel Silva, paraguaia, menor, nascida em 24.10.2014 representada por sua mãe Victoria Raquel Sanchez Silva, paraguaia, viúva, do lar, residentes e domiciliadas na cidade de Assunção, República do Paraguai.

É certo que a lei civil paraguaia admite o direito de representação – artigo 2.576.

Ao viúvo, além da meação, caberá um terço (1/3) da totalidade da herança, e às demais herdeiras os restantes dois terços (2/3).

Bens:

Apartamento n. __________ do prédio à rua __________, n. __________, e respectiva fração de 1/6 do terreno, com direito a uma vaga na garagem, medindo o respectivo terreno 10 m de frente e fundos por 30 m de ambos os lados, confrontando aos fundos com o prédio n. __________ da __________, à direita com o prédio n. __________ da mesma rua e, do lado esquerdo, com o prédio __________, também, da mesma rua.

Dito imóvel foi havido por escritura de compra e venda lavrada em notas do 23º Ofício desta cidade, livro __________, fls. __________, em 12.07.1972, devidamente registrada no 3º Ofício do Registro Geral de Imóveis desta cidade, na matrícula n. __________.

Requer seja a presente tomada por termo e expedido o competente mandado de avaliação, protestando trazer ao conhecimento deste Juízo qualquer novo bem que venha a ter conhecimento.

Termos em que,

P. Deferimento.

................, aos (data).

Pedro Alberto Faria
OAB/RJ n."

Obs.: A petição deve ser dirigida ao Juízo competente na comarca para processar inventário.

*(Anexar o texto do Código Civil do país onde era domiciliado o autor da herança, devidamente traduzido por tradutor juramentado e registrado no Registro de Títulos e Documentos).

Capítulo IV
COMORIÊNCIA

Inobstante estar inserido na Parte Geral do Código Civil, o instituto da comoriência tem grande repercussão no direito sucessório.

O aumento da capacidade de passageiros nos transportes coletivos, a facilidade de utilização desses meios de locomoção pela população, possibilitando um fluxo de tráfego terrestre, aéreo e marítimo cada vez mais intenso, com a incidência de um número sempre maior de acidentes e tragédias, proporcionando a ocorrência do falecimento de várias pessoas em um mesmo evento, propiciam, atualmente, um relevante destaque, principalmente, no campo do Direito das Sucessões.

Preceitua o artigo 8º do Código Civil:

> "Se dois ou mais indivíduos falecerem na mesma ocasião, não se podendo averiguar se algum dos comorientes precedeu aos outros, presumir-se-ão simultaneamente mortos".

Para que ocorra a comoriência são necessários os seguintes requisitos:

1. que dois ou mais indivíduos faleçam na mesma ocasião;
2. que sejam sucessíveis entre si;
3. que não seja possível prever qual deles precedeu ao outro.

A teoria da comoriência existe em virtude da dificuldade que, muitas vezes, compromete a determinação do momento da morte de cada comoriente.

Sendo impraticável fixar o momento exato da morte de cada comoriente, recorreu o legislador à presunção da simultaneidade dos óbitos.

Caio Mário da Silva Pereira ensina

> "Quando várias pessoas morrem em um mesmo acontecimento (um incêndio, um naufrágio, a queda de um avião etc.), poderá interessar ao direito apurar qual faleceu em primeiro lugar, a fim de verificar se houve, e como, a transmissão de direitos entre elas" (Instituições de Direito Civil, Forense, v. I, p. 150).

Comorientes são as pessoas que falecem nessa situação.

O principal efeito da comoriência é não haver relação de sucessão entre os comorientes. É como se não tivessem qualquer relação de parentesco.

Os comorientes não herdam entre si.

É necessário que as pessoas falecidas sejam sucessíveis entre si, pois, caso contrário, não se aplica a teoria da comoriência, recebendo a herança os herdeiros de cada um dos falecidos.

Suponhamos que um casal faleça em um desastre aéreo, sem herdeiros descendentes ou ascendentes e, cada qual, possuindo irmãos.

Se um dos cônjuges premorresse ao outro, o sobrevivente receberia a totalidade da herança (art. 1.838, CC) e, caso viesse a falecer a seguir, o patrimônio iria todo para seus colaterais, nada recebendo os irmãos do cônjuge falecido em primeiro lugar.

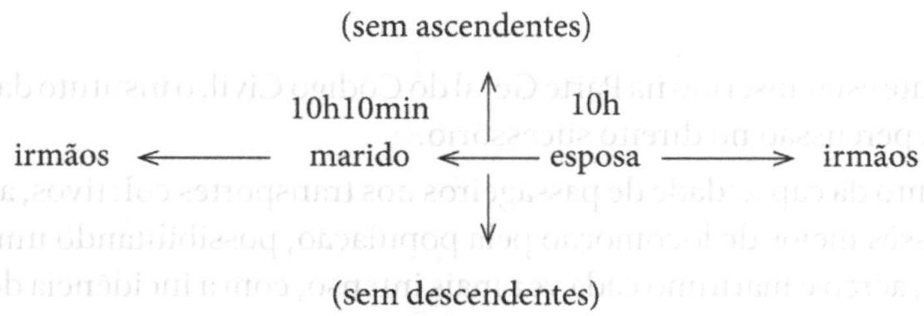

Se ocorresse, porém, a comoriência com o falecimento do casal sem que fosse possível prever qual precedeu ao outro, os bens do cônjuge varão iriam para seus irmãos e os do cônjuge mulher, para os irmãos dela.

Sendo o regime de bens, o da comunhão universal, divide-se o patrimônio ao meio, cabendo a metade para os colaterais de cada cônjuge.

Este é o exemplo clássico da doutrina.

Washington de Barros Monteiro observa não ser necessário que os óbitos ocorram em um mesmo local. Pode ocorrer que duas pessoas sucessíveis entre si faleçam em lugares distantes, embora não seja possível precisar o momento exato do perecimento (Curso de Direito Civil, 30. ed., Saraiva, 1995, v. VI, p. 18).

Tratando-se de presunção legal, a comoriência admite prova em contrário.

Somente se presume a comoriência após esgotadas todas as formas de averiguação ou se esta não puder ser feita em face do estado dos corpos dos comorientes. A averiguação deve ser feita por todos os meios admitidos, inclusive por meio da prova testemunhal.

A averiguação há de ser feita pelos meios regulares de prova, avultando a testemunhal, desde que o laudo pericial não pôde em absoluto chegar ao elemento de convicção.

A averiguação não se resume a laudos periciais e médicos. Devem ser admitidos todos os meios de prova, inclusive a testemunhal e, por que não se admitir, também, a presunção como prova de inexistência da simultaneidade dos óbitos.

Leciona J. M. Carvalho Santos:

> "A lei não nega e nem pode negar ao juiz a faculdade de apreciar livremente os fatos, examiná-los com inteligência, para deduzir se têm o valor de uma verdadeira presunção capaz de gerar convicção em seu espírito de que os falecimentos se verificaram em uma determinada ordem e não foram simultâneos" (Código Civil Brasileiro interpretado, 2. ed., Freitas Bastos, vol. I, p. 315).

Para ilustrar, apresenta na página seguinte um exemplo de que a contraprova, também pode ser feita através da presunção:

> "Dois comboios em grande velocidade que se choquem; que os maquinistas fiquem esfacelados; que, ao invés, os passageiros do último carro venham a morrer afogados no rio, em que o carro se precipitou. Legítima e convincente dedução poderá tirar-se desses fatos, sobre a anterioridade da morte do maquinista".

Vejamos outro exemplo interessante. Trata-se de um caso concreto ocorrido na 3ª Vara de Órfãos e Sucessões da comarca do Rio de Janeiro.

Uma família composta de pai (Adalberto), mãe (Alzira), casados pelo regime da comunhão universal de bens, e três filhos (Celso, Júlia e Josefa), maiores, solteiros, sem filhos, todos com patrimônio próprio, foi vítima de um acidente de automóvel quando se dirigia para a cidade de Macaé, no norte fluminense.

No evento, a polícia ao chegar ao local, às 10h30min da manhã, encontrou falecidos a mãe, Alzira, e as duas filhas, Júlia e Josefa, caso típico de comoriência. O pai, Adalberto, foi levado com vida ao hospital, onde veio a falecer às 20h50min. Celso foi o único filho sobrevivente.

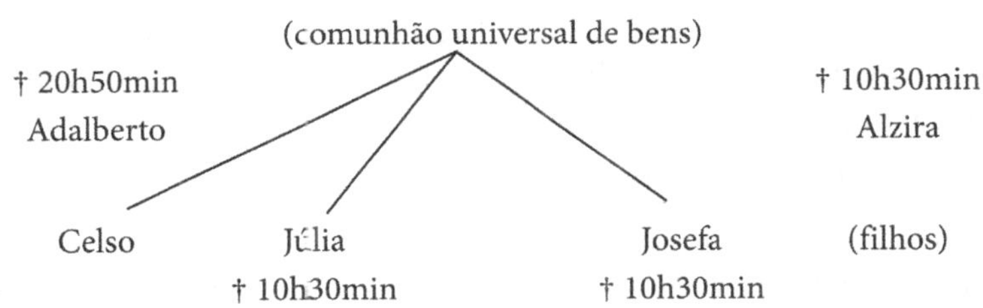

Vejamos cada sucessão:

1. Alzira – às 10h30min da manhã quando Alzira faleceu, seu marido, Adalberto, encontrava-se vivo e, portanto, fazia jus à meação que tem nos bens do casal em virtude do regime de bens de seu casamento.

A outra metade constitui a sua herança, que não se transmite às filhas, Júlia e Josefa, em face da comoriência. É como se não fossem parentes. Assim, a herança de Alzira será inteiramente atribuída a seu único herdeiro vivo, seu filho Celso.

2. Júlia – possuía patrimônio próprio e faleceu, também, às 10h30min, em comoriência com sua mãe e a irmã, Josefa. Não tendo descendentes, tinha como seu único herdeiro, na qualidade de ascendente, seu pai, Adalberto, que naquele momento, ainda, encontrava-se vivo, e a ele couberam todos os seus bens.

3. Josefa – possuía, também, patrimônio próprio, tendo falecido às 10h30min da manhã em comoriência com sua mãe, Alzira, e sua irmã, Júlia, deixando como seu único herdeiro seu pai, Adalberto, que se encontrava vivo, eis que só veio a falecer às 20h50min, e a quem couberam todos os bens.

4. Adalberto – finalmente, às 20h50min veio a falecer Adalberto, marido de Alzira, no estado civil de viúvo, deixando como único herdeiro, seu filho, Celso, eis que no momento de seu óbito, já haviam falecido sua esposa Alzira e suas filhas Josefa e Júlia.

Os bens dos diversos familiares couberam a Celso, porém, como visto acima, não é correta a afirmação de ser Celso o único herdeiro de seus pais e de suas irmãs.

O direito de representação na comoriência será abordado por ocasião do estudo do tema, inserido no capítulo VII, deste livro.

Pelo Código vigente não há qualquer modificação na ordem sucessória, pois a lei não admite a hipótese de concorrência de cônjuge com descendentes quando o regime de bens é o da comunhão universal. Teríamos, por conseguinte, idêntica sucessão.

No Direito francês, o Código Napoleão apresentava presunções de precedência de falecimento nos casos de comoriência, estabelecendo que as pessoas do sexo feminino faleciam antes das do sexo masculino; os mais idosos precediam os mais jovens, dentre outras. A Lei de 03.12.2001 acabou com essas teses esdrúxulas, e, no caso de ocorrer a comoriência sem que se possa prever qual dos parentes faleceu primeiro, presume-se que faleceram todos ao mesmo tempo, como em nosso Direito.

COMORIÊNCIA ENTRE PESSOAS FALECIDAS EM PAÍSES DIFERENTES

Aplicando-se a regra do artigo 10 da Lei de Introdução, que declara ser a lei vigente no domicílio do autor da herança a aplicável à sucessão e, possuindo os falecidos domicílios em países diversos, é certo aplicar-se a lei do domicílio de cada um dos falecidos em cada uma das sucessões.

Maria Helena Diniz assim analisa o problema:

> "Segundo a Lei de Introdução ao Código Civil – artigo 10 –, declarar-se-á o fim da personalidade jurídica, proclamando-se seus efeitos de conformidade com o direito em vigor no país em que o de cujus estava domiciliado e, como não tratou da comoriência ou morte simultânea, dever-se-á, se ela ocorrer, observar a lei do domicílio de cada um dos finados relativamente à sua sucessão, ante o disposto no artigo 29 do Código de Bustamante, de que 'as presunções de sobrevivência ou de morte simultânea, na falta de prova, serão reguladas pela lei pessoal de cada um dos falecidos em relação a sua respectiva sucessão'.
>
> Assim sendo, se os comorientes têm domicílios diversos, a lei pessoal de cada qual regerá a sucessão, o que poderá gerar conflitos" (Lei de Introdução ao Código Civil Brasileiro interpretada, 2. ed., Saraiva, p. 270).

A comoriência pode ser declarada nos próprios autos de inventário, caso inexista controvérsia sobre o fato. Foi a decisão proferida pela 2ª Turma do egrégio Supremo Tribunal Federal no julgamento do Ag. Reg. no Agr. 81.233-7-MG, relatado pelo Ministro Décio Meirelles de Miranda, estampada na Revista dos Tribunais (vol. 552/227):

> "A comoriência pode ser afirmada no próprio inventário, se há dados de fatos disponíveis e seguros para tanto, sem necessidade de remessa da controvérsia para as vias ordinárias".

Situação interessante é apresentada por J. M. Carvalho Santos, acima citado, na mesma obra e volume, p. 317, a respeito da comoriência entre doador e donatário em uma doação com pacto de reversão:

> "6. E se alguém faz a doação de seus bens com o pacto de reversão deles no caso de o donatário morrer primeiro do que o doador e acontece morrerem ambos a um só tempo, os bens doados deverão ser herdados pelos sucessores do doador ou pelos do donatário?
>
> O texto do artigo 11 resolve claramente a questão. Se o doador não sobreviveu ao donatário, por se presumir que morreram simultaneamente, é de palmar evidência que não tem lugar a reversão. Por

isso os bens doados devem ser deferidos aos herdeiros do donatário e não aos do doador. Ainda mesmo porque, como nota Mazzoni, a reversibilidade importa a transmissão da propriedade dos bens doados ao donatário, a quem pertenceram desde o momento da doação até o momento de sua morte, para o doador, a quem devem passar a pertencer de novo; mas esta transmissão é impossível se, no momento em que devia ter lugar, não existe mais o sujeito a favor de quem ia se realizar".

Na sucessão testamentária, entendemos que para o legatário receber o legado é necessário que esteja vivo no momento do óbito do testador. De forma que, ocorrendo a comoriência entre o testador e o legatário, o bem não se transferirá daquele para este. Caduca o legado.

CAPÍTULO V
RELAÇÕES DE PARENTESCO

Tema ligado ao direito de família, mas de grande importância para o direito sucessório.

Ao estudar a ordem da vocação hereditária e outros institutos do direito orfanológico, nos depararemos diversas vezes com os termos: linhas de parentesco, graus de parentesco e classes de herdeiros.

A matéria vem regulada nos artigos 1.591 a 1.595 do Código Civil.

No Código vigente, o legislador limitou o parentesco na linha colateral até o quarto grau, diferentemente da lei anterior, que admitia até o sexto grau.

Estabeleceu, ainda, o vínculo do parentesco por afinidade em relação ao companheiro.

Prescreve o *caput* do artigo 1.595:

> "Cada cônjuge ou companheiro é aliado aos parentes do outro pelo vínculo da afinidade".

Parentes por afinidade não herdam. Genro ou nora não herdam de sogro(a) e vice-versa; cunhado(a) não herda de cunhado(a); enteado(a) não herda de padrasto ou madrasta.

Quanto aos demais artigos, não houve qualquer mudança substancial que interesse ao direito sucessório.

Os parentes com direitos à sucessão são os da linha reta (descendentes e ascendentes) e os da linha colateral até o quarto grau.

LINHAS DE PARENTESCO

Temos duas linhas de parentesco:

1. linha reta;
2. linha colateral, também denominada transversal ou oblíqua.

1. A linha reta pode ser: { descendente / ascendente }

1.1. A linha ascendente pode ser: { materna / paterna }

Segundo o artigo 1.591, são parentes em linha reta as pessoas que estão umas para as outras na relação de ascendentes ou descendentes. Vejamos o gráfico abaixo:

↑	
trisavós maternos	trisavós paternos
bisavós maternos	bisavós paternos
avós maternos	avós parternos
mãe	pai
autor da herança	autor da herança
	filho
	neto
	bisneto
↓	trineto

Na linha reta, as pessoas descendem umas das outras. Temos a linha reta descendente, que, como se observa no gráfico, desce do autor da herança para seus gerados; e a linha reta ascendente, que sobe do autor da herança para seus genitores.

Na linha reta não existe limitação de grau. Enquanto houver um herdeiro na linha descendente ou ascendente, ele irá herdar, não importando o grau.

A linha ascendente subdivide-se em linhas materna e paterna. A linha ascendente materna sobe do autor da herança para seus ascendentes pelo lado materno e a linha ascendente paterna sobe do autor da herança para seus ascendentes pelo lado do pai.

Na linha colateral ou transversal, as pessoas não descendem umas das outras. Ambas descendem de um ascendente comum.

Ex.: dois irmãos não descendem um do outro, porém de um ascendente comum. O pai de um é o pai do outro.

GRAUS DE PARENTESCO

Os graus contam-se pelo número de gerações. Cada geração corresponde a um grau.

O legislador declarou no artigo 1.594 como se faz a contagem dos graus nas linhas reta e colateral.

Dispõe o mencionado dispositivo:

"Contam-se na linha reta, os graus de parentesco pelo número de gerações, e, na colateral, também, pelo número delas, subindo de um dos parentes até o ascendente comum, e descendo até encontrar o outro parente".

Na linha reta não há maiores problemas.

Contam-se os graus pelos números de gerações. Cada geração corresponde a um grau. O filho é parente do pai em 1º grau. O neto, do avô em 2º grau. O bisneto, do bisavô em 3º grau e, assim sucessivamente; cada geração, um grau.

Na linha reta descendente contam-se os graus do autor da herança para seus gerados. Ex.: filhos, netos, bisnetos, trinetos e, assim sucessivamente.

Na linha reta ascendente contam-se os graus subindo do autor da herança para seus genitores. Ex.: pai, avô, bisavô, trisavô, e assim sucessivamente. Cada geração corresponde a um grau.

trisavós maternos	trisavós paternos (4º grau)
bisavós maternos	bisavós paternos (3º grau)
avós maternos	avós parternos (2º grau)
mãe	pai (1º grau)
autor da herança	autor da herança
	filho (1º grau)
	neto (2º grau)
	bisneto (3º grau)
	trineto (4º grau)

Na linha reta, os parentes descendem uns dos outros. O filho, do pai; o neto, do filho; o bisneto, do neto etc. (*vide* gráfico acima).

De forma que, se o autor da herança deixa somente filhos, são todos seus parentes em 1º grau. Encontram-se todos os herdeiros no mesmo grau. Se herdam apenas netos, uma vez que os filhos já haviam falecido anteriormente, encontram-se, ainda, todos no mesmo grau. São os netos parentes do autor da herança (avô) em 2º grau.

Devemos destacar a existência de uma divisão na linha reta ascendente. Essa linha subdivide-se em:

a) linha reta ascendente materna, que sobe pelo lado dos parentes maternos. Ex.: mãe, avós maternos, bisavós maternos, trisavós maternos etc.;

b) linha reta ascendente paterna, que sobe pelo lado dos parentes paternos: Ex.: pai, avós paternos, bisavós paternos, trisavós paternos etc.

Esta distinção tem importância, em face dos termos do § 2º do artigo 1.836 do diploma civil, que trata da divisão da herança na classe dos ascendentes.

A contagem dos graus é mais complexa na linha colateral.

Na linha colateral, as pessoas não descendem umas das outras, mas de um ascendente comum.

Nessa linha contam-se os graus, também, pelo número de gerações. Cada geração corresponde a um grau. Porém, é necessário que se encontre, em primeiro lugar, o ascendente comum entre os dois parentes, cujo grau se pretende achar. É o que diz o artigo 1.594.

Exemplifique-se:

Entre dois irmãos, o ascendente comum é o pai.

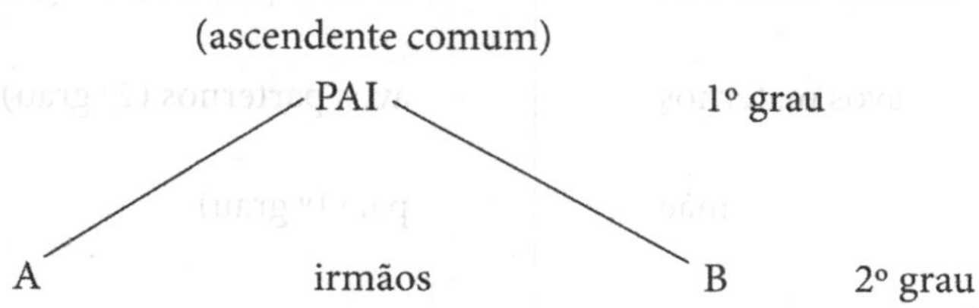

Para se encontrar o grau de parentesco entre dois irmãos, devemos primeiro subir ao ascendente comum, que é o pai. Aí temos uma geração e, portanto, um grau; depois, descemos até o parente pretendido, o irmão, mais um grau. Assim, irmãos são parentes em 2º grau.

Vejamos o grau de parentesco entre tio e sobrinho. Sobrinho é o filho do irmão.

Necessário, primeiro, encontrar o ascendente comum aos dois.

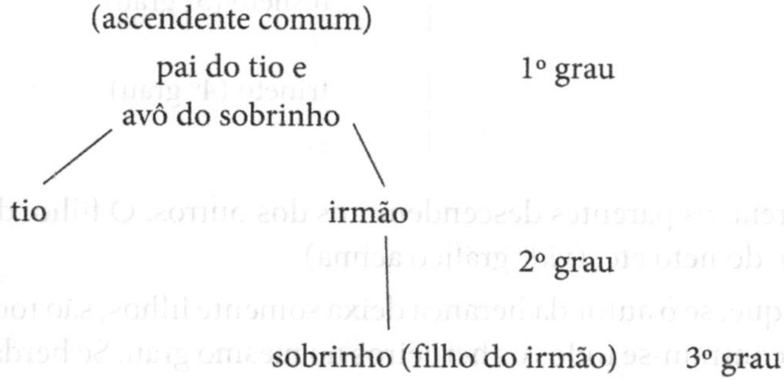

Para encontrarmos o grau de parentesco entre tio e sobrinho, subimos até o ascendente comum entre os dois. O pai do sobrinho é o irmão do tio, não sendo, portanto, o ascendente comum de ambos. O avô do sobrinho é pai do tio e, assim, ascendente comum de ambos. Para contarmos os graus entre tio e sobrinho, devemos subir do tio até seu pai (avô do sobrinho), um grau; depois descemos para o irmão do tio, pai do sobrinho, dois graus; e em seguida, para o sobrinho, mais um grau, três graus. Tio e sobrinho são parentes em 3º grau.

Para o sobrinho-neto – filho do sobrinho – conta-se mais um grau. Tio-avô e sobrinho-neto são parentes em 4º grau.

ascendente comum
pai do avô
bisavô do sobrinho-neto
1 grau

tio avô — avô
2 graus
sobrinho – filho do avô
3 graus
sobrinho-neto – neto do avô
4 graus

Primos, também, são parentes em 4º grau:

Ascendente comum
Avô de João e de José 2 graus

1 grau pai de João — pai de José 3 graus

João — primos — José 4 graus

Assim, são parentes colaterais em 4º grau, sobrinhos-netos, tios-avós e primos.

Segundo o artigo 1.839, somente herdam na linha colateral os parentes até o 4º grau e, nesse grau, encontramos o sobrinho neto, o primo e o tio-avô.

Após o 4º grau, a herança destinar-se-á ao Município, DF, União.

CLASSES DE HERDEIROS

As classes de herdeiros vêm previstas no artigo 1.829 do Código Civil. É a ordem estabelecida pelo legislador das pessoas chamadas a suceder. Essa ordem é preferencial e uma classe de herdeiros, como veremos ao estudar a ordem da vocação hereditária, só será chamada à sucessão se não houver herdeiros na classe antecedente.

Ex.: havendo um herdeiro da classe descendente jamais será chamado a suceder um herdeiro da classe ascendente.

São elas:

1. descendentes em concorrência com o cônjuge/companheiro nos casos previstos em lei;
2. ascendentes em concorrência com o cônjuge/companheiro;
3. cônjuge/companheiro;
4. colaterais até o 4º grau.

O estudo das linhas de parentesco, das classes de herdeiros e a contagem dos graus de parentesco é de suma importância para aplicação prática do direito sucessório.

Capítulo VI
REGIMES DE BENS NO CASAMENTO

Trataremos de outro tema inserido no Direito de Família, também, de relevante destaque no direito sucessório.

Não temos a intenção de nos aprofundarmos no estudo do tema, mas, tão somente, nas suas consequências na divisão do patrimônio do de cujus. O atual Código Civil apresenta uma mudança radical na ordem da vocação hereditária, tendo o legislador tornado o cônjuge um herdeiro privilegiado, pois, embora se encontre colocado em terceiro lugar na linha sucessória, poderá concorrer, também, com os descendentes, dependendo do regime de bens no matrimônio, e com os ascendentes em qualquer caso. Neste capítulo, interessa-nos estudar os regimes de bens, não em função da posição do cônjuge como herdeiro, mas, sim, quais os bens em que ele participa como meeiro em vista do regime adotado.

A importância do regime matrimonial na divisão do patrimônio está em saber quais os bens que se comunicam com o cônjuge/companheiro sobrevivente e quais não se comunicam. Nos primeiros, o cônjuge/companheiro terá a meação e, nos demais, que constituirão a herança, serão partilhados aos herdeiros, entre os quais, dependendo do regime de bens eleito, poderá se incluir o cônjuge/companheiro.

Importância maior havia na lei anterior, em face do usufruto vidual e do direito real de habitação atribuídos ao cônjuge sobrevivente nos §§ 1º e 2º do artigo 1.611 do Código revogado. O usufruto vidual não foi admitido no atual Código, restando, apenas, o direito real de habitação que é atribuído ao cônjuge/companheiro qualquer que seja o regime com as restrições estabelecidas pelo legislador.

Estudaremos os cinco regimes de bens e suas consequências:

1. comunhão parcial de bens;
2. comunhão universal de bens;
3. participação final nos aquestos;
4. separação legal ou obrigatória de bens;
5. separação convencional de bens.

O legislador excluiu o regime dotal do novo código e, também, os bens reservados.

A novidade desse capítulo é a possibilidade, prevista no § 2º do artigo 1.639, de alteração do regime de bens mediante autorização judicial em pedido motivado de ambos os cônjuges.

REGIME DE COMUNHÃO PARCIAL DE BENS

O regime de comunhão parcial ou limitada de bens é o regime legal adotado pelo legislador. Vem previsto nos artigos 1.658 e segs. do Código Civil.

Tratando-se do regime legal, sendo desnecessária a celebração de pacto antenupcial.

Reza o artigo 1.640:

"Não havendo convenção ou sendo ela nula ou ineficaz, vigorará, quanto aos bens entre os cônjuges, o regime da comunhão parcial".

Nesse regime, excluem-se da comunhão, segundo o artigo 1.659, dentre outros, os seguintes bens:

a) os que cada cônjuge possuir anteriormente ao matrimônio; b) os bens adquiridos posteriormente ao matrimônio a título gratuito (doação ou herança); c) os bens adquiridos com valores exclusivamente pertencentes a um dos cônjuges em sub-rogação dos bens particulares; e d) os bens de uso pessoal, livros e instrumentos de trabalho; proventos do trabalho pessoal e pensões, montepios e outras rendas semelhantes. *A contrario sensu*, nos termos do artigo 1.660, comunicam-se, dentre outros, os bens adquiridos na constância do casamento por título oneroso; os adquiridos por fato eventual e os frutos dos bens comuns ou dos particulares de cada cônjuge percebidos na constância do casamento.

Quanto aos móveis, diz o artigo 1.662, que se presumem adquiridos na constância do casamento os bens móveis, quando não se puder provar que o foram em data anterior.

Ao adquirir um bem com produto da venda de bens particulares, o comprador deverá fazer constar da escritura de aquisição que o mesmo está sendo comprado com o produto da venda de outro que anteriormente lhe pertencia, para ficar certo de que por intermédio da sub-rogação esse bem não se comunicará com seu cônjuge, inobstante estar sendo adquirido a título oneroso, o que facilitará a divisão do patrimônio, por ocasião de uma eventual separação judicial ou do óbito.

Nos autos de inventário, sendo o *de cujus* casado pelo regime da comunhão parcial, será necessário discriminar na "declaração de bens" quais os bens que se comunicam com o cônjuge (aquestos) e os que não se comunicam (particulares), pois, na partilha, o cônjuge sobrevivente terá direito a meação dos primeiros e concorrerá em igualdade de condições com os descendentes somente nos bens particulares, segundo o mais recente entendimento do STF.

REGIME DE COMUNHÃO TOTAL OU UNIVERSAL DE BENS

Segundo o artigo 1.667, o regime de comunhão universal de bens importa comunicação de todos os bens presentes e futuros dos cônjuges, ressalvadas as exceções previstas no artigo seguinte.

Todos os bens adquiridos, não importa quando e a que título, comunicam-se entre os cônjuges, pertencendo metade a cada um, não importando em nome de quem se encontrem.

Sendo o autor da herança casado pelo regime de comunhão total, na declaração de bens nos autos de inventário deverão todos os bens, estejam em nome do de cujus ou de seu cônjuge, ser declarados em sua totalidade, separando-se, por ocasião da partilha, a meação do cônjuge sobrevivente e partilhando-se a outra metade, que constituirá a herança, entre os herdeiros. Ressaltem-se as exceções previstas no artigo 1.668 da Lei Civil, destacando-se os bens gravados com a cláusula de incomunicabilidade, que será adiante apreciada, e os bens referidos no artigo 1.659, incisos V a VII.

Impõe-se celebração de pacto antenupcial estabelecendo essa forma de comunicação de bens.

REGIME DE SEPARAÇÃO OBRIGATÓRIA OU LEGAL DE BENS

Em decisão unânime o Supremo Tribunal Federal decidiu que o regime anteriormente da separação obrigatória para pessoas com mais de 70 anos pode ser alterado pela vontade dos nubentes mediante escritura pública. Caso os nubentes não desejem alterá-los prevalece a separação obrigatória com seus efeitos sucessórios.

Previu o legislador determinadas situações em que os cônjuges são obrigados a casar pelo regime da separação de bens.

Como bem salienta Silvio Rodrigues:

> "De modo que o legislador para impedir que o interesse material venha a constituir o elemento principal a mover a vontade do outro consorte, procura, através do regime obrigatório da separação, eliminar esta espécie de incentivo" (*Direito Civil*, v. 6 – Direito de Família, Saraiva, p. 175).

O artigo 1.641 do diploma civil estabelece os casos em que é obrigatório o matrimônio pelo regime da separação de bens.

Prescreve o referido mandamento:

> "É obrigatório o regime da separação de bens no casamento:
>
> I – das pessoas que o contraírem com observância das causas suspensivas da celebração do casamento;
>
> II – da pessoa maior de 70 (setenta) anos (redação dada pela Lei 12.344, de 2010);
>
> III – de todos os que dependerem para casar de suprimento judicial".

O inciso II do dispositivo sofre severas críticas da doutrina, pois afronta a dignidade da pessoa ao discriminá-la em função da idade e afirmar a sua incapacidade de discernir sobre qual o melhor regime de bens para o seu matrimônio. Por essas razões, afirmam sua inconstitucionalidade.

O artigo 45 da Lei 6.729, de 28.11.1979 (Lei do Divórcio), possibilitou às pessoas que vivessem em união estável há mais de 10 anos consecutivos ou da qual tivesse resultado filhos poderem livremente estabelecer o regime de bens para o seu casamento: "quando o casamento se seguir a uma comunhão de vida entre os nubentes, existente antes de 28 de junho de 1977, que haja perdurado por 10 (dez) anos consecutivos, ou da qual tenham resultado filhos, o regime matrimonial de bens será estabelecido livremente, não se lhe aplicando o disposto no artigo 258, parágrafo único, II, do Código Civil".

As causas suspensivas da celebração do casamento estão previstas no artigo 1.523 do Código.

No regime da separação obrigatória os bens não se comunicam entre os cônjuges.

O Supremo Tribunal Federal, contudo, consagrou, por meio da Súmula 377, a comunicação dos aquestos no casamento realizado sob o regime da separação obrigatória.

Alguns autores declaram que a súmula não deveria prosperar na vigência do novo Código Civil, eis que o legislador não reproduziu o texto do artigo 259, o qual estabelecia que, embora o regime não fosse o da comunhão de bens, prevaleceriam, no silêncio do contrato, os princípios dela quanto à comunicação dos adquiridos na constância do casamento. Era o fundamento principal das decisões que originaram a súmula. Não se pode desprezar, entretanto, o princípio do enriquecimento ilícito de um dos cônjuges na aquisição dos bens, que foi e continua sendo, também, um dos principais sustentáculos da tese da comunhão dos aquestos no regime da separação obrigatória.

Proclama a referida súmula:

"No regime de separação legal de bens comunicam-se os adquiridos na constância do casamento".

A Súmula 377 permanece em vigor, eis que sua causa é a imposição, aos nubentes do regime da separação independentemente de suas vontades. A Súmula impede o enriquecimento sem causa, que pode ocorrer se um dos cônjuges ludibriar o outro na aquisição de patrimônio.

Por conseguinte, os bens adquiridos na constância do matrimônio a título oneroso mediante esforço comum que deve ser provado e não presumido, como esclareceu o acórdão proferido no EREsp 1171820/PR, relatado pelo Min. Raul Araujo, da Segunda Seção do STJ, julgado em 26/08/2015 e, somente estes, comunicam-se entre os cônjuges. Os adquiridos a título gratuito e os que forem adquiridos onerosamente sem a prova do esforço comum ficam excluídos de comunicação

No que diz respeito a constitucionalidade do artigo 1641, I, II e III do Código Civil, ressaltou-se no julgamento do REsp 1689152/SC, relatado pelo Min. Luiz Felipe Salomão, a importância desse regime é a de "proteger o idoso e seus herdeiros necessários dos casamentos realizados por interesse estritamente econômico, evitando que este seja o principal fator a mover o consorte para o enlace"

Por ocasião do julgamento pela 4ª turma do STJ do REsp n. 1.922.347/PR, publicado em 1º/02/2022, relatado elo Min. Luiz Felipe Salomão, decidiu que no casamento como na união estável regidos pelo regime da separação obrigatória é "possível que os nubentes/companheiros, em exercício da autonomia privada, estipulando o que melhor lhes aprouver em relação aos bens futuros, venham a afastar, por escritura pública, a incidência da Súmula 377 do STF".

Ao afastar a incidência da Súmula 377 declarando que os bens adquiridos a título oneroso, por esforço comum, não se comunicam, não vale dizer que os nubentes/companheiros estão convertendo seu regime na separação convencional de bens. O regime, para efeitos sucessórios, continua o mesmo, separação obrigatória, entretanto os efeitos da Súmula 377 não se aplicam àquela união.

Destaque-se ainda, que a escolha do regime de bens na união estável eleito no contrato produz somente efeitos *ex nunc* (daí em diante), sendo que as cláusulas que estabeleçam a retroatividade do regime são inválidas. A ementa do acórdão relatado pelo Min. Antonio Carlos Ferreira no julgamento do ARESP n. 1.631.112/MT , 26/10/2021 é a seguinte:

> "CIVIL. AGRAVO INTERNO NO AGRAVO EM RECURSO ESPECIAL. UNIÃO ESTÁVEL. REGIME DE BENS. CONTRATO COM EFEITOS EX NUNC. DECISÃO MANTIDA. 1. Conforme entendimento desta Corte, a eleição do regime de bens da união estável por contrato escrito é dotada de efeito *ex nunc*, sendo inválidas cláusulas que estabeleçam a retroatividade dos efeitos patrimoniais do pacto. Precedentes. 2. Agravo que se nega provimento."

Caso não seja estabelecida essa ressalva da não incidência da Súmula 377, nos autos de inventário, deve-se proceder de forma semelhante ao regime da comunhão parcial. Necessário se discriminar na "declaração de bens", os adquiridos na constância do matrimônio por título oneroso mediante esforço comum dos demais. Naqueles, o cônjuge sobrevivente terá direito a meação e, nestes, que constituem a herança, deverão ser atribuídos diretamente aos herdeiros, pois casado ou unido por esse regime o cônjuge/companheiro não herda.

REGIME DE PARTICIPAÇÃO FINAL NOS AQUESTOS

É o novo regime previsto pelo legislador.

Para que os nubentes adotem o regime de participação final nos aquestos é necessária a celebração do pacto antenupcial, conforme estabelece o parágrafo único do artigo 1.640 do Código vigente.

Reza o artigo 1.672:

> "No regime de participação final nos aquestos cada cônjuge possui patrimônio próprio, consoante disposto no artigo seguinte, e lhe cabe, à época da dissolução conjugal, direito à metade dos bens adquiridos pelo casal, a título oneroso, na constância do casamento".

E o *caput* do artigo 1.673:

> "Integram o patrimônio próprio os bens que cada cônjuge possuía ao casar e os por ele adquiridos, a qualquer título, na constância do casamento".

No pacto antenupcial poderá se convencionar a livre disposição dos bens imóveis, desde que sejam particulares, conforme autoriza o artigo 1.656:

"No pacto antenupcial, que adotar o regime de participação final nos aquestos, poder-se-á convencionar livre a disposição dos bens imóveis, desde que particulares".

Nesse regime de bens existem dois patrimônios: o primeiro, constituído pelos "bens próprios" de cada cônjuge, em vigor durante o casamento e, o segundo, composto pelos "bens aquestos", que somente será apurado por ocasião da dissolução da sociedade conjugal.

Compõem o patrimônio denominado "bens próprios" os bens que cada cônjuge traz para o casamento e os adquiridos durante o matrimônio a qualquer título: gratuito ou oneroso. É o que preceitua o artigo 1.673.

Sobrevindo a dissolução da sociedade conjugal, seja por morte ou separação judicial, apurar-se-á, então, o patrimônio formado pelos "bens aquestos" da seguinte forma:

Do patrimônio constituído pelos bens próprios exclui-se:

a) os bens anteriores ao casamento e os sub-rogados em seu lugar;

b) os bens havidos por herança ou doação;

c) as dívidas relativas a esses bens.

Apurados os bens adquiridos a título oneroso durante o matrimônio, acrescer-se-á ao montante:

a) o valor das doações feitas por um dos cônjuges sem autorização do outro. Nesse caso, poderá o cônjuge prejudicado reivindicar o bem doado ou declarar seu valor à data da dissolução.

b) o valor dos bens alienados em detrimento da meação, caso em que, também, poderá o cônjuge prejudicado, se desejar, reivindicar o bem alienado.

Como se verifica, os bens aquestos decorrentes de doações sem autorização do outro cônjuge ou de venda em detrimento da meação, poderão ser trazidos ao monte in natura ou pelo seu valor à data da dissolução do casamento (data do óbito).

Ocorrendo o término do matrimônio por falecimento de um dos cônjuges, é necessário apurar quais bens constituem aquestos e que deverão ser trazidos ao inventário para partilha com os demais herdeiros e quais os bens considerados próprios de cada cônjuge, que serão partilhados diretamente aos herdeiros, sem participação do cônjuge. Adotando o rito do arrolamento, o cônjuge e os herdeiros atribuirão valores aos bens e elaborarão a partilha amigável, não existindo aparentemente qualquer problema.

Havendo, porém, litígio entre o cônjuge e os herdeiros, será maior a dificuldade para apuração do patrimônio a ser inventariado.

Relacionados os bens adquiridos por ambos os cônjuges a título oneroso e apurados seus valores, acrescentar-se-á o valor dos bens doados pelos cônjuges sem autorização do outro, bem como, os valores dos bens alienados em detrimento da meação do outro cônjuge, devendo ser os mesmos avaliados pelo avaliador judicial para efeito de pagamento de imposto de transmissão *causa mortis* e partilha.

Havendo dúvidas sobre os bens a inventariar, o litígio não deverá ser apreciado dentro dos autos de inventário, sob pena de tornar-se um processo infindável.

Dessa forma, havendo bens controversos, deverá a discussão ser remetida para as vias ordinárias, ficando, por conseguinte, para sobrepartilha.

Os demais bens inventariados serão partilhados, permitindo que os herdeiros recebam e desfrutem da parte incontroversa da herança.

Com o novo regime, visou o legislador facilitar a vida das pessoas que, em face da profissão exercida, necessitam de uma administração independente, evitando a participação do cônjuge em todos os atos.

Poderemos encontrar situações, cujas soluções não estão previstas na lei. Tomemos como exemplo uma pessoa que explore o ramo do comércio de imóveis, que adquira e aliene diversos imóveis durante a sociedade conjugal, frutos da atividade profissional.

Como ficariam esses bens adquiridos e alienados durante o matrimônio para efeito de apuração dos bens aquestos, se os bens adquiridos a título oneroso durante a sociedade conjugal constituem aquestos por ocasião da dissolução?

Caberá ao Judiciário oferecer, com o bom senso e o elevado saber jurídico de seus componentes, a solução para as situações não previstas pelo legislador.

Quanto aos bens sub-rogados em lugar de outros possuídos anteriormente ao matrimônio, aconselhamos fazer constar na escritura de aquisição, que o bem objeto da transação está sendo adquirido com o produto da venda de outro de propriedade do comprador, constituindo-se, assim, bem particular do adquirente.

O legislador, no artigo 1.679, previu, ainda, que sendo o bem (móvel ou imóvel) adquirido pelo trabalho conjunto, cada cônjuge terá direito a uma cota igual no condomínio ou no crédito por aquele modo estabelecido.

Quanto aos bens móveis, o legislador estipulou, no parágrafo único do artigo 1.674, a presunção de terem sido adquiridos na constância do casamento, salvo prova em contrário.

Por fim, resumindo, na apuração do monte a ser partilhado, devem-se distinguir:

a) patrimônio que constitui bens próprios;

b) patrimônio que constitui bens aquestos;

c) bens doados sem autorização do cônjuge;

d) bens alienados em prejuízo da meação;

e) bens adquiridos pelo trabalho conjunto;

f) bens móveis.

O cônjuge, além de sua meação, participará da herança como herdeiro.

Competirá ao julgador, analisando cada caso, evitar que sirva o processo de inventário de arena para os litígios entre cônjuge e herdeiros, agindo com firmeza, para que os autos cheguem ao seu final o mais breve possível.

REGIME DE SEPARAÇÃO DE BENS (ABSOLUTA OU TOTAL)

Este regime vem previsto nos artigos 1.687 e 1.688 do diploma civil. Os bens não se comunicam, nem os adquiridos anteriormente, nem os posteriores, a qualquer título, não devendo se falar, portanto, em meação.

Para a adoção do regime da separação total de bens é necessária a celebração de pacto antenupcial, no qual os nubentes convencionarão o regime, estabelecendo a propriedade de cada um de seus bens, quer quanto aos existentes anteriormente, quer quanto àqueles a serem adquiridos posteriormente.

Inovou o legislador ao permitir, no artigo 1.647, a possibilidade de o cônjuge, sem autorização do outro, alienar ou gravar de ônus real os bens imóveis.

Em face dos termos do artigo 259 do Código Civil revogado, admitia-se a comunhão de aquestos nos bens adquiridos na constância do matrimônio quando o pacto pré-nupcial, elegendo o regime de separação de bens, fosse omisso quanto aos adquiridos na constância do matrimônio.

Seria possível admitir a sociedade de fato sobre bens adquiridos no regime da separação de bens mesmo não existindo disposição referente aos bens futuros?

Posição interessante despontou de forma tênue prevendo a comunhão de aquestos nos bens adquiridos na constância do matrimônio, desde que houvesse efetiva colaboração do consorte na aquisição dos bens.

A princípio, os Tribunais se posicionaram no sentido da inexistência da comunicação dos aquestos em vista de ter sido o regime de separação de bens eleito pelos cônjuges por livre e espontânea vontade. Não existe, como no regime da separação obrigatória, qualquer empecilho legal que imponha aos nubentes a escolha do regime. Optam pelo regime da separação total dos bens porque assim desejam, cientes de que não haverá comunicação dos bens, independentemente da forma de aquisição e da contribuição dada por cada um na aquisição em nome do outro.

Vale destacar a posição do Des. Semy Glanz, vencido no julgamento pela Egrégia 4ª Câmara Cível do Tribunal de Justiça do Estado do Rio de Janeiro da Ap. Cível 4.440/91, relatada pelo Des. Caetano Costa, assim ementada:

> "Casamento – Pacto antenupcial – Regime da separação absoluta de bens – Incomunicabilidade dos aquestos.
>
> Ordinária – Casamento – Sociedade de fato – Impossibilidade de comunicação dos bens adquiridos em face do regime da completa separação.
>
> O casamento estabelece entre os cônjuges mais que uma sociedade de fato, uma sociedade de direito, com regime próprio regulado por lei inclusive quanto aos bens do casal. Assim, se o regime é da completa separação de bens, não só por força da vontade das partes, manifestada no pacto antenupcial,

como até por imposição da lei, existe impossibilidade jurídica da pretensão de se comunicarem os adquiridos, havidos na constância do casamento" (Ementas – Jurisprudência Cível e Criminal, Espaço Jurídico, n. 13, p. 6 – Ementa 58).

Parece-nos que, necessitando de pacto antenupcial, ato solene em que a escritura pública é forma essencial para sua validade, os nubentes têm plena consciência dos efeitos advindos do regime eleito, devendo precaver seus direitos por ocasião da aquisição dos bens.

Existe vontade clara e expressa manifestada voluntariamente.

Os bens existentes em nome do cônjuge sobrevivente não serão descritos nos autos de inventário. Promover-se-á, perante o RGI respectivo, a averbação do estado de viuvez do proprietário.

No regime da separação convencional de bens, o cônjuge concorre em igualdade de condições com os descendentes, na forma do estabelecido no inciso I do artigo 1.829 do Código Civil e do mais recente entendimento do STF.

REGIME HÍBRIDO

Poderão, ainda, os nubentes estabelecer no pacto antenupcial um regime de bens híbrido desde que não seja contrário à lei, à ordem pública e aos bons costumes

Capítulo VII
FORMAS DE SUCEDER

Existem três formas de suceder:

1. por direito próprio ou por cabeça (*in capita*);
2. por direito de representação ou por estirpe (*in stirpes*);
3. por direito de transmissão.

A vocação sucessória é norteada por certos princípios:

a) existindo um herdeiro em determinada classe, não serão chamados à sucessão os herdeiros da classe subsequente.

Havendo um herdeiro na classe descendente, não será chamado à sucessão qualquer parente da classe ascendente. Havendo filhos, netos, ou mesmo, bisnetos nunca serão chamados a suceder os pais do autor da herança. Não importa que o herdeiro da classe subsequente esteja em grau mais próximo do falecido que o herdeiro da classe antecedente. Concorrendo um bisneto, parente em 3° grau do autor da herança, com o pai, parente em 1° grau, herdará o bisneto, pois este pertence à classe dos descendentes, que antecede a dos ascendentes, da qual faz parte o pai do *de cujus*. É o que se deduz dos artigos 1.829 e seguintes do diploma civil, consagrando o princípio da preferência de classes.

b)na mesma classe de herdeiros, os de grau mais próximo excluem da sucessão os de grau mais distante, salvo o direito de representação; é o que, também, se deduz dos artigos 1.835, 1.836 e 1.840 do mesmo diploma. É o princípio da preferência de graus.

Ex.: na classe dos descendentes, em primeiro lugar vêm os filhos. São parentes em 1° grau do autor da herança. Inexistindo filho vivo serão chamados os netos, herdeiros em 2° grau. Existe, porém, uma exceção. Se concorrem diversos filhos e, um deles, premorreu ao autor da herança, os filhos deste, netos do autor da herança, serão chamados a herdar representando seu pai premorto, falecido anteriormente ao autor da herança.

O legislador incluiu o cônjuge entre os herdeiros necessários, admitindo a sua concorrência com os descendentes em determinados regimes de bens e com os ascendentes qualquer que seja o regime. Nem por isso, há que se entender que o cônjuge pertença à classe dos descendentes ou dos ascendentes.

POR DIREITO PRÓPRIO OU POR CABEÇA

Um parente é chamado à sucessão por direito próprio ou por cabeça, quando todos os herdeiros estão no mesmo grau e entre eles e o autor da herança não existe outro herdeiro de grau mais próximo.

Ex.: o autor da herança, viúvo, deixou três filhos vivos: João, José e Milton. A herança será dividida entre os três filhos. Os filhos são parentes em 1º grau do autor da herança, estão todos no mesmo grau e, entre eles e o *de cujus*, não existe qualquer herdeiro de grau mais próximo.

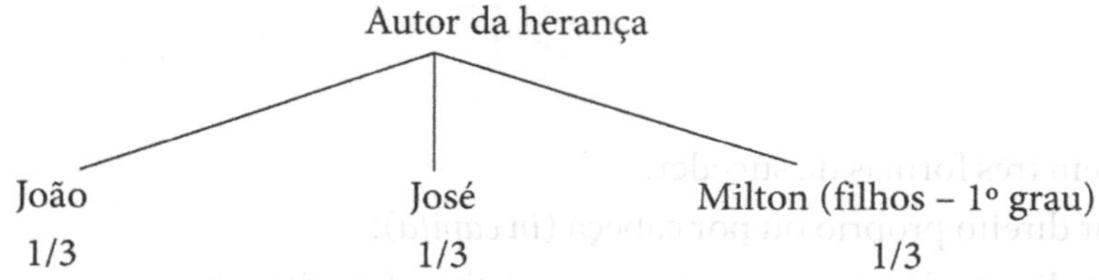

Não importa que João, José e Milton tenham filhos, pois estes não herdarão, uma vez que seus pais, filhos do autor da herança, encontram-se em grau mais próximo do que os netos, parentes em 2º grau, e os herdeiros de grau mais próximo excluem os de grau mais remoto.

Quando os herdeiros são chamados a suceder por direito próprio divide-se a herança em tantas partes (cabeças) quantos eles forem.

No caso acima, sendo três herdeiros a cada um caberá 1/3 da herança. Para ocorrer a sucessão por direito próprio ou por cabeça é requisito essencial que todos os herdeiros estejam no mesmo grau e entre eles e o autor da herança não exista herdeiro de grau mais próximo.

Se o autor da herança deixou somente netos porque seus filhos já haviam premorrido por ocasião de seu passamento, e estando os netos todos no mesmo grau (2º grau), herdarão por direito próprio ou por cabeça, dividindo-se a herança em tantas cabeças quantos forem os herdeiros. Não importa que um dos filhos tenha deixado maior ou menor número de filhos que os outros.

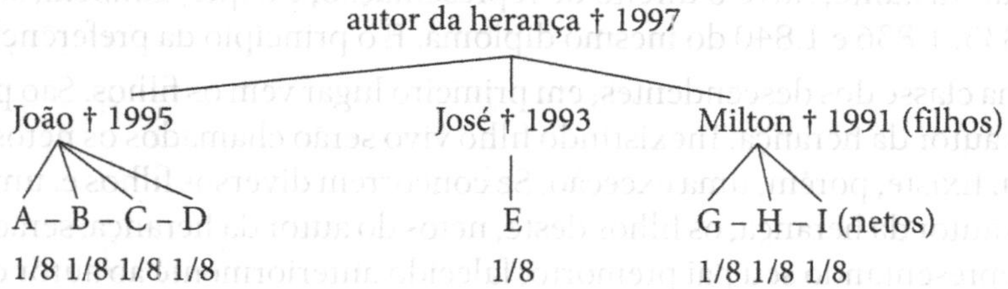

Ex.: se por ocasião do óbito do autor da herança seus três filhos, João, José e Milton fossem falecidos, tendo o primeiro (João) deixado 4 filhos (A, B, C e D); o segundo, José, deixado 1 filho (E) e o terceiro, Milton, deixado 3 filhos (G, H e I), os netos do autor da herança herdariam por direito próprio, uma vez que se encontram todos no mesmo grau (2º grau), não importando se João e Milton deixaram mais filhos que José.

Sendo todos netos do autor da herança e encontrando-se todos no mesmo grau, herdarão por cabeça, dividindo-se a herança em tantas partes quantos forem os herdeiros.

Destarte, cada um dos netos herdará 1/8 da herança do inventariado. Se todos os netos tivessem, também, premorrido ao autor da herança, restando somente bisnetos na sucessão, estes herdariam por cabeça, pois se encontrariam todos os herdeiros no mesmo grau, 3° grau, inexistindo entre eles e o autor da herança qualquer herdeiro de grau mais próximo.

Tal princípio aplica-se, também, à classe dos colaterais existindo duas exceções, que, oportunamente, serão apreciadas:

POR DIREITO DE REPRESENTAÇÃO OU POR ESTIRPE

Também denominada vocação indireta. Prescreve o artigo 1.851:

"Dá-se o direito de representação, quando a lei chama certos parentes do falecido a suceder em todos os direitos, em que ele sucederia se vivo fosse".

Falecendo o herdeiro presumido antes da abertura da sucessão em seu favor, são chamados os seus descendentes para, ocupando seu lugar, concorrerem com os descendentes mais próximos do autor da herança.

Ocorre quando a lei permite a determinados herdeiros o direito de representação.

Para que ocorra o direito de representação, é preciso:

1. a pré-morte do presumível herdeiro autor da herança;
2. que os herdeiros não se encontrem no mesmo grau;
3. que a sucessão seja legítima.

Ex.:

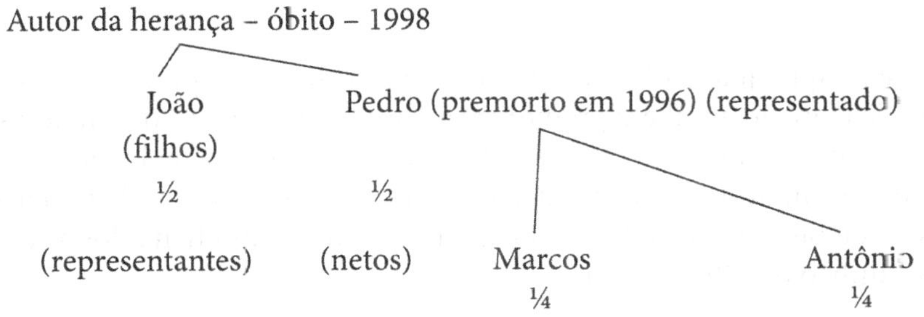

No exemplo acima, tendo Pedro premorrido ao autor da herança, seus filhos, netos do inventariado, serão chamados à sucessão para herdar por representação o que ele herdaria se vivo fosse.

Ocupando o lugar de Pedro, Marcos e Antônio receberão o quinhão hereditário que lhe caberia.

Assim, 1/2 (metade) da herança caberá a João, filho do autor da herança, e a outra 1/2 (metade) que caberia a Pedro, se vivo fosse, pertencerá a seus dois filhos, netos do inventariado, Marcos e Antônio, na proporção de 1/4 (uma quarta parte) para cada um.

No caso, Pedro é o representado e Marcos e Antônio os representantes.

Os representantes, qualquer que seja o número, em todas as situações são tidos como um só herdeiro e recebem somente a parte que caberia ao representado.

É o que diz o artigo 1.855:

"O quinhão do representado partir-se-á por igual entre os representantes". Segundo artigo 1.852, o direito de representação dá-se na linha descendente, jamais na linha ascendente.

Na linha descendente o direito de representação se dá até o grau infinito. Enquanto houver um herdeiro premorto concorrendo com outros de grau diferente, seus descendentes serão chamados a representá-lo na sucessão do autor da herança.

Ex.: se o autor da herança deixou três filhos (João, Carlos e Manoel), e tendo um deles premorrido (João) deixando dois filhos (netos do autor da herança – Paulo e José), sendo que um destes (José), também, premorto ao autor da herança, deixado dois filhos (Márcio e André), estes herdarão por representação a parte que caberia a seus pais.

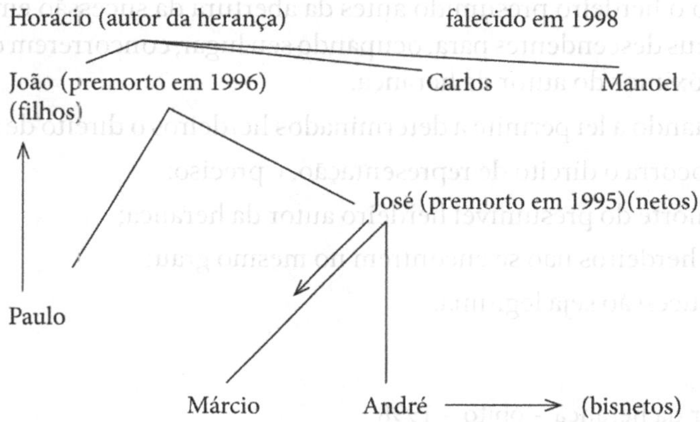

Neste exemplo, João, filho de Horácio, autor da herança, premorreu; José, filho de João e neto de Horácio, também premorreu a seu avô. Assim, serão chamados a suceder por representação na herança os filhos de José, Márcio e André, bisnetos do autor da herança, representando seu pai e seu avô. Caso André tivesse, também, falecido anteriormente a seu bisavô, autor da herança, seriam seus filhos chamados à sucessão para receber o quinhão que lhes caberia.

Esta herança será dividida da seguinte forma:

1. Carlos, Manoel e João, filhos do autor da herança, receberão cada um 1/3 do patrimônio;

2. como João premorreu, seu quinhão se dividirá entre seus dois filhos, Paulo e José, na proporção de 1/6 para cada um;

3. como José também faleceu anteriormente ao autor da herança, seu quinhão se partirá entre seus dois filhos, Márcio e André, na proporção de 1/12 para cada.

E assim sucessivamente.

Na prática, é necessário ao declarar os herdeiros na petição de primeiras declarações, esclarecer quem herda por representação e qual herdeiro está representando, bem como a data do óbito do herdeiro premorto (*vide* modelo).

MODELO DE PRIMEIRAS DECLARAÇÕES COM HERDEIROS POR REPRESENTAÇÃO

"Exmo. Sr. Dr. Juiz de Direito da ___________ Vara de Órfãos e Sucessões

Proc. N. ___________

Orlanda Pereira da Costa, na qualidade de viúva nos autos de inventário dos bens deixados por seu finado marido Edvaldo Costa, vem, por seu advogado, apresentar as declarações de herdeiros e bens, na forma abaixo:

AUTOR DA HERANÇA

O inventariado, brasileiro, portador da carteira de identidade n. ___________, expedida pela OAB/SP em ___________, inscrito no CPF sob n. ___________, faleceu nesta cidade, onde era residente e domiciliado, no dia 22 de janeiro do corrente ano, no estado civil de casado com a Requerente pelo regime da comunhão universal de bens, sem deixar testamento.

CÔNJUGE MEEIRO

Orlanda Pereira da Costa, já qualificada na inicial.

HERDEIROS:

O autor da herança deixou os seguintes herdeiros:

FILHOS:

João Pereira da Costa .... (qualificar);

Manoel Pereira da Costa .... (qual ficar).

NETO – (representando o filho premorto, Paulo Pereira da Costa, cujo óbito ocorreu em..............)

1. Paulo Tavares da Costa.... (qual ficar).

DOS BENS:

I ...."

Obs.: A petição deve ser dirigida ao Juízo competente na comarca para processar inventário.

Como proclama o mencionado artigo 1.852 do diploma civil, não existe direito de representação na classe dos ascendentes.

Na classe dos ascendentes, ocorrendo a pré-morte de um dos herdeiros, o de grau seguinte não será chamado à sucessão por representação.

Ex.:

avô paterno – avó paterna
pai (premorto em 1996) — mãe
autor da herança (falecido em 1998)

No exemplo acima, por ocasião da morte do autor da herança (sem herdeiros descendentes) seu pai já havia falecido. Neste caso, os avós paternos não herdarão representando o pai do autor da herança porque na classe dos ascendentes não existe o direito de representação. A herança tocará por inteiro à mãe do autor da herança em face do princípio: "os herdeiros de grau mais próximo excluem os herdeiros de grau mais remoto".

Na linha colateral, também denominada transversal, como afirma o artigo 1.853 do diploma civil, só se dá o direito de representação em favor de filhos de irmãos do falecido quando concorrerem com irmãos destes. Esta previsão está inserida, também, no artigo 1.840.

Este é o único caso na linha colateral ou transversal em que ocorre o direito de representação, quando concorrem filhos de irmãos com irmãos do falecido.

Ex.:

João (A. H. † 1998) – Adolfo – Jacques – Maria (†1996) (irmãos – 2º grau)
1/3 1/3 1/3
Haroldo Sérgio (sobrinhos – 3º grau)
1/6 1/6

Como se verifica, concorrem à sucessão de João, falecido em 1998, seus irmãos Adolfo e Jacques e sua irmã Maria, que, em face de seu óbito anterior ao *de cujus* – 1996 – será representada por seus filhos, sobrinhos do falecido, Haroldo e Sérgio.

Nesta sucessão concorrem irmãos do falecido, Adolfo e Jacques, com filhos de irmã do falecido, Haroldo e Sérgio, enquadrando-se a hipótese perfeitamente no artigo 1.840.

Se concorrerem somente sobrinhos do falecido, filhos de irmãos, em virtude do óbito anterior, a vocação não se dará por estirpe, mas por cabeça, pois encontram-se todos os herdeiros no mesmo grau: 3º grau.

Ex.:

João (A. H.†1998) Adolfo (†1996) Jacques (†1995) Antônio (†1992) (irmãos)
Pedro Paulo Josefa Ivo Maria Eva (sobrinhos)
1/6 1/6 1/6 1/6 1/6 1/6

Ao falecer João, em 1998, seus irmãos Adolfo, Jacques e Antônio já haviam falecido, deixando o autor da herança somente sobrinhos, seus parentes em 3º grau.

Encontrando-se todos os herdeiros no mesmo grau (sobrinhos – 3º grau), a divisão da herança será feita por cabeça, partindo-se em tantas partes quantos forem os herdeiros.

Sendo seis herdeiros: Pedro, Paulo, Josefa, Ivo, Maria e Eva, cada um receberá 1/6 (um sexto) da herança, não importando que um irmão do inventariado tenha tido mais filhos que o outro.

Não se aplica o instituto da representação quando concorrem sobrinhos-netos com sobrinhos do falecido ou mesmo com irmãos deste, pois, o legislador foi taxativo ao estabelecer que só se dá o direito de representação quando concorrem filhos de irmãos com irmãos do falecido. Em nenhuma outra hipótese, na classe colateral ou transversal, ocorrerá o direito de representação.

Para que ocorra o direito de representação é requisito essencial a pré-morte do presumido herdeiro.

Ninguém sucede representando pessoa viva. Duas exceções apresentam-se a esta regra:

1. quando o herdeiro é julgado indigno;
2. quando o herdeiro é declarado ausente.

Quanto a primeira, prevê o artigo 1.816:

> "São pessoais os efeitos da exclusão; os descendentes do herdeiro excluído sucedem como se ele morto fosse antes da abertura da sucessão".

Tendo o legislador considerado o herdeiro excluído da sucessão por indignidade como se morto fosse (morte civil), seus descendentes serão chamados à sucessão por direito de representação.

Ainda que no capítulo referente à "Deserdação" não tenha o legislador se referido ao chamamento dos descendentes do deserdado, entendemos que deva existir a equiparação, pois as situações são iguais.

Caio Mário da Silva Pereira admite aplicar-se o mesmo entendimento em relação à deserdação, em *Instituições de Direito Civil* (v. VI – Direito das Sucessões, 23. ed., atual. e rev. por Carlos Roberto Barbosa Moreira, Forense, p. 79):

> "Idêntica é a situação do deserdado, que sofre uma pena civil de cunho personalíssimo que pela mesma razão, não deve ultrapassar a pessoa do culpado. Embora, não prevista expressamente, quer no Código Civil de 1916, quer no texto do novo Código Civil, a situação dos filhos do deserdado deve-se estender-lhes o benefício da representação, chamando-os a suceder nos bens que lhe caberiam se não houvesse a condenação".

Quanto à segunda exceção, declara o artigo 6º:

> "A existência da pessoa natural termina com a morte; presume-se esta, quanto aos ausentes, nos casos em que a lei autoriza a abertura de sucessão provisória".

A ausência equipara-se à morte presumida, dando margem a que se processe a sucessão provisória e, posteriormente, a sucessão definitiva observados os prazos legais.

Aberta a sucessão, havendo um herdeiro que se encontre em lugar incerto e não sabido, necessário será proceder-se, primeiramente, ao processo de "Declaração de Ausência", e somente após declarada a ausência por sentença poderão seus descendentes, então, apresentar-se como herdeiros, representando o pai ausente.

Salientamos que, tratando-se de morte presumida, a representação é provisória e cessará ao se verificar o regresso do ausente.

Este entendimento é admitido por vários autores, citando-se, entre eles, Wilson de Oliveira (*Direito de representação no direito sucessório*, Saraiva, p. 32) e Hermenegildo de Barros (*Manual do Código Civil brasileiro: Direito das sucessões*. Jacintho Ribeiro dos Santos Editor, v. XVIII, p. 625).

No caso da morte presumida prevista no artigo 7º, existe uma certeza da morte, mandando o juiz expedir a certidão de óbito do desaparecido.

DIREITO DE REPRESENTAÇÃO NA COMORIÊNCIA

O principal efeito da comoriência é a inexistência de relação de sucessão entre os comorientes.

Como ficaria, então, o direito de determinados herdeiros sucederem por representação o comoriente?

A respeito, na doutrina pátria, somente em Orlando Gomes encontramos opinião sobre o assunto.

Diz o professor baiano:

> "O direito de representação pressupõe a morte do representado antes do *de cujus*, admitindo-se, porém, quando ocorre a comoriência, visto não se poder averiguar, nesse caso, qual dos dois sobreviveu ao outro. Observe-se que solução diversa conduziria ao absurdo de os netos nada receberem da herança do avô quando o pai tivesse morrido juntamente com ele e existissem outros filhos daquele" (*Sucessões*, Forense, 7. ed., p. 44).

No exemplo abaixo apresentado, seria justo que os filhos de Júlia (Marcos e Tadeu), netos de Alzira, não herdassem de sua avó, representando Júlia, pelo fato de, por uma ficção da lei, não haver relação de sucessão entre os comorientes?

O Direito francês admite o direito de representação entre os comorientes.

Afirma Philippe Malaurie (em *Les Sucessions – Les Liberalités*, 3. ed., Defrenois, p. 43):

> "Les descendants de l'un dês comourants peuvent venir, par répresentation de leur auteur, à la sucession de l'autre comourant (art. 725-1)".

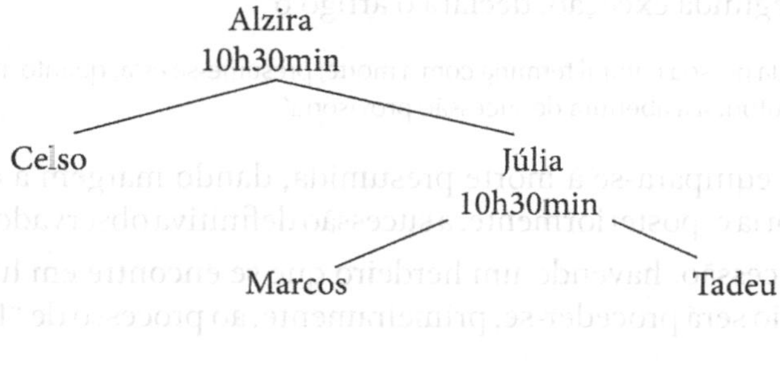

Tal entendimento nos parece correto.

A uma, porque não seria justo que os netos da autora da herança deixassem de herdar somente porque sua mãe faleceu em comoriência com a avó.

A duas, porque a comoriência não ocorreu com os netos da autora da herança e, assim, não se pode atribuir aos mesmos seus efeitos, excluindo-os da sucessão, tampouco deixaram de ser descendentes de sua avó.

Dessa forma, a nosso ver, é de admitir-se o direito de representação quando ocorre a comoriência.

DÍVIDAS DO REPRESENTADO E DO AUTOR DA HERANÇA

Aquele que herda por representação não responde pelas dívidas do representado, mas tão somente pelas do autor da herança.

A solução é óbvia, pois, no caso, não se está tratando da sucessão do representado. No inventário deste serão cobradas as dívidas por ele deixadas.

POR DIREITO DE TRANSMISSÃO

Esta forma de sucessão raramente ocorre.

Dá-se a sucessão por direito de transmissão quando os herdeiros de um herdeiro pós-morto ao autor da herança, que ainda não declarou se aceita a herança, habilitam-se na parte que lhe couber no monte hereditário, ou seja, o herdeiro faleça após o inventariado, mas antes de declarar se aceita ou renuncia a herança que lhe foi deixada. No caso, o direito é transmitido aos seus sucessores, pois compõe o acervo de titularidades transmissíveis por morte. Quem dispõe do direito de aceitar ou renunciar a uma herança transmite esse direito que detém aos seus sucessores.

Difere da sucessão por representação, pois nesta é necessário que o herdeiro presumido tenha premorrido ao autor da herança, sendo, então, representado por seus herdeiros, enquanto naquela o herdeiro do autor da herança falece posteriormente, porém, antes de declarar se aceita ou não a herança que lhe foi deixada.

O direito de aceitar ou repudiar a herança passa aos herdeiros do herdeiro pós-morto.

Está prevista na primeira parte do artigo 1.809:

> "Falecendo o herdeiro antes de declarar se aceita a herança, o poder de aceitar passa-lhe aos herdeiros, a menos que se trate de vocação adstrita a uma condição suspensiva, ainda não verificada.
>
> Parágrafo único: Os chamados à sucessão do herdeiro falecido antes da aceitação, desde que concordem em receber a segunda herança, poderão aceitar ou renunciar à primeira".

Orlando Gomes mostra em sua obra *Sucessões* (Forense, p. 41) a confusão que se faz entre direito de representação e transmissão:

> "Não se confunde com o direito de transmissão. Sucede por esse direito, quando, depois da abertura da sucessão, falece o herdeiro sem ter aceito ou repudiado a herança, a ele transmitida desde a sua abertura".

No mesmo sentido, é a lição de Itabaiana de Oliveira, *Tratado de Direito das Sucessões* (5. ed., Freitas Bastos, p. 105):

"219 – Direito de transmissão – A sucessão tem lugar por direito de transmissão quando falece o herdeiro antes de declarar se aceita a herança; o direito de aceitar passa-lhe aos herdeiros.

220 – Posse de um direito – Assim, o herdeiro que falece antes de aceitar a herança morre na posse de um direito – o de aceitar ou renunciar a herança. Este direito, que já faz parte do seu patrimônio, é, como os demais direitos, transmissível por sucessão hereditária. Por isso, o herdeiro que falece no período de delação, isto é, antes de declarar se aceita a herança, transmite-a, integralmente, aos seus próprios herdeiros. E é assim, que se opera a aquisição por transmissão hereditária".

São dois os requisitos para ocorrer a sucessão por direito de transmissão:

1. que o herdeiro tenha falecido posteriormente ao autor da herança;
2. que o herdeiro pós-falecido não tenha aceitado ou repudiado a herança.

Se houve aceitação da herança, tácita ou expressa, por parte do herdeiro pós-morto, não há que se falar em direito de transmissão, pois o direito que aqui se transmite é o de aceitar ou repudiar a herança.

Hermenegildo de Barros ensina:

"Diz-se também que uma pessoa pode vir à sucessão de outra por direito de transmissão, o que se verifica quando um herdeiro deixa a seus próprios herdeiros uma sucessão já aberta em seu favor. Exemplo: A. morreu deixando a herança a seu filho B., que também faleceu, deixando por herdeiro seu filho C. Tendo B. sobrevivido a A., mesmo por um instante, ficou investido na propriedade e posse da herança, que adquiriu imediatamente, embora ignorando o falecimento de A" (*Manual do Código Civil*: Direito das Sucessões. Editora Jacintho Ribeiro dos Santos, v. XVIII, p. 200).

Na prática, devem os descendentes do herdeiro pós-morto requerer nos autos de inventário suas habilitações, declarando que aceitam a herança por direito de transmissão, haja vista que o herdeiro falecido posteriormente ao autor da herança não praticou qualquer ato que demonstrasse a aceitação da herança.

Capítulo VIII
ACEITAÇÃO E RENÚNCIA DA HERANÇA

Prescreve o artigo 1.784:

> "Aberta a sucessão, a herança transmite-se, desde logo, aos herdeiros legítimos e testamentários".

A primeira etapa do processo sucessório é a abertura da sucessão. Ocorre no exato momento da morte. É o momento em que nasce o direito hereditário, não importando para que herdeiro.

Como ensina Walter Moraes:

> "A sucessão se abre no momento da morte do transmitente. Comporta, este princípio, o entendimento de que a abertura se dá no instante que segue imediatamente a morte do sujeito transmitente" ("Teoria geral e sucessão legítima", Revista dos Tribunais, p. 27).

O patrimônio do falecido se transmite imediatamente para seus herdeiros e sucessores independentemente da aceitação destes, que podem até desconhecer a situação que se lhes apresenta.

A morte do autor da herança provoca a abertura da sucessão e a transmissão da herança. E essa transmissão é imediata, instantânea, caso contrário ficariam os bens do *de cujus* abandonados até que seus herdeiros fossem admitidos em seus direitos.

A transmissão instantânea da herança aos herdeiros legítimos e testamentários é oriunda do direito francês, decorrente do instituto da *saisine*, segundo o princípio: "*Le mort saisit le vif*", previsto no artigo 1.784 do Código Civil.

O texto do artigo 1.804 reforça essa posição:

> "Aceita a herança, torna-se definitiva a sua transmissão ao herdeiro, desde a abertura da sucessão".

A segunda etapa do fenômeno sucessório é a delação ou devolução, ou seja, aberta a sucessão, a herança é oferecida a quem quer que a ela tenha direito. A herança fica à disposição do herdeiro, independentemente de que ele a tenha reclamado, e, assim, aparece a possibilidade de opção ao herdeiro de aceitar ou recusar a herança.

A terceira e final etapa resume-se à aceitação ou renúncia da herança. Três situações podem ocorrer com o parente chamado a sucessão: I – aceite a herança, II – renuncie a herança, III – não se pronuncie.

É evidente que ninguém é obrigado a aceitar ou renunciar a uma herança. É livre escolha do herdeiro.

Aceitação ou adição é o ato jurídico unilateral, indivisível e irrevogável pelo qual o herdeiro declara que aceita a herança do *de cujus*. Não pode sujeitar-se a condição ou termo, retroagindo a data da abertura da sucessão.

A teor do artigo 1.805, a aceitação pode ser tácita ou expressa. É a aceitação voluntária.

É tácita, quando o herdeiro pratica atos compatíveis com essa qualidade, ao se habilitar nos autos de inventário, concordar com as primeiras declarações, ceder direitos hereditários a terceiros ou a coerdeiro, ou, ainda, praticar qualquer ato que demonstre a aceitação da herança.

É expressa, quando o herdeiro declara expressamente nos autos de inventário que aceita a herança deixada pelo inventariado.

Na prática, geralmente, ocorre a aceitação tácita com o herdeiro promovendo sua habilitação nos autos de inventário. Raramente, o herdeiro faz uma petição declarando que aceita a herança.

Encontramos, ainda, outro tipo de aceitação, que a doutrina denomina aceitação presumida ou forçada. Essa forma de aceitação vem prevista no artigo 1.807:

> "O interessado em que o herdeiro declare se aceita, ou não, a herança, poderá, vinte dias após aberta a sucessão, requerer ao juiz prazo razoável, não maior de trinta dias, para, nele, se pronunciar o herdeiro, sob pena de se haver a herança por aceita".

Não atendendo o herdeiro ao apelo dos demais para habilitar-se nos autos, prejudicando o andamento do processo, a utilização do recurso previsto no mandamento acima possibilita o prosseguimento dos autos com a declaração ou silêncio do herdeiro omisso, mas com a certeza da aceitação da herança, caso ele não se manifeste no prazo determinado pelo Juiz.

Assim, temos duas formas de aceitação: voluntária, que pode ser expressa ou tácita, e a forçada, que decorre da lei.

O novo Código Civil não repetiu o dispositivo que autorizava a revogação da aceitação da herança quando oriunda de violência, erro ou dolo, até porque, os atos assim maculados são passíveis de anulação.

Simplesmente, declarou o legislador no artigo 1.812:

> "São irrevogáveis os atos de aceitação ou de renúncia da herança".

Assim se expressando, não admitiu o legislador que o herdeiro se retrate da aceitação da herança. Sendo irrevogável a aceitação, caso não mais deseje a herança que aceitou, pode o herdeiro cedê-la a quem se interessar por meio da escritura de cessão de direitos hereditários.

Esse ato importará o pagamento de dois impostos, o primeiro, *causa mortis*, em virtude da aceitação e, o segundo, *inter vivos*, decorrente da cessão.

Permitiu o legislador que o herdeiro a quem se testarem legados pode aceitá-los, renunciando a herança, ou aceitando-a, repudiá-los.

Possibilitou, ainda, ao herdeiro chamado na mesma sucessão a mais de um quinhão hereditário, sob títulos sucessórios diversos (herdeiro legítimo/testamentário), poder livremente deliberar quanto aos quinhões que aceita e aos que renuncia. É o que prescreve o artigo 1.808 e seus parágrafos do CC.

RENÚNCIA DA HERANÇA

Se a aceitação pode ser tácita ou presumida, a renúncia da herança deve ser expressa.

Como prevê o artigo 1.806:

> "A renúncia da herança deve constar expressamente de instrumento público ou termo judicial".

Renúncia é o ato solene, unilateral, indivisível e irrevogável pelo qual o herdeiro declara expressamente que não aceita a herança do *de cujus*.

A renúncia deve ser manifestada por instrumento público ou por termo nos autos. A renúncia não se presume. Tem caráter retroativo. Aquele que renuncia é como se nunca tivesse sido herdeiro.

O Código Civil francês, em sentido contrário, prevê em seu artigo 801 que, mantendo-se o herdeiro inativo por dez anos, reputa-se que ele renunciou à herança.

A primeira é concretizada por escritura. O herdeiro comparece a um Ofício de Notas e celebra uma escritura de renúncia à herança. De posse da certidão da escritura, junta-a aos autos de inventário.

A segunda é feita através de uma petição nos autos de inventário pelo herdeiro renunciante, antes de praticar qualquer ato que demonstre aceitação.

O juiz determinará a ratificação por termo da petição e, após assinada pelo herdeiro renunciante ou por procurador com poderes expressos, estará consumada a renúncia, não necessitando de homologação por sentença.

Não é admitida a renúncia por instrumento particular.

É necessário que a sucessão esteja aberta. Não se aceita ou repudia herança de pessoa viva, pois a lei proíbe os pactos sucessórios.

A aceitação, assim como a renúncia, não pode ser feita sob condição, em parte ou a termo, afirma o artigo 1.808:

> "Não se pode aceitar ou renunciar a herança em parte, sob condição ou a termo.
>
> § 1º O herdeiro, a quem se testarem legados, pode aceitá-los, renunciando a herança ou, aceitando-a, repudiá-los.
>
> § 2º O herdeiro chamado na mesma sucessão a mais de um quinhão hereditário, sob títulos sucessórios diversos, pode livremente deliberar quanto aos quinhões que aceita e aos que renuncia".

Não é possível a aceitação parcial da herança. Deverá ser sempre em sua totalidade. Assim, uma vez aceita a herança, o herdeiro terá que receber tanto os bens que lhe forem atribuídos na partilha quanto aqueles que lhe couberem em uma eventual sobrepartilha.

Não se podem aceitar somente os bens imóveis e renunciar aos demais, ou vice-versa, tampouco aceitar a herança durante determinado lapso de tempo ou sob alguma condição.

Sendo uma pessoa herdeira legítima e, ainda, legatária de um determinado bem, pode, conforme preceitua o § 1° do artigo 1.808, optar pela herança e renunciar ao legado ou vice-versa. Sendo sucessora sob diversos títulos, herdeira legítima e herdeira testamentária, poderá deliberar quanto aos quinhões que aceita ou renuncia, como prescreve o § 2° do mesmo dispositivo.

A renúncia prevista no Código é a abdicativa, também, denominada "pura e simples" ou "em favor do monte". Nesse tipo de renúncia, o herdeiro abdica de seu direito à herança. Declara, simplesmente, não aceitar a herança que lhe foi deixada pelo inventariado.

Uma vez operada a renúncia, não se verifica a transmissão da herança em favor do renunciante, como explicita o parágrafo único do artigo 1.804, deixando certo o legislador da inexistência da transmissão da herança e, consequentemente, de imposto *causa mortis* devido pelo renunciante.

O parágrafo único do artigo 1.804 proclama:

"A transmissão tem-se por não verificada quando o herdeiro renuncia a herança".

Por conseguinte, ao renunciar não se verifica a transmissão da herança para o herdeiro renunciante.

Assim se expressando, o legislador consagrou a renúncia abdicativa como a única admitida, pois, para que ocorra a renúncia translativa, deve o renunciante receber a herança e transmitir para a pessoa por ele indicada.

Por outro lado, não se deve mais admitir a renúncia translativa, pois equipara-se a uma cessão de direitos hereditários e, como tal, haveria obrigatoriedade de ser dada preferência aos demais herdeiros, o que é incompatível com a renúncia à herança.

A renúncia não se confunde com a desistência da herança. A lei não prescreve forma especial para esta. Quem renuncia não aceita a herança e é considerado como se não fosse herdeiro. Quem desiste aceita a herança e, depois, transfere seu quinhão por liberalidade a um terceiro.

Na renúncia é a lei quem destina a parte do renunciante como prescrevem os artigos 1.810 e 1.811, enquanto na desistência o destino é dado pelo desistente.

Doutrina e jurisprudência, ante a omissão do Código anterior, aceitavam a renúncia translativa. Atualmente, ante a expressa declaração contida no parágrafo único do artigo 1.804, a renúncia translativa não deve mais ser admitida.

A renúncia translativa, também conhecida como *in favorem,* é verdadeira cessão de direitos hereditários implicando duas transmissões: a primeira, do autor da herança para o herdeiro, e a segunda, do herdeiro renunciante em favor do terceiro, propiciando a cobrança de dois impostos: *causa mortis*, do autor da herança para o herdeiro e, *inter vivos*, decorrente da transferência do herdeiro renunciante para o beneficiário.

Ante a expressa disposição legal, manifestamos nossa discordância com essa posição por entender que, ao repudiar, o renunciante não aceita a herança e, portanto, não pode transmitir para terceiros direitos que não recebeu.

A nosso ver, o legislador aclamou a renúncia abdicativa como a única existente.

A quota hereditária que caberia ao herdeiro renunciante acresce aos demais herdeiros.

É o que reza a primeira parte do artigo 1.811:

> "Ninguém pode suceder, representando herdeiro renunciante..."

Não existe, pois, direito de representação para os filhos do herdeiro renunciante.

Ex.: o autor da herança deixa três filhos: João, Tomás e Felipe.

Se Felipe repudia a herança, sua parte acrescerá a dos demais herdeiros, seus irmãos João e Tomás e cada um deles receberá metade da herança.

Ainda que Felipe tenha filhos, estes não herdarão por representação a parte que caberia a seu pai, pois, não existe direito de representação para filhos de herdeiro renunciante. É o que anuncia o aludido artigo 1.811, cuja regra aplica-se somente à classe dos descendentes.

Salienta Carlos Maximiliano:

> "Fica o renunciante como se nunca fora herdeiro, não transmite aos seus sucessores direitos sobre o espólio. Embora ele seja filho do *de cujus*, com os seus atos faz os seus filhos perderem o direito aos bens do avô; eles não podem representar o repudiador" (op. cit., v. I, p. 66).

O filho do renunciante jamais herda por direito de representação, porém, herdará por direito próprio, se todos os demais herdeiros do mesmo grau renunciarem à herança, já tiverem falecido ou forem excluídos da sucessão (art. 1.811, CC).

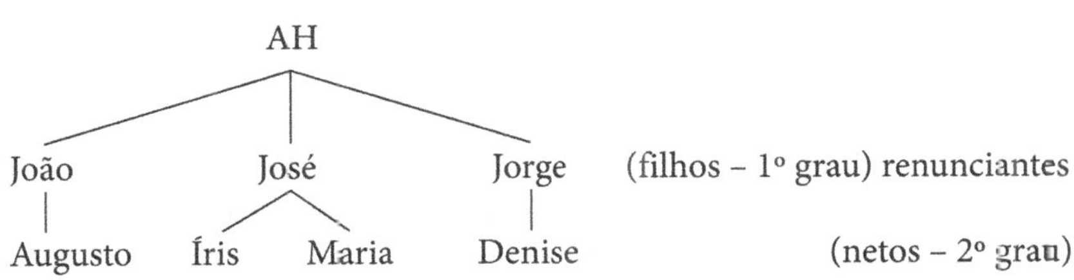

1. Se João, José e Jorge renunciarem à herança, seus filhos, Augusto, Íris, Maria e Denise, netos do autor da herança, virão à sucessão, não por direito de representação, mas por direito próprio, pois encontram-se todos no mesmo grau (2º grau) e entre eles e o autor da herança não existe herdeiro de grau mais próximo (todos os filhos renunciaram à herança).

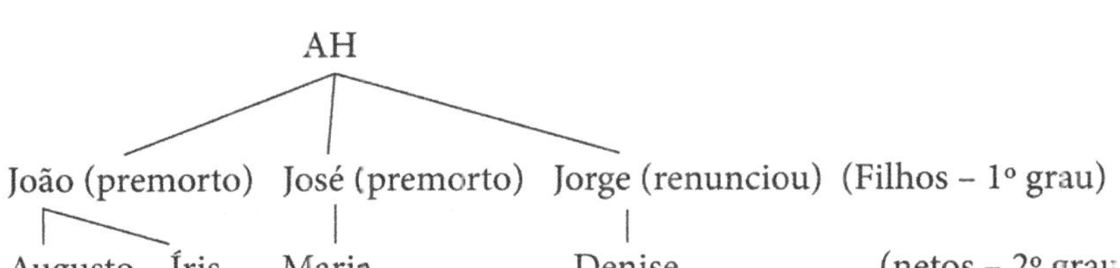

2. Se João e José tivessem premorrido ao autor da herança e Jorge renunciasse à herança, também viriam os netos (Augusto, Íris, Maria e, inclusive, Denise) à sucessão por direito próprio.

Note-se que, no caso, Denise não estaria herdando por representação de seu pai, mas, sim, por direito próprio, pois com a renúncia de seu pai deixou de existir qualquer herdeiro em 1° grau e todos que restaram encontram-se em 2° grau.

A renúncia é sempre gratuita e só poderá beneficiar outro herdeiro, jamais um estranho.

A renúncia abdicativa pode ser feita através de instrumento público ou por meio de petição nos autos de inventário, que deverá ser tomada por termo (modelo adiante).

Como prescreve o dispositivo pertinente, para se concretizar a renúncia é suficiente, apenas, que seja tomada por termo. O legislador não determina que seja a renúncia homologada por sentença.

O herdeiro que pretende repudiar a herança não deve praticar qualquer ato que demonstre aceitação da mesma. Uma vez aceita a herança, não poderá mais renunciar. Poderá ceder seus direitos hereditários, mas jamais renunciar à herança.

Portanto, o herdeiro que não deseje aceitar a herança deve praticar um único ato nos autos de inventário: a manifestação por intermédio de uma petição de sua renúncia.

MODELO DE RENÚNCIA À HERANÇA ABDICATIVA POR TERMO NOS AUTOS

"Exmo. Sr. Dr. Juiz de Direito da __________ Vara de Órfãos e Sucessões

Processo n. __________.

João Paulo de Albuquerque, brasileiro, solteiro, maior, engenheiro, portador da carteira de identidade n. __________expedida pelo IFP, inscrito no CPF sob n. __________, residente e domiciliado nesta cidade, vem, nos autos de inventário dos bens deixados por sua finada mãe, Clara de Albuquerque, declarar que renuncia à herança deixada em seu favor.

Requer, outrossim, nos termos do artigo 1.806 do Código Civil, seja a presente renúncia ratificada por termo para que produza seus devidos e legais efeitos de direito.

Termos em que,

P. Deferimento. (data).

João Paulo de Albuquerque"

Obs.: A petição deve ser dirigida ao Juízo competente na comarca para processar inventário.

MODELO DE RENÚNCIA À HERANÇA ABDICATIVA POR ESCRITURA PÚBLICA

"Exmo. Sr. Dr. Juiz de Direito da __________ Vara de Órfãos e Sucessões

Processo n. __________.

João Paulo de Albuquerque, brasileiro, solteiro, maior, engenheiro, portador da carteira de identidade n. __________ expedida pelo IFP, inscrito no CPF sob n. __________, residente e domiciliado nesta cidade, vem, nos autos de inventário dos bens deixados por sua finada mãe, Clara de Albuquerque, declarar que através de escritura de renúncia lavrada em Notas do Tabelião do __________ Ofício, livro __________, fls. __________, datada de 12.07.2017 renunciou à herança deixada em favor do monte.

Requer, outrossim, seja a escritura de renúncia juntada aos autos para os devidos fins de direito.

Termos em que,

P. Deferimento. (data).

João Paulo de Albuquerque"

Obs.: A petição deve ser dirigida ao Juízo competente na comarca para processar inventário.

MODELO DE RENÚNCIA À HERANÇA TRANSLATIVA (se admitida)

"Exmo. Sr. Dr. Juiz de Direito da __________ Vara de Órfãos e Sucessões

Proc. n. __________

Raul Flores, brasileiro, médico, residente à rua __________ n. __________, portador da carteira de identidade expedida pelo IFP sob n. __________, inscrito no CPF sob n. __________, assistido de sua esposa, Margarida Flores, vem declarar que renunciam à herança deixada por seu finado pai, Antão Flores, em favor de seu irmão Jair Flores.

Requer seja a presente tomada por termo para que produza seus devidos e legais efeitos de direito.

Termos em que,

P. Deferimento. (data)

Raul Flores Margarida Flores

Alexandre Léo OAB/RJ n. __________"

Obs.: A petição deve ser dirigida ao Juízo competente na comarca para processar inventário.

O rito do arrolamento previsto no artigo 659 do CPC não impede que os herdeiros se utilizem da renúncia por termo nos autos de inventário.

O fato de ter o legislador abolido os termos nos autos de inventário processados por este rito (art. 660) não impede que o herdeiro se utilize dessa forma para renunciar a herança.

CESSÃO DA HERANÇA AOS DEMAIS COERDEIROS RENÚNCIA TRANSLATIVA EM FAVOR DOS DEMAIS HERDEIROS

Dispõe o § 2º do artigo 1.805 do Código Civil:

> "Não importa igualmente aceitação a cessão gratuita, pura e simples, da herança aos demais coerdeiros".

Trata-se de cessão ou renúncia em que o cessionário ou o renunciante indica como beneficiários os demais herdeiros apontados pela lei.

Em parecer transcrito na *Revista dos Tribunais* (v. 500, p. 46), Caio Mário da Silva Pereira consultado sobre a validade de determinada renúncia translativa, ensina:

> "Não opera, portanto, qualquer mudança em a natureza do ato, a referência nominal do renunciante, se ele não interrompe o fluxo do acervo a quem por lei é herdeiro. É que o acréscimo é obrigatório. O herdeiro beneficiado, somente pode, a seu turno, renunciar a ele, se também renunciar ao que lhe cabe na sucessão".

E prossegue:

> "Partindo dessas premissas, força é concluir que na espécie houve renúncia abdicativa. A herdeira renunciante ao mencionar o nome da beneficiária, não alterou o curso dos bens. Eles passaram diretamente para a única herdeira da mesma classe da renunciante. Com ou sem aquela alusão, a herdeira beneficiada seria a mesma, porque era a da classe da renunciante a cujos direitos acresceram os bens".

Sendo dois os herdeiros e havendo renúncia ou cessão por parte de um em favor do outro, designando seu nome, a parte do renunciante ou cedente, naturalmente, acresce a do remanescente. É o curso natural do acervo destinado a quem a lei indicaria como herdeiro.

Apesar de o cedente nomear o favorecido, este é ninguém mais do que o próprio herdeiro que a lei indica como tal.

Partindo dessa premissa, forçoso é concluir que, com ou sem alusão ao nome do beneficiário, este seria o mesmo.

Ex.: João deixa dois filhos: Paulo e Marcos. Marcos, por sua vez, cede à herança em favor de Paulo. Ora, se Marcos tivesse renunciado pura e simplesmente à herança (renúncia abdicativa), seu quinhão de qualquer forma caberia ao seu irmão Paulo.

Portanto, a cessão de direitos àquela pessoa a quem caberia o quinhão por força da lei, não importa reconhecer, por parte do cedente, a aceitação e posterior transmissão da quota hereditária.

A renúncia translativa ou cessão nesse caso tem força abdicativa, não gerando qualquer mudança a referência nominal do beneficiário, pois o acervo hereditário vai para quem é por lei o herdeiro.

Tal ato importa o pagamento do imposto de transmissão *causa mortis*, não havendo que se falar em imposto *inter vivos*.

A AQUIESCÊNCIA DO CÔNJUGE/COMPANHEIRO NA RENÚNCIA À HERANÇA

Importando a renúncia à herança em abdicação ao recebimento do quinhão hereditário, deve haver a aquiescência do cônjuge/companheiro ao ato.

Considerando-se, ainda, a herança como bem imóvel (artigo 80, inciso II, do Código Civil), necessariamente deverá haver a participação do cônjuge/companheiro no ato da renúncia, nos termos do artigo 1.647 do Código Civil, exceção feita aos casamentos realizados sob o regime da separação absoluta (convencional) de bens.

Caso se negue a participar do ato, poderá o herdeiro renunciante requerer pelas vias próprias o suprimento do consentimento (art. 1.648).

No regime da comunhão total não há o que se discutir. É obrigatória a aquiescência do cônjuge/companheiro.

O tema é polêmico nos demais regimes, encontrando-se decisões conflitantes nos diversos tribunais.

A 2ª Câmara Cível do Tribunal de Justiça do Estado de São Paulo, julgando a Apelação 56.819-1, relatada pelo Des. Ary Belfort, teve posicionamento contrário:

> "Inventário – Partilha – Renúncia pela herdeira casada – Outorga uxória – Desnecessidade – Casamento pelo regime da separação de bens – Nulidade pleiteada pelo marido – Falta de interesse – Carência decretada.
>
> Sendo o casamento pelo regime da separação de bens, nenhum interesse tem o marido em pleitear a nulidade da partilha em razão da falta de seu consentimento quando da renúncia à herança por sua mulher" (*Revista dos Tribunais*, v. 605/38).

O mesmo Egrégio Tribunal decidiu, por maioria, no julgamento dos Embargos Infringentes 271.722, por seu 1º Grupo de Câmaras Civis, relatado pelo Des. Assis Moura, a desnecessidade da participação do cônjuge do herdeiro na renúncia à herança. Eis a ementa:

> "Inventário – Renúncia sem o consentimento da mulher – Possibilidade – Impedimento contido no art. 242, IV, do CC suprimido pela Lei 4.121 de 1962 – Embargos rejeitados" (*Revista de Jurisprudência do Tribunal de Justiça do Estado de São Paulo*, v. 66/190).

REVOGAÇÃO DA RENÚNCIA

O ato da renúncia é irrevogável, prescreve o artigo 1.812 do diploma civil.

Como já nos manifestamos anteriormente no tocante a aceitação da herança, entendemos ser inadmissível retratação da renúncia por erro, dolo ou coação, uma vez que o ato maculado com esses vícios é passível de anulação e, não de retratação.

Concretizada a renúncia nos autos de inventário, a mesma poderá ser anulada pelos vícios existentes, porém, jamais retratada ou revogada.

Julgando o Agravo de Instrumento 268.525, a 4ª Câmara Cível do Tribunal de Justiça do Estado de São Paulo, em que foi relator o Des. Sidney Sanches, assim decidiu:

> "Sucessão – Renúncia da herança – Retratação – Inadmissibilidade – Possibilidade de rescisão ou anulação por um dos vícios previstos em lei – Aplicação do art. 1.590 do Código Civil. É irretratável a renúncia da herança. Todavia, pode ser rescindida ou anulada por um dos vícios previstos em lei" (*Revista dos Tribunais*, v. 513/124).

Renunciando um herdeiro à herança e vindo, posteriormente, a se arrepender, a solução, desde que haja concordância dos herdeiros beneficiados pela renúncia, será a cessão de direitos hereditários destes em favor do renunciante, que retornará aos autos, não mais como herdeiro, mas, como cessionário da herança. Essa solução implicará pagamento de imposto *inter vivos* decorrente da cessão.

Equívoco frequente ocorre com a renúncia dos filhos do autor da herança visando beneficiar a viúva.

Em sucessão que concorre viúva não como herdeira, mas como meeira e filhos do falecido, muitas vezes, pensam os herdeiros que renunciando à herança em favor do monte, com o fito de não recolher duas vezes a sisa, estarão beneficiando a viúva do inventariado.

Ocorre que, de conformidade com o artigo 1.811 do diploma civil, quando todos os herdeiros da mesma classe renunciam à herança, são chamados a suceder os filhos destes por cabeça ou direito próprio.

De forma que, no caso, a herança não irá para a viúva, mas, sim, para os filhos dos herdeiros renunciantes, frustrando o destino que pretendiam dar aos bens.

Esse ato, bastante comum, só poderá ser sanado com a propositura da ação ordinária de anulação da renúncia à herança por erro dos renunciantes.

Caso idêntico ocorreu na 3ª Vara de Órfãos e Sucessões, nos autos de inventário por falecimento de Luciano Jacques de Moraes, em que os filhos renunciaram à herança, acreditando que desta forma estariam beneficiando sua mãe, cônjuge supérstite do autor da herança. Tendo, porém, os renunciantes filhos, foram estes chamados à sucessão, cabendo a eles todos os bens da herança.

A decisão proferida pelo saudoso magistrado deste Tribunal de Justiça, Dr. Carlos Gualda, passamos a transcrever:

> "Isto posto, a prova produzida veio confirmar que realmente, era inequívoca vontade dos Autores que os bens do casal, extinto pelo falecimento do cônjuge varão, permanecessem íntegros no patrimônio do cônjuge supérstite, em reconhecimento e homenagem pelo que representou a vida de ambos para a prole deixada. O sentido dessa vontade dos filhos, genros e nora se evidencia não apenas pela prova testemunhal colhida, mas ainda pela própria e expressiva declaração de dois dos netos ouvidos e que seriam beneficiários daquela renúncia.
>
> Não há dúvida, pois, de que o ato abdicatório não traduziu a verdade do que pretendiam os seus autores, tornando-se anulável nos termos do artigo 86 do Código Civil. E é por isso mesmo que os ilustres drs. Tutor Judicial e Curador de Órfãos se manifestaram no sentido de que se fizesse justiça.

Por tais motivos, julgo procedente a ação para declarar írrita e nula a renúncia feita pelos Autores no inventário dos bens deixados pelo seu pai e sogro – Luciano Jacques de Moraes – para todos os efeitos de direito. Não há cominação de honorários de advogado, pelas circunstâncias do caso. Custas pelos Autores pelos mesmos motivos. P.R.I".

Recomendamos especial atenção para evitar essa situação.

Assim entendeu a 6ª Câmara Cível do Tribunal de Justiça do Estado de São Paulo ao julgar o AI 42.074-1, relatado pelo Des. Camargo Sampaio:

"Inventário – Adjudicação – Pedido formulado por herdeiros renunciantes a favor do cônjuge supérstite – Indeferimento – Netos do *de cujus* que sucedem por direito próprio e na qualidade de descendentes e não a viúva meeira que ocupa o 3º lugar na escala da vocação hereditária – Sentença confirmada".

A solução correta, nesses casos, é a escritura de cessão de direitos hereditários em favor da viúva, conformando-se os herdeiros com o pagamento de dois impostos: *causa mortis* em decorrência da transmissão da herança aos herdeiros e *inter vivos* em face da cessão de direitos hereditários.

RENÚNCIA À MEAÇÃO

Muito se tem discutido a respeito da validade da renúncia à meação. Certo é que meação não é herança. Esta decorre do direito das sucessões, enquanto aquela decorre do direito de família.

As regras estabelecidas nos artigos 1.804 a 1.813 dizem respeito à herança, e não à meação.

A meação pode ser objeto de cessão. Cessão de direitos a meação concretizada por meio de escritura pública. Poderá, também, ser objeto de transação com os herdeiros, por ocasião da partilha nos autos de inventário.

O magistrado paulista, Sílvio de Salvo Venosa, afirma em seu livro *Direito das Sucessões* (Atlas, p. 73):

"Como meação não se confunde com herança, se o sobrevivente do casal desejar atribuí-la a herdeiros, tal atribuição se constitui um negócio jurídico *inter vivos*. Não existe na verdade uma renúncia à meação. O que se faz é uma transmissão a herdeiros do *de cujus* ou a terceiros. Tal transmissão requer escritura pública, se tiver imóvel como objeto, não podendo ocorrer por termo nos autos do inventário, porque ali só se permite a renúncia da herança, como também requer escritura a cessão de direitos hereditários pelos herdeiros".

Não existe no diploma legal a figura da renúncia à meação.

Este é o entendimento reinante nos tribunais, retratado por Humberto Theodoro Júnior, em sua obra, *Sucessões – Doutrina e Jurisprudência* (1. ed., Aide, 1990, p. 320), apresentando diversos julgados do Tribunal de Justiça do Estado de Minas Gerais, que tiveram sua participação.

A 2ª Câmara Cível do Tribunal de Justiça do Estado de Minas Gerais, julgando o AI 22.517/2, relatado pelo Des. Walter Veado, decidiu:

"Meação – Renúncia – Impossibilidade – Transferência do patrimônio aos filhos – Incidência do imposto de transmissão *causa mortis*.

A viúva não é herdeira, não sendo o seu patrimônio, pois, objeto de inventário e partilha. Destarte, se pretende transferir a sua meação aos filhos, será uma liberalidade, uma doação, ou um adiantamento de legítima, sobre os quais incidirá, inevitavelmente, o imposto de transmissão, não havendo falar em renúncia de meação.

Somente o herdeiro pode renunciar. Se ceder o seu quinhão hereditário pura e simplesmente em favor do monte partível, e se o fizer antes de qualquer ato que induza a aceitação da herança, estará livre de imposto. Se, entretanto, deixa claro que aceita o quinhão e quer transmiti-lo a terceiros, ou a outro herdeiro, serão devidos o imposto de transmissão *causa mortis* e o *inter vivos*". (*Diário do Judiciário*, Minas Gerais, parte II, n. 201, 22.10.1991, p. 1).

No mesmo sentido decidiu a Egrégia 8ª Câmara Cível do Tribunal de Justiça do Estado do Rio de Janeiro, julgando a Apelação Cível 1.897/91, relatada pelo Des. Moledo Sartori, com a seguinte ementa:

"Arrolamento de bens – Renúncia a meação – Arrolamento. Renúncia pela viúva da meação. Escritura inócua por não ser herdeira a renunciante. Impossível é incluir-se na partilha a meação renunciada pela viúva em favor do monte. Escritura batizada como de renúncia à meação de herança, sem eficácia, anódina. Apelação provida".

O Tribunal de Justiça do Estado de São Paulo, em julgado transcrito da *Revista dos Tribunais* (v. 129, p. 312), decidiu pela admissão da renúncia à meação em favor do monte partível, tomada por termo nos autos de inventário, sendo desnecessária a escritura pública, uma vez que o termo nos autos, que reveste o ato de fé pública, torna-o apto a gerar efeitos de direito.

OS CREDORES DO HERDEIRO RENUNCIANTE

Dispõe o artigo 1.813:

"Quando o herdeiro prejudicar os seus credores, renunciando à herança, poderão eles, com autorização do Juiz, aceitá-la em nome do renunciante.

§ 1º A habilitação dos credores se fará no prazo de 30 (trinta) dias seguintes ao conhecimento do fato.

§ 2º Pagas as dívidas do renunciante, prevalece a renúncia quanto ao remanescente, que será devolvido aos demais herdeiros".

O credor do herdeiro renunciante pode com autorização do juiz aceitar a herança em nome deste.

Resta saber se, para tanto, basta o credor requerer ao juiz do inventário autorização para aceitar a herança pelo devedor ou é necessário propor a ação respectiva?

A doutrina apresenta posições divergentes.

Entendemos que, se o credor possuir um título judicial ou extrajudicial de quantia representando uma dívida líquida e certa, poderá o juiz autorizar sua habilitação diretamente nos autos de inventário.

O credor terá o prazo de trinta dias, a contar do conhecimento da renúncia, para se habilitar nos autos. Parece-nos que, ultrapassado esse prazo, o credor terá que obter seus direitos por ação própria, perante as vias ordinárias.

No caso de o crédito ser inferior ao quinhão hereditário, o remanescente será atribuído aos demais herdeiros, porque nessa hipótese o renunciante não terá mais qualquer participação na herança. Se o crédito for superior ao quinhão do herdeiro, receberá o credor a parte da herança correspondente ao valor da dívida, ficando o remanescente para uma futura execução.

Capítulo IX
CESSÃO DE DIREITOS HEREDITÁRIOS

O legislador, regulando a cessão de direitos hereditários nos artigos 1.793 a 1.795 do Código Civil, supriu uma lacuna existente no Código anterior.

Reza o artigo 1.793:

> "O direito à sucessão aberta, bem como, o quinhão de que disponha o coerdeiro, pode ser objeto de cessão por escritura pública".

Conceituamos a cessão de direitos hereditários como o ato gratuito ou oneroso por meio do qual o herdeiro transfere a outrem seus direitos hereditários.

Pode dizer respeito a toda a herança ou a parte dela.

Esses direitos consistem no conteúdo patrimonial da herança transmitido sem considerar os bens singulares que a integram.

Carolina Duprat, professora adjunta ordinária de Direito de Família e Sucessões do Departamento de Direito da Universidad Nacional del Sur, em artigo publicado no *Manual de Derecho Sucesorio* (Peudeba, p. 212), atribui ao contrato de cessão de herança as seguintes características: 1. translativo, pois os direitos se transmitem pela celebração do contrato; 2. formal por exigir ato solene; 3. gratuito ou oneroso – pode ser com ou sem contraprestação; 4. bilateral: gera obrigações e direitos para o cedente e cessionário; 5. aleatório – seu conteúdo é variável e incerto até o momento da partilha.

Ocorrendo o óbito do inventariado, os herdeiros adquirem o direito à herança e, assim, poderão cedê-lo a outra pessoa. Não é necessário que esteja aberto o inventário, porém, a cessão só poderá ocorrer após a abertura da sucessão, ou seja, o óbito do autor da herança.

A cessão de direitos hereditários importa em aceitação da herança. Ninguém pode ceder o que não possui.

A cessão de direitos hereditários deverá ser celebrada por escritura pública lavrada em um Ofício de Notas. Basta que os herdeiros cedentes e o cessionário compareçam a um Ofício de Notas, lavrando-se o respectivo instrumento, dispõe o artigo 1.793.

A cessão de direitos da quota hereditária diz respeito somente aos bens existentes no momento da cessão. Estabelece o § 1º do artigo 1.793 que os bens que sobrevierem por direito de acrescer ou substituição não se consideram cedidos.

A cessão de direitos hereditários pode ser gratuita ou onerosa e referir-se a alguns bens, móveis ou imóveis, bem como à fração ou à totalidade da herança.

A doutrina equipara a cessão gratuita de direitos hereditários à doação e a cessão onerosa à compra e venda.

Agostinho Alvim, em sua obra *Da Doação* (2. ed., Saraiva, p. 17), comunga o mesmo entendimento, afirmando:

> "A cessão de direitos patrimoniais, a título gratuito, é doação.
>
> À cessão a título oneroso aplicam-se as regras da venda; e aplicam-se as regras da doação à cessão a título gratuito".

Considerando-se a herança uma universalidade, não pode o coerdeiro ceder separadamente seus direitos hereditários sobre um determinado bem considerado singularmente. O ato será ineficaz, prevê o § 2º do artigo 1.793.

O legislador foi expresso ao declarar que não pode um coerdeiro ceder seu direito hereditário sobre qualquer bem da herança considerado singularmente, entretanto não proibiu, interpretando *a contrariu sensu*, que todos os herdeiros cedessem seus direitos hereditários sobre determinado bem. Um herdeiro não pode ceder sozinho um bem singular da herança, porém não há proibição para que todos os herdeiros cedam conjuntamente seus direitos hereditários sobre um bem considerado singularmente. Esse bem obrigatoriamente vai caber a eles na partilha.

O § 3º do citado dispositivo afirma que, pendente a indivisibilidade, somente com autorização do juiz poderá qualquer coerdeiro dispor de bem singular componente do acervo hereditário.

A disposição refere-se à alienação do bem singularmente considerado, e não do direito à herança. Os direitos hereditários, como já afirmado, poderão ser cedidos gratuita ou onerosamente em favor de terceiros, independentemente de autorização judicial, desde que efetuada por todos os herdeiros.

Portanto, a autorização judicial é obrigatória somente para disposição de bem singularmente considerado, e não de direitos hereditários.

Deve-se ressaltar que o cônjuge meeiro cede direitos à meação. Se tiver a qualidade de herdeiro cederá direitos hereditários. Ocupando a posição de meeiro e herdeiro cederá seus direitos a meação e a herança, ou um ou outro, como desejar.

A POSIÇÃO DO CESSIONÁRIO DA HERANÇA NOS AUTOS DE INVENTÁRIO

Sendo o cessionário da herança um estranho, deverá se habilitar nos autos de inventário juntando a respectiva escritura, para, na partilha, se houver outros bens a serem repartidos entre os herdeiros, receber o bem objeto da cessão.

Havendo um só cessionário de toda a herança, todos os bens lhe serão adjudicados.

Não vemos óbice a que o cessionário, recolhidos os tributos pertinentes e anexadas as certidões fiscais atinentes ao imóvel objeto da cessão, requeira ao juiz a expedição de carta de adjudicação em seu favor, restando os demais bens para uma futura partilha entre os herdeiros. Tal prática não é de boa técnica, mas não deve o juiz punir o cessionário impedindo-o de obter seu título caso os demais herdeiros não se interessem em dar andamento ao processo. Pelo contrário, compete ao juiz dirigir o processo de forma eficaz, propiciando que atinja seu final de modo mais rápido, desde que não contrarie a lei.

Se a cessão disser respeito à totalidade da herança, o cessionário se habilitará requerendo ao juiz lhe sejam adjudicados os bens, uma vez que não existirá partilha.

Tratando-se de promessa de cessão de direitos hereditários e sendo o preço pago em parcelas, não haverá impedimento para o promitente cessionário se habilitar nos autos de inventário resguardando seus direitos, porém a partilha ou a adjudicação não poderá ser feita, enquanto não for quitada a totalidade das prestações e concretizada a transação por instrumento definitivo de cessão.

É necessário que o cessionário tenha o título definitivo de cessão para que possa receber o bem por meio da adjudicação ou partilha, expedindo-se em seu favor a competente carta de adjudicação ou formal de partilha, conforme for o caso.

Se a cessão for celebrada anteriormente à abertura dos autos de inventário, deverá o cessionário solicitar aos cedentes suas certidões de nascimento ou casamento, pois terá de fazer prova em juízo de que os cedentes são realmente os únicos herdeiros do autor da herança.

A CESSÃO DE DIREITOS HEREDITÁRIOS E A PREFERÊNCIA DOS DEMAIS HERDEIROS

O legislador encerrou a polêmica a respeito do direito de preferência dos coerdeiros na cessão de direitos hereditários, assegurando aos mesmos, por ocasião da cessão a terceiros, o direito de preferência à aquisição do quinhão do herdeiro cedente.

O artigo 1.794 assegura aos coerdeiros o direito de preferência, quando a cessão de direitos for feita a uma pessoa estranha à sucessão.

> "O coerdeiro não poderá ceder a sua quota hereditária a pessoa estranha à sucessão, se outro herdeiro a quiser, tanto por tanto."

Donde se conclui que, quando a cessão for feita a outro herdeiro, não existe o direito de preferência.

Pretendendo um herdeiro ceder a terceiros sua quota hereditária, deverá oferecer aos demais coerdeiros, que manifestarão se desejam ou não exercer a preferência.

Feita a cessão sem o oferecimento aos demais coerdeiros, quem pretender exercer a preferência fará o depósito nos próprios autos de inventário e a importância depositada deverá ser colocada à disposição do cessionário estranho, atribuindo o juiz a quota do herdeiro cedente para o coerdeiro preferente.

O herdeiro que exercer a preferência deverá recolher o imposto de transmissão *inter vivos* decorrente da cessão e nos autos de inventário passará a ter as duas qualidades: herdeiro e cessionário.

Havendo mais de um herdeiro a exercer a preferência, o legislador corretamente determinou no parágrafo único do artigo 1.795:

> "Sendo vários os coerdeiros a exercer a preferência, entre eles se distribuirá o quinhão cedido, na proporção das respectivas quotas hereditárias".

O artigo 1.795 assegura ao herdeiro o direito de preferência, que deverá ser exercido no prazo de 180 dias após a transmissão.

Sendo o cessionário um coerdeiro, ele se apresentará nos autos de inventário, quanto ao quinhão que adquiriu como cessionário e, sob esse título haverá a porção da herança cedida. Caso resolva ceder novamente os referidos direitos hereditários, deverá mais uma vez dar preferência aos demais coerdeiros? Saliente-se que agora quem está cedendo os direitos hereditários adquiridos é um cessionário da herança e não um herdeiro.

Apesar de não ter o legislador previsto, a nosso sentir, a preferência deverá ser dada aos herdeiros do autor da herança sempre que houver a cessão de direitos hereditários a estranhos, até porque as regras do condomínio deverão ser aplicadas à herança.

A cessão da meação quando feita a estranhos também importa obrigação de oferecer a preferência aos demais herdeiros. Apesar de não fazer referência expressa à cessão da meação, assim entendemos, partindo do princípio de que se aplicam à sucessão as regras do condomínio.

MODELO DE HABILITAÇÃO DO CESSIONÁRIO CESSÃO DE DIREITOS HEREDITÁRIOS

"Exmo. Sr. Dr. Juiz de Direito da ________ Vara de Órfãos e Sucessões

Proc. n. ________

Raul Santos, brasileiro, médico, residente na rua ________, n. ________, portador da carteira de identidade expedida pelo IFP sob n. ________, inscrito no CPF sob n. ________, assistido de sua esposa, Margarida Santos, vem, por seu advogado, na qualidade de cessionário nos autos de inventário dos bens deixados pelo finado Antão Santos, declarar que se tornou cessionário dos direitos hereditários referentes a todos os bens inventariados pelo preço certo de R$ 150.000,00 (cento e cinquenta mil reais), pagos à vista.

Haja vista que os cedentes são todos os herdeiros do autor da herança, seus irmãos, não há que se falar em direito de preferência.

Ante o exposto, vem requerer sua habilitação nos autos de inventário, esclarecendo tratar-se do único interessado na sucessão.

Termos em que,

P. Deferimento. (data).

Raul Santos Margarida Santos

Alexandre Léo OAB/RJ n. ________"

Obs.: A petição deve ser dirigida ao Juízo competente na comarca para processar inventário.

MODELO DE PETIÇÃO COMUNICANDO A CESSÃO DE DIREITOS À MEAÇÃO E HERANÇA

"Exmo. Sr. Dr. Juiz de Direito da __________ Vara de Órfãos e Sucessões

Proc. n. __________

Olivia Santos e seu filho Raul Santos, assistido de sua esposa, Margarida Santos, respectivamente, viúva meeira e único herdeiro, vêm, por seu advogado, na qualidade de cedentes nos autos de inventário dos bens deixados por seu finado marido e pai, Antão Santos, comunicar que cederam seus direitos a meação e a herança referente a todos os bens inventariados pelo preço certo de R$ 150.000,00 (cento e cinquenta mil reais), pagos à vista, ao Sr. Hilário Pugl, devidamente qualificado no instrumento de cessão.

Ante o exposto, vêm requerer a V. Exa. a juntada da aludida escritura de cessão e o prosseguimento do feito com a habilitação do cessionário.

Termos em que,

P. Deferimento. (data).

Olivia Santos Raul Santos Margarida Santos

Geraldo Araujo OAB/RJ n. .....

Obs.: A petição deve ser dirigida ao Juízo competente na comarca para processar inventário.

MODELO DE PEDIDO DE PREFERÊNCIA NA CESSÃO DE DIREITOS HEREDITÁRIOS

"Exmo. Sr. Dr. Juiz de Direito da 12ª Vara de Órfãos e Sucessões

Proc. n. __________

Raul Flores, brasileiro, médico, residente na rua __________, n. __________, portador da carteira de identidade expedida pelo IFP sob n. __________, inscrito no CPF sob n. __________, assistido de sua esposa, Margarida Flores, vem, por seu advogado, nos autos de inventário dos bens deixados por seu finado pai Antão Flores, declarar que deseja ceder ao sr. Paulo Barroso os direitos hereditários que possui na referida herança, pelo preço certo de R$ 150.000,00 (cento e cinquenta mil reais), à vista.

Assim, nos termos dos artigos 1.794 e 1.795 do Código Civil, requer a V.Ex.ª a intimação de todos os herdeiros para que declarem no prazo legal, se desejam ou não exercer a preferência em condições de igualdade.

Termos em que,

P. Deferimento. (data).

Raul Flores Margarida Flores

Alexandre Léo OAB/RJ n. __________"

Obs.: A petição deve ser dirigida ao Juízo competente na comarca para processar inventário.

A cessão gratuita de direitos hereditários, a renúncia translativa, se admitida, e a doação têm aspectos bastante semelhantes. Devem as regras da doação ser aplicadas à renúncia translativa e à cessão gratuita de direitos hereditários?

Abordamos o tema ao transcrever o artigo publicado no *Jornal do Commercio*, de 12 de janeiro de 1993:

"'Aspectos da cessão gratuita de direitos hereditários, da renúncia translativa e da doação'

Podemos conceituar a cessão de direitos hereditários, como o ato gratuito ou oneroso, através do qual o herdeiro transfere a outrem, seus direitos à herança ou parte dela".

Orlando Gomes, com sua indiscutível autoridade, ensina:

"A cessão da herança é negócio jurídico translativo, sujeito aos pressupostos e requisitos necessários à validade e eficácia dos contratos".

Acrescenta, ainda, o festejado autor:

"Feita a título oneroso ingressa, geralmente, no esquema legal de compra e venda. Se a título gratuito, no de doação" (Orlando Gomes, *Sucessões*, 1. ed., Forense, 1972, p. 291-292).

A nós interessa a cessão gratuita de direitos hereditários.

Contratos gratuito, bilateral, translativo e formal assemelham-se por suas características ao contrato de doação.

Constitui verdadeiro ato de liberalidade, externado na gratuidade.

Ao esvaziamento do patrimônio do cedente corresponde o aumento do patrimônio do cessionário.

No saber do Prof. Agostinho Alvim, esposado na obra *Da doação* (2. ed., Saraiva, 1972, p. 17), encontramos a lição:

"A cessão de direitos patrimoniais a título gratuito é doação. À cessão a título oneroso, aplicam-se as regras da compra e venda e, aplicam-se as regras da doação à cessão a título gratuito".

Como é certo, a doutrina equipara a cessão gratuita de direitos hereditários à doação.

Determina o artigo 1.175 do Código Civil:

"É nula a doação de todos os bens, sem reserva de parte, ou renda suficiente para a subsistência do doador".

Visou o legislador proteger o doador garantindo-lhe uma renda destinada à sua subsistência, ou, ainda, que possuísse bens suficientes para viver condignamente.

Vale consignar que desejou, assim, evitar o empobrecimento do doador. Estatui o artigo 1.176 do mesmo diploma:

"Nula é também a doação quanto à parte que exceder a de que o doador, no momento da liberalidade, poderia dispor em testamento".

Ora, como já visto, equivalendo a cessão gratuita de direitos hereditários a doação, impõe-se a observação das normas a esta atinentes, por ocasião da celebração daquela.

Temos então duas situações:

1. Quanto ao artigo 1.175:

Não pode o cedente mediado por instrumento a título gratuito ceder a totalidade de seu quinhão hereditário a terceiros, sem que reserve para si, bens ou renda suficientes para sua subsistência.

2. Quanto ao artigo 1.176:

Este dispositivo trata da doação inoficiosa, cujo conceito vem estampado no parágrafo único do artigo 1.790 da lei substantiva:

"Considera-se inoficiosa a parte da doação ou do dote, que exceder a legítima e mais a metade disponível".

Saliente-se que o legislador não proíbe a doação do que ultrapassar a metade de seus bens. Veda, porém, a que se sobrepuser ao que o testador poderia dispor em testamento, no momento da liberalidade.

Possuindo o cedente herdeiros necessários, se a cessão for a estranhos, poderá sê-lo até a metade dos bens; caso concretize-se a herdeiro necessário, não haverá inoficiosidade, quando atingir a metade dos bens do cedente, mais a legítima a que teria direito o herdeiro cessionário.

Destarte, se o cedente exceder a porção que poderia gratuitamente dispor por ocasião da cessão, será o ato fulminado de nulidade, parcial ou total, conforme seja o caso.

Nulidade, que deverá ser decretada de ofício pelo juiz, a teor do inciso V do artigo 145 da Lei Civil, que diz:

"É nulo o ato jurídico:

V – quando a lei taxativamente o declarar nulo".

E o artigo 146 complementa:

"As nulidades do artigo antecedente podem ser alegadas por qualquer interessado, ou pelo Ministério Público, quando lhe couber intervir.

Parágrafo único. Devem ser pronunciadas pelo Juiz, quando conhecer dos atos ou de seus efeitos e os encontra provados, não lhe sendo permitido supri-las, ainda, a requerimento das partes".

Deve o juiz orfanológico, obrigatoriamente, apreciar o cabimento da cessão celebrada pelo herdeiro, declarando-a nula de ofício, caso tenha o cedente agido contrariamente à lei.

Ditas regras tanto dizem direito a cessão gratuita de direitos hereditários, como, também, a cessão gratuita dos direitos a meação do viúvo em favor do herdeiro, ato que, muitas vezes, importa adiantamento de legítima. Ainda, destinam-se a chamada "renúncia translativa", outrossim, conhecida como renúncia *in favorem*, verdadeira cessão gratuita de direitos hereditários. Renúncia é ato abdicativo. É ato unilateral, pelo qual alguém declara que não aceita a herança de outrem.

O renunciante é como se nunca fora herdeiro e, nessa condição, não pode transmitir direitos que não possui.

Como boa parte da doutrina e da jurisprudência, discordamos frontalmente desta forma de renúncia.

Quando admitida, compete ao juiz do inventário a apreciação do seu cabimento, haja vista que se equipara a cessão gratuita de direitos hereditários e a doação.

As características peculiares a esses três atos, as semelhanças existentes entre si, nos trazem a certeza de que as normas atinentes a doação deverão ser observadas tanto na cessão gratuita de direitos hereditários ou a meação quanto na dita "renúncia translativa. É o nosso pensamento".

Capítulo X
DOS EXCLUÍDOS DA SUCESSÃO

INDIGNIDADE

O legislador substituiu o título "Dos que não podem suceder" por "Dos excluídos da sucessão".

A indignidade vem prevista nos artigos 1.814 e seguintes do Código Civil. Indignidade é a pena civil aplicada ao herdeiro acusado de atos criminosos ou reprováveis contra o *de cujus*, seu cônjuge, companheiro, ascendente ou descendente. Não é imposta por vontade do de cujus.

A indignidade se distingue da deserdação, pois esta destina-se, exclusivamente, à sucessão testamentária, e a primeira atinge tanto a sucessão testamentária como a legítima.

A indignidade é cominada pela própria lei nos casos expressos que enumera enquanto a deserdação repousa na vontade exclusiva do autor da herança. A indignidade priva da herança os herdeiros legítimos, necessários, testamentários e legatários, enquanto a deserdação afasta somente os herdeiros necessários.

As causas da exclusão vêm previstas no artigo 1.814:

> "São excluídos da sucessão os herdeiros ou legatários:
>
> I – que houverem sido autores, coautores ou partícipes de homicídio doloso, ou tentativa deste, contra a pessoa de cuja sucessão se tratar, seu cônjuge, companheiro, ascendente ou descendente.
>
> II – que houverem acusado caluniosamente em juízo o autor da herança ou incorrerem em crime contra sua honra, ou de cônjuge ou companheiro.
>
> III – que por violência ou meios fraudulentos, inibirem ou obstarem o autor da herança de dispor livremente de seus bens por ato de última vontade".

No Código anterior, a pena atingia quem atentasse somente contra a vida do autor da herança. Estendeu-a o legislador, também, aos parentes em linha reta, ao cônjuge e ao companheiro do *de cujus*.

Ao declarar ascendentes e descendentes, não limitou o legislador as ofensas aos pais e filhos, mas, estendeu-as a todos os parentes em linha reta. Nos crimes contra a honra, a pena atinge os que praticarem o ato reprovável contra o de cujus, seu cônjuge ou companheiro, não incluindo no rol o ascendente e descendente.

Não repetiu o legislador no inciso III do artigo 1.814, como passíveis de pena aqueles que obstarem a execução dos atos de última vontade. A previsão legal ateve-se somente àqueles que inibirem ou obstarem o autor de dispor livremente de seus bens por testamento.

As causas enumeradas no artigo 1.814 são taxativas e não se deve permitir uma interpretação extensiva do mandamento.

Orlando Gomes assinala que os fatos ocasionadores da indignidade devem ocorrer antes da morte do ofendido, mas se admitem fatos posteriores, como a ofensa à memória do morto, hipótese em que se dá a própria e verdadeira exclusão (Sucessões, 16. ed., Forense, p. 37).

PROCEDIMENTO PARA OBTER A EXCLUSÃO

A exclusão não se opera de direito. Aplica-se mediante provocação dos legitimados por meio de ação ordinária promovida por quem tenha interesse na sucessão.

Silvio Rodrigues, em sua obra *Direito Civil – Direito das Sucessões* (v. 7, 25. ed. atual. por Zeno Veloso, Saraiva, observa à p. 71:

> "O que convém ter em vista é que a matéria é de interesse privado, e não público, de sorte que só aqueles que se beneficiariam com a sucessão poderiam propor a exclusão do indigno. Se o herdeiro legítimo assassinou o hereditando, mas as pessoas a quem sua exclusão beneficiaria preferissem manter-se silentes, o assassino não perderia a condição de herdeiro e receberia os bens da herança, não podendo a sociedade, através do Ministério Público, impedir tal solução".

É o que preceitua o artigo 1.815 do Código Civil:

> "A exclusão do herdeiro ou legatário, em qualquer desses casos de indignidade, será declarada por sentença".

E o § 1º do mesmo mandamento, estabeleceu o prazo de 4 (quatro) anos, a contar da data da abertura da sucessão (data do óbito), para que possa o interessado demandar a exclusão do herdeiro.

A ação para exclusão correrá no mesmo Juízo do inventário e será distribuída por dependência, tendo legitimidade ativa somente as pessoas interessadas no quinhão do excluído. Na deserdação, o testamenteiro, fiel executor da vontade do testador, tem, também, legitimidade.

São pessoais os efeitos da exclusão. O herdeiro é considerado como se morto fosse. Os herdeiros do indigno herdam por representação.

O artigo 1.816, um dos resquícios em nosso Código da morte civil, reza:

> "São pessoais os efeitos da exclusão; os descendentes do herdeiro excluído sucedem, como se ele morto fosse antes da abertura da sucessão.
>
> Parágrafo único. O excluído da sucessão não terá direito ao usufruto ou à administração dos bens que a seus sucessores couberem na herança, nem a sucessão eventual desses bens".

O herdeiro é considerado como se morto fosse e seus filhos herdam por representação o quinhão que lhes caberia na sucessão do autor da herança, não fazendo jus o excluído, inclusive, à herança desses bens, se algum dia vier a suceder o que herdou por representação.

Orlando Gomes entende que o legislador exagerou ao proibir que o excluído suceda eventualmente nesses bens, eis que sua incapacidade decorre somente em relação ao autor da herança (Sucessões, 16. ed., Forense, p. 36).

Os efeitos da sentença que declara a exclusão retroagem à data do óbito, pois o indigno é considerado como se fosse morto antes da abertura da sucessão.

Interessante posicionamento de Luiz Paulo Vieira de Carvalho quanto à extinção da ação de exclusão em caso de falecimento do ofensor. Leciona em sua obra, *Direito das Sucessões* (2. ed., Atlas, p. 247):

> "Destarte, quando o herdeiro legítimo que realizou o ato ofensivo contra o hereditando ou as pessoas a ele próximas, mencionadas nos incisos I, II e III do art. 1.814 do Código Civil, não for descendente ou sucessor do ofendido, sua morte não fará com que a ação seja julgada extinta por perda do objeto, qual seja, esta deve prosseguir em face de seus sucessores. E clareia o assunto exemplificando: Antônio, morto sem descendentes, casado com Maria, sua herdeira necessária, na qualidade de cônjuge sobrevivente, foi assassinado por esta, tendo, também, deixado como herdeiro necessário concorrente, seu pai, José, viúvo. José tomando conhecimento do fato, propõe no prazo legal a ação competente em face de Maria que vem a falecer no curso da demanda. Se a ação, com a morte de Maria, perdeu seu objeto, o cônjuge sobrevivente (Maria) receberá a herança de seu marido, por ela assassinado, e os bens que lhe couberem irão para seus herdeiros, prejudicando José, pai do falecido, que seria beneficiado com a exclusão de Maria".

Concordamos com o posicionamento do ilustre autor.

HERDEIRO APARENTE

O herdeiro antes da sentença que o exclui da sucessão é um verdadeiro herdeiro aparente.

Herdeiro aparente, segundo a conceituação de Eliasar Rosa, em seu *Dicionário Didático do Direito das Sucessões* (Lumen Juris, 1994, p. 36), é "aquele que tem a aparência de herdeiro real do *de cujus*, sem que o seja, dando a todos essa falsa impressão. Pode haver herdeiro aparente de boa-fé e de má-fé".

Embora não tenha a condição de herdeiro, se apresenta a todos como tal, deixando transparecer ser sucessor do inventariado.

Em rigor, os atos de disposição praticados pelos herdeiros excluídos não deveriam valer, uma vez que a sentença retroage à data do óbito e, não sendo o indigno considerado herdeiro, não deveriam prevalecer os atos de disposição por ele praticados.

Essa concepção, todavia, colide com o respeito ao princípio da boa-fé dos adquirentes, que acreditaram na condição do herdeiro excluído.

Até o momento da exclusão, ou ao menos, até o momento do ajuizamento da ação, o excluído se apresenta a todos como herdeiro.

Assim, se alguém adquiriu bens ou direitos do herdeiro aparente, agiu de boa-fé.

Outro exemplo de herdeiro aparente:

O *de cujus* falece deixando como único parente um herdeiro colateral. Após aberta a sucessão, aparece um testamento instituindo outra pessoa herdeira universal.

O colateral que se apresentou naquela situação é verdadeiro herdeiro aparente, enquanto não se teve conhecimento da existência do testamento.

O artigo 1.817 estatui:

"São válidas as alienações onerosas de bens hereditários a terceiros de boa-fé, e os atos de administração legalmente praticados pelo herdeiro, antes da sentença de exclusão; mas, aos herdeiros subsiste, quando prejudicados, o direito de demandar-lhe perdas e danos.

Parágrafo único. O excluído da sucessão é obrigado a restituir os frutos e rendimentos que dos bens da herança houver percebido, mas tem direito a ser indenizado das despesas com a conservação deles".

O parágrafo único do artigo 1.827 ratifica a validade da alienação onerosa pelo herdeiro aparente ao declarar que: "São eficazes as alienações feitas, a título oneroso, pelo herdeiro aparente a terceiro de boa-fé".

Se as alienações onerosas feitas pelo herdeiro aparente são eficazes, as doações são ineficazes.

DESERDAÇÃO

A deserdação é outra forma de exclusão da sucessão.

Deserdação é o ato por meio do qual alguém, apontando como causa um dos motivos descritos na lei, afasta de sua sucessão um herdeiro necessário em testamento.

A deserdação dirige-se somente aos herdeiros necessários, enquanto a indignidade atinge qualquer herdeiro. A deserdação priva o herdeiro necessário da legítima.

A indignidade tem sua força na lei, já a deserdação repousa na vontade do testador.

A deserdação se funda em atos praticados em vida do testador.

As causas que possibilitam a deserdação são as mesmas que permitem a exclusão do herdeiro por indignidade, enumeradas no artigo 1.814, além das previstas nos artigos 1.962 e 1.963.

Considerado herdeiro necessário, o cônjuge poderá ser, também, deserdado pelas causas elencadas no artigo 1.814, já que o legislador não previu outras específicas, como o fez para os descendentes e ascendentes.

Registre-se que o cônjuge excluído da sucessão por deserdação perde, tão somente, o direito à herança e, jamais, à meação, que é adquirida em virtude do regime de bens do casamento.

Incluiu o legislador no artigo 1.963, entre as causas de deserdação, as relações ilícitas não só com os cônjuges do filho ou do neto, mas, também, com as companheiras dos mesmos.

A deserdação tem que ser imposta por testamento, devendo o testador indicar o motivo pelo qual está deserdando o herdeiro. A causa da deserdação tem que ser declarada no testamento.

A ação ordinária para provar a causa de deserdação é proposta no juízo orfanológico, por dependência aos autos de inventário do testador e, prescreve em 4 anos a contar da data da abertura do testamento, segundo o parágrafo único do artigo 1.965.

O legislador deveria ter estabelecido o marco inicial da prescrição a partir da decisão que determinasse o cumprimento do ato de última vontade, pois o testamento público e o particular não são abertos em juízo.

O herdeiro instituído ou aquele a quem aproveite a deserdação tem legitimidade para propor a ação de exclusão. Entendemos que o testamenteiro, também, goza de legitimidade, eis que como fiel executor da vontade do testador deverá envidar todos os esforços para cumprir as disposições testamentárias.

Lamentavelmente, perdeu o legislador a oportunidade para encerrar a polêmica que diz respeito à reabilitação do excluído. Prevendo a possibilidade de reabilitação no capítulo atinente aos excluídos da sucessão por indignidade, novamente, não fez qualquer referência ao falar da deserdação. Não temos receio de afirmar que a disposição contida no artigo 1.818 aplica-se tanto aos indignos como aos deserdados.

A reabilitação deverá ser feita expressamente pelo ofendido por intermédio de testamento ou qualquer outro ato autêntico, sendo que este último se aplicará somente à indignidade, pois a deserdação, por ser imposta por testamento, só pode ser revogada por outro testamento.

MODELO DE PETIÇÃO DE AÇÃO DECLARATÓRIA PARA EXCLUSÃO DE HERDEIRO DA SUCESSÃO

Exmo. Sr. Dr. Juiz da ª Vara de Órfãos e Sucessões da Comarca da Capital

Distribuição por dependência ao inventário nº ______________

MARIA QUADROS SILVA, na qualidade de testamenteira e executora fiel da vontade do testador NELIO SILVA, brasileira, do lar, portadora da carteira de identidade n. __________, expedida pelo SSP/RJ, inscrita no CPF/MF sob o n. __________, residente e domiciliada nesta cidade, na rua Peri, n. __________, doravante designada apenas Maria, vem, por seus advogados, com endereço na Av. __________, n. __________, 9º andar, Centro, Rio de Janeiro, com fulcro nos arts. 1.814, II e 1.962 do Código Civil, propor a presente

AÇÃO DECLARATÓRIA DE EXCLUSÃO
DA HERANÇA POR DESERDAÇÃO E INDIGNIDADE

em face de **ARGEMIRO QUADROS SILVA**, brasileiro, casado, empresário, portador da carteira de identidade n. __________, expedida pelo IFP, inscrito no CPF sob o n. __________, residente e domiciliado na Rua __________, n. __________, ap. __________, Humaitá, nesta cidade, doravante designado apenas Argemiro, pelos fatos e fundamentos que passa a expor.

I – DO TESTADOR – NELIO SILVA

O testador, Nélio Silva, faleceu em 5 de setembro de 2007, no estado civil de casado pelo regime da comunhão universal de bens com Maria Quadros Silva, com quem viveu ininterruptamente por 45 (quarenta e cinco) anos. Juntos construíram patrimônio e formaram uma família compostas por 4 (quatro) filhos: Argemiro, Cesar, Daniela e Ana.

II – DA DEMANDA

Trata-se de ação declaratória de exclusão de herdeiro por deserdação e indignidade, fundada nos arts. 1.814 e 1.962 do Código Civil, em virtude dos fatos adiante narrados e consoante expressa determinação constante da manifestação de última vontade do finado **NELIO SILVA,** que declarou o desejo de excluir seu filho Argemiro de sua sucessão, nos seguintes termos:

> "2 – da legítima de seus filhos, é excluído de sua sucessão seu filho Argemiro Quadros Silva, nos termos do arts. 1814, II e 1962, II do CC, em razão de ter ele acusado caluniosamente o Testador em Juízo, inclusive através de entrevista dada pelo mesmo a repórteres, em reportagens transmitidas pela televisão e publicadas pelo jornal *O Globo* de 23.10.98, Rio de Janeiro, RJ, cabendo a sua mulher **MARIA QUADROS SILVA** e seus filhos CESAR, DANIELA E ANA promover a competente Ação Ordinária de Exclusão de Herdeiro (...)"

Embora os atos praticados por Argemiro, ora Réu, impusessem sua exclusão por indignidade, ainda assim, o testador fez questão que constasse de seu testamento cláusula de deserdação, para que, em hipótese alguma, Argemiro fosse agraciado com seu quinhão da herança.

E, para que a medida judicial ora intentada não seja enxergada como um ato rancoroso e de injusta violência contra um herdeiro, cumpre declinar adiante o desastre familiar proporcionado pelo Réu, Argemiro Quadros Silva.

III – HISTÓRICO FAMILIAR

OS FATOS A SEGUIR NARRADOS NÃO DIZEM RESPEITO ÀS HIPÓTESES QUE AUTORIZAM A EXCLUSÃO DO RÉU DA SUCESSÃO, PORÉM RETRATAM SUA PERSONALIDADE E O SEU CARÁTER DESVIRTUADOS

Malgrado o atestado de óbito indique como *causa mortis "PARADA CARDIORRESPIRATÓRIA"*, para a esposa e testamenteira, filhos, amigos e todos aqueles que acompanharam Nélio Silva até o último dia da vida dele, o ataque fulminante que precipitou sua morte tem outro nome: Argemiro Quadros Silva.

Dúvidas não existem que a traição de Argemiro e a humilhação, decepção, amargura, desgosto, e mágoa minaram a saúde de seu pai, o testador, ensejando a cláusula de deserdação.

A triste história que se passa a delinear tem início na Fazenda ___________, MS, onde a família Silva, no ano de 1983, constituiu as sociedades "Silva Agropecuária S/C Ltda."" e "Silva Empreendimentos e Participações S/C Ltda.". Ainda jovem, com 17 anos, Argemiro foi integrado ao quadro societário das empresas acima, cujos sócios majoritários, gerentes e administradores eram seus pais, o testador e a Autora.

Com o tempo, Argemiro adquiriu a confiança do pai, passando a assessorá-lo diretamente, até alcançar o cargo de sócio-gerente.

DO SEQUESTRO FORJADO

Nos idos de 1990/1991, por ocasião da formatura de sua irmã Daniela, Argemiro forjou seu próprio sequestro, e, aproveitando-se da íntima amizade que seu pai desfrutava junto ao diretor do Banco __________, Sr. Pedro Carvalho, obteve um empréstimo da importância aproximada de R$

50.000,00 (cinquenta mil reais), supostamente para pagamento aos sequestradores.

Pressionado pelos pais diante de tão estapafúrdia história, Argemiro confessou que tudo não passava de uma armação engendrada por sua mente doentia, motivando sua destituição da gerência das sociedades, tendo reduzida sua participação societária como ressarcimento do desfalque financeiro.

EMPRÉSTIMOS BANCÁRIOS

COM PROCURAÇÕES FALSAS E FALSIFICAÇÃO DE ASSINATURAS

Pouco tempo depois, em 20.06.1996, Argemiro contraiu um empréstimo junto ao Banco __________ no valor atual de R$ 200.000,00 (duzentos mil reais), em nome da empresa Silva Empreendimentos, utilizando-se novamente de procuração falsa e, mais grave ainda, falsificando a assinatura de seus pais, como avalistas.

Dez dias após, em 01.07.1996, Argemiro contraiu novo empréstimo junto ao Banco __________, de atuais R$ 900.000,00 (novecentos mil reais), em nome da empresa Silva Agropecuária, utilizando-se novamente de procuração falsa, dando em garantia aplicações de seus pais em CDB, e falsificando a assinatura destes que supostamente compareceriam ao ato na qualidade de avalistas.

No dia 09.07.1996, quando Argemiro e sua mãe Maria se preparavam para uma viagem de lazer, o réu, premido pelo vencimento do empréstimo junto ao Banco __________ que se daria em sua ausência, confessou aos pais todas as trapaças acima relatadas.

Maquiavélico, dois dias após a confissão, quando ninguém mais esperava uma nova investida, Argemiro executou o mesmo crime, dessa vez obtendo um empréstimo de R$ 120.000,00, junto ao Banco __________, em nome da "Silva Empreendimentos", sempre com procuração falsa.

Nessa criminosa escalada, constata-se que em menos de 1 (um) mês, Argemiro, enganando a todos com procurações falsas e assinaturas falsificadas, obteve empréstimos da ordem de R$ 1.220.000,00.

ROUBO DE GADO À MÃO ARMADA

Em 16.04.1998, após um período de aparente calmaria, aproveitando-se da desatenção geral, Argemiro invadiu a Fazenda Belo horizonte com elementos armados e roubou 300 cabeças de boi (doc. n. __________), que foram levadas em 10 carretas para a cidade Bertioga e vendidas ao frigorífico JPS.

Em 19.10.1998, em virtude desse crime, Argemiro foi preso.

IV – DAS CAUSAS QUE AUTORIZAM A EXCLUSÃO POR DESERDAÇÃO E INDIGNIDADE

INJÚRIA GRAVE (Deserdação – art. 1.962, II)

Em 19.10.1998, por ocasião de sua prisão noticiada em linhas pretéritas, cercado pela imprensa, Argemiro mais uma vez atingiu, de forma contundente, a honra do testador, acusando-o de forma injuriosa da prática de "lavagem de dinheiro".

Tal acusação, caluniando e injuriando gravemente seu pai, foi objeto de destaque na capa do jornal *A Noticia* (doc. n. __________), de grande circulação em Luisiânia, em 23 de outubro de 1998, bem como na mídia televisiva.

É inegável que a exposição pública do testador, a partir da atribuição de qualidade negativa, amplamente divulgada pela mídia, importa em injúria grave, principalmente quando parte de um filho.

A propósito do tema, trazemos à colação a lição do jurista J. M. CARVALHO SANTOS em seu *Código Civil Brasileiro Interpretado*, Freitas Bastos, 8. ed., v. XXIV, p. 229:

> "A injúria grave varia, conforme as circunstâncias, e ao juiz cumpre apreciar a sua medida: 'A gravidade do delito', diz LIS TEIXEIRA, 'cresce na razão do número de deveres que se ofendem, e como cada um é obrigado a respeitar a honra e a estimação pública de cada, a injúria verbal feita pelo filho a pai e mãe é sempre grave' (...)"

Portanto, caracterizada a injúria grave prevista no inciso II do art. 1.962 do CC, plenamente adequada ao texto legal se encontra a disposição de última vontade que roga a exclusão de Argemiro da sucessão por deserdação.

CALÚNIA EM JUÍZO – CAUSA COMUM DE EXCLUSÃO POR INDIGNIDADE (ART. 1.814, II) E DESERDAÇÃO (ART. 1.962 *CAPUT*)

A par da prática de atos de injúria grave hábeis à exclusão de Leonardo por deserdação, vislumbra-se da calúnia em juízo irrogada por Argemiro contra o testador, a hipótese autorizadora da exclusão tanto por deserdação (***caput*** do art. 1.962 CC) como por indignidade (no art. 1.814, II, CC).

É importante que V. Exa. atente que, apesar da gravidade, a injúria foi apenas mais um capítulo das investidas de Argemiro contra o testador.

Com efeito, não bastassem a humilhação e o desgosto sofridos pelo testador pelos graves atos, Argemiro ainda caluniou o testador em juízo (art. 1.814, II CC).

A calúnia, segundo a melhor doutrina, consiste na imputação falsa a alguém, de um fato qualificado como crime. Em juízo, segundo a interpretação mais restritiva, seria no juízo criminal.

O renomado civilista e professor baiano Orlando Gomes leciona:

> "A denunciação caluniosa, assim declarada em juízo criminal, considera-se fato determinante da indignidade. Refere-se o Código a acusação, embora exija que tenha sido feita em Juízo, não bastando, portanto, a calúnia assacada em particular. *Não há como apurá-la sequer em juízo cível*" (*Sucessões*, 12. ed., Forense, p. 34).

Pela estrita pertinência, vale aqui um parêntese apenas para confrontar a lição acima com a impressão pessoal do magistrado Benedito do Prado (doc. xx), Juiz de Direito da 1ª Vara Criminal de Luisiânia, no julgamento dos autos da queixa-crime n. 02/98, ingressada pelo falecido Nélio Silva contra seu filho Argemiro por crime contra honra fundado na Lei de Imprensa:

> *"A sua conduta social foge aos padrões da normalidade;* ***O RÉU DEMONSTRA UMA PERSONALIDADE VOLTADA PARA O CRIME, FACILMENTE ATACOU DE MANEIRA CONTUNDENTE A PESSOA DE SEU GENITOR; OS MOTIVOS DO CRIME FORAM NO SENTIDO DE DENEGRIR A HONRA DO QUERELANTE, PERANTE A SOCIEDADE." (gf)***

O magistério acima esposado se amolda perfeitamente ao relato constante da r. sentença proferida nos autos da ação penal n. ________ promovida pelo Ministério Público, perante a 1ª Vara Criminal da Comarca de Luisiânia, em que figurou como réu Argemiro Quadros Silva.

O teor da sentença é de extrema relevância, pois comprova:

(i) a calúnia em juízo, por ocasião do interrogatório perante o juízo criminal;

(ii) a calúnia propriamente, quando imputa falsamente ao pai fato qualificado como crime; e

(iii) a falsidade da imputação, visto que já confessara, em fase de inquérito, os crimes de falsificação de documentos.

Outra passagem de eloquente demonstração de calúnia em Juízo se deu nos autos da queixa-crime n. __________, perante o juízo da __________ Vara Criminal de Goiânia, intentada pelo testador em desfavor de Argemiro. (doc. n.).

Como relatado pelo MM. Juiz prolator da sentença:

> **"No dia 11 de novembro de 1999, o Querelado ingressou neste juízo com o petitório e documentos de fls. 140/198, atribuindo ao Querelante fatos criminosos e requerendo outras providências"** (sic – gf)

Na petição mencionada pelo Magistrado (doc. n. __________), está patente que Argemiro acusou seu pai de cometer crime de sonegação fiscal, em queixa-crime, no juízo criminal, caracterizando o ato de "calúnia em juízo".

Em virtude dessa imputação falsa, foi determinado pelo então Julgador a remessa de peças à Superintendência da Polícia Federal para instauração da medida cabível.

Em outras inúmeras e infelizes oportunidades e pelos mais variados veículos e formas, Leonardo caluniou seu pai e feriu sua honra. Estas duas, todavia, atendem fielmente à exegese conferida ao art. 1.814, II, do CC, impondo sua exclusão, seja por indignidade, seja por deserdação.

V – POSSIBILIDADE DE CUMULAÇÃO DOS PEDIDOS DE DESERDAÇÃO E INDIGNIDADE

É certo que a exclusão do herdeiro tanto por indignidade quanto por deserdação depende da propositura da competente ação ordinária.

Trilhando ambas pelo rito ordinário e sendo de competência do juízo orfanológico, nada obsta que se ingresse com ação de indignidade cumulada com deserdação, com pedido alternativo ou subsidiário se houver *causa petendi* para as duas.

Essa, aliás, é a abalizada opinião De Sílvio de Salvo Venosa em seu curso de *Direito Civil – Direito das Sucessões*, Atlas, p. 229:

> **"Nada impede, contudo, que o interessado ingresse com ação de indignidade, cumulada com deserdação, com pedido alternativo ou subsidiário, se houver *causa petendi* para as duas ações. (...)**
>
> **O interessado poderá propor as ações cumulativamente, já que a procedência de qualquer dos pedidos levará à exclusão do herdeiro."** (gf)

Logo, considerando que no caso em voga militam as circunstâncias tanto para exclusão por deserdação como por indignidade, convém a cumulação das ações, de modo que, em hipótese alguma, Leonardo seja agraciado.

VI – DOS PEDIDOS

Ante o exposto, requer a Autora:

1 – a intimação do Ministério Público para que intervenha nos autos;

2 – a citação do Réu no endereço acima indicado; e

3 – a procedência da ação com a declaração de exclusão do Réu, seja por deserdação, seja por indignidade, seja com fundamento em ambos os institutos.

Por derradeiro, declaram os demais filhos do testador, Cesar, Daniela e Ana, abaixo assinados, que estão de pleno acordo com a presente ação, ratificam todos os fatos aqui narrados, e desejam que seja preservada e respeitada a última vontade de seu pai.

Dá-se à causa o valor de R$ 1.000,00 (um mil reais) para efeitos fiscais.

Termos em que,

Pede deferimento.

Rio de Janeiro, 10 de abril de 2007

João Ricardo Troncoso

OAB/RJ n.

Maria Quadros Silva

(testamenteira)

Cesar Quadros Silva

Daniela Quadros Silva

Ana Quadros Silva

Capítulo XI
HERANÇA JACENTE E HERANÇA VACANTE

O conceito de herança jacente vem previsto no artigo 1.819 do Código Civil.

> "Falecendo alguém sem deixar testamento nem herdeiro legítimo notoriamente conhecido, os bens da herança, depois de arrecadados, ficarão sob a guarda e administração de um curador, até a sua entrega ao sucessor devidamente habilitado ou à declaração de sua vacância".

Não havendo herdeiros legítimos e testamentários ou, se havendo, não aceitarem a herança, esta é considerada jacente e ficará sob a guarda, conservação e administração de um curador.

O artigo 1.820 determina o momento em que serão os bens da herança jacente declarados vacantes:

> "Praticadas as diligências de arrecadação e ultimado o inventário, serão expedidos editais na forma da lei processual, e, decorrido 1 (um) ano de sua primeira publicação, sem que haja herdeiro habilitado, ou penda habilitação, será a herança declarada vacante".

Ou, ainda:

> "Quando todos os chamados a suceder renunciarem à herança, será esta desde logo declarada vacante" (art. 1.823, CC).

ARRECADAÇÃO

Ocorrendo o falecimento de uma pessoa sem deixar herdeiros sucessíveis, deverá ser procedida a arrecadação de seus bens.

O processo de "Arrecadação" no Estado do Rio de Janeiro é de competência da Vara de Órfãos e Sucessões e vem regulado nos artigos 738 e seguintes do diploma processual. Visa arrecadar os bens da herança, que serão administrados por um curador nomeado pelo juiz. Sua função equivale à do inventariante.

A Procuradoria do Município e o Ministério Público se pronunciarão em todos os atos processuais.

O artigo 741 do diploma processual estabelece que, ultimada a arrecadação, o juiz determinará a expedição de edital, que será publicado, na rede mundial de computadores, no sítio do tribunal a que estiver vinculado o juízo e na plataforma de editais do Conselho Nacional de Justiça, onde permanecerá por três meses ou, não havendo sítio, no órgão oficial e na imprensa da comarca por 3 vezes com intervalo de um mês, para que os sucessores do falecido venham a habilitar-se no prazo de seis meses contado da primeira publicação.

Decorrido um ano da primeira publicação do edital e não havendo herdeiro habilitado nem habilitação pendente a herança será declarada vacante, nos termos do artigo 743.

Caso apareça um herdeiro nesse período, deverá promover sua habilitação nos autos, convertendo-se a arrecadação em inventário.

A alienação dos bens móveis ou imóveis da herança será feita com autorização judicial de conformidade com o disposto no artigo 742 do CPC. O legislador estipulou, no artigo 1.822 do Código Civil, o prazo quinquenal, a iniciar-se na data da abertura da sucessão, ou seja, no momento do óbito, para que os bens passem ao domínio do Município, do Distrito Federal ou da União.

Ainda assim, ultrapassado esse lapso temporal, os herdeiros que aparecerem poderão pleitear seus direitos, o que se admitirá, somente, mediado de ação própria.

Os colaterais que não se habilitarem até a declaração de vacância serão excluídos da sucessão, esclarece o parágrafo único do artigo 1.822. É outra forma de exclusão da sucessão de herdeiros legítimos, além da indignidade. O Código anterior aludia ao colateral sucessível, notoriamente conhecido, querendo referir-se aos sucessores colaterais presentes no local da abertura da sucessão.

Capítulo XII
SUCESSÃO LEGÍTIMA

A sucessão pode ser legítima, testamentária ou mista.

O artigo 1.786 prevê as duas primeiras formas de sucessão:

> "A sucessão dá-se por lei ou por disposição de última vontade". A sucessão mista vem prevista no artigo 1.788:
>
> "Morrendo a pessoa sem testamento, transmite a herança aos herdeiros legítimos; o mesmo ocorrerá outro tanto quanto aos bens que não forem compreendidos no testamento; e subsiste a sucessão legítima se o testamento caducar, ou for julgado nulo".

A sucessão legítima, também, denomina-se intestada ou *ab intestato.*

Abre-se a sucessão legítima quando não há testamento, se este caduca ou se for julgado nulo.

A sucessão legítima decorre da lei. Os herdeiros são designados pela lei, observando-se a ordem prevista no artigo 1.829 do diploma civil.

Caso o testador atribua a legítima aos próprios herdeiros necessários, conferindo o que lhes pertence, a sucessão permanece legítima. O herdeiro não passa a ser testamentário (Orlando Gomes, Sucessões, Forense, 16. ed., p. 83).

Essa ordem, chamada de vocação hereditária, foi estabelecida pelo legislador, fundada na teoria da "vontade presumida" do autor da herança, pois existe a presunção de que o desejo do *de cujus* seria deixar seus bens nessa sequência, principiando por seus descendentes, seguindo-se os ascendentes, ambos em concorrência com o cônjuge. Em terceiro lugar, o cônjuge, seguindo-se os colaterais até o 4º grau, e, finalmente, inexistindo quaisquer dessas pessoas, a herança caberá ao Município, ao Distrito Federal ou à União.

Há autores que entendem que a ordem vocacional se fundamenta na família do autor da herança.

> "No primeiro caso tem a sucessão legítima, que se fundamenta na família do autor da herança. De fato, como já afirmado, o legislador determina o rol de sucessores de uma pessoa baseado em seus vínculos mais estreitos de solidariedade, que se encontram em sua comunidade familiar, estabelecendo a devolução da herança para aqueles mais próximos à pessoa falecida" *in "Fundamentos do Direito Civil*, v. 7, Direito das Sucessões", Ed. Gen/Forense, p. 63, Gustavo Tepedino, Ana Luiza Maia Nevares e Rose Melo Venceslau Meireles

Diz-se que a sucessão legítima é o testamento dos que não fizeram disposições de última vontade.

Se desejo deixar meus bens de acordo com a ordem estabelecida pelo legislador basta que eu não faça testamento.

As classes de herdeiros designadas no artigo 1.829 são as seguintes:

"A sucessão legítima defere-se na ordem seguinte:

1. Aos descendentes, em concorrência com o cônjuge sobrevivente, salvo se casado este com o falecido no regime da comunhão universal, ou no da separação obrigatória de bens (art. 1.640, parágrafo único); ou se, no regime da comunhão parcial, o autor da herança não houver deixado bens particulares;

2. Aos ascendentes, em concorrência com o cônjuge;

3. Ao cônjuge sobrevivente;

4. Aos colaterais".

Cada uma dessas classes de herdeiros só é chamada a suceder se não houver herdeiros na classe antecedente. Por isso, denomina-se "ordem preferencial". Os herdeiros da classe subsequente só herdam, não havendo herdeiros na classe antecedente. É o princípio da preferência de classes.

Em primeiro lugar, serão chamados os descendentes, a seguir, os ascendentes, que só herdarão não havendo descendentes; o cônjuge sobrevivente sucederá se não houver descendentes, nem ascendentes e, os colaterais, se não existirem descendentes, ascendentes e cônjuge. Ressalte-se que as duas primeiras classes, descendentes e ascendentes, concorrem com o cônjuge/companheiro sobrevivente. O cônjuge/companheiro, apesar de concorrer com os descendentes e ascendentes, não integra essas classes. No atual diploma civil, o legislador admitiu a concorrência de classes ao permitir que o cônjuge supérstite/companheiro concorra em determinados regimes com os descendentes e, em todos, com os ascendentes.

HERDEIROS NECESSÁRIOS

O legislador inovou ao incluir o cônjuge/companheiro como herdeiro necessário com os descendentes e ascendentes, possibilitando, ainda, que concorresse aos direitos sucessórios com eles.

Proclama o artigo 1.845:

"São herdeiros necessários os descendentes, os ascendentes e o cônjuge".

Os descendentes, ascendentes e o cônjuge/companheiro são herdeiros necessários, também chamados reservatários, forçados ou legitimários, conforme preceitua o artigo 1.845, aos quais pertence metade da herança, que constitui a legítima (art. 1.846).

Portanto, não pode o testador que tiver herdeiros descendentes, ascendentes ou cônjuge/companheiro e, neste último caso, não importa qual o regime de bens do casamento, dispor da totalidade dos bens, devendo respeitar a legítima dos citados herdeiros.

Segundo o artigo 1.847, da seguinte forma:

"Calcula-se a legítima sobre o valor dos bens existentes na abertura da sucessão, abatidas as dívidas e as despesas do funeral, adicionando-se, em seguida, o valor dos bens sujeitos a colação".

Valor dos bens na data da abertura da sucessão	–	dívidas do *de cujus* e despesas do funeral	=	Acervo hereditário	: 2 =	Legítima	+	bens a serem colacionados

O herdeiro necessário não perderá direito à legítima, se o testador lhe deixar a parte disponível ou algum legado, conforme se infere do artigo 1.849.

A legítima poderá ser gravada com as cláusulas clássicas de inalienabilidade, impenhorabilidade e incomunicabilidade nas condições estabelecidas no artigo 1.848, mas, jamais poderá ser instituído o usufruto ou fideicomisso sobre a legítima.

No julgamento do REx 878.694-MG, relatado pelo Min. Roberto Barroso, ficou decidido, por maioria de votos, em repercussão geral, a inconstitucionalidade do artigo 1.790 do Código Civil, aplicando-se aos companheiros a regra do artigo 1.829 do mesmo diploma.

Por sua vez, o Ministro Relator entendeu de modular os efeitos da aplicação desse entendimento: a) aos processos judiciais em que não tenha havido trânsito em julgado da sentença de partilha e b) às partilhas extrajudiciais em que não tenham sido lavradas as respectivas escrituras.

No julgamento dos Embargos de Declaração opostos pelo Instituto Brasileiro de Direito de Família – IBDFAM – requerendo esclarecimentos se a decisão alcançaria, também, os demais dispositivos que dizem respeito à sucessão do cônjuge, destacando-se o artigo 1.845, que atribui àquele a qualidade de herdeiro necessário, entendeu a Côrte não haver no acórdão omissão, obscuridade, contradição, erro material.

HERDEIROS FACULTATIVOS

Os herdeiros colaterais até o 4° grau são herdeiros facultativos. No Código anterior, o cônjuge era, também, considerado herdeiro facultativo, tendo sido, atualmente, elevado à categoria de herdeiro necessário. Os herdeiros facultativos podem ser excluídos da sucessão, bastando que, para tanto, o autor da herança deixe um testamento sem os beneficiar. É o que diz o artigo 1.850:

"Para excluir da sucessão os herdeiros colaterais, basta que o testador disponha de seu patrimônio sem os contemplar."

O referido mandamento poderia ter sido omitido pelo legislador por sua total inutilidade.

Não sendo os colaterais herdeiros necessários, obviamente podem eles ser excluídos da sucessão por testamento.

REGRAS DA SUCESSÃO LEGÍTIMA

1. Preferência de classes

Não importa o grau de parentesco entre os herdeiros, prevalecendo sempre as classes.

Exemplo: Se uma pessoa falece e deixa como únicos parentes um bisneto (parente em 3° grau) e o pai (parente em 1° grau), o bisneto receberá a totalidade da herança, pois ele integra a classe dos descendentes e, o pai, a dos ascendentes, não obstante encontrar-se este em grau de parentesco mais próximo do que aquele.

2. Preferência de graus

Os herdeiros de graus mais próximos excluem os herdeiros de graus mais remotos, salvo as exceções da vocação indireta.

Capítulo XIII
DESCENDENTES

A primeira classe chamada na sucessão legítima é a dos descendentes.

Os herdeiros na classe dos descendentes são chamados à sucessão até o grau infinito. Enquanto houver um descendente, não importa o grau de parentesco, ele terá direito à herança e os herdeiros de grau mais próximo excluem os de grau mais distante, como prescreve o artigo 1.833.

Na classe dos descendentes, os herdeiros sucedem por cabeça (direito próprio) ou por estirpe (direito de representação) conforme estejam ou não no mesmo grau. Essa regra que vem consagrada no artigo 1.835 constitui o princípio da preferência de graus.

Portanto, na classe dos descendentes não estando os herdeiros no mesmo grau, dá-se o direito de representação.

Dependendo do regime de bens, o cônjuge concorrerá com os descendentes.

CONCORRÊNCIA COM O CÔNJUGE/COMPANHEIRO

O cônjuge não concorre com os descendentes nos seguintes casos:

1. quando casado/união estável pelo regime da comunhão universal de bens;
2. quando casado/união estável pelo regime da separação obrigatória de bens;
3. quando, casado/união estável pelo regime da comunhão parcial de bens, o autor da herança não deixar bens particulares.

A particularização feita pelo legislador das diversas situações para o cônjuge/companheiro participar da herança certamente tem propiciado para os operadores do direito enormes dificuldades de interpretação.

Estabelecendo que o cônjuge supérstite casado pelo regime da comunhão parcial de bens concorre com os descendentes quando o *de cujus* deixar bens particulares e, não se referindo o legislador a bens móveis ou imóveis, resulta daí tratar-se de qualquer espécie de bem. Se o falecido deixou um automóvel, um pequeno número de ações ou qualquer outro bem de pequeno valor adquirido anteriormente ao matrimônio ou a título gratuito, que não se comunique com o cônjuge/companheiro, este terá direito concorrente com os descendentes.

Bens particulares são aqueles mencionados nos artigos 1.659 e 1.661 do Código Civil.

Por vezes, competirá ao cônjuge/companheiro comprovar a existência desses bens particulares de valores irrisórios em nome de seu consorte para que possa participar da herança.

O fato de o cônjuge/companheiro participar da herança como herdeiro concorrente não o privará da meação nos bens, que decorre do regime de bens matrimonial.

Breve histórico do entendimento dos tribunais superiores quanto à concorrência do cônjuge/companheiro com descendentes do autor da herança

1. A redação do malfadado dispositivo trouxe para o mundo jurídico uma séria controvérsia quanto a sua correta interpretação.

A princípio, a maioria dos autores fazendo uma interpretação literal do texto legal admitia que o cônjuge casado pelo regime da separação convencional de bens concorria em condições de igualdade com os descendentes, existindo divergências quando o regime de bens era o da comunhão parcial: o cônjuge herdaria somente nos bens particulares; nos bens comuns, ou, ainda, em ambos.

2. O Superior Tribunal de Justiça, julgando casos de concorrência de cônjuge com descendentes (art. 1.829, I), inovou o entendimento decidindo contrariamente a quase totalidade da doutrina e ao texto legal.

Três julgamentos merecem destaque em vista de suas decisões, que à época apontaram direção inovadora.

O primeiro, julgamento do REsp 1.111.095-RJ, datado de 1º.10.2009, relatado pelo Min. Carlos Fernando Mathias, está assim ementado:

> "Civil. Processual Civil. Recurso Especial. Violação do artigo 535 do CPC. Não ocorrência de Direito Sucessório. Regime matrimonial da separação total de bens. Testamento anterior ao novo Código Civil sobre a integralidade dos bens. Aplicação da lei no tempo. Proteção ao ato jurídico perfeito. Vontade do testador que merece ser respeitada, *in casu*".

Extrai-se do voto condutor a seguinte colocação:

> "Antes de mais nada, impõe-se firmar a premissa que tanto o pacto antenupcial firmado pelos nubentes Paulo e Mercedes, como o testamento lavrado por este último, como atos jurídicos perfeitos e acabados que o são, não podem ficar a mercê das alterações legislativas futuras, e isto até sem ser necessário invocar-se a máxima *tempus regit actum*".

A Turma entendeu, por maioria, que o pacto antenupcial e, no caso específico, também o testamento feito pelo falecido constituíam atos jurídicos perfeitos e acabados.

O pacto antenupcial lavrado sob a égide de uma lei que previa a incomunicabilidade dos bens anteriores e posteriores ao óbito, por tratar-se de um ato jurídico perfeito e acabado, não pode ter seus efeitos modificados por uma lei posterior.

O segundo julgamento do REsp 1.117.563-SP, que teve como Relatora a Ministra Nancy Andrighi, versou sobre a concorrência da companheira com descendentes e constituiu um marco no entendimento da concorrência tanto da companheira como do cônjuge com descendentes do *de cujus*, pois os julgadores apreciaram a polêmica que envolve tanto o teor do artigo 1.790 quanto o do inciso I do artigo 1.829, ambos do Código Civil.

Vale transcrever trecho da ementa para compreensão da decisão:

"É possível encontrar paralelamente às três linhas de interpretação do artigo 1.829, I do CC/02 defendidas pela doutrina, uma quarta linha de interpretação que toma em consideração a vontade manifestada no momento da celebração do casamento, como norte para interpretação das regras sucessórias".

O voto condutor encerra a interpretação que norteia o entendimento da Relatora:

"Por tudo isso, a melhor interpretação é aquela que prima pela valorização da vontade das partes na escolha do regime de bens, mantendo-a intacta, assim na vida como na morte dos cônjuges. Desse modo preserva-se o regime da comunhão parcial de bens de acordo com o postulado da autodeterminação, ao contemplar o cônjuge sobrevivente com o direito a meação, além da concorrência hereditária sobre os bens comuns, haja ou não bens particulares, partilháveis, estes, unicamente entre os descendentes.

A separação de bens, que pode ser convencional ou legal, em ambas as hipóteses é obrigatória, porquanto, na primeira, os nubentes se obrigam por meio de pacto antenupcial – contrato solene – lavrado por escritura pública, enquanto na segunda, a obrigação é imposta por meio de previsão legal.

Sob essa perspectiva, o regime da separação obrigatória de bens, previsto no artigo 1.829, inc. I, do CC/02, é gênero que congrega duas espécies: (i) separação legal; (ii) separação convencional. Uma decorre da lei e a outra da vontade das partes e ambas obrigam os cônjuges, uma vez estipulado o regime da separação de bens, à sua observância.

Dessa forma, não remanesce para o cônjuge casado mediante separação de bens, direito a meação, salvo previsão diversa no pacto antenupcial, tampouco a concorrência sucessória, respeitando-se o regime de bens estipulado, que obriga as partes na vida e na morte. Nos dois casos, portanto, o cônjuge sobrevivente não é herdeiro necessário".

E, por fim, a Relatora apresenta um quadro com as hipóteses de concorrência:

Regimes	Meação	Cônjuge herda bens particulares?	Cônjuge herda bens comuns?
Comunhão universal	Sim	Não	Não
Comunhão parcial	Sim	Não	Sim, em concurso com os descendentes
Separação de bens que pode ser legal ou convencional	Não	Não	Não

O terceiro, o julgamento do REsp 992.749-MS, relatado, também, pela Ministra Nancy Andrighi, teve idêntica fundamentação do anterior.

Segundo o voto condutor da Ministra Relatora, acolhido por unanimidade, a escolha do regime da separação convencional de bens, mediante lavratura de pacto antenupcial, e a valorização do princípio da autonomia da vontade das partes consistiriam nos argumentos centrais para afastar o cônjuge sobrevivente da sucessão. A incomunicabilidade contratada por meio de pacto antenupcial deve ser observada "na vida e na morte".

Carlos Roberto Barbosa Moreira, em artigo intitulado "Regime de Bens e Sucessão", publicado Revista do Ministério Público do Rio de Janeiro, n. 56, abr./jun. 2015, p. 45, se pronunciou em relação ao mencionado acórdão:

> "Lamentavelmente o acórdão proferido no julgamento REsp 992.749-MS misturou conceitos. É evidentemente equivocada a ideia de que o regime de bens 'obriga as partes na vida e na morte': o regime de bens se extingue com a morte, e não é em função dele que se opera a transmissão do patrimônio do *de cujus* aos sucessores. Por idêntico motivo, reconhecer direitos sucessórios ao cônjuge casado pelo regime da separação convencional de bens de nenhum modo representa 'a alteração do regime matrimonial de bens *post mortem*': o regime de bens, por sua própria natureza, apenas produziu efeitos durante o casamento. A sucessão aberta em benefício do cônjuge não é uma 'alteração *post mortem*' de um regime a que o óbito pôs termo. Nem cabe, por fim, argumentar que a 'incomunicabilidade (dos bens) resulta da estipulação feita pelos nubentes, antes do casamento': a sucessão de nenhum modo converte bens que pertenciam ao *de cujus* em bens comuns. A incomunicabilidade, fruto da manifestação da vontade subsistiu, intacta, até a morte".

1. Posteriormente, o Superior Tribunal de Justiça modificou esse entendimento, interpretando literalmente o artigo 1.829 do CC, estabelecendo que o cônjuge casado pelo regime da separação convencional herda em concorrência com os descendentes do falecido em igualdade de condições, e, no caso do regime da comunhão parcial de bens, o cônjuge, além da meação que possuir nos bens comuns, se houver, concorre com os descendentes somente nos bens particulares em igualdade de condições, conforme decidido nos REsps nos 1.472.945-RJ; 1.382.170-SP; 1.368.123-SP e mais recentemente no julgamento do REsp 1.501.332 SP, relatado pelo Min. João Otávio Noronha, cuja ementa é a seguinte:

> "Recursos Especiais. Direito das Sucessões. Alegação de omissões e falta de fundamentação. Afastamento do cônjuge. Herdeiro necessário.
>
> Exegese dos arts. 1.845 e 1.829, III, do Código Civil/2002. Regime de Separação total convencional de bens. Regramento voltado para as situações de partilha em vida. Não ultratividade. 1. Afasta-se a alegação de omissão e falta fundamentação do acórdão recorrido quando o tribunal de origem tiver adotado fundamentos adequados e suficientes para amparar sua conclusão, sobretudo quando os dispositivos invocados não guardarem relação com o objeto da controvérsia. 2. A definição da ordem de vocação hereditária é competência atribuída ao legislador, que, no novo Código Civil, erigiu o cônjuge sobrevivente à condição de herdeiro necessário, independentemente do regime adotado no casamento. 3. O regime de bens entre os cônjuges contratado por meio de pacto antenupcial, extingue-se com a morte de um dos contratantes, não podendo produzir efeitos depois de extinto. 4. Recursos especiais conhecidos e desprovidos".

Com esse entendimento, a matéria ficou pacificada tanto na doutrina quanto na jurisprudência.

MULTIPARENTALIDADE

A multiparentalidade vem a ser a possibilidade de uma pessoa possuir, concomitantemente, mais de um pai ou mais de uma mãe, gerando efeitos jurídicos no direito de família e sucessório (alimentos e herança).

O Supremo Tribunal Federal, no julgamento do RE 898060-SC em 22.08.2016, relatado pelo Min. Luiz Fux, com Repercussão Geral, Tema 622, fixou tese admitindo a possibilidade de reconhecimento concomitante pela mesma pessoa de filiação biológica e socioafetiva:

"O Tribunal por maioria e nos votos do Relator, fixou tese nos seguintes termos: A paternidade socioafetiva declarada ou não em registro público, não impede o reconhecimento de vínculo de filiação concomitante baseado na origem biológica, com os efeitos jurídicos próprios"

Destaque-se não existir hierarquia entre os diversos tipos de filiação, sendo todos considerados filhos em igualdade de condições, como preconiza o parágrafo 6º, do artigo 227 da Constituição Federal.

Assim sendo, entendemos que a pessoa que possua registro de filiação de dois pais ou duas mães, biológica e socioafetiva, herdará em ambas as sucessões dos dois pais ou das duas mães.

Herdará na sucessão do (a) pai (mãe) biológico (a) e herdará na sucessão do (a) pai (mãe) socioafetivo (a).

Reza o artigo 1.832:

"Em concorrência com os descendentes (art. 1.829, I) caberá ao cônjuge quinhão igual ao dos que sucederem por cabeça, não podendo sua quota ser inferior à quarta parte da herança, se for ascendente dos herdeiros que concorrer".

Analisemos as situações possíveis de ocorrer. Antes, porém, devemos ressaltar que o legislador expressamente referiu-se a descendentes, abrangendo todos os herdeiros que se incluírem nessa classe.

1. Cônjuge/companheiro concorrendo com descendentes, do qual seja ascendente. A herança será dividida por cabeça, não podendo o quinhão do cônjuge ser inferior a 1/4 (um quarto) da herança.

2. Cônjuge/companheiro concorrendo com descendentes do qual não seja ascendente. A herança será dividida por cabeça, herdando em partes iguais.

3. Cônjuge/companheiro concorrendo com descendentes, dos quais seja ascendente de alguns e, de outros, não. Não existe previsão legal para essa situação. Entendemos que, nesse caso, a herança será dividida por cabeça, recebendo o cônjuge/companheiro quinhão igual ao dos demais descendentes. O legislador declarou que o cônjuge/companheiro somente tem direito a quota mínima de 1/4 (um quarto) quando for ascendente de todos os descendentes com os quais concorra.

É o que se deduz do texto do artigo 1.832, *in fine*, que estabelece: "Se for ascendente dos herdeiros com que concorrer". *A contrariu sensu*, não sendo ascendente de todos os herdeiros que concorrer, não faz jus àquele benefício. A interpretação deve ser restritiva e, sendo a classe dos descendentes a primeira beneficiada na ordem da vocação hereditária, não deve o descendente, nos casos omissos, ser preterido pelo cônjuge/companheiro, que ocupa a terceira posição na ordem da vocação hereditária.

Aludindo o legislador aos descendentes, se o cônjuge/companheiro concorrer somente com netos do inventariado, filhos de diversos filhos pré-mortos, a divisão da herança será por cabeça, não importando quantos filhos possua cada filho premorto. Sendo o cônjuge/companheiro ascendente dos mesmos, então, terá direito à quota mínima de 1/4 (um quarto) da herança.

Na divisão por cabeça ou por direito próprio, a herança é dividida igualmente em tantas partes quantos forem os herdeiros.

Prescreve o artigo 1.834:

"Os descendentes da mesma classe têm os mesmos direitos à sucessão de seus ascendentes".

Salta aos olhos a má redação do dispositivo ao declarar "os descendentes da mesma classe", como se existissem descendentes em outras classes. Certamente, o legislador pretendeu ressaltar o preceito constitucional que estabeleceu a igualdade entre os filhos, dizendo que todos os herdeiros da classe descendente têm os mesmos direitos à sucessão de seus ascendentes.

O artigo 1.835 estabelece que na linha descendente os filhos sucedem por cabeça, e os outros descendentes, por cabeça ou por estirpe, conforme se achem ou não no mesmo grau.

A RENÚNCIA DA HERANÇA NA CLASSE DOS DESCENDENTES

A renúncia de um descendente ou do cônjuge/companheiro, deste último se admitida, eis que não existe previsão legal, quando concorrem à mesma herança pode aparentar a existência de alguma dificuldade em sua solução.

Se um dos descendentes renuncia à herança, sua parte acresce à dos demais descendentes, não aumentando a parte que cabe ao cônjuge/companheiro.

Se um filho renuncia à herança, seu quinhão acresce aos dos demais irmãos, não aumentando a parte do cônjuge/companheiro.

Sendo três filhos concorrendo com o cônjuge, a herança será dividida em quatro partes. Se um filho, porém, renuncia (renúncia abdicativa), a herança não será dividida em três partes iguais entre os dois filhos e o cônjuge/companheiro. A nosso sentir, a parte do renunciante acrescerá somente os quinhões de seus irmãos, permanecendo o cônjuge/companheiro com a mesma parte que lhe caberia antes da renúncia.

A renúncia de um dos filhos, havendo outros, não pode aumentar a parte do cônjuge/companheiro na herança, pois, de acordo com o artigo 1.810, na sucessão legítima, a parte do renunciante acresce à dos outros da mesma classe e o cônjuge/companheiro não faz parte da classe dos descendentes.

Se o cônjuge/companheiro, porém, renunciar, aplicar-se-á a regra do artigo 1.811, chamando-se à sucessão os herdeiros da classe subsequente, que seriam os colaterais?

Tal entendimento não pode prosperar. No caso de renúncia do cônjuge/companheiro, quando concorrer com filhos do falecido, sua parte acrescerá a parte destes.

Renunciando o único descendente, não acrescerá a totalidade da herança ao cônjuge/companheiro que com ele concorre. Será chamada a classe seguinte, isto é, os ascendentes, com os quais o cônjuge concorrerá.

ADOTIVOS

Reza o § 6º, do artigo 227 da Carta Magna:

> "Os filhos, havidos ou não da relação do casamento, ou por adoção, terão os mesmos direitos e qualificações, proibidas quaisquer designações discriminatórias relativas à filiação".

O legislador constituinte igualou os direitos sucessórios de todos os filhos, sejam ilegítimos, naturais, adulterinos, adotivos, produto de uma filiação biológica, socioafetiva, adotiva, seja por técnicas de reprodução humana assistida.

Anteriormente, a Lei 6.515/77, Lei do Divórcio, em seu artigo 51, § 2º, depois revogado pelo Código Civil, já havia igualado o direito sucessório dos filhos, porém, não fazendo expressa menção quanto aos adotivos.

Portanto, os filhos adotivos, atualmente, estão equiparados aos demais filhos.

Herdam todos em igualdade de condições, extinguindo-se qualquer discriminação sucessória antes existente.

O artigo 41 do Estatuto da Criança e Adolescente (Lei 8.069, de 13.07.1990) reforça essa posição:

> "A adoção atribui a situação de filho ao adotado, com os mesmos direitos e deveres, inclusive sucessórios, desligando-o de qualquer vínculo com os pais e parentes salvo os impedimentos matrimoniais".

Cremos que se encerrou a controvérsia existente a respeito do direito de representação do filho adotado na sucessão do pai do adotante. Atribuindo a situação de filho ao adotado, ratificando os termos do dispositivo constitucional (§ 6º do art. 227), rompendo todos os vínculos não só com os pais, mas especialmente com os parentes consanguíneos, o legislador conferiu direitos à sucessão de todos os parentes consignados na ordem da vocação hereditária, consagrando o disposto no § 2º, do artigo 41 do Estatuto da Criança e do Adolescente, que reza:

> "É recíproco o direito sucessório entre o adotado, seus descendentes, o adotante, seus ascendentes, descendentes e colaterais até o 4º grau, observada a ordem de vocação hereditária".

Atualmente, o adotado herda dos ascendentes e dos colaterais até o 4º grau do adotante.

Anteriormente à vigência da Constituição de 1988, o § 2º, do artigo 1.605 do Código Civil de 1916 estabelecia uma diferenciação, declarando que ao filho adotivo, se concorresse com legítimos, supervenientes à adoção, tocaria somente metade da herança cabível a cada um destes. Sendo a adoção posterior à existência de filhos legítimos, o adotivo nada herdaria.

Com a adoção rompe-se qualquer vínculo parental com os pais biológicos, não cabendo, daí em diante, ao adotado qualquer direito hereditário na sucessão de seus pais biológicos.

Assim decidiu, por unanimidade, a egrégia 6ª Câmara Cível do Tribunal de Justiça do Estado de São Paulo, no julgamento da Apelação Cível 240.714-1, SP, em que foi relator o Des. Mattos Faria, cuja ementa é a seguinte:

> "Inventário – Pretensão de filho biológico de sucessão, embora adotado por outra pessoa. Artigo 227, § 6º, da Constituição da República que revogou o artigo 378 do Código Civil – Impossibilidade – Recurso não provido" (*Jurisprudência do Tribunal de Justiça do Estado de São Paulo*, v. 182, p. 148).

NASCITURO

Devemos destacar, também, a posição do nascituro.

Para que a sucessão seja deferida a uma pessoa, é necessário que esteja viva no momento do óbito do autor da herança ou que já tenha sido concebida.

Prescreve o artigo 2º do Código Civil:

> "A personalidade civil da pessoa começa do nascimento com vida, mas a lei põe a salvo, desde a concepção, os direitos do nascituro".

Nascituro é aquele que já foi gerado, mas ainda não veio à luz.

A lei resguarda desde a concepção os direitos do nascituro, declarando que se legitimam a suceder o autor da herança as pessoas já concebidas no momento do óbito.

Reza o artigo 1.798 do diploma civil:

> "Legitimam-se a suceder as pessoas nascidas ou já concebidas no momento da abertura da sucessão".

Além de estar concebido no momento do óbito do *de cujus*, o nascituro deve nascer com vida para que seja reputado capaz de suceder.

É necessário que o filho esteja separado da mãe e que esta separação seja completa.

Nascendo com vida, o filho adquire direitos hereditários e, se vier a falecer em seguida, não importa o tempo de vida, transmite esses direitos adquiridos a seus herdeiros.

Trata-se de um direito eventual que se concretizará ocorrendo o nascimento com vida.

Sílvio de Salvo Venosa assim se manifesta:

> "Realmente esse direito eventual se materializará em direito pleno no nascimento com vida. A atribuição de herança ao nascituro não deve ser considerada, portanto, como uma disposição condicional, embora a situação seja muito semelhante" (*Direito das sucessões*, Atlas, p. 95).

POSIÇÃO DO NASCITURO NOS AUTOS DE INVENTÁRIO

Ocorrendo o falecimento do autor da herança e, estando sua esposa grávida, necessário aguardar-se o nascimento da criança para saber se nascerá com vida.

Tal fato não impede a abertura do inventário dentro do prazo legal e, por ocasião das primeiras declarações, deverá o inventariante comunicar ao juiz a situação, requerendo seja o inventário sobrestado até o nascimento do possível herdeiro.

Pode ser que uma gravidez recente não deixe sinais exteriores. O Código de Processo Civil revogado previa em seu artigo 877 uma medida protetória para a gestante nos casos de gravidez não aparente e quando houvesse litígio com os herdeiros, não reproduzida pelo diploma vigente.

Atualmente, a gestante deverá se socorrer da tutela provisória: de urgência ou de evidência prevista nos arts. 294 e seguintes do CPC.

Caio Mário da Silva Pereira, em suas *Instituições de Direito Civil* (18. ed., Forense, v. I, p. 148, atual. por Carlos Roberto Barbosa Moreira), ensina:

> "A fixação das condições da personalidade (nascimento e vida) tem o maior interesse prático, especialmente no tocante à repercussão sucessória, de vez que, vivo que seja o recém-nascido, ainda que por instantes, recebeu, adquiriu e transmite direitos aos seus sucessores".

Caso o nascituro viva, mesmo que seja por poucos instantes, e venha a falecer logo a seguir, necessário será proceder a abertura do seu inventário. Para tanto, deve-se registrar o nascimento e, posteriormente, o óbito, abrindo-se o inventário, onde será partilhado à sua herdeira (provavelmente sua mãe – ascendente) o quinhão que lhe couber no inventário de seu pai.

O espólio do herdeiro nascido e falecido, representado por seu inventariante, deverá se habilitar no inventário de seu pai.

Nenhum problema ocorrerá nascendo filhos gêmeos. Mesmo que um deles venha a falecer após o nascimento, sua mãe herdará seus bens. Caso ocorra a pré-morte desta por ocasião do parto, os bens serão distribuídos obedecendo à ordem da vocação hereditária.

EMBRIÕES EXCEDENTÁRIOS

Prevê o inciso IV, do artigo 1.597, do Código Civil:

> "Presumem-se concebidos na constância do casamento os filhos:
>
> IV – havidos a qualquer tempo quando se tratar de embriões excedentários decorrentes de concepção artificial homóloga".

Afirma o Enuncia do 267 da III Jornada de Direito Civil (2004), do Centro de Estudos Judiciários do Conselho da Justiça Federal:

> "A regra do artigo 1.798 do Código Civil deve ser entendida aos embriões formados mediante o uso de técnicas de reprodução assistida, abrangendo assim, a vocação hereditária da pessoa humana a nascer cujos efeitos patrimoniais se submetem às regras previstas para a petição de herança".

O professor Rolf Madaleno, em sua festejada obra, "Sucessão Legítima", Editora Gen/Forense, p. 483, observa:

> "Em suma, há aqueles que não admitem o direito de sucessão, outros somente se a sucessão for testamentária, não superando o prazo de dois anos, e uma terceira vertente que não vê qualquer restrição de tempo frente ao *princípio constitucional da isonomia*, que impõe a estrita igualdade de tratamento de todos os filhos e sem diferenciar nenhuma forma de nascimento".

Em seguida, apresenta, de forma minuciosa, as diversas posições dos principais doutrinadores sobre o complexo assunto.

O tema, outrossim, tem trazido extensos debates sobre sua aplicação e, recentemente, decidiu a 4ª Turma do Superior Tribunal de Justiça, no julgamento do REsp 1918421 SP 2021/0024251-6 relatado pelo Ministro Marco Buzzi, em 08.06.2021, publicado no DJ de 26.08.2021, ser necessária a autorização expressa do cônjuge falecido para utilização dos embriões após o seu falecimento.

Transcrevemos a seguir trecho do v. acórdão que aponta a necessidade de autorização expressa através de testamento ou outro ato autêntico do cônjuge para a utilização *post mortem* de embriões excedentários:

> "11. O C/2002 (art. 1.597) define como relativa a paternidade dos filhos de pessoas casadas entre si, e, nessa extensão, atribui tal condição a situação em que os filhos são gerados com a utilização de embriões excedentários decorrentes de concepção homóloga, omitindo-se, contudo, quanto a forma prevista para utilização do material genético *post mortem*. 12. A decisão de autorização utilização de embriões consiste em disposição *post-mortem*, que, para além dos efeitos patrimoniais sucessórios relaciona-se intrinsicamente à personalidade e à dignidade dos seres humanos envolvidos, genitor e os que seriam concebidos, atraindo, portanto, a imperativa obediência a forma expressa e constitucional, alcançada por meio de testamento ou instrumento que o valha em formalidade e garantia. 13. A declaração posta em contrato padrão de prestação de serviços de reprodução humana é instrumento absolutamente inadequado para legitimar a implantação *post mortem* de embriões excedentários, cuja autorização expressa e específica haverá de ser efetivada por testamento ou por documento análogo".

MODELO DE PRIMEIRAS DECLARAÇÕES EM INVENTÁRIO HAVENDO NASCITURO

"Exmo. Sr. Dr. Juiz de Direito da __________ Vara de Órfãos e Sucessões

Proc. n. __________

Orlanda Penna Soares, na qualidade de viúva nos autos de inventário dos bens deixados por seu finado marido Edvaldo Soares, vem, por seu advogado, apresentar as declarações de herdeiros e bens, na forma abaixo:

AUTOR DA HERANÇA

O inventariado, brasileiro, portador da carteira de identidade n. __________ expedida pela OAB/RJ em 12.02.1999, inscrito no CPF sob n. __________, faleceu nesta cidade, onde era residente e domiciliado, no dia 22 de janeiro do corrente ano, no estado civil de casado com a Requerente pelo regime da comunhão universal de bens, sem deixar testamento.

VIÚVA MEEIRA

Orlanda Penna Soares, já qualificada na inicial.

DOS HERDEIROS

FILHOS:

José Carlos Penna Soares, brasileiro, solteiro, maior, comerciante, residente e domiciliado à rua Peri, n. ___________, portador da carteira de identidade n. ___________expedida pelo IFP e inscrito no CPF sob n. ___________.

OBSERVAÇÃO: DO NASCITURO

A Requerente, esposa do autor da herança, encontra-se grávida, sendo necessário, portanto, que se aguarde o nascimento da criança que se acha no ventre materno, para que seja habilitada no inventário, caso venha a nascer com vida.

DOS BENS

Na Comarca do Rio de Janeiro:

1) ....

DO RITO

Tendo em vista a existência do nascituro, aguardarão os interessados o seu nascimento, para elegerem o rito a ser adotado. Nascendo com vida, será adotado o rito ordinário, em face da existência de herdeiro menor e, em caso contrário, procederão ao inventário pelo arrolamento sumário.

Termos em que,

P. Deferimento.

(data).

César Cury

OAB/RJ n. .....”

Obs.: A petição deverá ser dirigida ao Juízo competente para processar os autos de inventário.

Capítulo XIV
ASCENDENTES

Não havendo herdeiros descendentes, serão chamados à sucessão os ascendentes em concorrência com o cônjuge.

É o que diz o artigo 1.836:

> "Na falta de descendentes, são chamados à sucessão os ascendentes, em concorrência com o cônjuge sobrevivente".

Em face do julgamento do REx 878.694-MG, anteriormente citado, ficou decidida a inconstitucionalidade do artigo 1.790 do Código Civil, aplicando-se aos companheiros, quando em concorrência com descendentes do autor da herança, a regra do artigo 1.829 do mesmo diploma.

Por sua vez, foram modulados os efeitos da aplicação desse entendimento: a) aos processos judiciais em que não tenha havido trânsito em julgado da sentença de partilha e b) às partilhas extrajudiciais em que não tenham sido lavradas as respectivas escrituras.

Assim, respeitado o prazo da modulação, o companheiro também concorrerá com os ascendentes em igual proporção que se atribui ao cônjuge.

O legislador não fez qualquer restrição quanto ao regime de bens.

Alerte-se para o teor do artigo 1.830, analisado anteriormente, quando abordamos a sucessão na classe dos descendentes.

Lembramos que nas linhas retas descendente e ascendente, as pessoas descendem umas das outras (*vide* capítulo: "Relações de Parentesco").

Ascendentes são os pais, avós, bisavós, trisavós do autor da herança.

Não confundir com tios, tios-avós que são colaterais, e não ascendentes.

A sucessão dos ascendentes, quando os herdeiros são os pais não se dá ao casal, mas a cada um deles *per si*: pai e mãe. Os pais herdam por direito próprio e, sendo o regime matrimonial diverso da comunhão universal de bens, é recomendável que na partilha se evite o condomínio nos bens da herança.

Por outro lado, se o quinhão que couber a cada um individualmente não atingir o valor estabelecido na lei tributária para incidência do imposto de transmissão *causa mortis*, este não será devido.

A matéria foi apreciada pela 4ª Câmara do Tribunal de Justiça paulista, no julgamento da Apelação 12.960, em que foi relator o eminente Des. Macedo Vieira, publicado na *Revista dos Tribunais* n. 136, p. 701:

"Representação das partes – Fazenda do Estado – Coletor – Juízo situado fora da Capital – Admissibilidade Imposto de transmissão *causa mortis* – Seu cálculo em função do quinhão hereditário – Herança atribuída ao pai e à mãe do *de cujus* – Valor da mesma no seu global, pretendido pela Fazenda, e não de sua divisão por dois, já que cada cônjuge herda por direito próprio ainda que o regime de bens seja o da comunhão.

Ao coletor é facultado representar a Fazenda Estadual nos processos administrativos, nos juízos fora da capital.

O pai e a mãe recebem a herança do filho por direito próprio, devendo o imposto ser calculado sobre o quinhão de cada um deles".

Na classe dos ascendentes não há direito de representação, como se infere do artigo 1.852 do estatuto civil:

"O direito de representação dá-se na linha reta descendente, mas nunca na ascendente".

Na classe dos ascendentes, portanto, salienta a regra do § 1°, do artigo 1.836, o herdeiro de grau mais próximo exclui o de grau mais distante.

Falecendo o autor da herança, encontrando-se vivo seu pai, e sua mãe falecida, os avós maternos (pais da mãe) não serão chamados para representá-la. O herdeiro de grau mais próximo, no caso o pai (1° grau), excluirá da sucessão os herdeiros de graus mais remotos, os avós maternos – (2° grau).

A linha ascendente, como já visto, subdivide-se em outras duas linhas: paterna (que sobe pelos parentes dos pais) e materna (que sobe pelos parentes da mãe).

Reza o § 2° do artigo 1.836:

"Havendo igualdade em grau e diversidade em linha, os ascendentes da linha paterna herdam a metade, cabendo a outra aos da linha materna".

No caso, temos uma exceção à regra, na qual, quando todos os herdeiros estão no mesmo grau a herança divide-se em tantas partes quantos forem os mesmos.

Vejamos o seguinte exemplo:

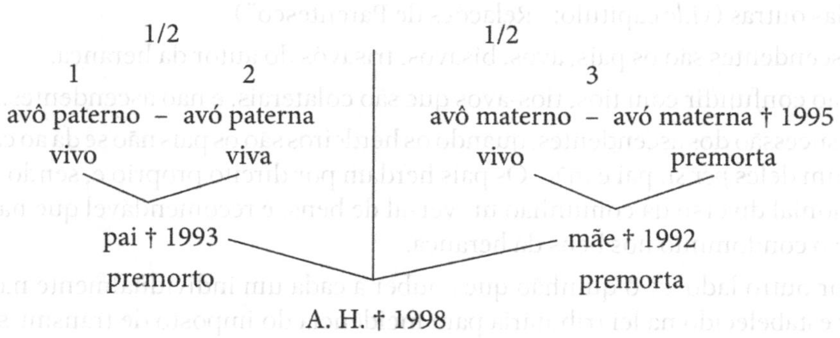

Por ocasião do falecimento do autor da herança em 1998, seus pais já haviam falecido e, também, sua avó materna. Restam vivos: os dois avós paternos e um avô materno. Note-se que estão todos no mesmo grau de parentesco. São todos parentes do autor da herança em 2° grau.

Entretanto, segundo o § 2º do artigo 1.836, a herança se parte entre as duas linhas: paterna e materna, cabendo metade a cada uma. Metade dos bens ficará para o avô materno e, a outra metade para os avós paternos, em vez de um terço para cada herdeiro.

O artigo 1.837 estabelece a forma de divisão da herança quando concorrerem os ascendentes com o cônjuge do autor da herança.

Preceitua o referido mandamento:

> "Concorrendo com ascendente em primeiro grau, ao cônjuge tocará 1/3 (um terço) da herança; caber-lhe-á a metade desta se houver um só ascendente, ou se maior for aquele grau".

Três situações se apresentam:

1. O cônjuge/companheiro terá direito a 1/3 (um terço) da herança se concorrer com ascendentes em 1º grau, pai e mãe do *de cujus*.

Nesse caso, ao cônjuge/companheiro caberá 1/3 (um terço) da herança e os restantes 2/3 (dois terços) caberão aos pais do autor da herança, 1/3 (um terço) para cada um.

2. Se o cônjuge/companheiro concorre só com o pai ou com a mãe do autor da herança, cabe 1/2 (metade) ao cônjuge e a outra 1/2 (metade) ao pai ou à mãe sobrevivente.

3. O cônjuge/companheiro terá direito a 1/2 (metade) da herança se concorrer com ascendentes que não sejam de 1º grau. Não importa o número de ascendentes, desde que estejam além do 1º grau. A metade caberá ao cônjuge/companheiro e a outra metade será dividida entre os herdeiros, devendo-se ressaltar a divisão da herança prevista no § 2º do artigo 1.836, no tocante as linhas materna e paterna.

Importante atentar para o regime de bens do matrimônio, pois necessário separar-se primeiramente a meação do cônjuge/companheiro, constituindo o restante do acervo a herança a ser partilhada.

Se o cônjuge/companheiro renunciar à herança, sua parte caberá aos herdeiros ascendentes.

Havendo mais de um herdeiro ascendente, renunciando um deles à herança, sua parte acrescerá a do outro herdeiro, não aumentando a parte do cônjuge.

Por exemplo, se o autor da herança deixou cônjuge/companheiro e, como herdeiros, avó paterna e dois avós maternos, e a avó paterna renunciar à herança, sua parte acrescerá a dos avós maternos remanescentes, não aumentando a parte do cônjuge/companheiro, pois, segundo o artigo 1.810 do Código Civil: "Na sucessão legítima a parte do renunciante acresce a dos outros herdeiros da mesma classe".

MULTIPARENTALIDADE

Admitindo-se que os filhos herdam de seus pais biológicos e socioafetivos, tendo em vista a inexistência de hierarquia entre a paternidade estes também herdarão de seus filhos, no caso de falecimento sem descendentes.

São regras prescritas nos parágrafos do artigo 1.836, do diploma civil que regem a sucessão dos ascendentes:

1) Na classe dos ascendentes, o grau mais próximo exclui o grau mais remoto, sem distinção de linhas, ou seja, não existe na classe dos ascendentes o direito de representação.

2) Havendo igualdade em grau e diversidade em linha, os ascendentes da linha paterna herdam a metade, cabendo a outra aos da linha materna.

Temos, no caso, uma exceção à regra que diz que estando todos os herdeiros no mesmo grau, herdam por cabeça ou direito próprio e se divide a herança em tantas partes quantos forem os herdeiros ou as cabeças.

Se o *de cujus* deixou uma mãe biológica e dois pais: um biológico e um socioafetivo, a herança será dividida de acordo com a regra do parágrafo 2°, do citado dispositivo: por linhas e não por graus. A linha materna, composta por apenas um membro (a mãe biológica) receberá a 1/2 do acervo, enquanto a outra 1/2 caberá a linha paterna (dois pais – biológico e socioafetivo), recebendo cada um ¼ da parte do monte.

Havendo igualdade em graus e diversidade em linhas, este é o caso, a herança será dividida em igualdade em entre as duas linhas paterna e materna.

Sendo assim, a mãe biológica receberá a ½ dos bens correspondente a linha materna e, a outra metade, caberá ao pai biológico e ao pai socioafetivo do falecido.

Caso o inventariado seja casado ou viva em união estável, aplicar-se a regra do artigo 1.837 combinada com o texto do artigo 1.836.

Concorrendo com ascendente em 1°. grau, não importa se biológico ou socioafetivo, ao cônjuge/companheiro caberá 1/3 da herança. A herança será dividida 1/3 para o cônjuge/companheiro; 1/3 para ascendentes da linha paterna e 1/3 para ascendentes da linha materna.

Entretanto, se houver um só ascendente, seja da linha materna ou da linha paterna, ou, ainda, se maior for o grau, ao cônjuge/companheiro caberá a 1/2 da herança, cabendo aos demais a outra 1/2.

MODELOS DE PARTILHA CONCORRENDO ASCENDENTES E CÔNJUGE

MODELO DE PARTILHA AMIGÁVEL CONCORRENDO VIÚVA CASADA PELO REGIME DA COMUNHÃO UNIVERSAL DE BENS (MEEIRA) E HERDEIRA COM ASCENDENTES DE 1º GRAU

"Partilha amigável que fazem entre si: Anita Santos Barbosa, brasileira, viúva, professora, e Edgard Santos Barbosa, brasileiro, advogado, casado pelo regime da comunhão universal de bens com Lara Pifta Barbosa, nos autos de inventário dos bens deixados pelo finado Alencar Barbosa, na forma abaixo:

MONTE

Apartamento n. __________ do prédio à rua ________, n. __________, com direito a uma vaga de garagem e respectiva fração de 1/16 avos do terreno no valor de R$ 300.000,00

Direito e ação à compra do prédio à rua __________, n. __________ e respectivo domínio útil do terreno, foreiro à Cia. Imobiliária de Petrópolis,. R$ 120.000,00

TOTAL DO MONTE .... R$ 420.000,00

Meação da viúva R$ 210.000,00

Legítima da viúva R$ 70.000,00

Legítima dos herdeiros ascendentes R$ 140.000,00

Pagamento que se faz à viúva meeira e inventariante Anita Santos Barbosa, brasileira, viúva, professora, de sua meação no valor de .... R$ 210.000,00

E de sua herança no valor de R$ 70.000,00

TOTAL R$ 280.000,00

Haverá:

4/6 (quatro sextos) do apartamento n. 210 do prédio à rua Japeri n. 125, com direito a uma vaga de garagem e respectiva fração de 1/16 avos do terreno, no valor .... R$ 200.000,00

4/6 (quatro sextos) do direito e ação à compra do prédio à rua Barão de Rio Branco n. 85 e respectivo domínio útil do terreno, foreiro à Cia. Imobiliária de Petrópolis, na comarca de Petrópolis, neste Estado, no valor de .... R$ 80.000,00

TOTAL .... R$ 280.000,00

Pagamento que se faz ao herdeiro:

Edgard Santos Barbosa, brasileiro, advogado, casado pelo regime da comunhão universal de bens com Lara Pifta Barbosa de sua herança no valor de .... R$ 140.000,00

Haverá:

2/6 (dois sextos) do apartamento n. ____________ do prédio à rua ______________________, n. 1__________, com direito a uma vaga de garagem e respectiva fração de 1/16 avos do terreno, no valor .... R$ 100.000,00

2/6 (dois sextos) do direito e ação à compra do prédio à rua __________, n. __________ e respectivo domínio útil do terreno, foreiro à Cia. Imobiliária de Petrópolis, na comarca de Petrópolis, neste Estado, no valor de .... R$ 40.000,00

TOTAL .... R$ 140.000,00

E por esta forma têm por concluída a presente partilha amigável, que por achá-la em tudo boa, firme e valiosa, requerem a V. Exª se digne homologá-la, para que produza seus devidos e legais efeitos.

(data).

Anita Santos Barbosa

Edgard Santos Barbosa

Lara Pifta Barbosa

Adolpho C. Lacerda OAB/RJ n. __________"

Obs.: A petição deverá ser dirigida ao Juízo competente para processar os autos de inventário.

MODELO DE PARTILHA AMIGÁVEL CONCORRENDO VIÚVA CASADA PELO REGIME DA SEPARAÇÃO TOTAL DE BENS E HERDEIROS ASCENDENTES DE 2º GRAU

Obs.: Anita foi casada com o autor da herança pelo regime da separação total de bens, não tendo a meação, e concorrendo com avós paternos (ascendentes em 2º grau do autor da herança).

"Partilha amigável que fazem entre si Anita Santos Barbosa, brasileira, viúva, professora, e Edgard Santos Barbosa, brasileiro, advogado, casado pelo regime da comunhão universal de bens com Lara Pifta Barbosa, nos autos de inventário dos bens deixados pelo finado Alencar Barbosa, na forma abaixo:

MONTE

Apartamento n. ________ do prédio à rua ________, n. ________, com direito a uma vaga de garagem e respectiva fração de 1/16 avos do terreno no valor de R$ 300.000,00

Direito e ação à compra do prédio à rua ________, n. ________ e respectivo domínio útil do terreno, foreiro à Cia. Imobiliária de Petrópolis . R$ 120.000,00

TOTAL DO MONTE .... R$ 420.000,00

Legítima da viúva.. R$ 210.000,00

Legítima dos herdeiros ascendentes .... R$ 210.000,00

Pagamento que se faz à viúva e inventariante Anita Santos Barbosa, brasileira, viúva, professora, de sua legítima no valor de .... R$ 210.000,00

TOTAL..R$ 210.000,00

Haverá:

1/2 (metade) do apartamento n. ________ do prédio à rua ________, n. ________, com direito a uma vaga de garagem e respectiva fração de 1/16 avos do terreno, no valor de ....R$ 150.000,00

1/2 (metade) do direito e ação à compra do prédio à rua Barão de Rio Branco, n. 85 e respectivo domínio útil do terreno, foreiro à Cia. Imobiliária de Petrópolis, na comarca de Petrópolis, neste Estado, no valor de .... R$ 60.000,00

TOTAL.. R$ 210.000,00

Pagamento que se faz aos herdeiros:

Edgard Santos Barbosa, brasileiro, advogado, casado pelo regime da comunhão universal de bens com Lara Pifta Barbosa de suas heranças no valor de .... R$ 210.000,00

Haverá:

1/2 (metade) do apartamento n. 210 do prédio à rua ________, n. ________, com direito a uma vaga de garagem e respectiva fração de 1/16 avos do terreno, no valor.......... R$ 150.000,00

1/2 (metade) do direito e ação à compra do prédio à rua ________, n. ________ e respectivo domínio útil do terreno, foreiro à Cia. Imobiliária de Petrópolis, na comarca de Petrópolis, neste Estado, no valor de R$ 60.000,00

TOTAL..R$ 210.000,00

E por esta forma têm por concluída a presente partilha amigável, que por achá-la em tudo boa, firme e valiosa, requerem a V. Exª se digne homologá-la, para que produza seus devidos e legais efeitos.

(data).

Anita Santos Barbosa

Edgard Santos Barbosa

Lara Pifta Barbosa

Luiz Paulo Faria

OAB/RJ n. ___________

Obs. 1: Se o autor da herança deixar um só ascendente, pai ou mãe, a partilha será igual.

Obs. 2: A petição deverá ser dirigida ao juízo competente para processar os autos de inventário.

MODELO DE PARTILHA AMIGÁVEL CONCORRENDO VIÚVA CASADA PELO REGIME DA SEPARAÇÃO TOTAL DE BENS E HERDEIROS ASCENDENTES DE 2º GRAU, MAS, DE LINHAS DIFERENTES, DOIS AVÓS PATERNOS E UMA AVÓ MATERNA

"Partilha amigável que fazem entre si: Anita Santos Barbosa, brasileira, viúva, professora; Edgard Santos Barbosa, brasileiro, advogado, casado pelo regime da comunhão universal de bens com Lara Pifta Barbosa e Hebe Barbosa Leto, brasileira, do lar, separada judicialmente, nos autos de inventário dos bens deixados pelo finado Alencar Barbosa, na forma abaixo:

MONTE

Apartamento n. ___________ do prédio à rua ___________, n. _____, com direito a uma vaga de garagem e respectiva fração de 1/16 avos do terreno no valor de ....R$ 300.000,00

Direito e ação à compra do prédio à rua Barão de Rio Branco, n. 85 e respectivo domínio útil do terreno, foreiro à Cia. Imobiliária de Petrópolis,...R$ 120.000,00

TOTAL DO MONTE..R$ 420.000,00

Legítima da viúva..R$ 210.000,00

Legítima dos herdeiros ascendentes..R$ 210.000,00

cabendo aos avós paternos a quantia de.....................................R$ 105.000,00

e à avó materna de...R$ 105.000,00

Pagamento que se faz à viúva e inventariante Anita Santos Barbosa, brasileira, viúva, professora, de sua legítima no valor de .... R$ 210.000,00

TOTAL .... R$ 210.000,00

Haverá:

1/2 (metade) do apartamento n. 210 do prédio à rua __________, n. __________, com direito a uma vaga de garagem e respectiva fração de 1/16 avos do terreno, no valor de ...... R$ 150.000,00

1/2 (metade) do direito e ação à compra do prédio à rua __________, n. __________ e respectivo domínio útil do terreno, foreiro à Cia. Imobiliária de Petrópolis, na comarca de Petrópolis, neste Estado, no valor de .... R$ 60.000,00

TOTAL .... R$ 210.000,00

Pagamento que se faz aos herdeiros, avós paternos do autor da herança:

Edgard Santos Barbosa, brasileiro, advogado, casado pelo regime da comunhão universal de bens com Lara Pifta Barbosa de suas heranças no valor de .... R$ 105.000,00

Haverá:

1/4 (um quarto) do apartamento n. __________ do prédio à rua __________, n. __________, com direito a uma vaga de garagem e respectiva fração de 1/16 avos do terreno, no valor .... R$ 75.000,00

1/4 (um quarto) do direito e ação à compra do prédio à rua __________, n. __________ e respectivo domínio útil do terreno, foreiro à Cia. Imobiliária de Petrópolis, na comarca de Petrópolis, neste Estado, no valor de .... R$ 30.000,00

TOTAL .... R$ 105.000,00

Pagamento que se faz à herdeira:

Hebe Barbosa Leto, brasileira, do lar, separada judicialmente, avó materna, de sua legítima, no valor de .... R$ 105.000,00

Haverá cada um:

1/4 (um quarto) do apartamento n. __________ do prédio à rua __________, n. __________, com direito a uma vaga de garagem e respectiva fração de 1/16 avos do terreno, no valor .... R$ 75.000,00

1/4 (um quarto) do direito e ação à compra do prédio à rua Barão de Rio Branco, n. 85 e respectivo domínio útil do terreno, foreiro à Cia. Imobiliária de Petrópolis, na comarca de Petrópolis, neste Estado, no valor de .... R$ 30.000,00

TOTAL .... R$ 105.000,00

E por esta forma têm por concluída a presente partilha amigável, que por achá-la em tudo boa, firme e valiosa, requerem a V. Exª se digne homologá-la, para que produza seus devidos e legais efeitos.

(data).

Anita Santos Barbosa

Edgard Santos Barbosa

Lara Pifta Barbosa

Hebe Barbosa Leto

Sérgio Coelho

OAB/RJ n............."

Obs.: A petição deverá ser dirigida ao Juízo competente para processar os autos de inventário.

Capítulo XV
CÔNJUGE

O cônjuge está em 3º lugar na ordem da vocação hereditária. Concorre, entretanto, com os descendentes, quando casado por determinado regime de bens, e com os ascendentes sempre, não importando o regime.

Preceitua o artigo 1.838:

"Em falta de descendentes ou ascendentes será deferida a sucessão por inteiro ao cônjuge sobrevivente".

EXCLUSÃO DO CÔNJUGE DA SUCESSÃO

Dispõe o artigo 1.830 do Código Civil:

"Somente é reconhecido direito sucessório ao cônjuge sobrevivente se, ao tempo da morte do outro, não estavam separados judicialmente, nem separados de fato há mais de 2 (dois) anos, salvo prova, neste caso, de que essa convivência se tornara impossível sem culpa do sobrevivente".

São requisitos para o cônjuge ter direito à herança:

a) que não esteja separado judicialmente ou divorciado;

b) que não esteja separado de fato há mais de dois anos do *de cujus*, ou se estiver, deverá provar que a convivência se tornara impossível sem culpa sua.

Mais uma vez inovou o legislador propiciando a exclusão do cônjuge da sucessão quando separado de fato há mais de dois anos e for culpado da separação.

Nesse caso, deverá ser comprovado o tempo da separação de fato, mas não serão os autos de inventário a via adequada para tal. Os autos de inventário destinam-se ao arrolamento dos bens do falecido e sua partilha entre os herdeiros.

Não é suficiente haver a separação de fato, mas que tenha perdurado por mais de dois anos. Se o lapso temporal for igual ou inferior a esse prazo, o cônjuge estará habilitado a herdar.

Existindo a separação por mais de dois anos, ainda assim poderá o cônjuge se habilitar à sucessão, devendo, para tanto, ser provado que a separação não se deu por sua culpa.

Essa prova compete aos herdeiros e não ao cônjuge.

Ressalte-se que a lei não se refere à "vontade de separar", mas sim à "culpa na separação" atribuída ao cônjuge que com sua conduta ou atos praticados fere os deveres conjugais.

A exclusão do cônjuge da sucessão não se dá pelo fato de não desejar mais se manter unido ao outro, o que pode ocorrer independentemente de ser culpado pela separação. Sendo os atos praticados em vida pelo cônjuge falecido de tal gravidade, como ofensas físicas ou morais, que necessariamente importem a separação de fato do casal, não se pode atribuir culpa ao cônjuge inocente, que abandonou o lar para não se submeter a tais afrontas.

AÇÃO CABÍVEL

Todos esses fatos deverão ser apreciados em ação própria, competindo aos herdeiros fazer a prova para excluir o cônjuge da sucessão. A nosso sentir, não cabe ao cônjuge fazer qualquer prova, exceto a de que é casado. Todas as vezes que o legislador permitiu a exclusão de herdeiros (indignidade e deserdação) impôs aos interessados na herança a obrigação de propor a ação competente para exclusão, portanto competirá aos parentes interessados na sucessão propor a ação.

Essa ação não diz respeito a estado, pois não visa à obtenção de outro estado civil. Visa, sim, à exclusão de um herdeiro da sucessão do autor da herança. Visa à exclusão do cônjuge da sucessão de seu marido ou sua esposa. E as ações que visam à exclusão de um herdeiro da sucessão são de competência do juízo onde se processa o inventário. Exemplos são as ações de exclusão por indignidade, quando um herdeiro comete um ato contra a pessoa ou a honra do autor da herança dentre aqueles previstos em lei. Apesar de se tratar de matéria penal, a competência é da Vara onde se processa o inventário.

Por isso, entendemos que a competência para a ação de exclusão do cônjuge da sucessão é competência do juízo orfanológico.

Enquanto se discute matéria extremamente complexa e subjetiva, muitas vezes de difícil prova, os autos de inventário permanecerão parados, aguardando o desfecho da ação.

O cônjuge, ainda que seja excluído da sucessão em face do dispositivo *supra*, não perderá direito à meação nos bens do casal, que decorre do regime adotado no matrimônio. Essa meação será apurada nos autos de inventário.

A SUCESSÃO DO CÔNJUGE

Inexistindo herdeiros descendentes ou ascendentes, o cônjuge herdará a totalidade dos bens, não importando qual seja o regime de bens eleito no matrimônio, excluindo, por conseguinte, os herdeiros colaterais.

Assim decidiu a egrégia 5ª Câmara Cível do Tribunal de Justiça do Estado de São Paulo no julgamento do Agravo de Instrumento 263.359-1 – Ribeirão Preto, em que foi relator o Des. Marcus Andrade.

> "Sucessão – Vocação hereditária – Cônjuge sobrevivente e colaterais – Preferência daquele sobre estes – Artigo 1.611 do Código Civil – Irrelevância da modalidade do regime de casamento e de ter sido o bem adquirido antes das núpcias – Recurso não provido" (*Jurisprudência do Tribunal de Justiça do Estado de São Paulo*, v. 182, p. 222).

Não havendo descendentes ou ascendentes, poderão, inclusive, estar todos os bens do cônjuge falecido gravados com a cláusula de incomunicabilidade que o sobrevivente os herdará. A cláusula se extingue com o óbito do gravado.

Concorrendo, entretanto, com descendentes, a participação do cônjuge se definirá pela regra do inciso I, do art. 1.829 do Código Civil e remetemos o leitor para o capítulo relativo aos "Descendentes", no qual a questão é esclarecida.

O cônjuge foi elevado à categoria de herdeiro necessário pelo novo legislador, deixando de ser considerado um herdeiro facultativo.

Prescreve o artigo 1.845:

> "São herdeiros necessários os descendentes, os ascendentes e o cônjuge". E o artigo 1.846 diz:
>
> "Pertence aos herdeiros necessários, de pleno direito, a metade dos bens da *herança, constituindo a legítima*".

Destarte, tem o cônjuge direito à legítima, não podendo o testador excluí-lo da sucessão, como facultava o artigo 1.725 do Código anterior.

Sendo casado, não pode mais o testador dispor da totalidade de seus bens, seja por doação ou por testamento, devendo respeitar a legítima do cônjuge, que corresponderá à metade do patrimônio.

Em face das implicações com relação à partilha de bens, não podemos omitir a polêmica a respeito de bens adquiridos após a separação de fato do casal matrimoniado pelo regime da comunhão.

A longa separação de fato, onde do casamento resta somente o aspecto formal, não havendo mais deveres e direitos, não se admite, também, a divisão, entre os cônjuges, dos bens adquiridos nesse período.

A jurisprudência recente e dominante dos tribunais agasalha esse entendimento.

É a lição de Yussef Said Cahali:

> "Daí o prestígio que tem emprestado a jurisprudência do STJ, ao entendimento que vimos sustentando: Em julgamentos anteriores, versando sobre fato assemelhado, esta 4ª Turma já decidiu, no REsp 91.993, da minha relatoria: "O homem casado, ainda que o seja pelo regime da comunhão universal, separado de fato de sua mulher, pode adquirir bens e formar um novo patrimônio, o qual não se integra àquela comunhão e sobre o qual a esposa não tem direito à meação. Essa tem sido a orientação da melhor doutrina, seguida neste Tribunal" (*Divórcio e Separação*, 10. ed. rev. e atual. de acordo com o novo Código Civil, Revista dos Tribunais, p. 815).

Em acórdão transcrito na *Revista dos Tribunais* (v. 680, p. 69), o Des. Ney de Mello Almada, do Tribunal de Justiça do Estado de São Paulo, bem diferenciou a existência da constância do casamento:

> "A constância significa convivência, que por óbvio rompe-se com a separação de fato. A existência, a seu turno, identifica-se com um liame de ordem meramente formal (TJESP, 4ª CC, Ap. 29.353-1-7-4, 1983)".

Diz o ilustre magistrado:

> "A tese da autora, que foi expressa e explicitamente afastada, era de que ela deveria ter parte do bem herdado pelo ex-marido, uma vez que não se tendo o casal separado judicialmente antes do divórcio, se o falecimento foi quando da existência do casamento, era ela, ainda, a esse tempo esposa.
>
> No entanto a adição do patrimônio não se comunicou, porque imoral foi considerado o pedido, uma vez que o recebimento da herança ocorreu durante a existência, mas não durante a constância do casamento".

O julgamento do REsp 678790 PR 2004/0100936-0, relatado pelo Min. Raul Araujo, corroborou esse entendimento.

Apurados os bens adquiridos na constância da sociedade de fato e repartidos em ação própria entre as partes, o que couber ao autor da herança será levado a inventário e atribuído aos seus herdeiros.

CASAMENTO ENTRE PESSOAS DO MESMO SEXO

As mesmas regras que se aplicam aos cônjuges no casamento entre um homem e uma mulher aplicam-se, igualmente, ao casamento entre pessoas do mesmo sexo.

Através do julgamento da Ação Direta de Inconstitucionalidade 4.277/DF, relatada pelo Ministro Ayres Britto, ficou consagrada a igualdade de direitos na união estável heterossexual e homossexual. Reconheceu a união homoafetiva como entidade familiar, equiparando ambas com toda a proteção e direitos concedidos pela legislação.

O acórdão se referiu apenas as uniões estáveis, não fazendo qualquer referência ao casamento. Embora na lei não contenha qualquer dispositivo reconhecendo o matrimônio entre pessoas do mesmo sexo, o artigo 226, da Constituição Federal, prescreve que a lei deve facilitar a conversão da união estável em casamento. De outra feita, o Conselho Nacional de Justiça, em 14.05.2013, através da Resolução 175, determinou em seu artigo 1º: "É vedada às autoridades competentes a recusa de habilitação, celebração de casamento civil ou de conversão de união estável em casamento entre pessoas do mesmo sexo"

Assim, não há que se discutir os direitos decorrentes do casamento entre pessoas heterossexuais daquele celebrado entre pessoas homossexuais.

Todos têm os mesmos direitos sucessórios atribuídos pelo legislador.

Casamento e união estável simultâneos

O Supremo Tribunal Federal, no julgamento em 18.12.2020, do RE 1.045.273/SE, relatado pelo Ministro Alexandre de Moraes, fixou a tese com repercussão geral, por apertada maioria (6x5):

> "A preexistência de casamento ou de união estável de um dos conviventes, ressalvada a exceção do artigo 1.723, § 1º, do Código Civil, impede o reconhecimento de novo vínculo referente ao mesmo período, inclusive para fins previdenciários, em virtude da consagração do dever de fidelidade e da monogamia pelo ordenamento jurídico constitucional brasileiro".

USUFRUTO VIDUAL

O novo Código não assegurou ao cônjuge sobrevivente, como o anterior em seu § 1º, do artigo 1.611, o direito ao usufruto sobre parte dos bens inventariados quando casado por regime que não fosse o da comunhão universal.

Por conseguinte, não tem mais o cônjuge sobrevivente direito ao usufruto vidual que lhe era anteriormente atribuído.

DIREITO REAL DE HABITAÇÃO

O artigo 1.831 preceitua:

> "Ao cônjuge sobrevivente, qualquer que seja o regime de bens, será assegurado, sem prejuízo da participação que lhe caiba na herança, o direito real de habitação relativamente ao imóvel destinado à residência da família, desde que seja o único bem daquela natureza a inventariar".

Qualquer que seja o regime de bens, o cônjuge terá o direito real de habitação sobre o imóvel que servia de residência ao casal, desde que seja o único dessa natureza a inventariar.

Pretendeu o legislador amparar de forma mais eficaz o cônjuge sobrevivente concedendo-lhe a preferência no bem que tivesse um elo mais profundo com a vida conjugal.

Desejou propiciar ao cônjuge sobrevivente a mesma qualidade de vida, no mesmo ambiente que vivera durante a sociedade conjugal, garantindo um teto após a viuvez.

Ressalta o Professor J. M. Leoni Lopes de Oliveira:

> "Esse direito incide quer quando o cônjuge ou companheiro concorrer com descendentes, quer com ascendentes ou mesmo como terceiro na ordem da vocação hereditária, se existir testamento que disponha sobre o imóvel objeto do direito real de habitação para terceiro parente (um colateral) ou não" *in* "Direito Civil – Sucessões, Ed. Gen/Forense, p. 363.

Agindo assim, o legislador preteriu os demais membros da família que, em face da proximidade de parentesco e necessidade financeira, estivessem também residindo com o inventariado.

A nosso sentir, vemos uma omissão gravíssima do legislador em não considerar a condição dos filhos menores ou deficientes e dos pais idosos que com o *de cujus* residiam.

Com o avanço da medicina, a longevidade das pessoas é cada vez maior, os ascendentes idosos do autor da herança que com ele residiam poderão ser colocados para fora do imóvel, eis que não existe uma relação consanguínea entre nora/genro e sogra/sogro.

O legislador desconsiderou o princípio da solidariedade familiar bem como da dignidade da pessoa humana ao preterir com o direito real de habitação seus herdeiros vulneráveis em face de uma deficiência ou mesmo pela menoridade e os herdeiros idosos com dificuldades para encontrar em idade avançada meios de obter uma residência onde possam viver com dignidade o resto de seus dias, deixando-os ao sabor do destino.

Não sendo o deficiente filho do cônjuge sobrevivente e a herança composta tão somente do imóvel em que residia o casal, irá a viúva do falecido abrigar o enteado, órfão de pai e mãe, possuidor de uma deficiência física ou mental, ou ficará ele, detentor do imóvel gravado com o direito real de habitação em favor da viúva ao total desamparo, pois será proprietário de um imóvel, mas não poderá residir ou usufruir deste?

Igual entendimento se aplica aos pais idosos do autor da herança que com ele residissem. Desejará o cônjuge deixar seus sogros morando na residência que pertencia ao filho falecido ou pretendendo reconstruir sua vida os colocará para fora da residência?

Não só o Judiciário deverá refletir sobre essas situações, mas também a doutrina.

São requisitos para que o cônjuge sobrevivente faça jus ao direito real de habitação:

1. que o imóvel se destine à residência do casal;
2. que seja o único de natureza residencial a inventariar.

O direito real de habitação é um direito sucessório temporário, perdurando até a morte do cônjuge sobrevivente. O legislador não limitou o tempo de duração do direito real de habitação ao período de viuvez, como previa a lei anterior.

Conclui-se, por absurdo que pareça, que, mesmo contraindo novo casamento, poderá o cônjuge sobrevivente permanecer residindo no imóvel inventariado.

Ao extinguir-se o direito, consolida-se nos herdeiros a propriedade do imóvel.

Casado pelo regime da comunhão universal de bens, o cônjuge tem a meação de todos os bens inventariados. Sendo o patrimônio inventariado composto de um único imóvel, poderiam os herdeiros aliená-lo, através de uma ação de extinção de condomínio, deixando o cônjuge desabrigado. Tratando-se, porém, do imóvel que servia de residência ao casal, os herdeiros deverão respeitar o direito de habitação assegurado ao cônjuge.

Se os herdeiros desejarem vender o imóvel, poderão fazê-lo, porém, o comprador terá que respeitar o direito real de habitação do cônjuge até seu falecimento.

O imóvel deverá ser o único de natureza residencial a inventariar, não importando a que título e quando foi adquirido, se anterior ou posteriormente ao matrimônio. Havendo outros imóveis residenciais a inventariar, o cônjuge sobrevivente não terá o direito real de habitação. Esse é o texto da lei.

Entretanto, a jurisprudência do Superior Tribunal de Justiça com fundamento nos direitos constitucionais da dignidade da pessoa humana, da moradia e da solidariedade familiar, vem dando outro entendimento ao dispositivo, admitindo que, embora existam outros imóveis de natureza residencial no acervo hereditário ou, ainda, que o cônjuge/companheiro sobrevivente possua outro imóvel residencial em seu nome, o direito real de habitação deve ser mantido, haja vista que o objetivo da lei é permitir que o cônjuge/companheiro sobrevivente permaneça no mesmo imóvel familiar que residia ao tempo da abertura da sucessão.

No julgamento do REsp 1.582.178-RJ, relatado pelo Ministro Ricardo Villas Bôas Cuevas, a e. 3ª Turma, decidiu por maioria de votos, reconhecer o direito real de habitação em favor do cônjuge/companheira sobrevivente, ante o vínculo afetivo e psicológico estabelecido pelo casal com o imóvel, sendo irrelevante a inexistência de outros bens, seja em nome do *de cujus*, seja em nome do cônjuge/companheira (o).

O acórdão está assim ementado:

"Recurso especial. Ação de reintegração de posse. Direito das sucessões. Direito real de habitação. Art. 1.831 do código civil. União estável reconhecida. Companheiro sobrevivente. Patrimônio. Inexistência de outros bens. Irrelevância.

1. Recurso especial interposto contra acordão publicado na vigência do Código de Processo Civil de 1973 (Enunciados administrativos 2 e 3/STJ).

2. Cinge-se a controvérsia a definir se o reconhecimento do direito real de habitação, a que se refere o artigo 1.831 do Código Civil, pressupõe a inexistência de outros bens no patrimônio do cônjuge/companheiro sobrevivente.

3. Os dispositivos legais relacionados com a matéria não impõem como requisito para o reconhecimento do direito real de habitação a inexistência de outros bens seja de que natureza for no patrimônio próprio do cônjuge/companheiro sobrevivente.

4. O objetivo da lei é permitir que o cônjuge/companheiro sobrevivente permaneça no mesmo imóvel familiar que residia ao tempo da abertura da sucessão como forma, não apenas de concretizar o direito constitucional à moradia, mas também por razões de ordem humanitária e social, já que não se pode negar a existência do vínculo afetivo e psicológico estabelecido pelos cônjuges/companheiros com o imóvel em que, no transcurso de sua convivência, constituíram não somente residência, mas um lar.

5. Recurso Especial não provido".

Do voto do Ministro Relator destacamos alguns trechos bastante elucidativos para firmar a decisão:

"Com efeito, da leitura dos dispositivos legais relacionados com a matéria, nota-se que a única condição que o legislador impôs para garantia do cônjuge sobrevivente ao direito real de habitação é que o imóvel destinado à residência do casal fosse o único daquela natureza a inventariar.

Nenhum dos mencionados dispositivos legais impõe como requisito para o reconhecimento do direito real de habitação a inexistência de outros bens, seja de que natureza for, no patrimônio próprio do cônjuge sobrevivente"

O i. Relator se refere aos artigos 1.831 do Código Civil e artigo 7°. da Lei 9.278/1996 e deixa certo que para concessão do direito real de habitação não importa se o cônjuge/companheiro sobrevivente seja proprietário de imóveis de natureza residencial. Transcreve, ainda, a ementa do julgamento pela 4ª. Turma do REsp 1.249.227/SC, de 17.12.2013, relatado pelo Min. Luiz Felipe Salomão, que em seu número 4 diz:

"4. No caso concreto, o fato de a companheira ter adquirido outro imóvel residencial com o dinheiro recebido pelo seguro de vida do falecido não resulta exclusão de seu direito real de habitação referente ao imóvel em que residia com o companheiro, ao tempo da abertura da sucessão"

Afirma que a 3ª. Turma já vem afastando a literalidade da regra, quando por ocasião do julgamento do REsp 1.220.838/PR, em 19.06.2012, relatado pelo Ministro Sidnei Beneti, decidiu que: "Desse modo, independente de existirem ou não outros imóveis na herança, o cônjuge ou companheiro do falecido tem o direito de usar aquele em que residia ao tempo da abertura da sucessão".

Por fim, o acórdão procura demonstrar que a interpretação do objetivo principal da lei não é a sua literalidade.

"Com efeito, o objetivo da lei é permitir que o cônjuge sobrevivente permaneça no mesmo imóvel familiar que residia ao tempo da abertura da sucessão como forma, não apenas de concretizar o direito constitucional à moradia, mas também por razões de ordem humanitária e social, já que não se pode negar a existência de vínculo afetivo e psicológico estabelecido pelos cônjuges com o imóvel em que, no transcurso de sua convivência, constituíram não somente uma residência, mas um lar.

Além disso, a norma protetiva é corolário dos princípios da dignidade humana e da solidariedade familiar que tutela o interesse mínimo de pessoa, que, em regra, já se encontra em idade avançada e vive no momento de inconteste abalo resultante da perda do consorte".

Como podemos ver, a matéria nos tribunais não é pacífica como deixa transparecer a clareza do texto legal.

Salientamos que nos autos de inventário, por ocasião das primeiras declarações, deverá ser declarado que o cônjuge sobrevivente deseja exercer o direito real de habitação sobre o referido imóvel, bem como fazer constar o aludido direito na partilha.

O direito real de habitação está previsto no artigo 1.414, e seu titular deverá obrigatoriamente residir no imóvel, não podendo alugá-lo, emprestá-lo ou deixá-lo vazio.

É o teor do referido dispositivo:

"Quando o uso consistir no direito de habitar gratuitamente casa alheia, o titular deste direito não a pode alugar, nem emprestar, mas simplesmente ocupá-la com sua família."

Constando do formal de partilha, será o direito real de habitação averbado na matrícula do imóvel em nome do cônjuge.

"Art. 167. No Registro de Imóveis, além da matrícula, serão feitos: I – o registro:

(...)

7. do usufruto e do uso sobre bens imóveis e da habitação quando não resultarem do direito de família" (Lei 6.015/1973).

Os Professores Flávio Tartuce e José Fernando Simão, em sua obra *Direito Civil* – Direito das Sucessões (6. ed., Método, p. 207), assinalam:

"Existem duas espécies de direito real de habitação. A primeira é chamada de voluntária, em que as partes avençam o direito por escritura pública que será registrada no Cartório do Registro de Imóveis. A segunda decorre de previsão legal (independe da vontade das partes) e dispensa o registro imobiliário (art. 167, I, 7, da Lei 6.015/1977 – Lei de Registros Públicos)".

Ressalte-se que o direito real de habitação, no caso, decorre do direito das sucessões, e não do direito de família.

Não obstante dispensar o registro imobiliário no segundo caso, o direito real de habitação, sempre que for atribuído ao cônjuge sobrevivente, deverá constar no pagamento feito na partilha ao mesmo.

Os citados professores esclarecem as obrigações que cabem ao detentor do aludido direito: "o pagamento dos tributos incidentes sobre o imóvel, das despesas condominiais ordinárias decorrentes do uso da coisa, bem como de todas as despesas ordinárias para a sua conservação e manutenção. Se o beneficiário não cumprir os seus deveres, poderá o proprietário pedir judicialmente a extinção do direito real de habitação" (p. 207).

A qualquer tempo pode o cônjuge renunciar ao direito real de habitação. Nos próprios autos de inventário em petição dirigida ao juiz, ou, posteriormente, ao término do inventário.

Não previu o legislador nacional, como o português, a inclusão no direito real de habitação dos móveis e alfaias que guarnecem a residência ou se o mobiliário deverá ser partilhado com os herdeiros, desconfigurando-se a moradia do casal. Muitas vezes, entre o recheio da casa, encontram-se objetos de arte de grande valia e que a nosso ver não devem ser compreendidos no benefício legal. Não tendo o legislador declarado expressamente, não deve o julgador adotar uma interpretação extensiva.

O legislador também não concedeu no Código vigente aos filhos do autor da herança deficientes físicos e incapacitados para o trabalho, o direito real de habitação no imóvel que servia de residência ao falecido, atribuído pela Lei 10.050, de 04.11.2000, que acrescentou o § 3° ao art. 1.611 do diploma anterior.

MODELO DE PRIMEIRAS DECLARAÇÕES REQUERENDO O DIREITO REAL DE HABITAÇÃO PARA O CÔNJUGE

"Exmo. Sr. Dr. Juiz de Direito da 3ª Vara de Órfãos e Sucessões

Proc. n. __________

Telma Junqueira Gonçalves, inventariante nos autos de inventário dos bens deixados por seu finado marido Sérgio Palmares Gonçalves, vem, por seu advogado, apresentar as suas declarações de herdeiros e bens na forma que segue:

AUTOR DA HERANÇA

O autor da herança, Sergio Palmares Gonçalves, brasileiro, portador da carteira de identidade n. __________ expedida pela OAB/RJ em 12.07.1932 e inscrito no CPF sob n. __________ faleceu nesta cidade, onde era residente e domiciliado, no dia 22.01.1999, sem deixar testamento, no estado civil de casado com a declarante, pela comunhão parcial de bens, deixando herdeiros e bens.

CÔNJUGE

Ela, inventariante, já qualificada na inicial (ou se não tiver sido qualificada, qualificá-la).

Em face dos termos do artigo 1.831, o cônjuge deseja exercer o direito real de habitação, em virtude de ser o imóvel onde residia o casal, o único inventariado de natureza residencial.

Portanto, requer a V. Exª que, por ocasião da partilha, faça constar o referido gravame no pagamento de quem couber o mencionado imóvel.

DOS HERDEIROS

FILHO:

José Carlos Junqueira Gonçalves, brasileiro, solteiro, maior, comerciante, residente e domiciliado à rua ___________, n. ___________, portador da carteira de identidade n. ___________ expedida pelo IFP e, inscrito no CPF sob n. ___________.

BENS

Imóveis:

1. Apartamento n. ___________ do prédio à rua ___________, n. ___________, com direito a uma vaga de garagem e respectiva fração de 1/16 avos do terreno que mede na sua totalidade 10m de frente e fundos por 50m de extensão de ambos os lados, confrontando à direita com o prédio n. ___________, de Alexia Zen e outros, à esquerda com o prédio n. ___________, de Pedro Lins, e aos fundos com o terreno da rua Lagos, n. ___________, de propriedade de Bernardo Zeno. O referido imóvel foi adquirido através de escritura definitiva de compra e venda lavrada em Notas do Tab. Do ___________ Ofício, liv. ___________, fls. ___________ de 23.12.1967, devidamente registrado no 3º Ofício do RGI sob a matrícula n. ___________.

Na comarca de Campos:

1. Direito e ação à compra do prédio à rua ___________, n. ___________ e respectivo terreno, que mede 12 m de frente e fundos por 52 m de ambos os lados, confrontando do lado direito com o imóvel de n. ___________, de propriedade de Taíssa Zen, à esquerda com o imóvel de n. ___________, de Fernanda Paiva e aos fundos com terreno pertencente a Manoel Falcão. Adquirido através de escritura de promessa de compra e venda lavrada em Notas do Tab. do 1º Ofício de Campos, liv. ___________, fls. ___________, em 13.02.1992, registrado no 1º Ofício do RGI sob a matrícula n. ___________.

Móveis:

1. Automóvel marca Chevrolet, Vectra LX, ano 1998, cor azul noturno, placa ___________, chassi n. ___________;

2. 55.000 ações ordinárias escriturais do Banco ___________, cujo Boletim Oficial da Bolsa de Valores do Rio de Janeiro da data do óbito é ora anexado;

3. Importância depositada no Banco do ___________, agência ___________, conta-corrente n. ___________.

Ante o exposto, requer a V. Exª:

a) seja a presente ratificada por termo;

b) seja expedido o respectivo mandado de avaliação para os bens situados na Comarca do Rio de Janeiro;

c) seja expedida Carta Precatória para avaliação do imóvel situado na Comarca de Petrópolis, neste Estado;

d) seja expedido ofício ao Banco do __________ para que informe o saldo existente na conta corrente em nome do ***de cujus***.

Por fim, a viúva e inventariante comunica a V. Exª que deseja exercer o direito real de habitação, que lhe confere o artigo 1.831 do Código Civil.

Termos em que,

P. Deferimento.

(data).

Rogério Reis

OAB/RJ n. __________"

Obs.: A petição deverá ser dirigida ao Juízo competente para processar os autos de inventário.

Capítulo XVI
COLATERAIS

Prescreve o artigo 1.839 do Código Civil:

> "Se não houver cônjuge sobrevivente, nas condições estabelecidas no artigo 1.830, serão chamados a suceder os colaterais até o quarto grau".

No julgamento do citado REx 878.694-MG, foi declarada a inconstitucionalidade do artigo 1.790 do Código Civil, aplicando-se ao companheiro a regra do artigo 1.829 e, por consequência, os colaterais somente serão chamados à sucessão não havendo cônjuge ou companheiro.

O artigo 1.592 conceitua quem são os parentes em linha colateral, também denominada transversal:

> "São parentes em linha colateral ou transversal, até o quarto grau, as pessoas provenientes de um só tronco, sem descenderem uma da outra".

Na classe dos colaterais herdam os parentes até o 4º grau.

A contagem dos graus nessa classe vem prevista no artigo 1.594, *in fine*, do diploma civil e já foi abordada anteriormente.

Em 4º grau encontram-se os primos, os tios-avós e os sobrinhos-netos.

Se, no entanto, os parentes se encontrarem além do 4º grau, a herança irá para o Município, o DF ou a União.

DIREITO PRÓPRIO E DIREITO DE REPRESENTAÇÃO

Na classe dos colaterais, os herdeiros de grau mais próximo excluem os herdeiros de grau mais distante, salvo o direito de representação concedido aos filhos de irmãos quando concorrerem com irmão deste, diz o art. 1.840.

O referido dispositivo conflita com o *caput* do artigo 1.843, que declara que "na falta de irmãos herdarão os filhos destes e, não os havendo, os tios". Preferiu o legislador os sobrinhos aos tios, não obstante se encontrarem no mesmo grau.

Os colaterais herdam por direito próprio caso se encontrem todos no mesmo grau e entre eles e o autor da herança não existir um herdeiro de grau mais próximo. Herdam, ainda, por direito de representação quando não se encontrarem todos herdeiros no mesmo grau.

Porém, nessa classe só existe direito de representação em favor de filho de irmão, quando concorrer com irmão do falecido. Somente nesse caso se dá o direito de representação.

Ex.: João faleceu em 1998 deixando dois irmãos vivos, Aimar e Joaquim, e dois sobrinhos, Henrique e Marisa, filhos de seu irmão Antônio, que falecera, anteriormente, em 1996.

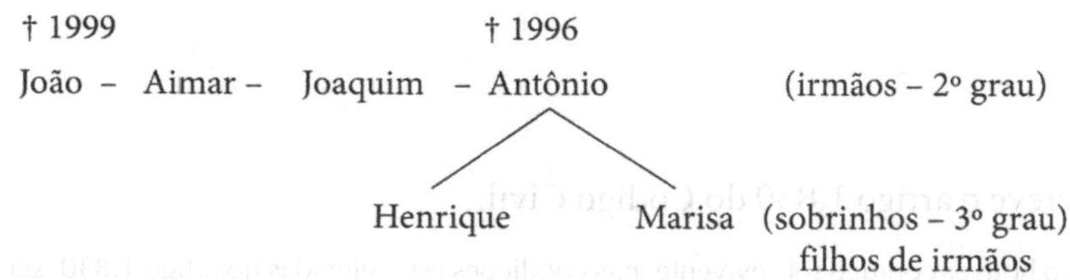

No exemplo, temos dois irmãos do autor da herança concorrendo com dois sobrinhos, filhos de seu irmão pré-morto. Aplica-se a regra do artigo 1.840. Henrique e Marisa, filhos de Antônio, irmão pré-morto do autor da herança herdam por representação a parte que lhe competiria na herança.

Não existe direito de representação na classe dos colaterais em nenhum outro caso.

Se concorrem sobrinhos-netos com sobrinhos do falecido, somente estes herdarão em detrimento daqueles. Ou, ainda, se concorrem sobrinhos-netos com irmãos do falecido, também, não haverá direito de representação em favor dos sobrinhos netos. Os irmãos os excluem da sucessão.

IRMÃOS BILATERAIS OU GERMANOS E IRMÃOS UNILATERAIS

Reza o artigo 1.841:

"Concorrendo à herança do falecido, irmãos bilaterais com irmãos unilaterais, cada um destes herdará metade do que cada um daqueles herdar".

Irmãos bilaterais ou germanos são filhos do mesmo pai e da mesma mãe. São irmãos por ambos os lados, paterno e materno.

Irmãos unilaterais são irmãos somente por um dos lados: paterno ou materno. Filhos da mesma mãe, porém, de pais diferentes se denominam unilaterais uterinos, e do mesmo pai, porém, de mães diferentes, são chamados de unilaterais consanguíneos.

Vejamos o que são irmãos unilaterais e bilaterais:

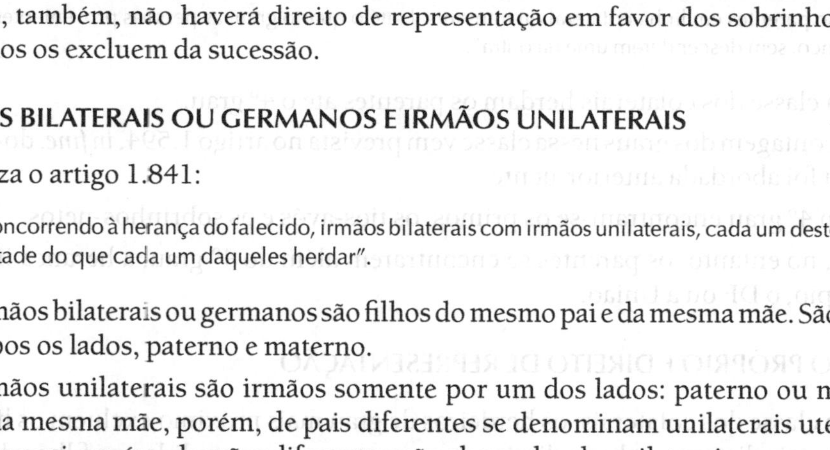

O autor da herança (A.H.) tem três irmãos que também são filhos de seu pai e de sua mãe. O pai de Cristovão, Sérgio e Arolde é o mesmo pai do Autor da Herança, e a mãe do autor da herança é a mesma mãe de Cristovão, Sérgio e Arolde. O autor da herança, Cristovão, Sérgio e Arolde são irmãos pelo lado paterno e pelo materno. São irmãos pelos dois lados, logo, são irmãos bilaterais ou germanos.

José é irmão do autor da herança somente pelo lado paterno. O pai de José é o mesmo pai do autor da herança, porém, a mãe de José não é a mãe do autor da herança. Eles são irmãos somente pelo lado paterno e, por isso, são irmãos unilaterais. Os irmãos unilaterais pelo lado paterno são chamados de unilaterais consanguíneos

Luís é irmão do autor da herança somente por parte de mãe. A mãe de Luís é a mesma mãe do autor da herança, mas o pai de Luís não é o mesmo pai do autor da herança. Luís e o autor da herança são irmãos somente pelo lado materno e, por isso, denominam-se unilaterais uterinos.

Esta é a diferenciação entre irmãos unilaterais e bilaterais.

Como dividir uma herança entre irmãos bilaterais e unilaterais, sabendo-se que os bilaterais recebem o dobro do que couber a cada unilateral?

Vejamos no quadro acima:

Em cima de cada irmão unilateral coloca-se o número 1 e, em cima de cada irmão bilateral, que recebe o dobro, coloca-se o número 2. Após, somam-se esses números:

1+ 2 + 2 + 2 + 1 = 8. A fração correspondente à herança será 8/8.

Aos herdeiros unilaterais que recebem uma parte caberá 1/8 da herança e aos bilaterais que recebem o dobro, 2/8 da herança.

Se filhos de irmãos unilaterais ou bilaterais concorrerem à herança com irmãos do autor da herança, receberão por direito de representação a parte que teria direito o pai ou a mãe, se vivessem. Por outro lado, se concorrem somente filhos de irmãos bilaterais com filhos de irmãos unilaterais, cada um destes herdará a metade do que herdar cada um daqueles. É o que prescreve o § 2° do artigo 1.843.

Se concorrem à herança somente irmãos unilaterais, sejam consanguíneos ou uterinos, herdam em partes iguais, diz o art. 1.842.

TIOS E SOBRINHOS

Referimo-nos a tios e sobrinhos do autor da herança, e não a sobrinho do autor da herança e seu tio, irmão do falecido.

Tios e sobrinhos são parentes do autor da herança em 3° grau, e, estando os parentes no mesmo grau, devem herdar por direito próprio ou por cabeça, dividindo-se a herança em tantas partes quantos forem os herdeiros.

No entanto, quando concorriam tios e sobrinhos do autor da herança, existia no Código anterior uma polêmica quanto à preferência na escala sucessória, que foi resolvida pelo legislador atual.

Preceitua o *caput* do artigo 1.843 do Código Civil:

> "Na falta de irmãos, herdarão os filhos destes e, não os havendo, os tios".

Encerrou o legislador a divergência existente na doutrina, estabelecendo que, na falta de irmãos herdarão os filhos destes, isto é, os sobrinhos do falecido, e não os havendo, herdarão os tios do *de cujus*.

Encontrando-se sobrinhos e tios do autor da herança no mesmo grau de parentesco (3º grau), o legislador abriu uma exceção na sucessão por direito próprio ou por cabeça, em que se encontrando todos os herdeiros no mesmo grau, a herança fraciona-se em tantas partes quantas forem os mesmos.

Portanto, na classe dos colaterais, primeiro herdam os irmãos do falecido, ressalvado o direito de representação aos filhos de irmãos.

Em seguida, vêm os sobrinhos do falecido sucedidos pelos tios e, posteriormente, os parentes em quarto grau.

Entendemos não se aplicar a regra do *caput* do artigo 1.843 quando concorrem sobrinho-neto e tio-avô do inventariado, preferindo-se aquele a este. Não discriminando o legislador, não cabe ao intérprete fazê-lo.

Os três parágrafos do artigo 1.843 determinam a divisão da herança quando concorrem somente filhos de irmãos.

> "§ 1º Se concorrerem a herança somente filhos de irmãos falecidos, herdarão por cabeça.
>
> § 2º Se concorrem filhos de irmãos bilaterais, com filhos de irmãos unilaterais, cada um destes herdará a metade do que herdar cada um daqueles.
>
> § 3º Se todos forem filhos de irmãos bilaterais, ou todos de irmãos unilaterais, herdarão por igual."

CONCORRÊNCIA DE TIOS MATERNOS COM TIOS PATERNOS

Decidiu a 7ª CC do Tribunal de Justiça do Estado do Rio de Janeiro, no julgamento do AI 4.349, de 15.09.1981, em que foi relator o Des. Wellington Pimentel, cuja ementa transcrita no Ementário de Jurisprudência do mesmo Tribunal n. 5, sob n. 6.756, é a seguinte:

> "Partilha de bens – Concorrência na herança de tios paternos e maternos – art. 1.608 do CC.
>
> A regra do artigo 1.608 do texto revogado aplicava-se quando concorressem à herança herdeiros com o mesmo grau de parentesco, parentes de linhas diversas – paterna ou materna –, quer se cuidassem de ascendentes, quer se tratasse de concorrência entre colaterais".

Data venia, discordamos do entendimento dado pela egrégia Câmara para a divisão da herança quando concorrem colaterais da linha paterna com da linha materna.

Em todas as classes de herdeiros, o legislador estabeleceu a forma de herdar quando os herdeiros estão ou não no mesmo grau.

Quando estão no mesmo grau, os herdeiros sucedem por direito próprio, repartindo-se a herança em tantas partes quantos forem os herdeiros. A regra estabelecida no §

2º do artigo 1.836 do Código é exceção ao princípio da sucessão por direito próprio, e, por se tratar de exceção, o legislador o fez de forma expressa.

Todas as vezes que o legislador na classe dos colaterais quis estabelecer distinções, declarou expressamente.

Nos artigos 1.835 e 1.853, o legislador distingue a herança de herdeiros do mesmo grau e de graus diferentes. Estabeleceu, ainda, distinção quanto aos direitos hereditários de irmãos unilaterais e bilaterais (art. 1.841), e fez referência, também, a sobrinhos e tios (*caput* do artigo 1.843) e aos filhos destes (§ 2º do art. 1.843).

A nosso ver, não tendo o legislador diferenciado colaterais paternos e maternos, estejam eles no 3º grau ou no 4º grau, não cabe ao intérprete fazer a distinção.

COLATERAIS DE 4º GRAU

O legislador nada dispôs sobre a divisão quando todos os herdeiros se encontram no 4º grau. Sobrinhos-netos, tios-avós e primos do autor da herança são seus parentes em 4º grau.

Nesse caso, encontrando-se todos no mesmo grau, a herança partilha-se por cabeça, dividindo-se em tantas partes quantos forem os herdeiros.

Entendemos não se aplicar aos colaterais de 4º grau o entendimento dado pela 7ª CC do tribunal fluminense, anteriormente transcrito, de divisão da herança por linhas entre tios maternos e paternos.

MODELO DE PETIÇÃO DE PRIMEIRAS DECLARAÇÕES E PARTILHA AMIGÁVEL. CONCORRÊNCIA DE IRMÃOS BILATERAIS E UNILATERAIS

Exmo. Sr. Dr. Juiz de Direito da Vara de Órfãos e Sucessões da Comarca da Capital

Processo n. ___________

Ione Pen Lara, na qualidade de inventariante nos autos de inventário dos bens deixados por seu irmão Rafael Pen Lara, vem, por seu advogado, abaixo assinado, apresentar a V. Exa. as PRIMEIRAS DECLARAÇÕES na forma abaixo:

RITO

Tendo em vista que os herdeiros estão acordes quanto à partilha, adotarão o rito sumário arrolamento, conforme arts. 659 e ss. do CPC/2015.

AUTOR DA HERANÇA

Rafael Pen Lara, brasileiro, viúvo, Oficial do Exército, portador da carteira de identidade n. ___________, expedida pelo Ministério da Defesa – Exército Brasileiro em 10.02.2003, inscrito no

CPF/MF sob o n. ___________, falecido no dia 06 (seis) de abril de 2016, era residente e domiciliado à ___________, n. ___________, ap. ___________, Rio de Janeiro/RJ, CEP ___________, sem deixar testamento, deixando bens e herdeiros.

DOS HERDEIROS

Irmãos bilaterais: filhos dos pais do autor da herança

1. Ione Pen Lara, brasileira, divorciada, engenheira, portadora da carteira de identidade n. ___________, expedida pelo IFP, inscrita no CPF/ MF sob o n. ___________, residente e domiciliada à ___________, n. ___________, ap. ___________ Lagoa, Rio de Janeiro – RJ, CEP ___________;

2. Mara Pen Lara, brasileira, psicóloga, portadora da carteira de identidade n. ___________, expedida pelo DPF/INI, inscrita no CPF/MF sob o n. ___________, viúva, residente e domiciliada à ___________, n. ___________, ap. ___________, Barra da Tijuca, Rio de Janeiro – RJ, CEP ___________.

Irmão unilateral: filho do pai do autor da herança com Marta Leon Isael Leon Lara, brasileiro, solteiro, engenheiro, portador da carteira de identidade n. ___________, expedida pelo IFP/RJ, inscrito no CPF/ MF sob o n. ___________, residente e domiciliado à ___________, n. ___________, Madureira, Rio de Janeiro, CEP ___________.

DO BEM

1-Apartamento n. ___________ do edifício situado na Rua ___________, n. ___________, com direito à guarda de 1 (um) automóvel de passeio nas áreas para tanto destinadas, e sua correspondente fração ideal de 11/1.606 do respectivo terreno, cujas metragens, características e confrontações são as constantes da certidão de ônus reais anexa, imóvel objeto da matrícula n. 109 aberta no Cartório do 1º Ofício de Registro Geral de Imóveis desta cidade, havido conforme Escritura de Compra e Venda, lavrada nas Notas do 7º Ofício do Rio de Janeiro, livro ___________, fls. ___________, de 15.09.1989, devidamente registrada na R.9 da já referida matrícula n. ___________, do ___________ Ofício de Registro Geral de Imóveis desta cidade. Imóvel inscrito na municipalidade sob o n. ___________, CL n. ___________.

Atribuem ao imóvel o valor de..R$ 500.000.00

Monte..R$ 500.000,00

Que se divide pelos irmãos do falecido, nos termos do artigo 1.841 do Código Civil, cabendo ao irmão unilateral herdar a metade do que herdar cada um dos irmãos bilaterais.

Cada irmão bilateral receberá..R$ 200.000,00

O irmão unilateral receberá...R$ 100.000,00

PAGAMENTO que se faz a cada uma das irmãs bilaterais:

Ione Pen Lara, brasileira, divorciada, engenheira, portadora da carteira de identidade n. ___________, expedida pelo IFP, inscrita no CPF/MF sob o n. ___________, residente e domiciliada à ___________, n. ___________, ap. ___________, Lagoa, Rio de Janeiro – RJ, CEP ___________;

Mara Pen Lara, brasileira, psicóloga, portadora da carteira de identidade n. ___________, expedida pelo DPF/INI, inscrita no CPF/MF sob o n. ___________, viúva, residente e domiciliada à

__________, n. __________, ap. __________, Barra da Tijuca, Rio de Janeiro – RJ, CEP__________.
De suas heranças germanas no valor a cada um de .... R$ 200.000,00.

HAVERÁ cada uma:

2/5 (dois quintos) do apartamento n. __________ do edifício situado na __________, n. __________, com direito à guarda de 1 (um) automóvel de passeio nas áreas para tanto destinadas, e sua correspondente fração ideal de 11/1.606 do respectivo terreno, cujas metragens, características e confrontações são as constantes da certidão de ônus reais anexa, imóvel objeto da matrícula n. 109 aberta no Cartório do 1º Ofício de Registro Geral de Imóveis desta cidade, havido conforme Escritura de Compra e Venda, lavrada nas Notas do __________ Ofício do Rio de Janeiro, livro 927, fls. 42, de 15/09/1989, devidamente registrada na R.9 da já referida matrícula n. 109, do 1º Ofício de Registro Geral de Imóveis desta cidade. Imóvel inscrito na municipalidade sob o n. __________, CL n. __________ no valor de .... R$ 200.000,00.

PAGAMENTO que se faz ao irmão unilateral:

Isael Leon Lara, brasileiro, solteiro, engenheiro, portador da carteira de identidade n. __________, expedida pelo IFP/RJ, inscrito no CPF/MF sob o n. __________, residente e domiciliado à __________, n. __________, Madureira, Rio de Janeiro, , no valor de .... R$ 100.000,00,

HAVERÁ:

1/5 (um quinto) do apartamento n. 802 do edifício situado na Rua Almirante Saldanha n. 454, com direito à guarda de 1 (um) automóvel de passeio nas áreas para tanto destinadas, e sua correspondente fração ideal de 11/1.606 do respectivo terreno, cujas metragens, características e confrontações são as constantes da certidão de ônus reais anexa, imóvel objeto da matrícula n. 109 aberta no Cartório do __________ Ofício de Registro Geral de Imóveis desta cidade, havido conforme Escritura de Compra e Venda, lavrada nas Notas do __________ Ofício do Rio de Janeiro, livro __________, fls. __________, de 15.09.1989, devidamente registrada na R.9 da já referida matrícula n. __________, do __________ Ofício de Registro Geral de Imóveis desta cidade.

Imóvel inscrito na municipalidade sob o n. ____________________, CL n. __________, no valor de .... R$ 100.000,00.

E, por esta forma, requerem a V. Exa. se digne homologar a presente partilha amigável após cumpridas todas as formalidades legais, para que produza seus devidos e legais efeitos de direito.

Termos em que,

Pede Deferimento.

Rio de Janeiro, 14 de dezembro de 2017

Ione Pen Lara

Mara Pen Mara   Isael Leon Mara

Mario Ramos

OAB/RJ __________

Obs.: A petição deverá ser dirigida ao juízo competente para processar o inventário.

Capítulo XVII
SUCESSÃO DOS COMPANHEIROS

Em face do julgamento do REx 878.694-MG, relatado pelo Min. Luiz Roberto Barroso, ficou reconhecida, por maioria de votos, em repercussão geral, a inconstitucionalidade do artigo 1.790 do Código Civil, aplicando-se aos companheiros a regra do artigo 1.829 do mesmo diploma, ou seja, para os efeitos do artigo 1.829 igualou o direito sucessório dos companheiros aos dos cônjuges.

Fixada a tese nos seguintes termos:

> "É inconstitucional a distinção dos regimes sucessórios entre cônjuges e companheiros prevista no artigo 1.790 do CC/2002, devendo ser aplicado, tanto nas hipóteses de casamento quanto nas de união estável, o regime do artigo 1.829 do CC/2002"

Por sua vez, modulando os efeitos da decisão, com a finalidade de preservar a segurança jurídica, ficou também resolvido que o entendimento ali firmado "é aplicável apenas aos inventários judiciais em que não tenha havido trânsito em julgado da sentença de partilha e às partilhas extrajudiciais em que ainda não haja escritura pública".

Aos inventários judiciais com sentença homologatória da partilha ou adjudicação transitada em julgado ou as escrituras públicas de inventário já realizadas não se aplica o entendimento exposto no acórdão.

Opostos Embargos de Declaração questionando a aplicabilidade às uniões estáveis do art. 1.845 e outros dispositivos do Código Civil que conformam o regime sucessório dos cônjuges, foram os mesmos desprovidos, conforme o voto abaixo do Ministro Relator:

> "1. Os embargos de declaração devem ser desprovidos, pois o acórdão recorrido não apresenta omissão a sanar.
>
> 2. No presente recurso extraordinário, a repercussão geral foi reconhecida nos seguintes termos: "possui repercussão geral a controvérsia acerca do alcance do artigo 226 da Constituição Federal, nas hipóteses de sucessão em união estável homoafetiva, ante a limitação contida no artigo 1.790 do Código Civil". Trata-se de analisar a constitucionalidade do art. 1.790 do Código Civil, que estabelece uma desequiparação para fins sucessórios entre cônjuges e companheiros. A questão constitucional foi decidida nos limites dos termos em que foi proposta, com a fixação da seguinte tese: "No sistema constitucional vigente, é inconstitucional a distinção de regimes sucessórios entre cônjuges e companheiros, devendo ser aplicado, em ambos os casos, o regime estabelecido no art. 1.829 do CC/2002".
>
> 3. Não há que se falar em omissão do acórdão embargado por ausência de manifestação com relação ao art. 1.845 ou qualquer outro dispositivo do Código Civil, pois o objeto da repercussão geral reconhecida não os abrangeu. Não houve discussão a respeito da integração do companheiro ao rol de herdeiros necessários, de forma que inexiste omissão a ser sanada.
>
> 4. Ante o exposto, rejeito os embargos".

Por conseguinte, a partir do julgamento do REx 878.694 aplicam-se às pessoas que vivem em união estável as mesmas regras sucessórias contidas no artigo 1.829 do Código Civil aplicáveis às pessoas casadas não importando quando tenham falecido, se antes ou após o julgamento.

O legislador regulou a união estável nos artigos 1.723 a 1.727 do Código Civil.

Conceituou a união estável no artigo 1.723:

"É reconhecida, como entidade familiar, a união estável entre o homem e a mulher, configurada na convivência pública, contínua e duradoura e estabelecida com o objetivo de constituição de família".

Praticamente, repetiu o teor do artigo 1° da Lei 9.278, de 1996, mudando, apenas, a ordem das palavras.

Não estabeleceu um prazo certo para configuração da união estável, deixando a critério do julgador analisar caso a caso.

A comprovação da união estável deverá ser feita no Juízo de Família, através da Ação Declaratória de Reconhecimento e Dissolução de União Estável, fixando o Juiz a data do início e do fim do relacionamento, caso não tenha sido por óbito de um dos conviventes.

Os bens adquiridos no prazo determinado na sentença comporão o acervo hereditário a ser partilhado com os herdeiros.

É importante ressaltar o aspecto da capacidade sucessória e da lei aplicável ao analisarmos os direitos sucessórios dos companheiros.

Reza o artigo 1.787:

"Regula a sucessão e a legitimação para suceder a lei vigente ao tempo da abertura daquela".

Como já visto, não se confunde data da abertura da sucessão com data da abertura do inventário.

A lei aplicável é a vigente na data do falecimento do inventariado, não importando se por ocasião da abertura do inventário essa lei não esteja mais em vigor.

Ocorrendo o óbito entre 31.12.1994 e 12.05.1996 aplica-se a Lei 8.971; a partir de 13.05.1996, a Lei 9.278, e atualmente as regras do novo Código Civil.

Anteriormente à Lei 8.971, o nosso Código Civil não atribuía qualquer direito sucessório aos concubinos, regulando-se a participação nos bens pela Súmula 380 do STF, que diz:

"Comprovada a existência da sociedade de fato entre os concubinos, é cabível a sua dissolução judicial, com a partilha do patrimônio adquirido pelo esforço comum".

Não havendo conflito de interesses entre a companheira e os herdeiros e, sendo estes maiores e capazes, não vemos óbice a que união estável seja reconhecida nos próprios autos de inventário.

Exprimimos essa posição ao escrever sobre a Lei 8.971/94:

"Em ambas as situações, sendo todos os interessados maiores e capazes, não vemos empecilho em que a companheira seja reconhecida nos próprios autos de inventário.

> Algumas cortes do país já admitem o reconhecimento da sociedade de fato entre o autor da herança e sua companheira nos próprios autos de inventário, em havendo concordância de todos os interessados, e desde que, como já salientado, todos sejam maiores e capazes. *Revista dos Tribunais*, vols. 461/206, 563/205 e 610/104" (*Direito Sucessório dos Companheiros* – Lei 8.971/1994, Lumen Juris, p. 29).

O acórdão apresentado no livro de Wilson Bussada, Inventários e Partilhas nos tribunais, vol. 4, p. 357 (transcrito no vol. 461, p. 206, *Revista dos Tribunais*), tem a seguinte ementa:

> "Sociedade de Fato – Reconhecimento em processo de inventário – Inadmissibilidade. Possibilidade, todavia, do atendimento da pretensão quando maiores e de acordo os herdeiros e, respeitado o direito dos menores. Não subsiste dúvida quanto à possibilidade do reconhecimento de uma sociedade de fato dentro do próprio processo de inventário, entretanto, nada impede o atendimento de tal pretensão quando nesse sentido, haja o expresso consentimento de todos os herdeiros maiores, inclusive abrindo mão da parte do direito seu que à concubina seja assegurada a meação, sem prejuízo algum dos menores que não podem transigir (1ª CC do TJEMG, Ap. 36.185, v. u. em 14.05.1973 – rel. Juiz Horta Pereira)".

Outro não é o entendimento de Sebastião Luis Amorim, em estudo denominado: "A sociedade de fato ante o processo de inventário", publicado na *Revista dos Tribunais* (vol. 563, p. 265), senão vejamos:

> "Entretanto, se não é possível reconhecer-se a existência da sociedade de fato quando houver contenda entre os interessados no próprio processo de inventário, o mesmo não se pode dizer quando todos estiverem de acordo com o reconhecimento.
>
> Entender-se de outra forma seria complicar demais questões simples e que não demandam exame de questões complexas.
>
> Além de tudo, trata-se da necessidade de simplificar e economizar tempo e processo, uma vez que o Juiz do inventário tem poderes suficientes para homologar o acordo feito entre pessoas, desde que maiores e capazes, quando estas expressamente concordarem com o relacionamento da sociedade de fato.
>
> Devem as declarações ser tomadas por termo nos autos e homologados pelo juiz, para que produzam seus devidos e legais efeitos".

Os juízes de família do Tribunal de Justiça do Estado do Rio de Janeiro se reuniram no I Encontro de Juízes das Varas de Família, em 30 de novembro de 2001, onde foram debatidas várias questões jurídicas e administrativas controvertidas e criados enunciados que vão uniformizar os entendimentos e decisões das ações, destacando-se o seguinte:

> "Enunciado 9. Inexiste interesse de agir para o reconhecimento de união estável se não há discordância entre o convivente supérstite e os demais herdeiros do convivente falecido, no tocante à existência da união estável e respectivo prazo, para efeito sucessório".

A ação será proposta contra os herdeiros do companheiro falecido.

Estes figurarão no polo passivo da ação.

A referida ação destina-se a provar que a convivência existente entre os companheiros caracterizou uma união estável.

Companheiros e cônjuges têm atualmente as mesmas regras sucessórias em face da declaração de inconstitucionalidade do artigo 1.790 do diploma vigente, que prescrevia:

"A companheira ou o companheiro participará da sucessão do outro, quanto aos bens adquiridos onerosamente na vigência da união estável, nas condições seguintes: (...)"

Quanto ao regime de bens a vigorar na união estável estabelece o artigo 1.725 do Código Civil:.

"Na união estável, salvo contrato escrito entre os companheiros, aplica-se às relações patrimoniais, no que couber, o regime da comunhão parcial de bens".

O legislador não exigiu o instrumento público para validade do contrato celebrado entre os conviventes. Não se equipara, portanto, ao pacto antenupcial regulado no artigo 1.653. Não há qualquer impedimento para a celebração do contrato de união estável por instrumento particular.

A jurisprudência tem admitido que se aplica aos conviventes a restrição do inciso II do artigo 1.641. Esse entendimento vem sendo adotado pelo Superior Tribunal de Justiça para os casos das pessoas maiores de 70 anos. O tema foi recentemente apreciado pelo Min. Luis Felipe Salomão, que, ao julgar o Resp 646.259/RS, em 22.06.2010, foi enfático em sua conclusão: "1. Por força do art. 258, § único, inciso II, do Código Civil de 1916 (equivalente, em parte, ao art. 1.641, inciso II, do Código Civil de 2002), ao casamento de sexagenário, se homem, ou cinquentenária, se mulher, é imposto o regime de separação obrigatória de bens. Por esse motivo, às uniões estáveis é aplicável a mesma regra, impondo-se seja observado o regime de separação obrigatória, sendo o homem maior de sessenta anos ou mulher maior de cinquenta".

Não havendo contrato escrito dispondo de outra forma, aplicam-se à união estável as regras concernentes ao regime da comunhão parcial de bens.

No regime da comunhão parcial de bens, prescreve o artigo 1.658, comunicam-se os bens que sobrevierem ao casal na constância do casamento, com as exceções previstas no artigo 1.659, a seguir transcrito:

"Excluem-se da comunhão:

I – os bens que cada cônjuge possuir ao casar, e os que lhe sobrevierem, na constância do casamento, por doação ou sucessão, e os sub-rogados em seu lugar;

II – os bens adquiridos com valores exclusivamente pertencentes a um dos cônjuges em sub-rogação dos bens particulares;

III – as obrigações anteriores ao casamento;

IV – as obrigações provenientes de atos ilícitos, salvo reversão em proveito do casal;

V – os bens de uso pessoal, os livros e instrumentos de profissão;

VI – os proventos do trabalho pessoal de cada cônjuge;

VII – as pensões, meios-soldos, montepios e outras rendas semelhantes".

Por seu turno, prescreve o artigo 1.660:

"Entram na comunhão:

I – os bens adquiridos na constância do casamento por título oneroso, ainda que só em nome de um dos cônjuges;

II – os bens adquiridos por fato eventual, com ou sem o concurso de trabalho ou despesa anterior;

III – os bens adquiridos por doação, herança ou legado, em favor de ambos os cônjuges;

IV – as benfeitorias em bens particulares de cada cônjuge;

V– os frutos dos bens comuns, ou dos particulares de cada cônjuge, percebidos na constância do casamento, ou pendentes ao tempo de cessar a comunhão".

O artigo 1.661 declara que são incomunicáveis os bens cuja aquisição tiver por título uma causa anterior ao casamento.

Os bens móveis presumem-se adquiridos na constância do casamento, quando não se provar que os foram em data anterior.

Comprovada a aquisição dos bens na constância da união estável, nos autos de inventário deverá ser declarada a totalidade dos mesmos, cabendo ao convivente sobrevivente a meação, por ocasião da partilha.

A meação do convivente sobrevivente não está sujeita a imposto de transmissão *causa mortis*, eis que se equipara a meação do cônjuge. Somente a meação do falecido que constitui a herança e que será partilhada aos seus herdeiros está sujeita a sisa.

É importante ressaltar que os bens existentes em nome do convivente sobrevivente e que foram adquiridos na constância da união estável deverão, também, ser trazidos ao inventário a fim de que a metade a que tem direito o convivente falecido seja partilhada entre seus herdeiros.

Portanto, devem ser inventariados, não só os bens que se encontrem em nome do falecido, mas, também, os existentes em nome do companheiro sobrevivente, adquiridos durante a união estável, a título oneroso.

Na declaração de bens, devem-se discriminar aqueles que não se comunicam dos outros que foram adquiridos na constância da união estável.

Havendo contrato estipulando outra forma de divisão dos bens, deverá ser dado conhecimento ao juízo do inventário anexando-se cópia dele.

Se alguma dúvida houver quanto à titularidade dos bens, não são os autos de inventário a sede própria para tal discussão, que deverá ser feita em ação própria.

CONTRATO DE RECONHECIMENTO DE UNIÃO ESTÁVEL E ELEIÇÃO DE REGIME DE BENS

O legislador não exigiu que o documento celebrado entre os conviventes para reconhecimento da união estável seja feito por instrumento público. Nesse quesito não se equipara, portanto, ao pacto antenupcial regulado no artigo 1.653. Não há qualquer impedimento para que o documento seja feito por instrumento particular.

Ressalte-se, outrossim, que a jurisprudência tem admitido a aplicação da restrição do inciso II, do artigo 1.641 do Código Civil. Esse entendimento vem sendo adotado pelo Superior Tribunal de Justiça para os casos das pessoas maiores de 70 anos. O tema foi recentemente apreciado pelo Min. Luis Felipe Salomão, que, ao julgar o Resp 646.259/RS, em 22.06.2010, foi enfático em sua conclusão: "1. Por força do art. 258, § único, inciso II, do Código Civil de 1916 (equivalente, em parte, ao art. 1.641, inciso II, do Código Civil de 2002), ao casamento de sexagenário, se homem, ou cinquentenária, se mulher, é imposto o regime de separação obrigatória de bens. Por esse motivo, às uniões estáveis é aplicável a mesma regra, impondo-se seja observado o regime de separação obrigatória, sendo o homem maior de sessenta anos ou mulher maior de cinquenta". O entendimento é pacífico na doutrina.

Não havendo contrato escrito dispondo de outra forma, aplicam-se à união estável as regras concernentes ao regime da comunhão parcial de bens.

Caso contrário, havendo contrato estipulando outra forma de divisão dos bens, deverá ser dado conhecimento ao juízo do inventário, anexando-se cópia nos autos.

Se alguma dúvida houver quanto à titularidade dos bens, não são os autos de inventário a sede própria para tal discussão, que deverá ser feita em ação própria.

É pacífico, também, o entendimento que concede aos companheiros o direito real de habitação como exposto no capítulo da "Sucessão dos Cônjuges". Embora não tenha o legislador atribuído à companheira sobrevivente, como concedeu aos cônjuges, o direito real de habitação sobre o imóvel que servia de residência aos conviventes, essa omissão foi reparada pelos tribunais estaduais e pelo STJ em repetidas decisões.

EFEITOS RETROATIVOS DO REGIME DE BENS ESTIPULADO NO CONTRATO OU ESCRITURA

O Superior Tribunal de Justiça tem decidido, reiteradamente, que o regime eleito pelos conviventes no contrato particular ou na escritura pública não retroage seus efeitos a data do início da união estável.

No julgamento do AgInt no REsp n. 1843825-RS (2019/0312857-8), relatado pelo Min. Moura Ribeiro, ocorrido em 08.03.2021, a 3ª. Turma, por unanimidade, decidiu pela impossibilidade de atribuição de efeitos retroativos ao regime de bens nas escrituras celebradas durante a união estável.

Está assim ementado:

> "Processual civil. Agravo interno no recurso especial. Recurso manejado sob a égide do NCPC. Família. União estável. Dissolução. Escritura pública. Impossibilidade de atribuição de efeitos retroativos ao regime de bens. Acórdão recorrido em confronto com a jurisprudência dominante do STJ. Recurso especial provido. Dissídio jurisprudencial demonstrado satisfatoriamente. Possibilidade de mitigação do rigor formal em virtude do dissidio notório. Precedentes. Agravo interno não provido.
>
> 1. Aplica-se o NCPC a este recurso ante os termos do Enunciado Administrativo n. 3, aprovado pelo Plenário do STJ na sessão de 09.03.2016. Aos recursos Interpostos com fundamento no CPC/2015 (relativos a decisões publicadas a partir de 18 de março de 2016) serão exigidos os requisitos de admissibilidade recursal na forma do novo CPC.
>
> 2. Na linha da jurisprudência dominante no âmbito das Turmas que compõem a 2ª Sessão do STJ, o regime de bens constante da escritura pública de união estável não tem efeitos retroativos.
>
> 3. (...)
>
> 4 (...)
>
> 5. Agravo interno não provido". (grifo nosso).

Por ocasião do julgamento do AREsp 1.631.112, relatado pelo Min. Antonio Carlos Ferreira, a 4ª Turma do Superior Tribunal de Justiça decidiu, por maioria, no mesmo sentido, que, embora não haja impedimento para que o casal escolha o regime de bens durante o curso da união estável, não é possível dar efeitos retroativos ao regime eleito.

Adotado esse posicionamento, os conviventes que celebrarem durante a união estável uma escritura estabelecendo o regime da separação total de bens ou qualquer outro regime que não seja o da comunhão parcial de bens, o ato não produzirá efeitos retroativos à data do início da união. Para esse período aplicar-se-á o regime da comunhão parcial de bens.

Na doutrina encontramos opiniões divergentes. Há doutrinadores que entendem que a decisão fere o princípio da autonomia da vontade. Outros pensam que a retroatividade implica em uma modificação de regime, eis que antes da celebração da escritura a convivência era regida pelo regime da comunhão parcial face a inexistência do contrato. Alegam, ainda, que a retroatividade prejudica os conviventes que tenham direito a meação dos bens adquiridos a título oneroso durante a convivência.

Essa posição não é unanime nas Turmas.

Vale ressaltar que a 3ª turma do Superior Tribunal de Justiça julgando REsp 1988228PR, decidiu que o contrato particular de união estável caso não seja registrado só tem eficácia perante as partes. Para que tenha eficácia perante terceiros, necessário que haja registro público. (*Direito das Sucessões*. 9. ed. Mario Roberto).

UNIÃO ESTÁVEL ENTRE PESSOAS DO MESMO SEXO

> "O Supremo Tribunal Federal (STF) julgou a Ação Direta de Inconstitucionalidade (ADI) 4277 e a Arguição de Descumprimento de Preceito Fundamental (ADPF) 132, reconhecendo a união estável para casais do mesmo sexo. As ações foram ajuizadas na Corte, respectivamente, pela Procuradoria-Geral da República e pelo Estado do Rio de Janeiro, Sérgio Cabral. O Ministro Ayres Britto, relator, entendeu que o artigo 3º, inciso IV, da CF veda qualquer discriminação em virtude de sexo, raça, cor e, nesse sentido, ninguém pode ser diminuído ou discriminado em função de sua preferência sexual, não admitindo qualquer interpretação ao artigo 1.723 do Código Civil que impeça o reconhecimento da união entre pessoas do mesmo sexo como entidade familiar, no que foi acompanhado pela unanimidade de seus pares."

A união estável homoafetiva pode ser reconhecida através de escritura feita no cartório competente.

Capítulo XVIII
MUNICÍPIO, DISTRITO FEDERAL E UNIÃO

HERANÇA JACENTE E HERANÇA VACANTE

Não havendo cônjuge, companheiro ou colaterais sucessíveis ou tendo estes renunciado à herança, os bens serão devolvidos ao Município, Distrito Federal ou União, na circunscrição onde se situe, conforme preceitua o artigo 1.844 do Código Civil.

Prescreve o artigo 1.819 do Código Civil:

> "Falecendo alguém sem deixar testamento nem herdeiro legítimo notoriamente conhecido, os bens da herança, depois de arrecadados, ficarão sob a guarda e administração de um curador, até a sua entrega ao sucessor devidamente habilitado ou à declaração de sua vacância".

Enquanto não houver a declaração de vacância da herança, será ela considerada jacente, ou seja, nas palavras de Luiz Paulo Vieira de Carvalho, "aquela que jaz sem herdeiros notoriamente conhecidos" (*Direito das Sucessões*, Atlas, p. 258)

A herança jacente ficará sob a guarda de um curador até que seja declarada sua vacância.

Procedidas as formalidades prescritas nos artigos 738 e seguintes do Código de Processo Civil, e não havendo herdeiro habilitado ou pendente a habilitação, a herança será declarada vacante passando os bens inventariados a integrar o patrimônio do Município, território ou Distrito Federal onde se situem.

CAPÍTULO XIX
SUCESSÃO TESTAMENTÁRIA

O legislador se ocupou da sucessão testamentária nos artigos 1.857 a 1.990, abordando-a, também, ao tratar da ordem da vocação hereditária nos artigos 1.799 a 1.803 do Código Civil.

Nos aludidos dispositivos, o legislador cuidou da capacidade e da incapacidade passiva na sucessão testamentária, isto é, das pessoas legitimadas ou não a receber por testamento.

No artigo 1.798, o legislador declarou as pessoas legitimadas a suceder:

"Legitimam-se a suceder as pessoas nascidas ou já concebidas no momento da abertura da sucessão".

Resguardou o legislador os direitos dos nascituros, nada impedindo que se façam disposições testamentárias em favor dos mesmos. Se nascerem com vida, recebem a herança. Se forem natimortos, não havendo disposição em contrário, os bens retornam ao monte para serem partilhados aos herdeiros legítimos.

E o artigo 1.799 abriu espaço para a sucessão testamentária:

"Na sucessão testamentária podem, ainda, ser chamados a suceder:

I – os filhos, ainda não concebidos, de pessoas indicadas pelo testador, desde que vivas estas ao abrir-se a sucessão.

II – as pessoas jurídicas.

III – as pessoas jurídicas, cuja organização for determinada pelo testador sob a forma de fundação".

O dispositivo faz referência a outras pessoas que têm capacidade passiva para herdar por testamento:

DISPOSIÇÕES EM FAVOR DOS CONCEPTUROS OU DE PROLE EVENTUAL

Pode o testador não ter afeição ou não confiar em determinada pessoa, não desejando instituí-la beneficiária, mas, ao mesmo tempo, pretender beneficiar os filhos dessa pessoa. Pode ser um parente mais próximo, ou um irmão com quem o testador teve algum problema, mas que, apesar disso, não quer deixar de contemplar seus filhos, evitando que a herança vá para parentes mais distantes.

Pode, inclusive, já ter nascido algum filho à data da feitura do testamento e ser possível nascer outros após a morte do testador, possibilitando assim a disposição de igualdade entre todos os filhos de pessoa determinada. O legislador previu, no inciso primeiro, a possibilidade de disposições testamentárias em favor de "pessoas" não concebidas à época do óbito do testador.

Nesses casos, a deixa é feita sob condição. Não há continuidade do patrimônio do testador para os beneficiários. Para ser eficaz a verba depende da chegada da prole.

Quando esta nasce, adquire a herança com efeito retroativo à data da abertura da sucessão.

Existe uma situação de pendência e indefinição.

Concepturos são aqueles que ainda não foram concebidos, diferindo dos nascituros, aqueles já gerados, mas que não vieram à luz. Os concepturos não existem biologicamente e, portanto, são desprovidos de personalidade jurídica.

As instituições em favor de "pessoas" não concebidas por ocasião da morte do testador apresentam graves problemas em relação à administração e partilha dos bens, quando da abertura da sucessão.

O novel legislador, sabiamente, colocou fim à polêmica existente sobre a administração dos bens da herança enquanto não fosse concebido o beneficiário.

A sucessão em favor de filhos não concebidos encontra-se regulada no artigo 1.800 e seus parágrafos do Código Civil.

O artigo 1.800, referindo-se ao inciso I do artigo 1.799, determina:

> "No caso do inciso I do artigo antecedente, os bens da herança serão confiados, após a liquidação ou partilha, a curador nomeado pelo juiz.
>
> § 1° Salvo disposição testamentária em contrário, a curatela caberá à pessoa cujo filho o testador esperava ter por herdeiro e, sucessivamente, às pessoas indicadas no artigo 1.775.
>
> § 2° Os poderes, deveres e responsabilidades do curador, assim nomeado, regem-se pelas disposições concernentes à curatela dos incapazes, no que couber.
>
> § 3° Nascendo com vida o herdeiro esperado, ser-lhe-á deferida a sucessão, com os frutos e rendimentos relativos à deixa, a partir da morte do testador.
>
> § 4° Se decorridos 2 (dois) anos após a abertura da sucessão, não for concebido o herdeiro esperado, os bens reservados, salvo disposição em contrário do testador, caberão aos herdeiros legítimos".

Não dispondo o testador em contrário, os bens, após a liquidação ou partilha, serão confiados a um curador nomeado pelo juiz, que deverá ser a pessoa designada e, sucessivamente, as pessoas indicadas no artigo 1.775. Procurou o legislador resguardar o patrimônio do eventual herdeiro, destinando a administração de seus bens a um rol de pessoas a ele ligadas por laços de parentesco. As pessoas indicadas no aludido dispositivo somente serão chamadas à administração dos bens herdados, caso a pessoa designada no testamento não aceite o encargo ou se encontre incapacitada para a prática dos atos da vida civil.

O legislador equiparou a administração dos bens do eventual herdeiro à administração dos bens do curatelado.

Acertou, também, ao prescrever no § 4° do artigo 1.800, o prazo de dois anos para que seja concebido o herdeiro esperado.

A fixação de um lapso temporal merece aplausos. Evitou-se que permanecessem os herdeiros legítimos aguardando, por tempo indeterminado, o nascimento do contemplado.

Se a disposição é feita em favor de filhos ainda não concebidos da pessoa designada, o prazo de dois anos diz respeito à concepção do primeiro filho. Os demais poderão vir a qualquer tempo.

Não sendo concebido o filho esperado nos dois anos seguintes ao óbito do testador, os bens e seus frutos, que se encontram sob a guarda do curador, serão devolvidos ao acervo hereditário.

Portanto, não só a pessoa designada cujos filhos não concebidos serão beneficiados, mas também os herdeiros legítimos devem fiscalizar a administração do curador, em face do interesse que têm na conservação dos bens.

Essa forma de disposição não beneficia os filhos da pessoa designada existentes anteriormente ao óbito do testador. O dispositivo é claro: "Os filhos, ainda, não concebidos".

Chega-se a essa conclusão, ao analisar os termos do artigo 1.800 e seus parágrafos, que aludem, exclusivamente, a situações de concepção após o óbito do testador.

Sérias dificuldades poderão ocorrer por ocasião da partilha para os herdeiros legítimos e, principalmente, para os beneficiários da deixa testamentária.

Ainda mais, tratando-se de disposição testamentária que envolva uma fração da herança, e não um bem certo e determinado.

Enquanto não for concebido o beneficiário, a partilha será provisória e somente se transformará em definitiva com o seu nascimento ou após decorrido o prazo estabelecido pelo legislador, sem que haja a concepção. Acrescente-se que é imperativo o nascimento com vida, pois, caso contrário, não haverá a transmissão da herança.

Por outro lado, a deixa só valerá se estiver viva a pessoa designada no momento do óbito do testador.

Quando a disposição se referir aos filhos da pessoa designada, a partilha entre eles só será definitiva quando ficar certa a impossibilidade de procriação pela pessoa designada. Essa situação provisória poderá permanecer por longo tempo.

Há quem sustente que a partilha entre os beneficiários da instituição deveria ser feita sob condição resolutiva. A herança seria partilhada entre os herdeiros existentes naquele momento, ficando essa partilha sujeita à condição resolutiva do aparecimento de cada novo beneficiário.

Todos evitarão ficar em condomínio com o eventual herdeiro, pois esse condomínio impedirá a livre disposição do bem partilhado. Uma fração do bem permanecerá em nome do autor da herança, pois não se transmitiu a qualquer herdeiro com a abertura da sucessão.

Após a concepção o condomínio passará a existir indefinidamente até esgotar-se a possibilidade de procriação da pessoa designada. Por outro lado, ninguém é obrigado a ficar em condomínio, podendo aquele que já tiver a propriedade requerer a extinção de condomínio, resultando em uma situação de difícil solução.

O juiz terá de agir com extremo bom senso na divisão dos bens, resguardando o direito do beneficiário da disposição sem prejudicar os interesses dos demais herdeiros.

Os bens separados para o eventual herdeiro poderão ficar para uma posterior sobrepartilha, repartindo-se os demais entre os herdeiros.

Existindo uma disposição em favor de filhos ainda não concebidos, poderá o inventário ser processado pelo rito do arrolamento?

Respondemos afirmativamente, desde que os herdeiros existentes sejam maiores e capazes, estejam acordes quanto à divisão dos bens da herança e a disposição em favor do beneficiário consista em um legado.

É certo que, nascendo o herdeiro beneficiado e sendo menor, afastaria a possibilidade do processamento pelo rito do arrolamento, mas é certíssimo que, recebendo um bem determinado (legado), não poderá o menor sofrer qualquer prejuízo na partilha. O rito do arrolamento só o favorecerá, e não vemos motivo para o apego do julgador ao excessivo rigorismo da lei que, por vezes, será prejudicial aos interesses do menor.

Numerosos problemas decerto surgirão, principalmente em relação à partilha dos bens entre os concepturos, competindo aos operadores do Direito suas soluções.

O inciso IV do artigo 1.597 do Código Civil, certamente, trará dificuldades aos julgadores haja vista que o legislador declarou que se presumem concebidos na constância do casamento os filhos havidos a qualquer tempo, quando se tratar de embriões excedentários decorrentes de concepção artificial homóloga. Têm, também, capacidade para receber por testamento as pessoas jurídicas. É necessário estar a sociedade regularmente constituída para poder ser legalmente representada nos autos de inventário.

Permitiu, ainda, o legislador, as disposições em favor de pessoas jurídicas, cuja organização for determinada pelo testador sob a forma de fundação. No caso, deverá o inventariante providenciar antes da partilha a constituição da fundação, registrando seus estatutos e promovendo todos os atos necessários a sua regularização.

As pessoas incapacitadas para a sucessão testamentária estão relacionadas no artigo 1.801. Inovou o legislador com a inclusão no inciso I, da companheira ou companheiro da pessoa que escreveu a rogo o testamento. Com relação às disposições em favor da concubina do testador casado, estabeleceu o legislador, no inciso III, que valerá a deixa se o cônjuge se encontrar, sem culpa sua, separado de fato há mais de cinco anos.

TESTAMENTO

O legislador atual não definiu testamento. Declarou no artigo 1.857 do Código Civil:

> "Toda pessoa capaz pode dispor, por testamento, da totalidade dos seus bens, ou de parte deles, para depois de sua morte".

E no artigo 1.858:

> "O testamento é ato personalíssimo, podendo ser mudado a qualquer tempo".

O testamento é um ato personalíssimo, isto é, um ato próprio do testador, devendo sua vontade ser pessoalmente manifestada, não se admitindo a representação por qualquer outra pessoa.

É um ato singular, uma vez que não podem testar no mesmo ato duas ou mais pessoas.

Toda pessoa capaz pode testar e, também, os maiores de 16 anos de idade.

Não podem testar os incapazes, bem como aqueles que, no ato de fazê-lo, não tiverem pleno discernimento (art. 1.860).

É revogável. A principal característica do testamento é a sua revogabilidade. Um testamento pode ser revogado a qualquer momento por outro testamento. Não importa qual a forma: um testamento público pode ser revogado por outro particular; o particular pode ser revogado pelo cerrado e, assim, sucessivamente.

É o que proclama o artigo 1.969:

> "O testamento pode ser revogado pelo mesmo modo e forma como pode ser feito".

A revogação pode ser total ou parcial, isto é, a revogação de todo o testamento ou a revogação somente de algumas cláusulas.

Existem três formas de revogação:

Expressa – dá-se a revogação expressa, quando o testador expressamente declara no testamento posterior que o testamento anterior encontra-se revogado. É a forma mais utilizada de revogação.

Tácita – ocorre quando o testador no testamento posterior faz disposições contrárias às existentes no testamento anterior.

Ex.: Em um testamento, o testador deixa sua casa de Petrópolis para seu sobrinho João. No testamento posterior, o testador deixa a mesma casa para sua tia Maria. A disposição feita no testamento posterior é contrária à feita no testamento anterior, deixando claro que o testador quis revogar a deixa anteriormente feita.

Legal – existem determinadas situações em que o legislador declara que o testamento se encontra revogado. É o caso do artigo 1.972 do Código Civil.

Ex.: O testamento cerrado que for aberto ou dilacerado pelo testador ou com o seu consentimento encontra-se revogado.

Uma pessoa, tendo feito um testamento, pode desejar revogá-lo, não para fazer outras disposições, mas para que sua sucessão se processe pela forma legítima.

A revogação de um testamento, com a única finalidade de fazer com que a sucessão do testador se processe segundo a ordem da vocação hereditária, é obrigatoriamente feita por meio de testamento. O testamento denominado "Revogação" deverá obedecer a todos os requisitos da forma eleita. Rompe-se o testamento, ou seja, perde sua eficácia, segundo o artigo 1.973, se sobrevier descendente sucessível ao testador, que não o tinha ou não o conhecia quando testou, se esse descendente sobreviver ao testador, ou, ainda, nos termos do artigo seguinte, se feito na ignorância de existirem outros herdeiros necessários.

MODELO DE REVOGAÇÃO DE TESTAMENTO PELA FORMA PÚBLICA

"Revogação de testamento público que faz Severino da Costa Bernardes, na forma abaixo:

"Aos 2 dias do mês de janeiro do ano de dois mil e dezessete", compareceu o sr. Severino da Costa Bernardes, brasileiro, solteiro, médico, portador da carteira de identidade n. ______ e do CPF n. ______, residente e domiciliado nesta cidade à rua __________, n. ______, Irajá; e pelo testador foi dito que na melhor forma de direito, de sua livre e espontânea vontade, sem induzimento ou coação de espécie alguma, resolvia fazer este seu testamento para revogar qualquer outro anteriormente feito e especialmente o lavrado em Notas do __________ Ofício, livro __________, fls. __________, em 15.04.1959, para que sua sucessão se processe de conformidade com a ordem da vocação hereditária estabelecida no artigo 1.829 do Código Civil".

É um ato formal, pois para cada forma de testamento estabeleceu o legislador requisitos essenciais para sua validade, sem os quais o testamento é nulo.

O testamento para ser válido deve ser feito de conformidade com a lei, isto é, conter todos os requisitos essenciais prescritos na legislação civil. Requisitos essenciais, também denominados requisitos externos, formalidades externas ou extrínsecas são os requisitos estabelecidos pelo legislador para validade do testamento.

São regidos pela data da feitura do testamento, porém, as disposições testamentárias obedecem à lei vigente no momento do óbito do testador.

O legislador estabeleceu determinadas formalidades para cada forma de testamento.

O testamento público e o cerrado têm de ter obrigatoriamente duas testemunhas. O cerrado deve ser aprovado, cosido e lacrado pelo Tabelião. O particular tem de ser escrito de próprio punho ou mediante processo mecânico. Essas são algumas das formalidades impostas pelo legislador para validade dos testamentos.

Não sendo observada alguma formalidade, o testamento é nulo.

O legislador procurou abrandar o excesso de formalidades existentes na legislação anterior, permitindo que os testamentos fossem escritos por meios mecânicos, diminuindo o número de testemunhas, facilitando a confirmação do testamento particular etc.

A jurisprudência vem, também, atenuando de forma prudente o extremo rigor na observância das formalidades testamentárias, principalmente, nos testamentos particulares.

Ao julgar a Apelação Cível 0042062-25.2015.8.19.0002, relatada pelo Des. Fernando Cerqueira, a 11ª Câmara Cível, por unanimidade, entendeu que um documento denominado "Declaração de Vontade", feito sem a presença de testemunhas, sem quaisquer dos requisitos estabelecidos pela lei, é válido, sob o fundamento de que a jurisprudência do Superior Tribunal de Justiça, tem privilegiado a *ratio essendi*, a vontade da pessoa, em detrimento da interpretação literal dos dispositivos do Código Civil.

Destacam-se na ementa do acórdão os seguintes trechos:

"Procedimento especial de jurisdição voluntária. Requerimento de cumprimento de testamento particular. Ausência de assinatura de testemunhas. Sentença de improcedência.

1. O STJ vem mitigando a exigência da observância escrita dos requisitos legais.

2. No presente caso, ainda que se leve em consideração que o testador era advogado militante, provável conhecedor da matéria, não se pode desprezar o contexto em que os fatos se deram, ressaltando-se, nesse sentido, a sua enfermidade, que, muito provavelmente, preponderou, significativamente, na decisão de tirar a própria vida.

3. (...)

4. (...)

5. (...)

6. Princípio da conservação do negócio jurídico.

7. "Ao se examinar o ato de disposição de última vontade, deve-se sempre privilegiar a busca pela real intenção do testador a respeito de seus bens, feita de forma livre, consciente e espontânea, atestada a sua capacidade mental para o ato" (AgRg no REsp 1401087/MT, Rel. Min. João Otávio de Noronha, DJe 13.08.2015).

8. Sentença recorrida que privilegiou a interpretação literal dos dispositivos legais, em detrimento da *ratio essendi* da declaração de vontade, indo assim em direção contrária à jurisprudência e à solução razoável do caso. Recurso conhecido e provido".

O fundamento do acórdão deixa transparecer que a formalidade do ato não pode se sobrepor ao conteúdo, devendo, portanto, prevalecer a vontade do testador, quando em hipóteses excepcionais, as circunstâncias específicas levem à conclusão de inexistirem dúvidas sobre o que foi por ele desejado.

Pode-se concluir que sendo coerentes as disposições escritas em uma folha de papel, desnecessária a observação das formalidades legais, apesar de terem sido impostas pelo legislador para dar maior segurança ao ato, haja vista que quando o ato produzir efeitos, seu subscritor não mais estará vivo para prestar os esclarecimentos desejados.

Parece-nos que, ante a mitigação que vem sendo feita pelos tribunais, as formalidades legais no testamento particular estão perdendo o sentido.

O testamento se presta a fazer disposições de ordem patrimonial e pessoal.

Como vimos, o testamento pode se destinar a revogar outro ou, ainda, a nomear tutor para filhos menores, reconhecer filhos etc.

O testamento é um ato *causa mortis*. Só produz efeitos após a morte do testador. Apesar de ter sido feito por agente capaz, obedecendo aos requisitos estabelecidos em lei, só produzirá efeitos após o óbito do testador.

Em vida do testador não se pode discutir a validade do testamento. Sobre o tema, transcrevemos o artigo de nossa autoria publicado na Revista de Direito do Tribunal de Justiça do Estado do Rio de Janeiro (v. 8, p. 322):

"*A anulação de testamento de pessoa viva.*

Atualmente, nas Varas Orfanológicas, têm sido propostas algumas ações de anulação de testamento, em que o testador ainda se encontra vivo. Para analisar interessante e controvertido tema, primeiramente, devemos atentar para a definição do que é testamento, à luz do Código Civil.

Reza o artigo 1.626 da lei substantiva:

'Testamento é o ato revogável, pelo qual alguém, de conformidade com a lei, dispõe no todo ou em parte de seu patrimônio para depois de sua morte'.

Então, vejamos:

O testamento é ato revogável, isto é, o testador pode a qualquer momento modificar a sua vontade, no todo ou em parte, não podendo em hipótese alguma renunciar a esta faculdade.

A revogabilidade é essencial ao testamento. Sendo o testamento um ato de liberalidade, é caracteristicamente revogável.

Por ser um ato de última vontade, só produz efeitos após a morte do testador. Seus efeitos só se tornam eficazes após o falecimento, por se tratar de ato *causa mortis*.

Muito embora seja válido, porquanto feito observadas as formalidades legais, não tem eficácia em vida do testador.

'O que dá eficácia ao testamento é a morte do testador, eis por que lhe dizer *causa mortis*' (Jefferson Daibert. *Direito das Sucessões*, Forense, p. 139).

O mestre Washington de Barros Monteiro observa que somente após a morte do testador se poderá questionar sobre a validade do ato de última vontade. Vivo, ainda, excluídas se acham as impugnações. De outra forma, estar-se-ia a tolerar pendência acerca de herança de pessoa viva, contrariando o disposto no artigo 1.089 do Código Civil.

'O caráter essencial dos atos *causa mortis* consiste em considerar como não existente durante a vida do agente' (Coelho da Rocha. *Inst. de Direito Civil Português*. § 1.671).

O ato é perfeito e completo, mas depende da morte e da perseverança do testador.

Como ensina Orosimbo Nonato, *in Estudos sobre Sucessão Testamentária*, v. 1, p. 120: 'Constituindo ato de última vontade, e porque a vontade do homem é inconstante e voltária, ele só determina e fixa, quando o testador com a morte deixa de querer'.

E mais adiante esclarece: 'O testamento para cuja perfeição basta a vontade do testador tem efeito mediato e muitas vezes remoto'.

Afirma que se subordina a duas condições: a) a de vontade: a perseverança do testador; e b) a de evento: verificar-se sua defunção antes do beneficiário.

Até então, nenhum direito oriundo do testamento podem pretender os herdeiros, legatários ou qualquer outra pessoa. Nenhuma regalia, nenhuma vantagem daquele ato lhe advém.

O ato testamentário é, enquanto se não verificam aquelas condições do testador, unicamente dele.

É o seu próprio testamento, diz Demolombe, *testatio mentis*, e que lhe pertence exclusiva e soberanamente, enquanto não recebe a consagração irreparável da morte.

Em acórdão proferido no Agravo 76.444 – rel. Des. Frederico Roberto, transcrito na *Revista Forense* n. 170, p. 270, decidiu o Tribunal de Justiça do Estado de São Paulo que: 'Somente depois da morte do testador pode ser contestada a sua validade; só então, poder-se-á verificar se foram cumpridas as determinações legais e se existem vícios suficientes para anulá-lo, antes da morte da testadora, a escritura de testamento não é mais que expectativa de testamento.

Sendo o testamento essencialmente revogável, pode ocorrer que exista outro testamento, público ou cerrado, desconhecido da Autora, revogando totalmente o anterior'.

Cita, ainda, o acórdão do Tribunal de Relação de Minas Gerais, de que foi relator A. Ribeiro, que em caso semelhante (pretendia-se anular o testamento, feito em estado de alienação mental do testador ainda vivo) decidiu: 'Mas este está vivo, não há herança de pessoa viva, o testamento, aliás, em nada prejudica o testador, está em simples projeto, só com a morte do testador se considera o testamento verdadeiro e definitivo. Até a morte do testador não há herdeiros, tampouco testamento, não se concebe ação para anular o nada'.

Antes do óbito do testador, nenhuma pessoa tem legítimo interesse para agir. Falta ao autor da ação esse requisito, que é essencial.

Ademais, o legítimo interesse deve ter a característica fundamental da atualidade. Ora, o momento certo, o momento atual para a propositura da competente ação seria o do óbito do testador, quando se dá abertura da sucessão, e só, então, estariam preenchidos todos os requisitos.

Para prevenir a propositura da ação, dever-se-á em vida do testador, se for o caso, propor a ação de interdição, requerendo seja determinado o prazo, durante o qual o testador se encontra incapacitado para praticar os atos da vida civil.

Então baseado nesta decisão, após o falecimento do testador, propor-se-á a ação de Anulação de Testamento, já agora fundamentada legalmente, evitando-se, desta forma, que se tenha de fazer perícias e laudos médicos retroativos à data da feitura do testamento, sobre os quais são difíceis e nem sempre corretas suas conclusões".

A lei vigente na data da feitura do testamento regula:

a) a capacidade do testador;

b) as formalidades extrínsecas do testamento (requisitos essenciais).

A lei vigente no momento da abertura da sucessão regula:

a) a capacidade para suceder temporariamente;

b) a eficácia jurídica das disposições testamentárias.

Ex.: preceito legal que viesse a proibir a disposição em favor do advogado do testador, aplicar-se-ia imediatamente, atingindo os beneficiados em testamento anterior.

Prescreve o artigo 1.861 do Código Civil que a incapacidade superveniente do testador não invalida o testamento; nem o testamento do incapaz se valida com a superveniência da capacidade.

TESTAMENTEIRO

Testamenteiro é a pessoa nomeada pelo testador para defender a validade do testamento e velar pelo cumprimento das disposições testamentárias, após sua morte.

Não estabeleceu o legislador uma ordem preferencial de pessoas para o exercício do cargo. Trata-se de incumbência da confiança do testador. Geralmente, o testador designa uma ou mais pessoas para, sucessivamente, uma na falta da outra, exercerem o cargo de testamenteiro. Não necessitam ser parentes do testador. É qualquer pessoa de sua confiança.

Não podendo ou não querendo o testamenteiro nomeado exercer o encargo, deverá o juiz nomear o cônjuge e, na falta deste, um herdeiro, como afirma o artigo 1.984. Competirá ao juiz a escolha do herdeiro. O § 4º do artigo 735 do Código de Processo Civil declara que, não havendo testamenteiro nomeado, se ele estiver ausente ou renunciar ao cargo, o juiz nomeará testamenteiro dativo, observando-se a preferência legal, preferência essa que vem estampada no citado artigo 1.984. Entendemos não ser possível a nomeação da companheira como testamenteira, caso não tenha sido designada pelo testador ou instituída herdeira, pois necessária será a comprovação de sua qualidade mediante ação própria, no juízo competente, o que importaria desprezar os prazos legais para cumprimento das disposições testamentárias. O legislador estabeleceu o prazo de

180 dias para o cumprimento do testamento e apresentação de contas pelo testamenteiro, caso o testador não tenha marcado outro lapso temporal.

Não havendo cônjuge, e havendo litígio entre os herdeiros, poderá o juiz nomear o Testamenteiro Judicial, nas comarcas onde existir o cargo, ou, não havendo, um dativo.

Testamenteiro e inventariante são cargos distintos. A nomeação do inventariante obedece à preferência estabelecida pelo legislador no artigo 617 do diploma processual.

Pode o testador nomear a mesma pessoa testamenteira e inventariante. Para que o nomeado exerça, também, o segundo cargo, é necessário estar elencado na ordem estabelecida no aludido dispositivo.

Segundo o artigo 1.977, o testador só pode conceder ao testamenteiro a posse e administração da herança, não havendo herdeiros necessários. Sendo o cônjuge herdeiro necessário, sem razão sua menção expressa no texto.

O testador não pode preterir a ordem preferencial estabelecida pelo legislador para nomeação de inventariante.

O testamenteiro ocupa a quarta posição na ordem preferencial estabelecida no artigo 617 da lei processual e somente será nomeado inventariante caso o testador tenha distribuído toda a herança em legados.

O testamenteiro faz jus a um prêmio, também denominado vintena, cujo percentual pode ser estabelecido pelo testador.

O novel legislador processual não reproduziu o texto do artigo 1.138 do texto revogado que estabelecia:

> "O testamenteiro tem direito a um prêmio, que se o testador não houver fixado, o juiz arbitrará, levando em conta o valor da herança e o trabalho de execução do testamento;
>
> § 1° O prêmio que não excederá cinco por cento (5%), será calculado sobre a herança líquida, e deduzido somente da metade disponível quando houver herdeiros necessários, e de todo o acervo líquido nos demais casos;
>
> § 2° Sendo o testamenteiro, casado pelo regime da comunhão de bens, com herdeiro ou legatário do testador, não terá direito ao prêmio; ser-lhe-á lícito, porém, preferir o prêmio à herança ou legado".

Assim entendemos que a matéria é regida pelo artigo 1.987 do Código Civil ao declarar que, salvo disposição testamentária em contrário, o testamenteiro fará jus a um prêmio que variará de 1% a 5% do valor da herança líquida. Geralmente, o testador não fixa o prêmio, cabendo ao juiz arbitrá-lo no processo de inventário.

Não tendo o testador determinado o prêmio, deverá o testamenteiro, por ocasião das primeiras declarações, requerer ao juiz que o arbitre.

Se os autos de inventário se arrastarem por longos anos, independentemente da atuação do testamenteiro, entendemos que a vintena arbitrada deverá ser corrigida ou por índice inflacionário ou por nova avaliação, atualizando o valor dos bens. Não é justo que o prêmio venha a se tornar um valor irrisório, sem qualquer expressão monetária, em face da desvalorização da moeda, contrariando a vontade do testador.

Sendo o testamenteiro herdeiro ou legatário, deverá optar entre a herança, o legado ou a vintena. É o que diz o artigo 1.988. Diversos doutrinadores, analisando o artigo 1.767 do diploma civil revogado, entenderam que a regra se aplica somente ao herdeiro testamentário, e não ao herdeiro legítimo. É o pensamento esposado por, entre outros, Caio Mário da Silva Pereira (*Instituições de Direito Civil*, 11. ed., Forense, v. VI, p. 228), e Silvio Rodrigues (*Direito Civil*, 17. ed., Saraiva, v. VII, p. 262).

Se for o cônjuge, porém, meeiro e nessa qualidade participar da herança, terá direito a vintena. O artigo 1.139 do Código de Processo Civil de 1973, não reproduzido pelo novo CPC, permitia somente ao meeiro que lhe fossem adjudicados bens da herança em pagamento do prêmio. Nos demais casos, não poderia o testamenteiro requerer lhe fossem adjudicados bens da herança em pagamento da vintena.

Não havendo numerário suficiente na herança para pagamento da vintena, deverá o testamenteiro requerer ao juiz a venda de bens suficientes para liquidação de seu prêmio, que deverá, inclusive, constar de um pagamento na partilha.

Não desejando exercer o cargo, poderá o testamenteiro, por meio de uma petição, renunciar ao cargo. A renúncia ao cargo de testamenteiro não importa em renúncia à herança.

O testamenteiro poderá ser removido de seu cargo, bastando, para tanto, que não desempenhe suas funções de conformidade com a lei, prejudicando os herdeiros ou legatários.

APLICAÇÃO DO PRINCÍPIO *LOCUS REGIT ACTUM*

A atual Lei de Introdução às Normas do Direito Brasileiro não repetiu o dispositivo da lei anterior constante do artigo 11, admitindo a aplicação do princípio *locus regit actum* para os atos celebrados no exterior, observadas as formalidades externas de validade do local.

Segundo esse princípio, que permanece em uso, o testamento feito em outro país, observadas as formalidades extrínsecas da lei do local onde foi celebrado, teria validade em qualquer lugar onde estivessem os bens da herança.

Assim, o testamento feito em um país estrangeiro, observando-se as formalidades extrínsecas estabelecidas pela lei local, terá validade para aplicar-se quanto aos bens situados no Brasil.

O testamento particular feito em qualquer país, observando-se as formalidades previstas pela lei local, terá aplicação no Brasil, em face do princípio *locus regit actum*, ou seja, o ato é regido pela lei do local onde foi celebrado.

Admitindo a lei brasileira a forma de testamento celebrada no exterior, terá o ato validade em nosso país.

A 8ª Câmara Cível do Tribunal de Justiça do Estado do Rio de Janeiro julgou a Ap. Civ. 49.839 em 17.05.1968, relatada pelo eminente Des. Ivan Castro de Araújo e Souza, assim decidindo:

"Testamento hológrafo – Regra *locus regit actum* – Exequibilidade no Brasil.

É exequível no Brasil o testamento hológrafo feito em país estrangeiro e em obediência à forma e às formalidades da legislação local, porque prevalece no caso a regra *locus regit actum*".

Do elucidativo acórdão transcrevemos o seguinte trecho:

> "1. Preliminarmente não há necessidade de homologação por parte do egrégio Supremo Tribunal Federal, para que o testamento hológrafo publicado regularmente na Itália tenha força executória no Brasil".

E ainda:

> "A lei brasileira [escreve Serpa Lopes] contenta-se em que em relação ao testamento feito no exterior, se observe o gênero da forma contemplada no seu direito interno, cabendo à lei do Lugar os elementos internos da forma extrínseca prevista pela lei brasileira (Lei de Introdução, v. III, n. 295, *bis*, p. 35)".

> "Atualmente [escreve Eduardo Espínola], nos termos da nova Lei de Introdução, resulta que é ainda a Lei do Lugar onde o testamento for constituído, que regerá sua forma (arg. dos arts. 9º, § 1º, *in fine* e 13)".

E acrescenta:

> "O testamento que se forme no estrangeiro, ainda que o testado seja domiciliado no Brasil, ou tenha nacionalidade brasileira, tem de cingir-se à forma determinada pela Lei do Lugar, onde tiver sido feito, com intervenção dos funcionários, por ela exigida" (*Lei de Introdução*, v. III, ed. 1.944, n. 284, p. 95-96).

Porém, como observa Zeno Veloso:

> "Portanto, é fundamental que o gênero do testamento alhures utilizado, seja previsto na lei brasileira, podendo seus requisitos extrínsecos, suas formalidades, obedecer aos ditames da lei do lugar onde o testamento é feito" (ob. cit., p. 307).

O mesmo não ocorre quando o ato fere a soberania, os bons costumes ou a ordem interna brasileira.

É o caso do testamento conjuntivo proibido pelo legislador brasileiro no artigo 1.630:

Prescreve o artigo 17 da Lei de Introdução às Normas do Direito Brasileiro:

> "As leis, atos e sentenças de outro país, bem como quaisquer declarações de vontade, não terão eficácia no Brasil, quando ofenderem a soberania nacional, a ordem pública e os bons costumes".

Portanto, um testamento conjuntivo celebrado no exterior, com observância dos requisitos essenciais previstos pela lei local, não poderá ter seu cumprimento determinado pela autoridade brasileira, porque essa forma de disposição de última vontade não é permitida por nossa legislação.

Capítulo XX
FORMAS DE TESTAMENTO

TESTAMENTO PÚBLICO

É a forma mais utilizada de testamento.

Os requisitos essenciais para validade do testamento público estão previstos nos artigos 1.864 a 1.867.

Uma modificação saudável refere-se à diminuição do número de testemunhas de cinco para duas. Permitiu, também, ao testador se utilizar de minutas, notas ou apontamentos relativos ao testamento que pretende fazer, facilitando sua confecção, não obstante ser imprescindível o testador ditar suas disposições para o tabelião.

O legislador não repetiu o disposto no parágrafo único do artigo 1.632 do diploma anterior, que obrigava o testador a fazer suas declarações em língua nacional, porém o § 3° do artigo 215 do Código Civil, ao estabelecer os requisitos da escritura pública, declara que esta será redigida na língua pátria.

Por ser público, deve ser possível a qualquer pessoa o acesso ao teor do testamento público.

O Oficial de Notas é obrigado a comunicar a lavratura do testamento público ao Ofício de Registro de Distribuição designado no Código de Organização e Divisão Judiciária Estadual.

Para saber se uma pessoa deixou testamento público basta requerer uma certidão em nome do testador no Ofício do Registro de Distribuição. A certidão apontará o Ofício de Notas, livro, folhas, data da lavratura do ato e qualquer pessoa terá acesso ao teor do mesmo, mediante pedido expresso de certidão após a morte do testador. Assim funciona em qualquer Comarca.

A publicidade é um inconveniente que torna muitas vezes indesejável esta forma de testamento, porém, em contrapartida, o testamento público dificilmente se extravia.

Após a lavratura do ato no livro de testamentos do Cartório, o Oficial entrega ao testador um traslado e uma certidão do ato. Caso se extraviem, basta requerer ao Tabelião outra certidão.

Outrossim, deve-se atentar para a competência funcional do Tabelião. O artigo 9° da Lei 8.935/94 (Lei dos Notários) expressamente declara que o Tabelião não poderá praticar atos de seu ofício fora do Município para o qual recebeu delegação.

O Tabelião de uma comarca não pode praticar qualquer ato fora de seu território. É a competência ratione loci. A competência para a prática de atos do tabelião se circunscreve ao local para o qual ele recebeu delegação. O tabelião de determinada comarca só pode praticar atos dentro da Comarca para a qual ele, repita-se, recebeu delegação.

Os atos praticados pelo tabelião fora de seu Município são fulminados de nulidade.

A doutrina é torrencial quanto às consequências do ato e diversos autores, os mais renomados, discorreram sobre a matéria.

Pontes de Miranda, em seu *Tratado dos Testamentos* (v. 2, p. 30, 1. ed., 2005, BH Editora e Distribuidora, atual. pelo prof. Vilson Rodrigues Alves), leciona:

"Competência territorial do oficial público – O primeiro requisito do testamento público é o da competência territorial do oficial público. Daí dever-se indicar o lugar em que o testamento foi feito: "na casa da rua A", "na Fazenda Santa Rosa", para que se saiba se o fez, competentemente, o tabelião. No interior do Brasil, é de grande importância, porque, não raro, a mesma Fazenda pertence a dois municípios. Feita por oficial público incompetente, é nulo".

No mesmo sentido, o insigne jurista Carlos Maximiliano pronuncia-se:

> "370 – O testamento pode ser feito em cartório, ou onde se ache o disponente: em casa deste ou de outrem, em hotel, hospital ou prisão; enfim, em qualquer parte, *desde que se opere dentro da zona de jurisdição do oficial. Funcionário agindo fora da circunscrição judiciária, ou consular, respectiva, equivale ao que não é funcionário; o seu ato é inexistente, nulo de pleno direito"* (*Direito das Sucessões*, v. I, p. 426, 3. ed., 1952, Ed. Livraria Freitas Bastos).

Ainda, Zeno Veloso expõe com sua habitual clareza:

> "Observada a circunscrição geográfica de sua área de atuação (competência *ratione loci*) o oficial público, melhor dizendo, o tabelião poderá receber as disposições de última vontade e redigir o testamento de qualquer pessoa capaz. E não apenas no prédio onde funciona o Cartório, mas na residência do testador ou em outra casa, em um escritório de advocacia, em uma cadeia ou num hospital. Enfim, dentro do cartório (desde que nos limites do município para o qual o respectivo notário está habilitado), o tabelião pode, validamente, elaborar o testamento.
>
> O testamento não valerá, *sendo nulo de pleno direito, se o tabelião for lavrá-lo fora dos limites do território de sua competência. Além da circunscrição territorial para a qual recebeu delegação, o tabelião não tem competência, não pode praticar atos de ofício, falece-lhe fé pública"* (p. 131).

TESTAMENTO CERRADO

Também conhecido como místico ou secreto. Os requisitos essenciais para validade do testamento cerrado estão previstos no artigo 1.868 e seus incisos do diploma civil.

O testamento cerrado é pouco utilizado pela complexidade de sua elaboração. É feito em duas etapas: a primeira com a elaboração pelo próprio testador de suas disposições de última vontade. A segunda, com a apresentação ao Tabelião para que faça o auto de aprovação, a costura e o lacre. Como diz o próprio nome, o testamento cerrado após redigido e aprovado pelo Tabelião, assinado por este, pelo testador e pelas testemunhas, é costurado e lacrado para que ninguém tenha acesso ao seu teor.

Posteriormente, é entregue pelo Tabelião ao testador na presença das duas testemunhas que, possivelmente, o deixará em poder de uma pessoa de sua confiança para apresentá-lo em Juízo para cumprimento após a morte.

A principal vantagem do testamento cerrado é o sigilo absoluto das disposições testamentárias. Nem o Tabelião tampouco as testemunhas que participam do ato conhecem o seu teor. Por outro lado, apresenta um sério inconveniente, ou seja, a possibilidade de seu extravio, ou, ainda, de seu dilaceramento por parte de terceiros.

Zeno Veloso, em sua obra *Testamentos de Acordo com a Constituição de 1988* (2. ed., São Paulo, Ed. Cejup, 1993, p. 261), apresenta a solução:

> "Para prevenir a perda, ocultação, deterioração e outros males que possam atingir o instrumento, uma boa solução é elaborar o testamento em duplicata: nada impede que o testador redija a cédula testamentária em mais de uma via, em mais de um exemplar, com o mesmo conteúdo, evidentemente, cumprindo todas as exigências legais em cada exemplar e levando todas as vias ao Tabelião, para serem autenticadas e confirmadas, através do auto de aprovação".

O testamento cerrado pode ser escrito em qualquer idioma, mas não pode ser feito por quem não possa ler.

MODELO DE TESTAMENTO CERRADO

TESTAMENTO CERRADO DE MARIA MOTA

Eu, **MARIA MOTA**, brasileira, separada consensualmente, pedagoga, portadora da carteira de identidade n. __________ expedida pelo DETRAN-RJ em 02.02.2011 e do CPF n. __________, residente e domiciliada nesta cidade, a Rua __________, n. __________, me encontrando no pleno gozo de minhas faculdades mentais, sem induzimento ou sugestão de qualquer pessoa, resolvi fazer este meu testamento cerrado, de meu próprio punho, no qual e com a observância do art. 1.868 do Código Civil manifesto minhas últimas vontades, declarando o seguinte: que sou natural da cidade de Rio de Janeiro, nascida em 13 de março de 1968, filha de José Mota, e Maria Rita Mota; que sou separada consensualmente; possuindo uma filha de nomes: Ana Nara Mota, maior, nascida em 08.04.1978. É meu desejo deixar a parte disponível de todos os bens que possuir, por ocasião de meu falecimento, para JOSÉ BRANDÃO DA SILVA, brasileiro, professor, como uma forma da gratidão e o respeito que tenho pela sua dedicação comigo. Nomeio testamenteiro e inventariante, JOSÉ BRANDÃO DA SILVA, acima qualificado, a quem dou por abonado em juízo ou fora dele independentemente de prestação de fiança ou caução, marcando o prazo da lei para o cumprimento deste meu testamento, rogando às autoridades competentes que cumpram este meu testamento cerrado tal como se contém e declara, revogando qualquer testamento anteriormente feito Que assim tenho por concluído este meu testamento, que deverá ser cumprido e respeitado na forma acima estabelecida após cumpridas as formalidades legais e aprovação pelo respectivo Tabelião.

Rio de Janeiro, 03 de junho de 2018.

Ass. MARIA MOTA

Obs. O testamento deverá ser levado ao Tabelião, que fará o auto de aprovação na presença das testemunhas.

TESTAMENTO PARTICULAR

Também denominado hológrafo, privado ou aberto. É escrito pelo testador, de próprio punho ou por meio mecânico, e lido perante três testemunhas.

É o mais simples e menos oneroso para o testador. Entretanto, apresenta, entre outros, um sério inconveniente. Por ocasião da apresentação do testamento em Juízo para cumprimento é necessário que haja confirmação de sua autenticidade pelas testemunhas. Admitiu o legislador a confirmação pelo menos por uma testemunha, se as demais faleceram ou se encontram ausentes, mas, nesse caso, a confirmação do testamento ficará a critério do juiz, se houver prova suficiente de sua veracidade. A inexistência de testemunhas para confirmação do testamento posteriormente ao óbito do testador acarretará sua nulidade, eis que se trata de um requisito essencial.

O testamento particular não adquire eficácia com a morte do testador, como as outras formas de testamento, mas sim com a confirmação das testemunhas em Juízo, posteriormente.

Para evitar esse inconveniente, poderá o testador fazer dois ou mais testamentos de igual teor e testemunhas diversas ou, ainda, um testamento com mais de três testemunhas. Por exemplo, com dez testemunhas.

O importante é que as testemunhas estejam devidamente identificadas com o maior número de dados possíveis, deixando certo o endereço em que serão encontradas e ficando cientes de que se trocarem de residência deverão comunicar ao testador.

Outro inconveniente do testamento particular, além de seu extravio, é a possibilidade de falsificação ou adulteração.

MODELO DE TESTAMENTO PARTICULAR

TESTAMENTO PARTICULAR DE JOÃO RICARDO, na forma abaixo:

Pelo presente instrumento de testamento particular feito por mim, **JOÃO RICARDO**, brasileiro, casado, advogado, portador de carteira de identidade n. __________, expedida pela OAB/RJ e inscrito no CPF/MF sob o n. __________, residente e domiciliado na rua __________, n. _______, nesta cidade do Rio de Janeiro, de próprio punho e de livre e espontânea vontade, na presença das três testemunhas adiante nomeadas e assinadas, encontrando-me em meu perfeito juízo e em pleno entendimento, resolvo fazer este meu testamento, revogatório de qualquer outro anteriormente feito, da seguinte forma: que sou casado pelo regime da comunhão parcial de bens com Ema Ricardo, de cujo matrimônio tenho uma filha: Dalva Ricardo. É meu desejo deixar da parte disponível de meus bens metade do apartamento em que resido para minha esposa, Ema Ricardo, desde que a mesma permaneça casada comigo, testador, na data de meu óbito. Indico para exercer o cargo de testamenteira e inventariante, em primeiro lugar, minha esposa, Ema Ricardo, a quem dou por abonada em juízo ou fora dele. São testemunhas do presente testamento: 1º Lucia Ferroso, brasileira, casada, bibliotecária, CPF __________, identidade expedida pelo DETRAN/RJ n. __________, residente e domiciliada nesta cidade, na Avenida __________, n. __________; 2º Elis Bruna, brasileira, solteira, advogada, CPF n. __________, identidade expedida pela OAB/RJ n.

___________, residente e domiciliada nesta cidade, na Rua ___________, n. ___________; e 3º Francisco Lois, português, divorciado, administrador, CPF ___________, identidade expedida pelo RNE n. ___________, residente e domiciliado nesta cidade, na Rua Visconde n. ___________. Por fim, declaro que o presente testamento vai por mim e pelas testemunhas rubricadas na primeira folha, assinado e subscrito pelas testemunhas acima após a leitura na presença das mesmas, pedindo a Justiça que o cumpra e faça cumprir como no mesmo se contem e declara.

Rio de Janeiro, 11 de novembro de 2017.

(ass. João Ricardo)...

Testemunhas: (assinaturas).

Obs. A qualificação das testemunhas deve ser a mais abrangente possível.

TESTAMENTO SEM TESTEMUNHAS

Inovou o legislador ao permitir o testamento particular sem a participação de qualquer testemunha. Verdade que só poderá ser feito em situações excepcionais declaradas na cédula. A definição de "situação excepcional" caberá ao julgador. Analisando cada caso, o juiz dirá se a circunstância mencionada pelo testador pode ser considerada excepcional, confirmando ou não o testamento.

Matéria de ordem subjetiva, pode ser, muitas vezes, o motivo alegado excepcional para o testador, mas não pode ser para o julgador, não produzindo efeitos o ato de última vontade.

O testamento particular feito nessas circunstâncias é oco de qualquer formalidade, devendo, por isso, ser objeto de excessivos cuidados por parte do julgador.

O testamento sem participação de qualquer testemunha só é admitido sob a forma particular. O legislador foi expresso.

Prescreve o artigo 1.879:

> "Em circunstâncias excepcionais declaradas na cédula, o testamento particular de próprio punho e assinado pelo testador sem testemunhas, poderá ser confirmado, a critério do Juiz".

É requisito essencial para sua validade ser escrito de próprio punho e assinado pelo testador. Não se admite a forma mecânica. É imprescindível que o testador declare no testamento a circunstância excepcional que o impossibilitou de convocar as testemunhas para o ato. Não pode o juiz, por maior que seja a intenção de respeitar a vontade do testador, admitir a elaboração do testamento particular sem a presença de testemunhas, sem que exista uma razão excepcional. Poderá ser feito em língua estrangeira, haja vista a inexistência de testemunhas.

Não se aplicará a regra do aludido artigo para validar o testamento particular lavrado na presença de testemunhas, quando não se encontrar ou tiverem falecidas as testemunhas que participaram do ato. Até porque na cédula não terá sido declarada a circunstância excepcional prevista no aludido dispositivo.

FORMAS ESPECIAIS DE TESTAMENTO: TESTAMENTO MARÍTIMO, AERONÁUTICO E MILITAR

Admitiu o legislador três formas de testamentos especiais, no artigo 1.886: "São testamentos especiais:

I – o marítimo;

II – o aeronáutico;

III – o militar".

Inovou o legislador ao admitir o testamento aeronáutico, ou seja, aquele feito a bordo das aeronaves – militar ou comercial – na presença de duas testemunhas. Pelas suas características, é, certamente, um testamento que terá pouca utilidade.

O Des. Francisco Eugênio Rezende de Faria, do Tribunal de Justiça do Estado do Rio de Janeiro, em palestra proferida sobre "Testamento aeronáutico", por ocasião da realização do "XI Encontro de Advogados em Empresas Aeroviárias", já abordava o tema de forma extremamente prática, com sua vasta experiência no juízo orfanológico, valendo destacar seus ensinamentos, que mostram a dificuldade na celebração do testamento aeronáutico:

> "O silêncio do legislador que não incluiu entre os testamentos especiais previstos no Livro IV, Título III, Capítulo V, do Código Civil o 'Testamento Aeronáutico'– será fruto, apenas de uma 'omissão', um lapso, ou terá sido intencional?
>
> A nosso ver, a omissão foi proposital. Fácil teria sido ao legislador, como fizeram outras legislações, instituir dentre as formas especiais, o testamento aeronáutico e aplicar-lhe, *mutatis mutantis*, as regras previstas para o testamento marítimo. Ao revés, como já se mencionou, o legislador civil brasileiro tornou expressa no Código Civil a não admissão de outros testamentos especiais, além dos nele contemplados, 'não se admitem...' ou seja 'estão proibidos'.
>
> Tal omissão, que equivale a repúdio do legislador brasileiro ao testamento aeronáutico, tem várias conotações.
>
> A viagem de avião, via de regra, demanda apenas algumas horas sem escalas em pontos onde, normalmente, pelas formas de testamento ordinário, poderia o passageiro testar. Se fosse ele, a bordo da aeronave, acometico de um mal súbito, que significasse perigo de não chegar com vida ao ponto de destino, um mal de forma aguda, quem asseguraria que estaria ele em seu juízo perfeito e entendimento "para fazer o seu testamento e disposições de última vontade? Em geral, os demais passageiros não o conhecem, e quem poderia, em sã consciência, vendo um outro passageiro em crise, acometido de um mal ainda não identificado, afirmar com convicção que estaria ele em seu juízo perfeito e entendimento, capaz de manifestar livremente as suas disposições de última vontade?".

E prossegue com a costumeira clareza:

> "O legislador pátrio foi prudente ao deixar de contemplar entre as formas de testamento especial, o testamento aeronáutico, pelos riscos que este representa em confronto com a pequena serventia que poderia ter e se tornaria difícil, se não quase impossível, a audiência de testemunhas em ações que visassem a sua anulação por vícios de consentimento e de vontade, pela dificuldade de localizar as testemunhas instrumentárias, o que não ocorre no testamento ordinário, quando o testador, leva as suas testemunhas ao Ofício ou Tabelião, testemunhas conhecidas dele testador" (COAD, *Seleções Jurídicas*, p. 5, fev. 97).

Destaca-se no testamento militar a permissão para que possa ser feito oralmente, ocorrendo a situação prevista no artigo 1.896. É o testamento nuncupativo.

Escreve o § 3º do artigo 737 do Código de Processo Civil, que se aplicarão as disposições deste artigo para o cumprimento dos testamentos marítimos, militar, nuncupativo e, também, ao codicilo.

O testamento público eletrônico ou por vídeo admitido pelo Provimento 100/20 do Conselho Nacional de Justiça e 42/20 da Corregedoria Geral de Justiça do Tribunal de Justiça do Estado do Rio de Janeiro, o testador após concordar com a minuta apresentada, o Tabelião envia a escritura de testamento eletrônica em formato PDF e através de uma videoconferência antes agendada formaliza o ato e sua manifestação de vontade.

Não existem outras formas de testamento além das previstas no Código Civil.

TESTAMENTO CONJUNTIVO

Preceitua o artigo 1.863:

> "É proibido o testamento conjuntivo seja simultâneo, recíproco ou correspectivo".

Testamento conjuntivo ou "de mão comum" é aquele em que duas ou mais pessoas fazem suas disposições testamentárias em um só ato. Apesar de o legislador pátrio não ter especificado tratar-se de ato contido em um único instrumento, como o fez o italiano, a doutrina e a jurisprudência têm entendimento pacífico quanto à questão.

A lei proíbe as disposições feitas em um mesmo ato. Um só testamento para duas pessoas.

O testamento é simultâneo quando os testadores em um só ato fazem disposições testamentárias em favor de terceiros; é recíproco quando os testadores se beneficiam mutuamente; e correspectivo quando os testadores, além da reciprocidade, fazem disposições proporcionais a outras correspondentes.

O legislador entende que o testamento conjuntivo constitui verdadeiro contrato sobre herança de pessoa viva, vedado pela lei no artigo 426. Entretanto, não se considera pacto sucessório testamentos de duas pessoas celebrados em atos distintos, independentes, no mesmo dia, perante o mesmo Oficial de Notas, no mesmo livro, em termos semelhantes, dispondo um em favor do outro.

TESTAMENTO CONSULAR

É o testamento público feito pela autoridade diplomática, que funciona nesses casos como tabelião. Vem previsto no artigo 18 da Lei de Introdução às Normas do Direito Brasileiro.

O testamento consular é celebrado no consulado, na embaixada ou mesmo na residência do testador pela autoridade diplomática do local, que exerce o papel de Oficial de Notas.

O Decreto 8.742, de 4 de maio de 2016, dispensou a legalização no Brasil das assinaturas e atos emanados das autoridades consulares brasileiras.

Reza o artigo 1º do citado Decreto:

"Art. 1º São consideradas válidas as cópias dos atos notariais e de registro civil escriturados nos livros do serviço consular brasileiro, quando a elas estiver aposta a etiqueta ou a folha de segurança da repartição consular emitente, que leva o nome e a assinatura da autoridade consular brasileira responsável".

E o § 1º do mesmo artigo:

"§ 1º As assinaturas originais das autoridades consulares brasileiras têm validade em todo o território nacional, ficando dispensada sua legalização".

TESTAMENTO GENÉTICO

Encontramos, também, na doutrina referência ao "Testamento Genético". O "Testamento Genético" diz respeito a disposições relativas ao material genético deixado pelo *de cujus*. A matéria não precisa ser objeto de um testamento específico, pois o desejo do testador poderá estar contido em uma das formas ordinárias de testamento. São disposições que deverão prevalecer após o óbito e, portanto, deverão ser feitas intermediadas de ato de última vontade. Não necessariamente um testamento específico. A evolução da engenharia genética propicia uma série de indagações jurídicas, muitas vezes de difícil resposta. A possibilidade de inseminação *post mortem*, atualmente, regulamentada pela Resolução do Conselho Regional de Medicina 2.013/2.013, prevê, em seu Capítulo VII, a reprodução assistida *post mortem*: "É possível desde que haja autorização prévia do(a) falecido(a) para o uso do material biológico criopreservado, a aprovação do cônjuge ou companheiro". Tendo em vista que essa autorização versa sobre utilização de material biológico após a morte, deverá ser objeto de disposições testamentárias, e não de uma simples autorização, como diz o texto da Resolução. Alguns autores denominam "Testamento Genético", que são as disposições referentes a embriões e qualquer material genético. Admitindo-se tratar os embriões como "coisas" que podem ser objeto de um contrato de depósito, com a morte do depositante o órgão depositário é obrigado a devolver a coisa depositada aos seus herdeiros. O caos estará instalado com a disputa sucessória pelo material genético.

TESTAMENTO VITAL OU BIOLÓGICO/DIRETIVAS ANTECIPADAS DE VONTADE

O avanço da medicina e a evolução da engenharia genética têm levado os operadores do Direito a criar novos mecanismos para solucionar as diversas situações com que se defrontam. A medicina, atualmente, evolui a passos largos propiciando prolongados tratamentos sem apresentar qualquer benefício na qualidade de vida do paciente, pois para cada doença física existe uma solução, não importando se essa solução é a mais adequada, a menos onerosa, e principalmente, se lhe permite viver com dignidade durante o período de tratamento. Com larga utilidade na América do Norte, onde para cada Estado existe uma legislação, o "Living will" é entre nós denominado equivocadamente como "Testamento vital ou biológico". Destinando-se a produzir efeitos em vida do declarante, a denominação mais aconselhável é a apresentada na Resolução 1995/2012, do Conselho Federal de Medicina, que regula o tema: "Diretivas antecipadas de vontade" ou "Declaração prévia de vontade" como o "conjunto de desejos, prévio e expressamente manifestados pelo paciente, quando esteja com pleno discernimento, sobre cuidados e tratamentos que quer ou não, receber no momento em que estiver incapacitado de expressar livre e autonomamente sua vontade". Essas decisões sobre cuidados e tratamentos de pacientes que se encontram incapacitados de expressar de maneira livre e independente suas vontades, deverão ser levadas em consideração pelo médico e a família. Fundamentam-se nos princípios da autonomia privada da vontade e da dignidade da pessoa humana. Podem ser elaboradas através de escritura pública ou instrumento particular. Não poderão ser incluídas em testamento, pois se dirigem a prática de atos em vida do declarante. Têm dois objetivos principais: garantir ao paciente terminal que sua vontade será respeitada, recebendo o melhor tratamento para que possa se manter com dignidade até a morte e, principalmente, dar um respaldo legal ao médico e aos familiares para tomada de decisão em situações conflituosas. O declarante deverá ser assessorado por um médico, devendo o documento conter os aspectos relativos ao tratamento que deseja ter, a utilização ou não de meios mecânicos ou máquinas, a recusa de tratamentos fúteis que somente visem o prolongamento de sua vida e a utilização de cuidados paliativos destinados a diminuir o seu sofrimento. As "Diretivas antecipadas de vontade" deveriam ter um prazo de validade. A lei francesa estabelece três anos anteriores a inconsciência da pessoa. Nos Estados Unidos da América só produzem efeito quatorze dias após a sua feitura, propiciando ao declarante um tempo para reflexão.

MODELO DE ESCRITURA DE DIRETIVAS ANTECIPADAS DE VONTADE

(Testamento Vital)

Escritura Pública Declaratória, na forma abaixo:

Saibam quantos esta virem que no ano 2018 (dois mil e dezoito), aos cinco dias do mês de janeiro, nesta cidade do Rio de Janeiro, Estado do Rio de Janeiro, perante mim, ___________, Substituto do Ofício de Notas, que tem sede na Av., compareceu como OUTORGANTE DECLARANTE: PAULO SÁ, brasileiro, divorciado, médico, portador da carteira de identidade n. ___________, expedida pelo CRM em 12.03.1989, inscrito no CPF/MF sob o n. ___________, residente e domiciliado, nesta cidade, na rua ___________, n. ___________, ap. ___________, Leblon. O presente identificado como o próprio por mim, pelos documentos de identidade apresentados, do que dou fé, bem como de que da presente será enviada nota ao competente Distribuidor no prazo da Lei. Então, pelo Outorgante Declarante, falando singular e sucessivamente, me foi dito expressamente que por este público instrumento de escritura e na melhor forma de direito, de livre e espontânea vontade, sem induzimento ou coação de qualquer espécie, sob as penas da Lei, declara que, caso seja acometido de alguma enfermidade manifestamente incurável, que lhe cause sofrimento intenso e incontrolável ou lhe torne irreversivelmente incapaz para uma vida racional e autônoma; seja vítima de algum acidente ou trauma com iguais consequências, mesmo estando incapaz de exprimir a sua vontade, faz constar, com base no princípio da dignidade da pessoa humana e da autonomia da vontade que aceita, como sempre aceitou, a terminalidade dessa vida material e repudia qualquer intervenção extraordinária, inútil ou fútil para tentar prolongá-la artificialmente. E o faz embasado na Resolução 1.995/2012, do Conselho Federal de Medicina, e do artigo 41 do Código de Ética Médica, que sempre respeitou, em vigor na data da redação e assinatura desse documento. Em face do acima declarado, decide, depois de ter se informado sobre as consequências médicas e jurídicas, o seguinte: 1) a aplicação de medidas de prolongamento da vida, em especial operações, respiração e alimentação artificiais, incluindo a sonda gástrica, bem como a manutenção da função cerebral. 2) Que se encontra sem perspectiva de cura ou sequer de melhora significativa, no qual qualquer terapia de manutenção da vida irá apenas adiar a morte ou prolongar o sofrimento. 3) Que se encontra em coma sem perspectiva de recuperação da consciência. 4) Que a maior probabilidade é de que se dê uma lesão permanente no seu cérebro, causando invalidez total. 5) Que no seu corpo haja uma falha de funções vitais que não possa ser tratada com forte possibilidade de recuperação integral, isto é, que seja considerada irreversível. Nesses casos, o tratamento e o cuidado devem se resumir aos cuidados paliativos direcionados de forma a aliviar dores, inquietação e medo, mesmo que através desses tratamentos e cuidados não se possa excluir o encurtamento da vida. 6) O declarante deseja poder morrer com dignidade e em paz. E, de forma absoluta, é seu desejo que isso aconteça – se não for de todo impossível – no seu ambiente familiar, admite ir para uma UTI exclusivamente se tiver alguma chance real de sair no máximo em uma semana. O Declarante recusa terminantemente alimentação forçada ou artificial, caso não haja real possibilidade de que, em curto prazo, isso lhe traga benefícios de cura. 7) Não deseja ser reanimado em caso de parada respiratória ou cardíaca, caso isso se repita por mais de duas vezes e ou tenha duração prolongada o suficiente para indicar prováveis sequelas neurológicas graves. 8) Não deseja, também, que lhe seja aplicada qualquer ação médica pela qual os benefícios sejam nulos ou demasiadamente pequenos e não superem os seus potenciais malefícios. 9) Que seu médico particular, Dr. Sérgio Color, registrado no CRM/ RJ sob n. 00023 deverá se encarregar de tomar todas as providências necessárias, podendo agir em meu nome para fazer cumprir minha vontade expressa no presente documento. 10) No impedimento deste, o encargo poderá ser exercido por seu médico assistente.

Estão presentes a este ato as testemunhas:

1) ________________; 2) ________________. Eu, ________________

TESTAMENTO ÉTICO

Outra forma de "testamento" bastante utilizada no Estados Unidos da América é o "Ethical will", isto é, "Testamento ético". Interessante avaliar se o que gostaríamos de deixar para nossos parentes mais próximos são valores patrimoniais ou valores morais. Serão esses mais valiosos do que aqueles. As disposições não patrimoniais que geralmente constam de testamentos referem-se à nomeação de tutor ou administração de bens dos filhos menores. O "Testamento ético" se presta a transmitir aos familiares valores éticos, morais, espirituais, de condutas, conselhos e experiências que possam ser objeto de reflexão àqueles que se destinam. É um documento onde se dá mais relevância aos valores morais que aos patrimoniais. Enfim, tais disposições podem estar contidas em qualquer forma de testamento admitida pela lei.

Excluindo as "Diretivas antecipadas de vontade", declarações cujos efeitos serão produzidos em vida do declarante, as demais formas testamentárias são apenas disposições que podem ser feitas em qualquer forma ordinária de testamento.

TESTAMENTO INTERNACIONAL

Com a vigência da Lei 13.254, de 13 de janeiro de 2016, que dispõe sobre a regularização e repatriação de recursos existentes no exterior, verificou-se a existência de um número enorme de pessoas domiciliadas no País com recursos no estrangeiro.

A Convenção de Washington, de 26 de outubro de 1973, admitiu uma forma de testamento denominado "internacional", que é reconhecida válida pelos países signatários.

Conforme leciona Daniel Lepeltier em *Testaments et Legs* (Ed. Dossiers Pratiques, Francis Lefebvre, p. 89), a Convenção regula nada mais que as formalidades do testamento, as disposições ficam sujeitas ao direito interno de cada país.

Por meio do testamento internacional torna-se desnecessária a feitura de diversos testamentos para adequá-los aos requisitos da lei de cada país onde o testador possuir bens.

É a globalização testamentária.

Estão entre os países signatários Portugal, Bélgica, Itália, Canadá e França, entre outros.

Seria de bom alvitre que o Brasil também fizesse parte da convenção possibilitando às pessoas detentoras de bens no exterior regular sua sucessão em um único ato.

CODICILO

O codicilo vem previsto no artigo 1.881 do Código Civil:

> "Toda pessoa capaz de testar poderá mediante escrito particular seu, datado e assinado, fazer disposições especiais sobre seu enterro, sobre esmolas de pouca monta a certas e determinadas pessoas ou, indeterminadamente, aos pobres de certo lugar, assim como legar móveis, roupas ou joias de pouco valor, de seu uso pessoal".

O codicilo não é um testamento. É um ato destinado a fazer disposições sobre os funerais do testador, distribuir esmolas aos pobres ou, ainda, dispor sobre bens de pequena monta.

Serve, também, para nomear ou substituir testamenteiros, diz o artigo 1.883.

A doutrina considera pequena monta as disposições que atinjam no máximo 10% (dez por cento) do patrimônio do testador.

Codicilo é revogado por outro codicilo e considera-se revogado se, havendo testamento posterior, de qualquer natureza, este o não confirmar ou modificar (art. 1.884).

MODELO DE CODICILO

"Pelo presente codicilo, por mim feito e assinado de meu próprio punho, determino que os livros e discos de música que forem encontrados em minha residência por ocasião de meu falecimento, sejam entregues à minha colega, Jane Pestana. Os mencionados livros e discos não têm valor comercial. Declaro ter feito testamento público em Notas do Tabelião do ________ Ofício, livro ________, fls. 45, em 22.11.1987, ficando o mesmo em pleno vigor em todas as suas disposições.

E assim tenho concluído este meu codicilo, que por minha livre e espontânea vontade e sem coação de quem quer que seja, escrevi e assino de meu próprio punho e peço às autoridades do País que cumpram e façam cumprir, como no mesmo se contem e declarem.

(data).

(Ass.) Sidney Rocha da Costa (Reconhecer a firma)

Capítulo XXI
O PROCESSO DE ABERTURA, REGISTRO E CUMPRIMENTO DO TESTAMENTO

O legislador previu para cada forma de testamento uma série de formalidades, denominadas requisitos essenciais.

A omissão de um destes requisitos na feitura do ato de última vontade torna-o nulo, rigorismo que, como salientamos anteriormente, foi abrandado no atual diploma civil.

O legislador estabeleceu nos artigos 735 e seguintes do Código de Processo Civil os requisitos essenciais para validade das diversas formas de testamento.

Por exemplo, todos os testamentos devem ser feitos na presença de testemunhas. O testamento público, entre outros requisitos, deve ser lavrado pelo Oficial em seu livro de Notas e, depois, ser lido pelo tabelião em voz alta ao testador e às testemunhas. O testamento cerrado deve ser aprovado pelo Tabelião na presença de duas testemunhas e, em seguida, este o coserá e lacrará.

Falecendo uma pessoa com testamento, é necessário que se promova o processo de abertura, registro e cumprimento do respectivo testamento. Qualquer que seja a forma testamentária, é necessário que o juiz determine o registro e cumprimento do testamento e nomeie o testamenteiro indicado, para que possa o inventário do testador ser processado conforme as disposições contidas na cédula de última vontade.

Os artigos 735 a 737 do Código de Processo Civil regulam de forma resumida o processamento das diversas formas de testamento.

A finalidade deste processo é verificar se foram observados na lavratura do testamento todos os requisitos essenciais para validade do ato. Não se discutirão as disposições testamentárias, que serão apreciadas por ocasião da apresentação das primeiras declarações nos autos de inventário.

A atribuição do juiz no processo de cumprimento de testamento é limitada.

Alexandre de Paula, em seu repertório jurisprudencial, apresenta a seguinte ementa:

> "No processo de registro, inscrição e cumprimento de testamento o que se requer ao Juiz é a inspeção, para verificar se o instrumento apresenta as formalidades extrínsecas essenciais e também, por força do art. 145 do CC, se não contém nulidade pronunciável de ofício. Qualquer outra nulidade, das que de ofício não se pronunciam, terá que ser arguida em ação própria e não no processo especial de

apresentação e aprovação dos testamentos, que é de cognição superficial (Ac. unân. da 4ª Câm. do TJ-SP, de 21.03.1974, na Apel. 230.767, rel. Des. Oliveira Andrade)" (op. cit., p. 639).

A decisão que determina o cumprimento do testamento e do codicilo é definitiva e desafia o recurso da apelação. Tem força de sentença, produz os efeitos processuais que lhe são próprios e nada julga a respeito da interpretação e validade das disposições testamentárias.

O processo de registro e cumprimento do testamento deverá correr seus termos na mesma Vara por onde se processam os autos de inventário do testador.

Prevendo o artigo 611 do Código de Processo Civil o prazo de dois meses para abertura do inventário, deve-se requerer, primeiramente, a abertura dos autos de inventário e, posteriormente, distribuir-se o testamento por dependência; se, entretanto, preferir-se a distribuição inversa, não se deve esquecer de distribuir o inventário dentro do prazo legal, evitando-se a imposição de multa.

Os autos de inventário ficarão aguardando o término do processo de registro e cumprimento do testamento. Cumprido o testamento, o cartório extrairá uma certidão do inteiro teor do processo, que será anexada aos autos de inventário.

Na petição requerendo o cumprimento do testamento, solicitar-se-á a distribuição do processo por dependência aos autos de inventário, uma vez que ambos são processados no mesmo Juízo.

Atuação do Ministério Público – O artigo 82, inciso II, do Código de Processo Civil de 1973, dispunha que o Ministério Público deveria intervir nas causas em que houvesse "disposições de última vontade", isto é, sempre que o inventariado deixasse testamento. O Código de Processo Civil vigente, em seu artigo 178, não reproduziu o dispositivo anterior, proclamando que o Ministério Público intervém, como fiscal da ordem jurídica, nas hipóteses previstas em lei ou na Constituição Federal e nos processos que envolvam: interesse público ou social, interesse de incapaz ou litígios coletivos pela posse de terra rural ou urbana.

Por outro lado, os artigos 735, § 2º, 736 e 737, §§ 2º e 4º, determinam que o Ministério Público intervenha nos processos de cumprimento e registro de testamentos.

Assim, temos que o Ministério Público só deve se pronunciar nos processos de cumprimento e registro de testamento, onde se verifica, tão somente, se os requisitos essenciais de validade da forma testamentária apresentada foram observados, não se pronunciando mais nos processos de inventário.

Observando esse posicionamento, que vem sendo adotado pelo Ministério Público do Rio de Janeiro, não compete mais ao Ministério Público agir como defensor da vontade do testador, tampouco interpretar disposições testamentárias.

Essa matéria ficará a cargo somente do magistrado.

TESTAMENTO PÚBLICO

Aquele que estiver de posse do traslado do testamento público deverá apresentá-lo em juízo para cumprimento, prescreve o artigo 736 do CPC.

Não encontrando o traslado, deverá o interessado requerer uma certidão perante o Ofício de Notas, onde foi lavrado o ato de última vontade. A petição virá acompanhada da certidão original do testamento, da certidão de óbito do testador, cópias das carteiras de identidade e CPFs do *de cujus* e do apresentante e a respectiva procuração.

O juiz remeterá os autos ao Ministério Público, que se pronunciará sobre as formalidades do ato, e, depois, o proferirá a sentença determinando o registro e cumprimento do testamento, nomeando, também, o testamenteiro.

Caso o testamenteiro indicado em primeiro lugar já tenha falecido ou não aceite o encargo, o segundo indicado e, assim sucessivamente, será intimado para assumir o cargo. Não havendo outro indicado no testamento, o juiz nomeará um testamenteiro dativo. Em certas comarcas existe o cargo de Testamenteiro Judicial, que poderá ser nomeado pelo juiz.

ORGANOGRAMA DO PROCESSO DE CUMPRIMENTO DE TESTAMENTO PÚBLICO

1. Petição inicial requerendo o registro e cumprimento do testamento.
2. Vista ao Ministério Público.
3. Decisão determinando o cumprimento do testamento e nomeando o testamenteiro.
4. Termo de aceitação testamentária.

MODELO DE PEDIDO DE CUMPRIMENTO DE TESTAMENTO PÚBLICO

"Exmo. Sr. Dr. Juiz de Direito da 3ª Vara de Órfãos e Sucessões

Processo n. ___________

Manfredo Soares, brasileiro, solteiro, médico, portador da carteira de identidade n. ___________, expedida pelo IFP em 12.05.1967, e do CPF n. ___________, residente e domiciliado à rua ___________, n. ___________, apto. ___________, nesta cidade, por seu bastante procurador abaixo assinado, vem comunicar a V. Exª que, em 7 de abril de 2016, faleceu nesta mesma cidade, onde era residente e domiciliado, seu pai, Maurício Soares, no estado civil de viúvo, deixando testamento público lavrado em notas do 21º Ofício de Notas desta cidade, livro n. ___________, fls. ___________, em 6 de janeiro de 1994, ora anexado.

Ante o exposto, requer a V. Exª se digne, nos termos do artigo 736 do Código de Processo Civil, mandar cumprir, registrar e arquivar o testamento acima, bem como seja deferido ao Requerente o cargo de testamenteiro, de conformidade com as disposições testamentárias.

Requer, outrossim, seja o presente distribuído por dependência aos autos de inventário do testador que correm seus termos perante este Juízo.

Termos em que,

P. Deferimento

(data).

Pedro Alberto Faria

OAB/RJ n. ____________"

Obs.: A petição deverá ser dirigida ao Juízo competente para processar os autos de cumprimento de testamento.

A petição deverá ser dirigida ao Juízo para onde foi distribuído o processo de inventário. O juiz despachará determinando a distribuição por dependência.

TESTAMENTO CERRADO

Quem estiver de posse do testamento cerrado deverá apresentá-lo em Juízo. Como se encontra costurado e lacrado, deverá o apresentante requerer ao Juiz que designe dia e hora para sua abertura e leitura.

O Ministério Público deverá ter ciência de todos os atos processuais. Caso o testamento se encontre em um cofre em estabelecimento bancário, solicitar-se-á ao juiz que designe dia e hora para diligência de abertura do cofre e, em seguida, proceder-se-á a abertura e leitura do testamento na sala de audiências do Juízo, conforme determina o artigo 735.

No dia designado pelo juiz, o apresentante levará o testamento e lhe entregará para que proceda a abertura e a leitura do mesmo.

Após, os autos serão remetidos ao Ministério Público para que opine sobre a existência de vícios que possam tornar o testamento nulo.

Opinando favoravelmente, o juiz proferirá sentença determinando o registro e cumprimento do testamento, nomeando, inclusive, o testamenteiro que foi designado pelo testador.

Na petição inicial, não será possível requerer a nomeação do testamenteiro, pois, ignorando-se o teor das disposições testamentárias por encontrar-se o testamento lacrado, será desconhecida a pessoa que o testador designou para exercer o cargo. O pedido será feito após a audiência de abertura e leitura do testamento.

ORGANOGRAMA DO PROCESSO DE CUMPRIMENTO DE TESTAMENTO CERRADO

1. Petição apresentando o testamento, requerendo seja designada a audiência de abertura e leitura do testamento (a apresentação do testamento poderá ser feita por ocasião da audiência).

2. Vista ao Ministério Público para ciência da audiência.
3. Audiência de abertura e leitura do testamento.
4. Vista ao Ministério Público.
5. Decisão determinando o cumprimento e nomeando testamenteiro.
6. Termo de aceitação testamentária.

MODELO DE PEDIDO DE CUMPRIMENTO DE TESTAMENTO CERRADO

"Exmo. Sr. Dr. Juiz de Direito da __________ Vara de Órfãos e Sucessões

Processo n. __________

Denise Arousmite, brasileira, solteira, psicóloga, portadora da carteira de identidade expedida pelo CRM sob n. __________ e do CPF n. __________, residente e domiciliada nesta cidade à rua __________, n. __________, vem, por seu advogado, comunicar o falecimento de seu tio-avô Pedro Arousmite, ocorrido nesta cidade, onde era residente e domiciliado, no dia 13 de janeiro do corrente ano, deixando testamento cerrado que se encontra em poder da Requerente.

Desta forma, requer, nos termos do artigo 735 do Código de Processo Civil, seja dada ciência ao Ministério Público e designado dia e hora para abertura e leitura do testamento cerrado, que será apresentado pela Requerente, bem como seu registro e cumprimento.

Requer, outrossim, seja o presente distribuído por dependência aos autos de inventário do testador que correm seus termos perante este Juízo.

Nestes termos,
P. Deferimento.
(data).
João Afonso Santos
OAB/RJ n. __________"

Obs.: A petição deverá ser dirigida ao Juízo competente para processar os autos de cumprimento de testamento.

TESTAMENTO PARTICULAR

Quem estiver de posse do testamento particular deverá apresentá-lo em juízo para cumprimento. O testamento particular, porém, tem uma peculiaridade que por vezes dificulta o seu cumprimento: a necessidade de sua confirmação em Juízo pelas testemunhas após a morte do testador.

O artigo 1.878 da lei civil estabelece ser necessário, após a morte do testador, que pelo menos uma testemunha que assinou o testamento reconheça em Juízo a autenticidade do ato, que a critério do Juiz poderá ser confirmado. Caso contrário, não poderá o Juiz determinar o cumprimento do testamento particular.

Os §§ 1º e 2º do artigo 737 do CPC, regulam o processamento do testamento particular.

Na petição, o Requerente., anexando o testamento particular, solicitará ao juiz a designação de dia e hora para a audiência em que, ao menos uma testemunha das que assinaram o ato de última vontade, confirme a autenticidade do mesmo.

É necessário que o Requerente. saiba onde se encontram as testemunhas, que deverão ser intimadas se não desejarem comparecer de livre e espontânea vontade.

Não se encontrando pelo menos uma testemunha, o testamento não poderá ser cumprido.

Não podendo o testamento particular ser cumprido, mas contendo os requisitos de validade do codicilo, como tal deverá ser aproveitado, observando-se o princípio de prevalência da vontade do testador.

Realizada a audiência, com a confirmação, pela testemunha, da autenticidade do ato, os autos serão remetidos ao Ministério Público para opinar e, em seguida, o juiz determinará seu cumprimento, nomeando o testamenteiro.

ORGANOGRAMA DO PROCESSO DE CUMPRIMENTO DE TESTAMENTO PARTICULAR

1. Petição apresentando o testamento e requerendo seja designada audiência para que três testemunhas ou apenas uma confirme o testamento.
2. Vista ao Ministério Público.
3. Audiência de confirmação (pelo menos uma testemunha).
4. Vista ao Ministério Público.
5. Decisão determinando o cumprimento do testamento e nomeando testamenteiro.
6. Termo de aceitação testamentária.

MODELO DE PEDIDO DE CUMPRIMENTO DE TESTAMENTO PARTICULAR

"Exmo. Sr. Dr. Juiz de Direito da 8ª Vara de Órfãos e Sucessões

Processo n. ___________

Luis Felipe Lóes, brasileiro, casado, empresário, portador da carteira de identidade expedida pelo IFP em 12.03.1965, sob n. __________, e do CPF n. __________, residente e domiciliado nesta cidade à rua Poti, n. __________, por seu advogado, vem comunicar a V. Exª, que, em 12 de março do corrente, faleceu nesta cidade, onde era residente e domiciliado seu avô Adroaldo Lóes, brasileiro, no estado civil de viúvo, deixando o testamento particular anexo, que se requer o registro, cumprimento e arquivamento.

Solicita, outrossim, nos termos do artigo 737 do Código de Processo Civil, sejam designados dia e hora para as testemunhas:

1. Pedro Allios, residente à __________, n. __________, apto. __________;

2. Cristina Sovac, residente à rua __________, n. __________, apto. __________;

Guilherme Fontes, residente à __________, n. __________, apto. __________, comparecerem em Juízo para reconhecerem a autenticidade do testamento.

As testemunhas comparecerão independentemente de intimação.

Por final requer seja o Requerente nomeado testamenteiro atendendo-se a vontade do testador expressada no testamento, bem como seja o presente distribuído por dependência aos autos de inventário do testador, que correm seus termos perante este Juízo.

Termos em que,
P. Deferimento.
(data).
Pedro Alberto Faria
OAB/RJ n. __________"

Obs.: A petição deverá ser dirigida ao Juízo competente para processar os autos de cumprimento de testamento.

TESTAMENTO SEM TESTEMUNHAS

Quem estiver de posse do testamento elaborado nos termos do artigo 1.879, deverá apresentá-lo em juízo, requerendo ao juiz que, depois de cumpridas as formalidades legais, determine o seu cumprimento.

O juiz remeterá os autos ao Ministério Público para opinar sobre as formalidades da forma testamentária. Em seguida, o magistrado examinará as circunstâncias excepcionais apostas na cédula e que levaram o testador a fazer o testamento, determinando ou não seu cumprimento.

MODELO DE PEDIDO DE CUMPRIMENTO DE TESTAMENTO SEM TESTEMUNHAS

"Exmo. Sr. Dr. Juiz de Direito da __________ Vara de Órfãos e Sucessões

Processo n. __________

Luis Felipe Lóes, brasileiro, casado, empresário, portador da carteira de identidade expedida pelo IFP em 12.03.1965, sob n. __________, e do CPF n. __________, residente e domiciliado nesta cidade à __________, n. __________, por seu advogado, vem comunicar a V. Exª, que, em 12 de março do corrente, faleceu nesta cidade, onde era residente e domiciliado, seu avô Adroaldo Lóes, brasileiro, no estado civil de viúvo, deixando o testamento anexo feito de conformidade com o disposto no artigo 1.879 do CC, e requerer seu registro, cumprimento e arquivamento, após analisadas as circunstâncias alegadas na cédula.

Por final, requer seja o Requerente nomeado testamenteiro, tendo em vista que o testador não o fez, bem como seja o presente distribuído por dependência aos autos de inventário do testador, que correm seus termos perante este Juízo.

Termos em que,

P. Deferimento.

(data).

Pedro Alberto Faria

OAB/RJ n. ___________"

Obs.: A petição deverá ser dirigida ao Juízo competente para processar os autos de cumprimento de testamento.

Quanto aos testamentos marítimo, aeronáutico, militar, nuncupativo e o codicilo:

Prescreve o § 3º, do artigo 737 do Código de Processo Civil que se aplicarão as disposições dos artigos precedentes para o cumprimento dos testamentos marítimo, aeronáutico, militar, nuncupativo e, também, ao codicilo. Deve-se incluir, também, entre estes, o testamento aeronáutico.

Capítulo XXII
SUBSTITUIÇÃO FIDEICOMISSÁRIA E SUBSTITUIÇÃO VULGAR

Carlos Maximiliano assim define substituição fideicomissária: "Fideicomisso é o instituto jurídico em virtude do qual se adquire 'domínio' com a inerente obrigação de conservar o recebido e, por morte, depois de certo tempo ou sob certa condição, transmitir a outra pessoa física ou jurídica" (*Direito das Sucessões*, 5. ed., Freitas Bastos, v. III, p. 75, n. 1.242).

Substanciais modificações sofreu o instituto da substituição fideicomissária no novo Código Civil.

O art. 1.951 prevê a substituição fideicomissária:

> "Pode também o testador instituir herdeiros ou legatários estabelecendo que, por ocasião de sua morte, a herança ou o legado se transmita ao fiduciário, resolvendo-se o direito deste, por sua morte, a certo tempo ou sob certa condição, em favor de outrem, que se qualifica de fideicomissário".

Há dupla disposição em ordem sucessiva.

Na substituição fideicomissária intervêm as seguintes pessoas:

1. Fideicomitente: é o testador ou o doador.

Quando por ato *causa mortis*, é instituído pelo testador e, quando realizado por ato *inter vivos*, pelo doador.

No testamento, o instituidor pode ser somente uma pessoa, por se tratar de ato personalíssimo. Na doação, podem ser vários os instituidores.

Tem que ser pessoa certa e capaz de transmitir a título gratuito o que lhe pertence.

2. Fiduciário ou gravado – é o beneficiado em 1° grau, a quem incumbe findo o fideicomisso passar o bem recebido ao beneficiado em 2° grau. Só pode ser pessoa certa, capaz de adquirir do fideicomitente o que este lhe quiser transmitir.

3. Fideicomissário ou substituto – é o beneficiado em 2° grau, que recebe a coisa livre de qualquer gravame. É necessário que não tenha sido concebido até o momento do óbito do testador.

Em face do artigo 1.952, tanto o fiduciário como o fideicomissário não mais poderão ser pessoas jurídicas.

São características do fideicomisso:

1. Dupla vocação – é necessária a nomeação do fideicomissário para receber os bens.

2. Ordem sucessiva – primeiro recebe o fiduciário com a obrigação de transmitir ao fideicomissário.

3. Obrigação de conservar para depois restituir – repousa o fideicomisso na confiança de o fiduciário conservar para transmitir ao fideicomissário.

O fideicomisso pode ser instituído:

1. *causa mortis* – através de testamento;

2. *inter vivos* – através de doação.

O Código Civil de 1916 e o atual não previram a possibilidade da instituição do fideicomisso por ato *inter vivos*. A jurisprudência tem admitido.

Um dos principais fundamentos para admissibilidade da instituição *inter vivos* é o princípio da liberdade contratual que vigora no campo dos contratos. Não há empecilho para as partes estabelecerem, em contrato de doação, que o donatário deva conservar o bem com a obrigação de transferi-lo por sua morte para uma terceira pessoa.

Assim, tratando-se a doação de um contrato celebrado entre pessoas maiores e capazes, não vemos impedimento à sua instituição.

Há autores que entendem não ser mais possível a instituição de fideicomisso por doação, em face dos termos do parágrafo único do artigo 547 do Código Civil, que prescreve:

> "O doador pode estipular que os bens doados voltem ao seu patrimônio, se sobreviver ao donatário.
>
> Parágrafo único. Não prevalece cláusula de reversão em favor de terceiro".

O fideicomisso pode ser instituído, não só por morte, mas também a certo tempo ou pelo implemento de uma condição.

Segundo o artigo 1.951 do Código Civil, ocorre a substituição:

1. Por morte do fiduciário:

Ex.: deixo o prédio da rua Barata Ribeiro, n. 222 para João, passando, por sua morte, para seus filhos.

2. A certo tempo:

Ex.: lego o prédio da rua Barata Ribeiro, n. 222 para Paulo, passando ao fideicomissário, quando completar 20 anos de idade. Há um termo certo.

3. Pelo implemento da condição estipulada:

Ex.: lego o prédio da rua Peri, n. 332 à minha sobrinha, Joana, passando aos seus filhos, se completar o curso superior.

É um caso de evento incerto. O fideicomisso só se concretiza se a fiduciária completar o curso superior.

O objeto do fideicomisso pode se constituir de bens móveis ou imóveis. Inovou o legislador ao restringir a substituição fideicomissária somente em favor dos concepturos, isto é, dos que não foram concebidos ao tempo da morte do testador. É o que reza o artigo 1.952:

"A substituição fideicomissária somente se permite em favor dos não concebidos ao tempo da morte do testador".

Portanto, para que se concretize o fideicomisso é necessário que, por ocasião da morte do testador, o filho da pessoa indicada não tenha sido concebido. A prole contemplada pode ser do próprio fiduciário ou de terceiro indicado pelo testador.

Ex.: Deixo o imóvel da rua Jari para João, passando por sua morte para os filhos de Paulo.

Entendemos que as disposições em favor de concepturos previstas nos artigos 1.799 e 1.800 não se aplicam à substituição fideicomissária.

O prazo estabelecido no § 4º do artigo 1.800 não se aplica à substituição fideicomissária, pois o prazo para concepção não é uma das causas de extinção do fideicomisso. Os bens objeto do fideicomisso não retornarão aos herdeiros legítimos caso não ocorra a concepção, consolidando-se o fideicomisso na pessoa do fiduciário.

As regras inseridas no Capítulo III do Código Civil, "Vocação Hereditária", na sucessão testamentária dizem respeito à disposição instituída diretamente em favor de filhos de pessoas indicadas pelo testador.

No fideicomisso, a disposição não tem de ser obrigatoriamente em favor dos filhos do fiduciário, poderá ser em favor de seus sobrinhos que vierem a nascer.

Pode o fideicomissário, conforme autoriza o artigo 1.953, exigir que o fiduciário preste caução de restituir, tanto os bens móveis como os imóveis, objeto do fideicomisso. Sendo o fideicomissário menor de idade, a caução deverá ser solicitada por seu representante legal. Se a disposição for em favor da prole do fiduciário, este, como representante legal do fideicomissário, exigiria de si mesmo a prestação da caução, situação que nos parece, ao menos, estranha.

No fideicomisso de bens móveis consumíveis, o fideicomissário deverá exigir a caução do fiduciário para garantia do recebimento do bem fideicomitido.

Os bens devem ser inventariados pelo fiduciário, que responderá pelo imposto de transmissão causa mortis e despesas do inventário.

O fideicomissário pode ceder seus direitos e o cessionário receberá a plena propriedade do bem. Entretanto, se o fideicomissário falecer antes do fiduciário, este adquirirá a propriedade do bem, caducando a cessão feita, pois o terceiro que se tornara cessionário de tal direito é a pessoa que adquiriu coisa incerta.

Outra situação ocorre se ambos, fiduciário e fideicomissário, cedem seus direitos sobre o bem fideicomitido. Nesse caso, o cessionário adquire a plena propriedade.

Estando os bens gravados por um determinado lapso de tempo e falecendo o fiduciário nesse período, transmitem-se os bens aos seus herdeiros gravados com a mesma cláusula resolúvel até que se complete o lapso temporal. Ex.: Pedro testa a João (fiduciário) determinada propriedade para passar aos filhos de sua tia Joana após trinta anos da morte do testador. Antes do decurso do prazo estipulado (30 anos), João (fiduciário) falece. Em tal hipótese, os herdeiros de João (fiduciário) sucedem-no na propriedade até que o termo se verifique.

Se, decorrido o termo, Joana não tiver filhos, a propriedade se consolida na pessoa do fiduciário.

RENÚNCIA À HERANÇA DO FIDUCIÁRIO

O artigo 1.954 declara que, salvo disposição em contrário do testador, se o fiduciário renunciar à herança ou ao legado, defere-se ao fideicomissário o direito de aceitar, isto é, ocorre a substituição passando os bens ao fideicomissário.

Porém, pode o testador instituir um substituto para o fiduciário, caso não aceite a herança.

Ex.: Deixo o prédio da rua Belkiss, n. 12, para minha tia Isa, passando, por sua morte, para os filhos de meu sobrinho João. Caso Isa não aceite o legado, deixo o referido prédio para minha tia Emília, passando, por sua morte, para os filhos de meu sobrinho João.

Trata-se de substituição compendiosa, em que se conjugam, em uma mesma disposição, a substituição vulgar e a fideicomissária.

RENÚNCIA DO FIDEICOMISSÁRIO

O artigo 1.955 refere-se à renúncia do fideicomissário, afirmando que o fideicomisso caducará se o fideicomissário renunciar à herança ou ao legado. Tratando-se de disposição em favor de concepturos, o fideicomissário somente poderá renunciar à herança ou ao legado, quando atingir maioridade.

Poderá, entretanto, o testador determinar um substituto para o fideicomissário, caso este renuncie à herança.

Ex.: Deixo o prédio da rua Belkiss para minha tia Joana, passando, por sua morte, para a primeira filha que nascer de minha sobrinha Léa. Caso a fideicomissária renuncie à herança, o imóvel deverá caber ao primeiro filho da mesma sobrinha.

Renunciando à herança a fideicomissária substituta da primeira nomeada, aí, então caducará o fideicomisso, consolidando-se a propriedade na pessoa do fiduciário sem qualquer restrição.

VENDA DOS BENS OBJETO DO FIDEICOMISSO

Pode o fiduciário alienar os bens fideicomitidos, embora tenha a propriedade resolúvel.

Neste caso, o comprador fica obrigado a devolver os bens ao fideicomissário, quando esgotado o prazo ou implementada a condição.

Extinto o fideicomisso, o fiduciário deixa de ser proprietário, transferindo-se para o fideicomissário este predicado.

Se, realmente, desejar que os bens não sejam alienados pelo fiduciário, pode o testador clausulá-los com inalienabilidade. O fideicomisso só pode ser instituído sobre a parte disponível, não sofrendo, destarte, a restrição do artigo 1.848.

É nula qualquer restrição a propriedade do fideicomissário. A cláusula de inalienabilidade só pode ser imposta ao fiduciário, jamais ao fideicomissário. Seria instituir um fideicomisso de 3° grau.

SUB-ROGAÇÃO DO BEM FIDEICOMITIDO

O fiduciário pode sub-rogar o bem gravado, caso ele esteja se deteriorando ou, ainda, por qualquer outro motivo justo.

A sub-rogação deverá ser feita por meio de processo judicial, por dependência aos autos de inventário do testador.

CONVERSÃO DO FIDEICOMISSO EM USUFRUTO

Preceitua o parágrafo único do artigo 1.952:

> "Se, ao tempo da morte do testador, já houver nascido o fideicomissário, adquirirá este a propriedade dos bens fideicomitidos, convertendo-se em usufruto o direito do fiduciário".

Assim, converte-se em usufruto o direito do fiduciário, transformando-se o fideicomissário em nu-proprietário.

Sendo a disposição em favor da prole de alguém, nus-proprietários serão, somente, aqueles que já tiverem nascidos até o momento do óbito do testador. A prole que vier posteriormente ao óbito nenhum direito terá. Nos autos de inventário do testador, por ocasião da partilha, será instituído o usufruto em favor do fiduciário, ficando o fideicomissário como nu-proprietário.

Poderá o testador, vendo sua vontade frustrada com o nascimento do fideicomissário antes da sua morte, modificar o testamento, dispondo de outra forma.

Estabeleceu o legislador no artigo antes transcrito, que o fideicomisso só pode ser instituído em favor dos concepturos. No parágrafo único, afirmou que, havendo nascido o fideicomissário ao tempo da morte do testador, este adquirirá a nua-propriedade dos bens fideicomitidos, convertendo-se em usufruto o direito do fiduciário.

Indagamos o que ocorrerá se o fideicomissário já tiver sido concebido, não tendo ainda nascido?

A situação não está prevista pelo legislador. Duas soluções se apresentam:

1. O nascituro não tem qualquer direito, haja vista não haver previsão legal para essa situação, permanecendo válida a disposição para os filhos do fiduciário que vierem a ser concebidos posteriormente ao óbito do testador.

2. Nascendo com vida, aplicar-se-á a regra do parágrafo único. Objetivando sempre atender a vontade do testador, que desejou contemplar os filhos do fiduciário, a segunda hipótese é a que melhor condiz com esse pensamento.

Declarar caduca a disposição seria frustrar a vontade exposta pelo testador na cédula testamenteira.

Competirá à jurisprudência solucionar a omissão cometida pelo legislador.

DA IRREVOGABILIDADE DA CLÁUSULA FIDEICOMISSÁRIA

É importante saber exatamente a partir de qual momento se considera praticado ou irretratável o ato de liberalidade.

É necessário distinguir o fideicomisso instituído por ato *inter vivos* daquele instituído por testamento.

Se a liberalidade foi instituída por doação, se o doador outorgou ou transmitiu sem reservar para si o direito de modificá-la, se a liberalidade foi aceita, não há retratação possível (J. Correa de Meira. *Fideicomisso*, Saraiva, 1929, p. 75).

Se o doador não fez a ressalva no ato da doação, nada mais poderá fazer (Clóvis Beviláqua. "Parecer". *RT* 51/75).

Só há um meio de o doador voltar atrás: por ingratidão do donatário. Se a liberalidade foi instituída por testamento, não haverá qualquer problema. Enquanto o testador estiver vivo, ele poderá modificar o testamento.

EXTINÇÃO DO FIDEICOMISSO

Duas são as causas de extinção de fideicomisso:

1. Nulidade – é vedado o fideicomisso instituído além do 2º grau – art. 1.959 do CC;

É nula, somente, a cláusula determinante da substituição, prevalecendo a deixa instituída em favor do fideicomissário, que recebe os bens em propriedade plena e livre;

2. Caducidade – caduca o fideicomisso:

a) pelo perecimento do objeto sem culpa do fiduciário;

b) pela renúncia do fideicomissário, desde que não haja disposição em contrário do testador;

c) pela renúncia do fiduciário, desde que não haja disposição em contrário do testador;

d) pela pré-morte do fiduciário ao testador;

e) pela nomeação de pessoa viva como fideicomissário no momento da feitura do testamento, contrariando o dispositivo legal. É caso de nulidade, não se aproveitando a deixa em favor do fiduciário, pois este não é o desejo do testador: que o fiduciário recebesse os bens em plena propriedade.

A extinção natural se dá pelo advento do termo ou pelo implemento da condição, por meio dos quais os bens passam para o patrimônio do fideicomissário ordinariamente.

Sendo vários fiduciários ou vários fideicomissários, ocorrendo o falecimento de um deles, aplicar-se-á a regra do artigo 1.941 do Código Civil – direito de acrescer –, se o instituidor não determinou o quinhão de cada um.

IMPOSTO NA TRANSMISSÃO DO FIDUCIÁRIO PARA O FIDEICOMISSÁRIO

Em nosso entender, não é devido imposto de transmissão pela transferência dos bens fideicomitidos do fiduciário para os fideicomissários, quando o imposto já foi recolhido por ocasião da instituição do fideicomisso. A lei tributária vigente no Estado do Rio de

Janeiro não prevê a cobrança do referido imposto. Julgando o Agravo de Instrumento 02.002.11074, relatado pelo Des. Nametala Jorge, a e. 13ª CC do Tribunal de Justiça do Estado do Rio de Janeiro, assim decidiu:

> "Tributário. Fideicomisso por ato inter vivos. Ação de extinção. ITD. Não é devido o imposto causa mortis pelo fideicomissário ao receber em plena propriedade, por morte do fiduciário, o bem gravado. É que, ao tempo da constituição do fideicomisso inter vivos, já fora recolhido o imposto devido pela doação; e, a rigor, não há transmissão entre o fiduciário e o fideicomissário, pois este recebe o bem fideicomitido não daquele, mas do fideicomitente (*capit a gravante, non a gravato*). Agravo provido".

Do acórdão extrai-se a seguinte lição:

> "Posto que não seja pacífico o tema, estou em que não há transmissão entre o fiduciário, proprietário sob condição resolutiva, e o fideicomissário, que tem a propriedade sob condição suspensiva; daí que o direito real de ambos nasce com a instituição do fideicomisso, como decidiu o julgado colacionado pelo sr. Contador".

E conclui:

> "Portanto, se já foi recolhido o imposto devido por ocasião da doação e não há previsão legal para a incidência do ITD na extinção de fideicomisso, não há falar em obrigação de seu recolhimento; nem mesmo diante da norma do art. 1º, II, da Lei Estadual 1.427, porquanto o direito real do fideicomissário, repita-se, nascera com a instituição do fideicomisso e não com a sua extinção".

MODELO DE PEDIDO DE EXTINÇÃO DO FIDEICOMISSO

"Exmo. Sr. Dr. Juiz de Direito da __________ Vara de Órfãos e Sucessões

Processo n. __________

João Luiz Lapin Pierre, brasileiro engenheiro, casado pelo regime da comunhão parcial de bens com Josefa Machado Pierre; Alberto Frederico Lapin Pierre, brasileiro, médico, casado pelo regime da comunhão universal de bens com Stella Maria de Moraes Pierre; Carlos Eduardo Lapin Pierre, brasileiro, médico, separado judicialmente, todos brasileiros, vêm, por seu bastante procurador, requerer a extinção do fideicomisso que grava o apartamento n. __________ do prédio sito à __________, n. __________ e respectiva fração de 1/4 do terreno, freguesia da Lagoa, nesta cidade, pelos motivos que passam a expor:

1. Por testamento lavrado em Notas do Tab. do __________ Ofício, livro __________, fls. __________, de 04.05.1959, Alzira Mata Corrêa instituiu a cláusula de fideicomisso sobre o imóvel acima, de conformidade com a seguinte disposição testamentária:

'Deixo para minha tia Joana Pierre o apartamento de n. __________ do prédio sito à __________, n. 25 e respectiva fração de 1/4 do terreno, freguesia da Lagoa, nesta cidade, apartamento onde ela, testadora, reside, passando por sua morte, aos filhos que sua irmã Letícia Pierre vier a ter'.

2. Ocorrendo o óbito de Alzira Mata Corrêa em 11 de maio de 1960, foi requerido o cumprimento de seu testamento e aberto os respectivos autos de inventário perante esse egrégio Juízo;

3. Ocorrendo o falecimento da fiduciária, Joana Pierre, em 22 de março de 2003, extinguiu-se o fideicomisso, consolidando-se a propriedade do imóvel na pessoa dos fideicomissários, nos termos do artigo 1.951 do Código Civil;

4. São os Requerentes, os únicos filhos de Letícia Pierre, que conta, atualmente, com 97 anos incompletos, estando, portanto, impossibilitada de procriar.

5. O imóvel encontra-se descrito e caracterizado na certidão do Registro de Imóveis, ora acostada, que fica fazendo parte integrante do presente.

6. Ante o exposto, requer a V. Exª se digne determinar a distribuição dos presentes autos por dependência aos de inventário da testadora, procedendo-se à partilha entre os fideicomissários requerentes e, após homologada a mesma, seja expedida a competente carta de sentença em favor dos mesmos ou o respectivo mandado de cancelamento.

Termos em que,

Pede Deferimento (data).

Eduardo Flexa Ribeiro OAB/RJ n. ___________"

Obs.: A petição deverá ser dirigida ao Juízo competente para processar os autos de extinção de fideicomisso.

ETAPAS DO PROCESSO DE EXTINÇÃO DE FIDEICOMISSO

1. Petição requerendo a Extinção.
2. Vista aos fiscais.
3. Avaliação do(s) bem(ns).
4. Vista aos interessados e fiscais.
5. Cálculos.
6. Vista aos interessados e fiscais.
7. Homologação do cálculo da extinção.
8. Pagamento do imposto, se houver.
9. Juntada das certidões fiscais.
10. Partilha ou adjudicação.
11. Vista aos interessados e fiscais.
12. Sentença homologando a partilha ou adjudicação.
13. Expedição da carta de sentença.

A SUBSTITUIÇÃO VULGAR E A RECÍPROCA

Prescreve o artigo 1.947 do Código Civil:

"O testador pode substituir outra pessoa ao herdeiro ou ao legatário nomeado, para o caso de um ou outro não querer ou não poder aceitar a herança ou o legado, presumindo-se que a substituição foi determinada para as duas alternativas, ainda que o testador só a uma se refira".

Pode o testador desejar prever um substituto para o herdeiro testamentário ou legatário que contemplou com alguma disposição.

Ocorrendo o falecimento do testador, se o indicado em primeiro lugar não puder aceitar a herança (pré-morte, indignidade, etc.), ou não quiser (renúncia), o segundo nomeado será chamado à sucessão.

Ainda que o testador se refira a uma só das alternativas – não querer ou não poder –, entende-se que a substituição foi determinada para as duas. Ex.: Deixo minha casa da Av. Serrão, n. 10, para minha sobrinha

Luíza, e, na sua falta, para meu sobrinho Pedro.

Se por ocasião da morte do testador, Luíza já tenha falecido, será Pedro chamado a sucessão. Também, se Luíza estiver viva e não aceitar a herança, da mesma forma Pedro sucederá.

A substituição vulgar é uma substituição alternativa, diferentemente da substituição fideicomissária, que é sucessiva. O substituto só é chamado se o substituído não quiser ou não puder receber a herança. Pode haver tantas substituições quantas desejar o testador.

Ex.: Deixo a casa da rua Serrão, n. 10, para minha sobrinha Luíza; na sua falta, para meu sobrinho Pedro, e, na sua falta, para meu primo Cesar. O testador pode na substituição vulgar substituir uma pessoa por várias ou vice-versa e, ainda substituir com reciprocidade entre elas, como reza o artigo 1.948, prevendo, também, a proporção na substituição recíproca quando forem estabelecidas partes desiguais entre os beneficiários (art. 1.950).

Capítulo XXIII
CLÁUSULAS RESTRITIVAS DA PROPRIEDADE

INALIENABILIDADE, INCOMUNICABILIDADE, IMPENHORABILIDADE E SUB-ROGAÇÃO

As cláusulas de inalienabilidade, incomunicabilidade e impenhorabilidade somente podem ser impostas por testamento ou doação, e só podem incidir sobre bens doados ou testados a terceiros. Não pode o proprietário gravar seus próprios bens.

São gravames impostos aos bens móveis ou imóveis impedindo que o herdeiro, legatário ou donatário possa dispor livremente dos mesmos.

A imposição dessas cláusulas pelo testador ou doador visa à proteção do beneficiário do bem, podendo ditas cláusulas ser impostas, inclusive, sobre a legítima dos herdeiros.

Autores há que consideram a imposição das cláusulas pelo testador uma forma de deserdação branda, denominada "deserdação *bona mente*". Por intermédio da imposição das cláusulas restritivas, segundo Itabaiana de Oliveira, "permite ao ascendente tomar certas medidas acauteladoras para salvaguardar a legítima dos descendentes, em certos casos, como o de prodigalidade" (*Tratado de Direito das Sucessões*, 5. ed., Freitas Bastos, p. 172).

São temporárias quando permanecem durante um determinado prazo ou até que seja cumprida uma condição e, ainda, vitalícias, aí perdurando por toda a vida do gravado.

Incidindo sobre bens imóveis deverão ser averbadas na respectiva matrícula no Registro Geral de Imóveis.

O legislador inovou ao permitir a livre disposição das cláusulas de inalienabilidade, impenhorabilidade e incomunicabilidade somente sobre a parte disponível.

Reza o artigo 1.848:

> "Salvo se houver justa causa, declarada no testamento, não pode o testador estabelecer cláusula de inalienabilidade, impenhorabilidade e de incomunicabilidade, sobre os bens da legítima".

Ainda que o testamento tenha sido feito na vigência do Código anterior, impõe-se a menção de uma causa justa para que possa ser a legítima do herdeiro gravada com as cláusulas restritivas, caso o óbito tenha ocorrido um ano após a entrada em vigor do Código Civil. É o que se deduz do artigo 2.042:

> "Aplica-se o disposto no *caput* do artigo 1.848 quando aberta a sucessão no prazo de 1 (um) ano após a entrada em vigor deste Código, ainda que o testamento tenha sido feito na vigência do anterior, Lei 3.071, de 1º de janeiro de 1916; se, no prazo, o testador não aditar o testamento para declarar a justa causa da cláusula aposta à legítima, não subsistirá a restrição".

Ocorrendo o óbito no ano seguinte à entrada em vigor do Código, as cláusulas impostas prevalecerão. Porém, se o falecimento se der após o prazo estabelecido pelo legislador, necessária a existência de aditamento do testamento, declarando a causa para a imposição das gravantes.

O legislador menciona um aditamento ao testamento para se declarar a justa causa, porém não existe na lei essa previsão de aditamento a cédula testamentária. Parece-nos que o correto seria a feitura de um novo testamento ratificando o anterior e declarando a causa para imposição dos gravames.

De acordo com o artigo 1.848, qualquer cláusula restritiva somente pode ser imposta sobre a legítima do herdeiro necessário, havendo justa causa.

Justa causa, em nosso entendimento, é o motivo verdadeiro, razoável e suficiente, alegado pelo testador, que justifique a restrição imposta para uso do bem. Para cada cláusula deverá haver uma razão plausível para sua estipulação, tendo em vista suas diferentes finalidades. Não havendo o motivo no momento da feitura do testamento, a dificuldade do testador será enorme, pois impossível prever o futuro de sua descendência.

Caberá ao juiz verificar se a causa alegada pelo testador é suficientemente justa para que os bens do beneficiário fiquem vinculados. Caso entenda o contrário, o juiz declarará nula a cláusula. Acentue-se que o testamento permanece válido em todas as suas demais disposições. Ficando a decisão ao arbítrio do juiz, sua vontade sobrepor-se-á à vontade do testador.

Por outro lado, atendendo-se ao princípio da preservação da vontade do testador e cabendo ao testamenteiro pugnar pela validade das disposições testamentárias, poderemos encontrar um conflito de interesses, ou seja, em um polo, o herdeiro que não deseja ver seu quinhão gravado e, no outro, o testamenteiro, que tem por obrigação preservar as deixas contidas no ato de última vontade, desde que sejam lícitas.

Prescrevendo qualquer das cláusulas sobre a legítima de um herdeiro, deverá o testador declarar a causa de forma clara e concisa, justificando os motivos de sua apreensão quanto à livre disponibilidade do quinhão pelo gravado e, se possível, indicando provas que propiciem ao magistrado um julgamento tranquilo e seguro.

O receio de um casamento infeliz, o futuro incerto nos negócios ou a simples possibilidade de dissipação da fortuna não parecem ser motivos justos para a imposição dos gravames.

O testador poderá gravar livremente a herança, sem necessidade de justificação, se não houver herdeiros necessários.

Nada impede que o testador indique os bens que comporão o quinhão do herdeiro, como lhe faculta o artigo 2.014, impondo sobre a parte disponível as cláusulas de inalienabilidade, incomunicabilidade e impenhorabilidade, ficando, assim, metade do patrimônio herdado clausulado. Se o testador possuir um único imóvel e gravar a parte disponível, inviabilizará a comercialização do bem, pois metade do mesmo se encontrará gravada e a outra metade, livre.

A imposição dos gravames visa à proteção do gravado e não deve ser feita de modo que a interpretação torne inócua a disposição testamentária, isto é, sendo todos os bens gravados por determinação do testador, inclusive os frutos e rendimentos, fique o beneficiário impedido de utilizar o bem.

O Tribunal de Justiça do Estado do Rio de Janeiro, através da 6ª Câmara Cível, no julgamento do AI 1992.002.01482, em que foi relator o Des. Laerson Mauro, decidiu por unanimidade:

> "Testamento – Inalienabilidade – Impenhorabilidade – Incomunicabilidade – Depósito em caderneta de poupança.
>
> Testamento – Cláusula de inalienabilidade, incomunicabilidade e impenhorabilidade – Interpretação de modo a preservar-se a utilidade da liberalidade.
>
> Se pela imposição das cláusulas de inalienabilidade, incomunicabilidade e impenhorabilidade vitalícia sobre todos os bens da herança, da legítima como da disponível, abrangendo não só o principal como os frutos e rendimentos, a liberalidade perder toda a sua utilidade, chegando mesmo a descaracterizar-se jurídica e economicamente, é imperioso que se apliquem tantas regras exegéticas quantas caibam na espécie, para evitar-se a inocuidade da deixa, preservando assim à herdeira algum benefício em vida. Agravo provido" (*Ementário de Jurisprudência do Tribunal de Justiça do Estado do Rio de Janeiro*, v. 11, p. 195, Ementa 13.513).

A sub-rogação dos gravames para outro imóvel que o gravado, casado pelo regime da comunhão universal de bens, possua com seu cônjuge, não importa gravar a meação do cônjuge supérstite com as referidas cláusulas. Ficará clausulada somente a meação pertencente ao cônjuge gravado, mantendo-se livre a outra metade.

A Egrégia 4ª Turma do STF, no julgamento do Recurso Especial 8.786-SP, em 08.06.1993, relatado pelo Min. Athos Carneiro, decidiu:

> "Cláusula de incomunicabilidade – Sub-rogação de imóvel já pertencente aos cônjuges, casados sob o regime da comunhão de bens.
>
> A imposição das cláusulas de inalienabilidade, impenhorabilidade e incomunicabilidade, com a sub-rogação já em imóvel de propriedade do casal casado com comunhão de bens, não importa privar o marido do domínio sobre sua metade ideal no mesmo imóvel. Tal metade ideal pode, assim, após partilha decorrente do desquite, ser objeto de legado testamentário".

A IMPOSIÇÃO DAS CLÁUSULAS POR DOAÇÃO

Sendo as cláusulas impostas por doação, não haverá necessidade de o doador justificar a imposição dos gravames eis que o legislador restringiu sua declaração somente em caso de testamento e sobre a legítima dos herdeiros.

Os gravames impostos por doação não se sujeitarão a apreciação judicial.

Quando o doador doa um bem reservando para si o usufruto, o que está doando é somente a nua-propriedade do referido bem, e não a plena propriedade sobre a qual incidirá o usufruto.

O gravado não está impedido de dispor dos imóveis por testamento. Os gravames são vitalícios e não podem, em hipótese alguma, ultrapassar uma geração.

INALIENABILIDADE

A matéria vem regulada no artigo 1.911 do Código Civil e no Dec.-lei 6.777, de 08.08.1944.

Prescreve o artigo 1.911:

"A cláusula de inalienabilidade, imposta aos bens por ato de liberalidade, implica impenhorabilidade e incomunicabilidade.

Parágrafo único. No caso de desapropriação de bens clausulados, ou de sua alienação, por conveniência econômica do donatário ou do herdeiro, mediante autorização judicial, o produto da venda converter-se-á em outros bens, sobre os quais incidirão as restrições apostas aos primeiros".

O legislador consagrou o texto da Súmula 49 do Supremo Tribunal Federal, ao declarar que a cláusula de inalienabilidade envolve a impenhorabilidade e a incomunicabilidade.

Todos os bens inalienáveis são, também, impenhoráveis e incomunicáveis.

Dispensável, por conseguinte, que o testador mencione os três gravames na cédula testamentária, bastando que grave o quinhão do herdeiro ou o bem com a cláusula de inalienabilidade.

A cláusula de inalienabilidade impede que o bem seja livremente alienado por qualquer forma.

Recebendo um bem gravado com a cláusula de inalienabilidade, não pode o beneficiário vendê-lo, permutá-lo, doá-lo ou dá-lo em pagamento a terceiros. Não pode, outrossim, o bem gravado ser objeto de penhora ou hipoteca, nem, tampouco, se comunicar com o cônjuge.

A venda do bem somente poderá ser feita com autorização judicial e havendo conveniência econômica do donatário ou do herdeiro. Entendemos que a conveniência econômica diz respeito ao gravado, não cabendo ao juiz apreciar o motivo alegado.

Tendo o testador justa causa, poderá deixar gravado o quinhão do herdeiro com a cláusula de inalienabilidade.

Dessa forma, todos os bens que compuserem o referido quinhão – legítima e disponível – não poderão ser alienados.

Apesar de se encontrar a herança gravada com a cláusula de inalienabilidade, o bem pode ser vendido durante o inventário para pagamento das despesas processuais e impostos, caso os herdeiros não tenham recursos para tal.

Essa solução foi apresentada pela 4ª Câmara Cível do Tribunal de Justiça do Estado do Rio de Janeiro, ao julgar por unanimidade o AI 599/93, em que foi rel. o Des. Álvaro Mayrink da Costa:

"Inventário – Gravames dos bens – Alienação de bem do espólio – Pagamento das custas – Prova de estado de insolvência.

Inventário – Bens gravados com cláusula de inalienabilidade por verba testamentária. Possibilidade jurídica de sua alienação para enfrentamento das despesas do espólio. Exigibilidade de prova real e efetiva e oportunidade procedimental do alegado. Para o espólio alienar bens gravados com a cláusula de inalienabilidade por verba testamentária, objetivando o pagamento das custas e tributos devidos, exige-se a prova real e efetiva de seu estado de insolvência, principalmente quando há vários bens imóveis que o integram e que só poderão ser avaliados após o término do inventário. Agravo desprovido".

Caso o herdeiro renuncie à herança, não prevalecerá o gravame para os beneficiários do repúdio, eis que a justa causa designada pelo testador é restrita à pessoa do gravado, não podendo atingir os demais herdeiros.

Os tribunais vêm abrandando o rigorismo no tocante à venda do imóvel clausulado com inalienabilidade, para tratamento de saúde do gravado. Pode o proprietário do bem gravado vir a sofrer grave doença que imponha um tratamento oneroso e não possuir recursos necessários sem a alienação do bem gravado.

Os acórdãos que frequentemente encontramos publicados nos repertórios jurisprudenciais modificam sentenças proferidas pelos juízos monocráticos, cujas decisões se distanciam da vontade do testador de proteger o beneficiado. Na maioria dos casos, a pessoa que recebeu um bem gravado sendo portador de séria enfermidade, não poderá aguardar o processamento do recurso para alienar o imóvel gravado e, assim, obter recursos para custear seu tratamento.

Tendo em vista a redação do artigo 178 do Código de Processo Civil, entendemos que o Ministério Público não mais intervirá nos processos de sub-rogação de cláusulas.

Decidiu, por unanimidade, a egrégia 5ª Câmara Cível do Tribunal de Justiça do Estado do Rio de Janeiro, no julgamento do AI 1.994.002.01948, em que foi relator o Des. Humberto Manes (cuja ementa vem transcrita no *Ementário de Jurisprudência* do mesmo Tribunal, v. 13, p. 171 e, o acórdão em sua íntegra, na *Revista dos Tribunais*, v. 724, p. 417):

"Testamento – Imóvel gravado com cláusula de inalienabilidade – AIDS – liberação do bem.

Testamento. Cláusula de inalienabilidade. Pretensão de beneficiário, atingido pelo vírus da AIDS e em estágio avançado da doença, de liberar-se o gravame, alienando-se o bem aplicando o numerário daí defluente no tratamento de sua saúde. A proteção do benefício, que era a vontade da testadora, deixaria de ocorrer se, impossibilitado de vender o imóvel gravado, ficasse ele reduzido à miséria, sem recursos para minorar-lhe os sofrimentos nos últimos tempos de sua vida. Compatibilização, no caso, da regra do artigo 1.676 do CC, com o artigo 5º da Lei de Introdução ao mesmo ordenamento e com a interpretação teológica da cláusula. Deferimento do pedido, com o depósito do produto da venda em caderneta de poupança à disposição do Juízo, liberando-se gradualmente o numerário para custeio do tratamento".

Resta a indagação: terá a doença que afligia o proprietário do bem gravado aguardado o trâmite do processo em primeira instância e o processamento do respectivo recurso, ou a intransigência do juiz monocrático propiciou que o gravado, não suportando o terrível mal que o acometia, viesse a falecer?

Fundamentados nos princípios constitucionais da livre circulação de riquezas e da função social da propriedade, os tribunais vêm admitindo o cancelamento da cláusula de inalienabilidade, quando esta perder sua razão de existir, não atendendo mais à intenção de o testador ou doador proteger o gravado.

No julgamento do REsp 1.422.946-MG, relatado pela Min. Nancy Andrighi, o acórdão sobre a matéria teve a seguinte ementa:

"Recurso especial. Direito civil. Cláusula de inalienabilidade. Pedido de cancelamento.

1 – Pedido de cancelamento de cláusula de inalienabilidade incidente sobre imóvel recebido pelo recorrente na condição de herdeiro. 2 – Necessidade de interpretação do art. 1.576 do CC/16 com ressalvas devendo ser admitido o cancelamento da cláusula de inalienabilidade nas hipóteses em que a restrição, no lugar de cumprir sua função de garantia de patrimônio aos descendentes, representar lesão aos legítimos interesses. 3 – Doutrina e jurisprudência acerca do tema. 4 – Recurso especial provido por maioria, vencida a relatora".

Várias decisões de tribunais regionais e do Superior Tribunal de Justiça respaldam esse entendimento.

Oportuna a transcrição do pensamento de Ana Luiza Maia Nevares, em seu livro *A função promocional do testamento* (Renovar, p. 242):

"Como já tivemos oportunidade de expor em outra sede, a inalienabilidade convencional constitui restrição a direito fundamental constitucionalmente garantido, a saber, o direito de propriedade (CRFB/88, art. 5º, XXII), informado pela função social (CRFB/88, art. 5º, XXIII). Além disso, pode-se dizer que há uma violação à dignidade da pessoa humana (CRFB/88, art. 1º, III), todas as vezes que a justificativa para o gravame recai em supostas prodigalidades do sucessor, na medida em que, desta forma, o gravame gera para o herdeiro onerado uma incapacidade criada pelo testador e não pelo ordenamento jurídico, com base na idade ou saúde da pessoa.

De fato, a propriedade privada, assim como sua função social constituem princípios gerais da atividade econômica, estando entre os princípios da Ordem Econômica (CRFB/88, art. 170, II e III)".

INCOMUNICABILIDADE

A cláusula de incomunicabilidade impede que os bens se comuniquem com o cônjuge, permanecendo no patrimônio do beneficiado em caso de dissolução da sociedade conjugal.

A cláusula de incomunicabilidade só se presta quando não haja impedimento matrimonial para o gravado se casar e para os casados pelo regime da comunhão universal de bens, pois, nos demais regimes, os bens adquiridos por doação ou herança não se comunicam com o cônjuge.

Tendo em vista a redação dada no parágrafo único do artigo 1.911, ao aludir a "alienação por conveniência econômica", entendemos que o bem gravado com qualquer das cláusulas só poderá ser alienado com autorização judicial, devendo o bem para o qual for sub-rogado o produto da venda, receber a mesma restrição.

IMPENHORABILIDADE

A cláusula de impenhorabilidade impede que o bem seja penhorado por dívidas contraídas pelo beneficiário.

Carlos Alberto Dabus Maluf ensina:

"A cláusula de impenhorabilidade é oponível a todos os credores sem distinção de origem do crédito ou data de seu vencimento. Em outras palavras, é a garantia que tem o titular de um bem clausulado ao ser acionado por seus credores por um negócio malsucedido" (*Das cláusulas de inalienabilidade, incomunicabilidade e impenhorabilidade*, 4. ed., Revista dos Tribunais).

O bem impenhorável pode ser alienado.

É certo que as cláusulas vitalícias se extinguem com a morte do gravado. Com relação às dívidas do falecido, porém, a impenhorabilidade permanece. Esta cláusula apresenta uma peculiaridade, pois, quando imposta pelo testador ou doador, visa não só à proteção do gravado, mas, também, de sua esposa e de seus filhos, enfim, de toda a sua família contra os desatinos do esbanjador.

Ensina Carlos Maximiliano:

"Quando se diz que a inalienabilidade e a consequente impenhorabilidade cessam com a morte do herdeiro, não se estende aos seus sucessores, quer significar, apenas, que os bens clausulados não sofrem penhora por dívida da pessoa atingida diretamente pela condição ou cláusula; suportam, porém, a concernente a um débito dos demais, dos sucessores mediatos do testador, dos quais podem vender e comprometer o bem recebido" (*Direito da Sucessões*, Freitas Bastos, v. III, p. 538).

Clóvis Beviláqua, em seu *Código Civil brasileiro* (2. Ed., RS, 1932, v VI, p. 187), comentando o artigo 1.723, assim se expressa:

"É ao interesse da família que o legislador procura prover. O imóvel sujeito à cláusula de inalienabilidade não pode ser penhorado por dívida do herdeiro, ainda depois do seu falecimento. A cláusula não protege os bens somente durante a vida do herdeiro; favorece, também, os herdeiros dele, que os receberão livre e desembaraçados. E tal não poderia suceder, se os credores pudessem penhorar, por ocasião do inventário, os bens que durante a vida do devedor, não poderiam responder por suas dívidas".

A 6ª Câmara Cível do Tribunal de Justiça do Estado de São Paulo, julgando a Apelação Cível 66.340, 31/121963, relatada pelo Des. Henrique Machado, assim decidiu:

"Vínculo – Bens recebidos por testamento, com a cláusula de inalienabilidade, devendo passar, livres, pela morte do beneficiário a seus herdeiros – Penhora dos mesmos bens, por ocasião do inventário daquele, para garantia da dívida – Inadmissibilidade – Recurso provido – Inteligência do artigo 1.723 do Código Civil.

A cláusula de inalienabilidade não protege os bens somente durante a vida do herdeiro, favorece, também, os herdeiros dele, que os receberão livres. Em consequência, os credores do *de cujus* não poderão penhorar, na oportunidade do inventário, os bens que, durante a sua vida, não responderiam por suas dívidas".

Não seria correto imaginar, ficassem os credores do gravado torcendo pelo seu falecimento prematuro, o que atenta contra a moral, para que pudessem executar o imóvel gravado para pagamento de seus créditos. Em relação às dívidas do autor da herança, os bens gravados com a cláusula de impenhorabilidade permanecem fora do alcance de seus credores.

Ressalte-se que o artigo 834 do CPC estatui:

"Podem ser penhorados, a falta de outros bens, os frutos e os rendimentos dos bens inalienáveis".

A CLÁUSULA DE INSUBROGABILIDADE

Não raro encontramos testamentos em que o testador impõe a cláusula de insub-rogabilidade, isto é, a proibição de sub-rogação das cláusulas em outros bens.

Não previu o legislador qualquer outra cláusula restritiva, além das clássicas previstas, ou seja, inalienabilidade, incomunicabilidade e impenhorabilidade.

Por outro lado, no § 2º do artigo 1.848, o legislador previu a possibilidade da sub-rogação mediante autorização judicial.

Consequentemente, não vemos como o testador ou o doador poderá desprezar o texto legal, impondo uma cláusula não prevista em lei.

Entendemos que a cláusula de insubrogabilidade imposta pelo testador é nula e a declaração de sua nulidade deverá ser requerida nos autos de inventário, por ocasião da apresentação das primeiras declarações.

CANCELAMENTO DAS CLÁUSULAS

Decorrido o prazo estabelecido ou cumprida a condição estabelecida pelo doador ou testador, as cláusulas deverão ser canceladas.

Prevê o artigo 250 da Lei 6.015, de 31.12.1973, Lei dos Registros Públicos:

> "Far-se-á o cancelamento:
>
> (...)
>
> I– a requerimento do interessado instruído com documento hábil".

Para cancelar a cláusula vitalícia, faz-se um requerimento dirigido ao Oficial do Registro Geral de Imóveis, onde se acha matriculado o imóvel, solicitando o cancelamento, juntando-se a certidão de óbito do beneficiário gravado (modelo adiante).

Sendo temporária ou sob condição, procede-se da mesma forma, instruindo-se o pedido com a prova do implemento do termo ou da condição.

Ex.: Se o bem está clausulado até que o beneficiado complete 40 anos de idade, o requerimento será instruído com a certidão de nascimento do beneficiário, comprovando ter atingido a idade estabelecida.

Podem, também, ser canceladas através de requerimento em ação própria dos gravados, quando as cláusulas impostas perdem sua razão de ser.

Vale recordar que as cláusulas restritivas de propriedade de INALIENABILIDADE, INCOMUNICABILIDADE e IMPENHORABILIDADE foram instituídas no direito pátrio com o objetivo de proteger o patrimônio familiar de possível irresponsabilidade dos seus adquirentes.

Condenadas em várias legislações, no Brasil, com a entrada em vigor do Código Civil de 2002, o legislador, também, demonstrou parte de seu repúdio somente permitindo a imposição dos gravames sobre a legítima dos herdeiros havendo justa causa.

A obrigação de declarar uma JUSTA CAUSA ao gravar a legítima dos herdeiros já constitui um desestímulo ao testador de inserir qualquer cláusula restritiva. Esse foi o objetivo do legislador, que deveria de uma só penada abolir os gravames.do ordenamento jurídico brasileiro.

A doutrina condena de forma veemente a possibilidade de restrição da propriedade pelas imposições das malfadadas cláusulas e a jurisprudência tem admitido o cancelamento dos gravames quando não mais existir a finalidade de sua imposição e, ainda, quando as cláusulas, ao invés de proteger os gravados, passam a prejudicá-los.

Orlando Gomes, é enfático em sua crítica. Diz o autor baiano:

> "Até certo tempo, a cláusula de inalienabilidade absoluta foi defesa, no pressuposto de que encerrava condição ou encargo impossível e ilícito, admitindo-se tão somente, a inalienabilidade relativa, com a declaração de uma *causa vestita*. Passou a ser permitida em lei anterior ao Código Civil (RA) revogado (RA).
>
> Levantam-se, porém, ainda hoje, objeções à orientação proveniente desse diploma legal, tomando corpo a reação contra a possibilidade, que abriu, de ser gravada, com a inalienabilidade, a legítima. Não se sabe de logo, quais são os bens que a comporão; só a partilha dirá se o testador não o indicou. Sendo maiores os herdeiros, escolherão; sendo menores, o juiz determinará quais os que integrarão a legítima de cada qual.
>
> De resto, a ojeriza volta-se contra a cláusula, em quaisquer circunstâncias. A civilística francesa sempre lhe foi adversa. Tende, entretanto, a admiti-la, se temporária e baseada num interesse sério. Argumenta-se que a autorização imotivada para tornar inalienáveis os bens da herança atenta contra o princípio da livre circulação das riquezas, um dos pilares sobre o qual se apoia o ordenamento jurídico, comprometendo respeitáveis interesses sociais. Invocam-se, ademais, razões propriamente jurídicas para condená-la. A proibição de alienar seria contrária aos princípios que dominam a propriedade. A faculdade de dispor é um dos atributos essenciais de domínio, de sorte, que a sua supressão pela vontade particular o desnaturaria. O poder de disposição, inerente à propriedade, é ineliminável por disposição testamentária, pois, não sendo autolimitável, também não pode ser importante a outrem, dado a que os direitos do herdeiro se medem pelos do autor da herança" ("Sucessões" – 16ª. edição, Ed. Gen/Forense, p. 132).

O professor, Luiz Paulo Vieira de Carvalho, em sua obra, "Direito das Sucessões", 3. ed., Ed. Gen/Atlas, p. 492, expõe:

> "Dentro da aplaudida visão do Direito Civil-Constitucional, preponderam os princípio e valores fundamentais sobre o ordenamento infraconstitucional, notadamente a dignidade da pessoa humana, o direito à vida, e à subsistência mínima, a solidariedade social e a função social da propriedade. Nesse diapasão reafirmamos que as cláusulas restritivas devem ser interpretadas à luz da intenção do instituidor de proteger o destinatário da liberalidade, seja essa *inter vivos ou causa mortis*".

Prossegue o ilustre autor:

> "Trilhando, em nosso sentir o melhor caminho, nos tempos atuais a melhor jurisprudência vem admitindo a validade da dispensa judicial das cláusulas (relativização das cláusulas restritivas) no todo ou em parte, sem imposição da sub-rogação prevista no parágrafo único do artigo 1.911 do Código Civil, quando, na análise do caso concreto, restar assente que a sua manutenção implicará em ofensa aos aludidos princípios e uma subversão à vontade do instituidor (doador ou testador, art. 1.899 do CC), especialmente quando a sua mantença implicar em real prejuízo ao destinatário da liberalidade que visava beneficiar."

Por fim, leciona à p. 497:

"a) as resistências práticas, esclarecendo ser arbitrária e propiciando que através de novas clausulações se torne perpétua. Ademais, o fato de a proibição de alienar não só ser ilícitas como também não ter razão de ser. e citando José Ulpiano Pinto de Souza: *"examinando-se os interesses protegidos ou a proteger pela proibição, verifica-se que uns são mínimos, outros podem ser satisfeitos por outros processos e, os últimos são ilegítimos"* econômicas e constitucionais da cláusula de inalienabilidade.

b) as resistências econômicas, em síntese arrola como resistências econômicas destacando que a inalienabilidade impede a circulação de bens que é uma fonte de rendas para o Estado através do pagamento de impostos; a cláusula de inalienabilidade é uma fonte de fraudes da parte do devedor; a cláusula não deveria ser admitida em detrimento do interesse da sociedade; a cláusula, segundo Silvio Rodrigues, alimenta a vaidade do autor da liberalidade, que se crê mais capaz que o beneficiário; e finalmente, a cláusula deve ser abolida em face ao interesse coletivo, sendo reprovável a conduta de colocar um bem fora de comércio por longo período de tempo;

c) as resistências constitucionais, afirma o autor citando Bartin, que a cláusula ofende o princípio da liberdade de trabalho, cuja faculdade de alienar seria um dos atributos; o segundo fundamento diz respeito a intangibilidade da legítima; a terceira resistência afeta o princípio da igualdade e da liberdade *"aduzindo só caber a limitação desta última pelos superiores interesses da ordem social, tudo consubstanciado por uma necessidade fundamental, ou seja, a da livre circulação dos bem se o igual acesso de todos às riquezas em geral."*

Ana Luiza Maia Nevares, em seu livro "A Função Promocional do Testamento Tendências do Direito Sucessório", Ed. Renovar, p. 242, abordando a inconstitucionalidade da cláusula de inalienabilidade afirma:

"Como já tivemos oportunidade de expor em outra sede, a inalienabilidade convencional constitui restrição a direito fundamental constitucionalmente garantido, a saber, o direito de propriedade (CRFB/88, art. 5º, XXII), informado pela função social (CRFB/88, art. 5º, XXXIII). Além disso, pode-se dizer que há uma violação à dignidade da pessoa humana (CRFB/88, art. 1º, III), todas as vezes que a justificativa do gravame recai em supostas prodigalidades do sucessor, na medida em que, desta forma, o gravame gera para o herdeiro onerado uma incapacidade criada pelo testador e não pelo ordenamento jurídico, com base na idade ou saúde da pessoa.

De fato, a propriedade privada, assim como sua função social, constituem princípios gerais da atividade econômica, estando entre os princípios da ordem econômica (CRFB/88, art. 170, I e II)."

Citando Celso Ribeiro Bastos e Ives Gandra Martins, transcreve sua lição:

"As restrições do direito de propriedade que a lei poderá trazer só serão aquelas fundadas na própria Constituição, ou então nas concepções aceitas sobre o poder de polícia. Não pode colocar fora do domínio apropriável dos particulares certos tipos ou classes de bens, o que só é dado à Constituição fazer".

E prossegue a renomada professora:

"Note-se que a inalienabilidade convencional não está fundada no poder de polícia, nem mesmo nas exigências relativas à função social da propriedade. Assim, como já acentuado a propriedade, sendo instrumento para a realização de valores fundamentais estabelecidos na Constituição da República / federativa do Brasil, pelo cumprimento de sua função social, não pode restar violada pela mera vontade individual. Para o cumprimento da função social da propriedade, é preciso que o proprietário tenha interesse merecedor da tutela pelo bem".

E, finaliza o tema:

"Vale ressaltar que a validade da cláusula restritiva estará sempre submetida a análise da permanência dos motivos que a justificaram. Se, nos exemplos anteriores, o herdeiro passa a ganhar muito dinheiro, ou compra outro imóvel, ou, ainda, passa a desenvolver o seu trabalho de outra maneira, não haverá mais razão para a manutenção do gravame.

Isso significa dizer que a permanência da inalienabilidade deve coincidir com a manutenção de sua causa justificadora. Assim, uma vez ausente a motivação outrora existente, deve a cláusula restritiva ser imediatamente levantada. Em outras palavras, só se justifica o gravame enquanto perdurar a causa que o tornou legítimo à luz dos valores constitucionais".

Encontramos, também, julgados de diversos Estados fundamentados na afronta aos princípios constitucionais e, principalmente, na suposição da inexistência dos motivos que justifiquem a manutenção dos gravames.

Tribunal de Justiça do Estado do Rio Grande Do Sul: Agravo de Instrumento 70003200631 – 7ª. Câmara Cível –Bagé – Rel. Des. Maria Berenice Dias. Ementa – Inventário – Cláusulas restritivas da propriedade – Ante a nova ordem constitucional vigente, que ressalta a função social da propriedade e consagra o direito à herança, não mais se justifica a perpetuação da vontade do titular do patrimônio para além de sua vida mediante a fixação por testamento de cláusulas restritivas da propriedade. Agravo desprovido.

Ap. Cível 7000535217 – 7ª. Câmara Cível – Rel. Des. Rui Portanova.

Ementa – Apelação. Pedido de cancelamento de gravames. Cláusulas de inalienabilidade, impenhorabilidade e incomunicabilidade. Possibilidade de retirada de gravames em atenção ao princípio da função social da propriedade.

A leitura da legislação infraconstitucional deve ser realizada sob a ótica dos valores fundamentais contidos na Constituição Federal. Não mais se justifica a perpetuação da vontade do titular do patrimônio para além de sua vida quando impede a plena fruição da propriedade".

Tribunal de Justiça do Estado de Minas Gerais

Ap. Cível 1.0024.01.554112-1/001 0 Comarca de Belo Horizonte – Rel. Des. Audebert Delage.

"Civil. Alienação de bem imóvel gravado com as cláusulas de impenhorabilidade, inalienabilidade e incomunicabilidade – Admite-se, após a Constituição Federal de 1988, a amenização de certas disposições até então inflexíveis, para atender aos princípios abrigados na mesma, atinentes à finalidade social da propriedade, considerados, ainda, o tempo decorrido do ato da liberalidade, a maturidade dos beneficiários, a condição da ruína da edificação e de insolvência dos mesmos para arcar com despesas de reforma e pagamento dos tributos relativos ao próprio imóvel."

Ap. Cível 00214.085-3/00 Comarca de Belo Horizonte – Rel. Des. Audebert Delage.

"Cláusulas de incomunicabilidade, inalienabilidade e impenhorabilidade – Invalidação – Possibilidade –Tendo decorrido mais de vinte e cinco anos da abertura do inventário, e cessados os motivos da instituição da cláusula, pode a restrição ser abrandada, não só pelo contexto factual que se encontra inserida, mas também, em virtude da aplicação dos vários princípios que o sistema normativo encerra, os quais se amoldam ao caso. Recurso provido – Decisão reformada".

Tribunal de Justiça do Estado de São Paulo

Ap. Cível 9100788-88.2008 7ª. Câmara – Direito Privado – Comarca de São Paulo – Rel. Des. Pedro Baccarat.

"Cancelamento dos gravames de inalienabilidade, impenhorabilidade e incomunicabilidade do imóvel. Artigo 1.676 do Código Civil de 1916 que deve ser interpretado com temperamento. Cláusula restritiva com intenção de proteger o herdeiro do testador, hoje com sessenta e cinco anos de idade e com vida estável. Ação procedente. Recurso provido para determinar o cancelamento do gravame"

Tribunal de Justiça do Estado do Rio De Janeiro

Ap. 000314 3-47.2006.8.19.0045 – Rel. Des. Wagner Cinelli de Paula Freitas – 6ª. Câmara Cível.

Ementa: Doação de bem imóvel – Cláusula de inalienabilidade. Suspensão de cláusula limitadora possibilidade – Imóvel – Cláusulas de inalienabilidade e incomunicabilidade, instituídas pelo doador.

Pretensão de cancelamento dos gravames. Sentença que julgou o pedido improcedente. Cláusulas instituídas há mais de sessenta anos. Apelante octogenária que é a única filha viva de uma prole de oito. Modificação na legislação sobre o tema. Jurisprudência de nosso e de outros tribunais em favor da exoneração de gravame. Art. 557, § 1º.-A do CPC. Recurso conhecido e provido".

"Agravo de instrumento. Inventário. Decisão que nega o cancelamento da cláusula de inalienabilidade sobre imóveis dos descendentes do *de cujus* estabelecida em testamento. Inconformismo. A renúncia do usufruto vitalício feita pela viúva e mãe dos herdeiros, por si só, não gera a convicção de que a que a vontade do testador estaria preservada se fosse cancelado o gravame da inalienabilidade para os filhos. Duas vontades dirigidas a fins distintos e que devem ser preservadas (arts. 112 e 1.899 do Código Civil). Ausência de situação fática que justifique a flexibilização da obrigatoriedade da cláusula restritiva da inalienabilidade em atenção aos princípios constitucionais da função social da propriedade e da dignidade da pessoa humana. Manutenção da decisão interlocutória. Recurso improvido" (16ª CC, AI 0060354-06.2011.8.19.0000, 16ª. Câmara Cível Rel. Des. Marco Aurélio Bezerra De Melo, julgado em 24.01.2012).

Como facilmente se denota, as cláusulas ou gravames restritivos da propriedade são veemente combatidas na doutrina e na jurisprudência pátria.

MODELO DE REQUERIMENTO DE CANCELAMENTO DE CLÁUSULA DE USUFRUTO PERANTE O OFICIAL DO RGI

"Ilmo. Sr. Oficial do 6º Ofício do Registro Geral de Imóveis da Comarca do Rio de Janeiro

João Augusto Basílio, brasileiro, casado, advogado, portador da carteira de identidade expedida pela OAB/RJ sob n. ________ e do CPF n. ________, residente e domiciliado nesta cidade à rua Atlântica, n. ________, apto. ________, vem requerer, nos termos do artigo 250 da Lei 6.015, de 31.12.1973, Lei dos Registros Públicos, a V. Sª se digne cancelar junto à matrícula n. ________, as cláusulas de inalienabilidade, incomunicabilidade e impenhorabilidade que gravam o apartamento n. ________ do prédio à rua ________ e respectiva fração de 1/60 avos do terreno, com direito a uma vaga de garagem, tendo em vista que o Requerente atingiu a idade de 80 anos, conforme atesta a certidão de nascimento anexa, estabelecida pelo instituidor para validade dos mencionados gravames.

Termos em que,

P. Deferimento.

(data).

Pedro Alberto S. de Faria

OAB/RJ n. ________"

SUB-ROGAÇÃO DE GRAVAMES OU CLÁUSULAS

Prescreve o § 2º do artigo 1.848:

"Mediante autorização judicial e havendo justa causa, podem ser alienados os bens gravados, convertendo-se o produto em outros bens que ficarão sub-rogados nos ônus dos primeiros".

E o parágrafo único do artigo 1.911 preceitua:

"No caso de desapropriação de bens clausulados, ou de sua alienação, por conveniência econômica do donatário ou do herdeiro, mediante autorização judicial, o produto da venda converter-se-á em outros bens, sobre os quais incidirão as restrições apostas aos primeiros".

O primeiro dispositivo refere-se à "justa causa" para alienação de bens gravados, ao passo que o segundo alude à "conveniência econômica" do donatário ou do herdeiro.

A "justa causa" ficará subordinada ao entendimento do julgador, enquanto a "conveniência econômica" diz respeito ao desejo do herdeiro ou donatário, não devendo haver intromissão do juiz.

O imóvel gravado com a cláusula de inalienabilidade necessita de autorização judicial para ser alienado.

Se a cláusula foi imposta por testamento, o processo de sub-rogação deverá correr por dependência aos autos de inventário do testador que instituiu o gravame.

Se imposta por doação, a distribuição será livre para uma das Varas de Sucessões.

O processo de sub-rogação visa à transferência da cláusula que grava um imóvel para outro a ser designado e de propriedade do gravado, ou então, para uma caderneta de poupança, que ficará à disposição do Juízo para posterior aquisição de um imóvel, para o qual serão transferidas as cláusulas.

Pode o magistrado, analisando caso a caso, decidir o que for de melhor interesse para as partes.

A causa que propicia a sub-rogação pode ser a deterioração do imóvel gravado, a aquisição de outro imóvel em melhor localização ou, ainda, de maior valor.

O imóvel para o qual serão transferidas as cláusulas deverá ter o mesmo valor do imóvel gravado. Nada impede, também, que sejam transferidas para dois ou mais imóveis obtendo assim o gravado um melhor rendimento na locação. As avaliações são feitas por meio do Avaliador Judicial ou utilizar-se qualquer outro meio que reflita o valor de mercado do bem. As cláusulas deverão recair somente sobre a fração proporcional ao valor do imóvel gravado, se o imóvel para o qual serão transferidos os gravames tiver valor superior ao bem gravado.

O Decreto-lei 6.777, de 08.08.1944, dispõe sobre a sub-rogação de imóveis gravados ou inalienáveis.

Homologado o cálculo de sub-rogação, o juiz determinará a expedição de ofício para cancelamento junto ao RGI dos gravames, autorizando a venda do imóvel gravado, depositado o produto da venda em caderneta de poupança a ser emitida em nome do gravado e, à disposição do Juízo, para posterior aquisição de outro imóvel. Se o gravado indicar outro imóvel de sua propriedade, o juiz determinará a expedição de ofício ao RGI para averbação dos gravames nesse imóvel.

Encontrando-se o imóvel gravado com as cláusulas de incomunicabilidade ou impenhorabilidade ou somente uma delas, o que não impede sua alienação, e se o gravado desejar transferi-los para outro imóvel a ser adquirido ou já de sua propriedade, terá de se utilizar do processo de sub-rogação, pois, como já dito, ninguém pode gravar os seus próprios bens. Dita sub-rogação somente poderá ser feita com autorização judicial.

MODELO DA PETIÇÃO INICIAL DO PROCESSO DE SUB-ROGAÇÃO DE GRAVAMES

"Exmo. Sr. Dr. Juiz de Direito da __________ Vara de Órfãos e Sucessões Processo n. __________

Sérgio Gonçalves, brasileiro, funcionário público, portador da carteira de identidade expedida pelo IFP, em 12.12.1958, sob n. __________, assistido de sua esposa Telma Gonçalves, vem, por seu advogado, expor e requerer a V. Exª o que segue:

O Requerente é proprietário do apartamento n. __________ do prédio à av. __________ n. __________ e respectiva fração de 1/5 avos do terreno, com direito a quatro vagas de garagem, cujas metragens e confrontações são as constantes da certidão do RGI anexa, que fica integrando a presente.

Dito imóvel foi havido nos autos de inventário dos bens deixados por seu finado avô Júlio Gonçalves, cujos termos correram perante esse egrégio Juízo, gravado com as cláusulas vitalícias de inalienabilidade, incomunicabilidade e impenhorabilidade.

O referido imóvel acha-se em precário estado de conservação, pois encontrava-se locado a um péssimo inquilino, além de localizar-se perto de uma favela, propiciando uma permanente desvalorização de seu preço com os constantes tiroteios que assolam a área.

Desta forma, pretende o Requerente vender o referido bem e, com o produto da venda, adquirir outro imóvel que propicie melhor rendimento.

Ante o exposto, nos termos do parágrafo 2º do artigo 1.848 do Código Civil, requer a V. Exª se digne determinar a avaliação do imóvel gravado e, após observadas as formalidades legais, determinar a expedição de alvará para a venda do imóvel, depositando-se o produto da venda no Banco __________, à disposição do Juízo, bem como a expedição de ofício ao 6º Ofício do RGI desta Comarca para cancelamento do gravame.

Termos em que,
Pede Deferimento

(data).

Pedro Flexa Ribeiro
OAB/RJ n. __________"

Obs.: A petição deverá ser dirigida ao Juízo competente para processar os autos de sub-rogação de gravames.

Caso o gravado possua outro imóvel para transferir o gravame, o final da petição terá a seguinte redação:

"Desta forma, pretende o Requerente vender o referido bem, transferindo os gravames para o apartamento 401 da rua da Raposa, n. 8.908, de sua propriedade (certidão do RGI anexa).

Ante o exposto, requer, nos termos do parágrafo 2º do artigo 1.848 do Código Civil, a V. Exª se digne determinar a avaliação dos aludidos imóveis e, após observadas as formalidades legais, expedir ofício ao _________ Ofício do RGI determinando a averbação dos aludidos gravames na matrícula do apartamento n. _________ do prédio à rua da Raposa, n. _________, após o que expeça alvará autorizando a venda do apartamento n. _________ do prédio da av. _________, n. _________, com o cancelamento das cláusulas que o gravam".

CAPÍTULO XXIV
DAS DISPOSIÇÕES TESTAMENTÁRIAS

A interpretação das disposições testamentárias pode trazer sérias dificuldades ao julgador. Algumas vezes, as deixas testamentárias não estão escritas de forma clara, deixando margem a interpretações diversas.

Nesses casos, deve o intérprete, quando a cláusula testamentária for suscetível de interpretações diferentes, adotar aquela que melhor assegure a observância da vontade do testador. É o que reza o artigo 1.899 do Código Civil.

O artigo 1.900 estabelece a nulidade das disposições testamentárias quando:

I – institua herdeiro ou legatário sob a condição captatória de que este disponha, também por testamento, em benefício do testador ou de terceiro;

II – que se refira a pessoa incerta, cuja identidade não se possa averiguar;

III – que favoreça pessoa incerta, cometendo a determinação de sua identidade a terceiro;

IV– que deixe a arbítrio do herdeiro ou de outrem, fixar o valor do legado;

V – que favoreça as pessoas a que se referem os artigos 1.801 e 1.802. Esses artigos referem-se à incapacidade passiva para receber por testamento.

Nomeando o testador dois ou mais herdeiros sem discriminar a parte de cada um, partilhar-se-á por igual entre todos a porção disponível do testador, como prevê o artigo 1.904.

Nomeando uns individualmente e outros coletivamente, a herança será dividida em tantas partes quantos forem os indivíduos e os grupos designados. Assim determina o artigo 1.905.

Os artigos 1.906, 1.907 e 1.908 declaram como serão atribuídos os quinhões nas diversas situações entre os herdeiros e legatários.

Novidade no presente Código foi a previsão da anulação das disposições testamentárias feita no artigo 1.909.

São anuláveis as disposições testamentárias inquinadas de erro, dolo ou coação, os denominados vícios de vontade, extinguindo-se o direito de anular em 4 anos, contados do dia que o interessado tiver conhecimento do vício. Ressalte-se, porém, que não se pode anular disposições testamentárias ou o testamento de pessoa viva.

As disposições são analisadas individualmente, sendo que a ineficácia de uma deixa não invalida as demais, que sem aquela não teriam sido determinadas pelo testador.

Na interpretação do ato de última vontade, deve o intérprete perseguir o verdadeiro sentido das disposições testamentárias, procurando observar a vontade do testador. O intérprete deve se esforçar para, pelas circunstâncias, encontrar a verdadeira vontade do testador, que pode não estar expressa de forma clara na cédula testamentária. Pode o intérprete, se necessário, se socorrer das regras de interpretação dos atos jurídicos.

O legado pertence ao legatário desde a abertura da sucessão, inclusive seus frutos, não podendo, porém, o legatário entrar na sua posse de imediato.

O artigo 1.939 estabelece os casos de caducidade dos legados.

Ocorre o direito de acrescer, previsto no artigo 1.941, quando vários herdeiros, pela mesma disposição testamentária, forem conjuntamente chamados à herança em quinhões não determinados, e qualquer deles não puder ou não quiser aceitá-la, a sua parte acrescerá à dos coerdeiros.

Ex.: Deixo minha herança para Paulo, João, Pedro e Cássia. Se Cássia não quiser (renunciar) ou não puder aceitar (pré-morte) a herança, sua parte acrescerá à dos demais herdeiros.

O mesmo ocorre com o legado de uma só coisa certa e determinada, quando o objeto não puder ser dividido sem risco de desvalorização, como determina o artigo 1.942.

Quando não ocorrer o direito de acrescer, transmite-se aos herdeiros legítimos a quota vaga do nomeado. Não ocorre o direito de acrescer quando o testador discrimina as quotas de cada herdeiro.

Ex.: Deixo minha herança para Paulo, João, Pedro e Cássia, na proporção de 1/8 para o primeiro; 3/8 para o segundo; 2/8 para o terceiro e 2/8 para a quarta. Se Cássia não quiser (renunciar) ou não puder aceitar (pré-morte) a herança, sua parte se destinará ao monte para ser dividida entre os herdeiros legítimos do testador.

O usufruto, quando legado conjuntamente a mais de uma pessoa, a parte do que faltar acresce à dos colegatários. É o que diz o artigo 1.946, regulando o parágrafo único o caso de não haver conjunção entre os colegatários.

LEGADO DE RENDA VITALÍCIA OU PENSÃO PERIÓDICA

Pode o testador instituir um legado que consista em renda vitalícia ou pensão periódica?

Preceitua o artigo 1.926 do Código Civil:

> "Se o legado consistir em renda vitalícia ou pensão periódica, esta ou aquela correrá da morte do testador."

O testador desejando dar uma especial proteção ao seu neto, instituiu em favor de sua filha, um legado de renda vitalício, perfeitamente adequado ao texto legal.

ORLANDO GOMES, discorre sobre o tema, com sua habitual clareza:

> "O *legado de renda* tem como objeto prestações periódicas, devidas ao legatário, vitalícias, ou não, sob forma, geralmente de pensão. O testador constitui a renda, de regra sobre um imóvel, aplicando-se as regras concernentes ao correspondente direito real." (*Sucessões* – 14. edição – atualizada por Mario Roberto Carvalho de Faria, p. 188.)

Ora, se pode o testador, em sua parte disponível, instituir o usufruto sobre determinado bem, porque não poderia estabelecer que a renda de um imóvel coubesse a um determinado legatário?

Quem pode o mais (usufruto), pode o menos.

A deixa deve caber na parte disponível dos bens do testador, haja vista que não pode ser instituída sobre bens da legítima.

O legado de renda não tem relação com o herdeiro que receberá o imóvel na partilha.

Por outro lado, o rendimento sobre o imóvel ou qualquer outro bem objeto do legado não deverá ser depositado em Juízo, pois, essa medida afrontaria o texto do artigo 1926 do Código Civil antes citado.

Nesse sentido, a lição de CARLOS ROBERTO GONÇALVES:

> "Renda vitalícia é a que deve ser prestada pelo herdeiro ao legatário enquanto esse viver. Tanto esse benefício como o da concessão de pensão periódica têm finalidade assistencial e, por essa razão, são regulados conjuntamente. Entrega-se certo capital, em imóveis ou dinheiro, ao herdeiro encarregado em satisfazer o legado.
>
> A determinação de que a renda vitalícia ou a pensão periódica correm desde a morte do testador corresponde, na visão do legislador, à vontade presumida do testador. E a solução vale, quer seja de anos, quer de meses ou de dias o período por ele fixado." (*Direito Civil Brasileiro* – Volume VII – Direito das sucessões – Ed. Saraiva p. 353).

Ainda na mesma trilha, a Des. Maria Berenice Dias, do Tribunal de Justiça do Rio Grande do Sul, leciona:

> "Como todas as disposições testamentárias, também, o legado de renda vitalícia ou pensão periódica é devido desde a abertura da sucessão (CC 1.926). Nem precisava a lei dizer isso.
>
> Nem sempre o legado de renda tem caráter alimentar. Trata-se de legado instituído sobre uma fonte de renda, cujos ganhos e dividendos cabem ser alcançados periodicamente ao legatário. Assim o aluguel de algum imóvel, o rendimento de aplicação financeira ou a participação acionária em empresas é da responsabilidade dos herdeiros manter ativa a fonte de renda para assegurar o adimplemento do legado.
>
> Em face da natureza da obrigação, descabido aguardar a ultimação do inventário para que tenha início o pagamento." (*Manual das Sucessões*, Ed. RT, p. 393)

A redução, se necessária for, deverá obedecer o disposto no parágrafo primeiro do artigo 1.967, principiando pelos herdeiros instituídos (parte disponível) até onde baste, não devendo, assim, o legado deixado sofrer qualquer redução.

CLÁUSULA COMINATÓRIA

Pode o testador impor uma cláusula cominatória em seu testamento?

Orlando Gomes nos dá a resposta em seu livro de pareceres (*Novas questões de direito*, Saraiva, p. 359):

> "A cláusula cominatória de emprego mais corrente é a cláusula de decadência ou caducidade pela qual o testador proíbe o herdeiro de atacar o testamento ou disposições que contém, sob pena de perda de vantagens que lhe concedera (legados e benefícios).

Conquanto não esteja expressamente autorizada nos Códigos, a cláusula privatória é lícita, em tese. A princípio, tentou-se repeli-la, tendo-a como não escrita, com o argumento de que é direito de toda pessoa recorrer à justiça para conseguir a reforma de qualquer ato que lhe possa causar prejuízo, mas esse entendimento acolhido em tribunais franceses nos dois primeiros quartéis do século passado, foi completamente revisto. Doutrina e jurisprudência, trabalhando na área da aplicação do Código francês, passaram a adotar a tese oposta".

E prossegue o autor:

"Razão não havendo para se proibir entre nós tal cláusula, os autores a que recorremos podem ser consultados para apuração da validade da cláusula cassatória ou privatória que o testador inseriu no testamento com que faleceu.

Conforme esses ensinamentos, a cláusula cominatória é permitida porque nenhuma lesão ao interesse público se verifica quando um herdeiro ou legatário é compelido a perder um direito puramente privado, que concerne exclusivamente a seu interesse.

Como se trata de uma cláusula penal para assegurar o cumprimento de disposição testamentária, que é a cláusula principal, a validade da sanção depende da validade da obrigação cujo cumprimento garante, como esclarece Laurent. Desse modo, se a pena visa a impedir que se promova a anulação de uma disposição de conteúdo ilícito, a respectiva ação funda-se em motivo de ordem pública e, neste caso, a cláusula penal deve ser tida como se não fosse escrita, mas, se a ação se baseia num motivo de interesse puramente privado, a condição de não exercê-la deve ser considerada lícita e a pena testamentária deve ser aplicada em caso de contravenção, como professa Demolombe. É da maior importância, por outras palavras, saber se é lícita a disposição testamentária coberta pela cláusula privatória porque, se é ilícita, o herdeiro pode impugná-la sem incorrer na pena prescrita no testamento. Em suma: as disposições de interesse privado, legítimas em si mesmas, podem ser reforçadas".

Capítulo XXV
INVENTÁRIO E PARTILHA

RITO ORDINÁRIO OU SOLENE E RITO DO ARROLAMENTO

Com a redação dada pelo artigo 610 do Código de Processo Civil, o legislador autorizou o inventário extrajudicial, celebrado por escritura pública, desde que os herdeiros sejam maiores e capazes e não tenha o autor da herança deixado testamento.

O inventário extrajudicial será abordado em capítulo próprio ao final do livro.

O rito ordinário vem regulado pelos artigos 611 e seguintes do Código de Processo Civil, enquanto o rito de arrolamento sumário é regido pelos artigos 659 e seguintes, e o arrolamento comum pelos artigos 664 e 665.

O Provimento 56, de 14 de julho de 2016, do Conselho Nacional de Justiça determinou em seu art. 2° ser obrigatória para processamento dos inventários e partilhas judiciais, bem como, para lavrar escrituras públicas de inventário extrajudicial, a juntada da certidão acerca da inexistência de testamento deixado pelo autor da herança expedida pela Central Notarial de Serviços Compartilhados – Censec. A Censec foi instituída pelo Provimento 18/2012 da Corregedoria Nacional de Justiça.

RITO ORDINÁRIO

Havendo herdeiros menores ou incapazes ou inexistindo acordo entre os herdeiros quanto à partilha dos bens, o inventário deverá ser processado pelo rito ordinário.

Nada impede, contudo, que, sendo os herdeiros maiores e capazes e, mesmo estando acordes quanto à partilha dos bens, o inventário seja processado pelo rito ordinário.

O rito ordinário é uma forma mais demorada e mais onerosa de processamento em face dos prazos previstos e da existência de diversos atos solenes, como termos, avaliações, cálculos e partilhas judiciais.

No rito ordinário, a avaliação dos bens é feita pelos peritos do juízo; os cálculos do imposto causa *mortis* são elaborados pelo Contador Judicial e a partilha poderá ser elaborada pelo Partidor Judicial ou pelos interessados, caso sejam maiores, capazes e estejam acordes quanto à divisão dos bens.

Os interessados e fiscais (Ministério Público, se for o caso e Procuradoria do Estado) deverão ter ciência de todos os atos praticados.

O rito ordinário admite o requerimento de venda de bens da herança e o levantamento de importâncias durante seu processamento.

ORGANOGRAMA DO RITO ORDINÁRIO

1. Petição de abertura e pedido de nomeação de inventariante.
2. Despacho nomeando inventariante.
3. Termo de inventariante.
4. Primeiras declarações ou declaração de bens e herdeiros.
5. Audiência dos interessados e fiscais sobre as primeiras declarações.
6. Avaliação dos bens.
7. Vista aos fiscais.
8. Declarações finais.
9. Termo de ratificação das declarações finais.
10. Cálculo do imposto *causa mortis*.
11. Audiência dos interessados e fiscais sobre o cálculo.
12. Homologação do cálculo do imposto *causa mortis*.
13. Pagamento do imposto de transmissão *causa mortis*.
14. Partilha ou adjudicação.
15. Juntada das certidões fiscais.
16. Audiência dos interessados e fiscais sobre a partilha.
17. Homologação da partilha ou adjudicação.
18. Ciência da partilha aos fiscais.
19. Expedição do formal de partilha, carta de adjudicação e alvarás.

Abordaremos nos capítulos seguintes cada um desses temas.

RITO DE ARROLAMENTO SUMÁRIO

A Lei 7.019, de 31.08.1982, deu nova redação ao art. 1.031 do Código de Processo Civil de 1973, criando o rito de arrolamento, que visou simplificar o processamento do inventário, tornando-o mais célere, menos solene e menos oneroso para as partes.

Os artigos 659 e seguintes do CPC em vigor regulam o rito do arrolamento que se divide em arrolamento sumário e arrolamento comum.

O arrolamento propicia aos herdeiros uma substancial economia processual. A escassez de atos processuais permite um rápido andamento, proporcionando um menor acúmulo de processos nas Varas.

São requisitos para o processamento do inventário pelo rito de arrolamento sumário previsto no artigo 659:

1. que todos os herdeiros sejam capazes;
2. que estejam acordes quanto à partilha de bens.

O inventário poderá ser processado pelo rito de arrolamento sumário, não importando o valor dos bens que compõem o acervo hereditário.

O rito de arrolamento não comporta termos, avaliações (exceção do parágrafo único do art. 663) e cálculos de qualquer natureza.

Nas primeiras declarações, o inventariante relacionará os herdeiros, os bens, atribuindo-lhes os valores e, em seguida, fará a partilha amigável, juntando, também, as certidões fiscais e a guia de recolhimento das custas cartorárias.

Os autos serão remetidos aos fiscais para se pronunciarem, sendo, após, conclusos para homologação da partilha ou adjudicação.

Como prevê o artigo 663, a existência de credores não impede a homologação da partilha ou adjudicação, desde que reservados bens suficientes para o pagamento da dívida. Se o credor, regularmente notificado, não concordar com os valores atribuídos pelos herdeiros aos bens, impugnando-os, proceder-se-á a avaliação dos bens reservados. Esclareça-se, somente dos bens reservados.

A seguir, serão recolhidos os impostos *causa mortis*, dando-se vista à Procuradoria da Fazenda Estadual para ciência do pagamento do imposto, expedindo-se o formal de partilha ou carta de adjudicação e alvarás, se houver bens móveis.

Não constituem empecilhos para o processamento do rito de arrolamento:

1. A existência de testamento, porém, as primeiras declarações deverão estar adaptadas às disposições testamentárias.

2. A cessão de direitos hereditários. Poderão os herdeiros ceder seus direitos hereditários, sendo substituídos na partilha pelo cessionário.

3. A existência de bens em outra comarca distinta da do inventário. Os herdeiros atribuirão valor a esses bens, da mesma forma que o fizeram com os bens situados na comarca do inventário. Após a homologação da partilha ou adjudicação, o processo deverá ser levado à Secretaria de Fazenda do Estado onde se localiza o imóvel, para ser recolhido o imposto devido.

4. A existência de cotas de sociedade limitada não implica necessidade do processo de apuração de haveres. Os herdeiros atribuirão valores às cotas para efeito de inventário e, posteriormente, por ocasião do pagamento do imposto *causa mortis*; a Secretaria de Fazenda atribuirá o valor que entender correto.

Constitui requisito para a adoção do rito do arrolamento sumário serem os herdeiros maiores, pois para celebrarem a partilha amigável exige-se a sua plena capacidade civil.

POSSIBILIDADE DE ADOÇÃO DO RITO DE ARROLAMENTO COM HERDEIROS MENORES OU INCAPAZES

Não vemos óbice, porém, ao processamento do inventário pelo rito de arrolamento, quando o único herdeiro for menor ou incapaz, haja vista que inexistirá partilha.

Não há possibilidade de ocorrer prejuízo ao incapaz, por se tratar do único herdeiro, a quem serão adjudicados todos os bens da herança.

Temos conhecimento do processamento de alguns inventários pelo rito de arrolamento, previsto no artigo 659, da lei processual, em que o único herdeiro era menor, tendo encontrado receptividade por parte do Ministério Público e do Juízo, por entenderem tal rito ser menos oneroso, propiciando um benefício ao menor, desde que não traga qualquer prejuízo a ele.

Também, quando todos os herdeiros forem maiores e um ou vários

menores forem legatários, não vemos obstáculo ao processamento do inventário pelo rito de arrolamento, pois, recebendo os menores coisas determinadas e certas (legados), não haverá possibilidade de qualquer prejuízo. Pelo contrário, só obterão vantagem pela rapidez e menor onerosidade proporcionada pelo rito.

O artigo 665 abriu essa possibilidade, porém o legislador, sem qualquer razão plausível, estabeleceu um valor máximo para sua realização.

O que se deve ter em mente é a preservação do interesse dos menores ou incapazes e do Fisco. Sempre que se propiciar um benefício econômico ou de tempo ao incapaz, não existe razão para o Ministério Público ou o juiz inviabilizarem o rito do arrolamento.

A celeridade da prestação jurisdicional é, fora de dúvida, o maior objetivo a ser alcançado.

O legislador quer na parte material quer na parte processual, em diversos dispositivos relativos à matéria sucessória, previu a diminuição das formalidades processuais e atos do inventário.

Não obstante a existência de um herdeiro incapaz, a fim de viabilizar o recebimento dos bens pelo herdeiro e por seus irmãos e preservar os interesses dos envolvidos na sucessão, principalmente, do incapaz, abreviando a tramitação processual e antecipando o recolhimento do imposto de transmissão *causa mortis*, poderão propor a adoção do rito sumário mediante a partilha de todos os bens em condomínio, nos termos do artigo 659 e segs., do Código de Processo Civil.

O novel legislador, nesse caminho e sensível à problemática admitiu o pretendido rito no artigo 664 e seguintes do mesmo diploma, inobstante a presença de herdeiros incapazes, limitando, sem qualquer razão plausível, o valor do monte a 1.000 (mil) salários mínimos.

Doutrina e jurisprudência, acatando os princípios constitucionais:

a) da dignidade da pessoa humana;

b) do melhor interesse da criança e do adolescente, inclua-se aqui, também, o incapaz;

c) da efetividade;

d) da economia processual e, principalmente;

e) da celeridade.

Já são assentes quanto à admissibilidade desse rito, desde que não traga prejuízo aos herdeiros incapazes e concorde o Ministério Público.

O Professor Humberto Theodoro Junior, expondo sobre o arrolamento previsto nos artigos 1.031 e 1.036 do texto processual revogado, que correspondem aos atuais artigos 659 e 664, leciona em seu "Curso de Direito Processual Civil", v. III, 35. Ed., Editora Forense, p. 288:

"1.417 – Simplificação do inventário – O Código de Processo Civil, em seus artigos 1.030 a 1.038, cuida de procedimentos simplificados para certos tipos de inventário, criando uma espécie de *procedimentos compactos* em que grande parte das solenidades e termos do rito comum dos artigos antecedentes é eliminada, tornando o feito mais célere e econômico" (g.n.).

Prossegue o renomado magistrado mineiro, na página seguinte, abordando o artigo 1.036:

"A presença de incapazes entre herdeiros não afasta o procedimento do artigo 1.036. Impõe, porém, a citação do Ministério Público para funcionar na causa.

A simples participação do incapaz não torna obrigatória a avaliação judicial. Somente quando algum herdeiro ou o Representante do Ministério Público discordar da estimativa do inventariante é que tal medida se tornará indispensável (art. 1.036, pg. 1º)".

O Professor e advogado paulista, Rennan Faria Krüger Thamay, analisando a novidade apresentada no artigo 665 do CPC, esclarece:

"Trata-se de importante inovação do NCPC possibilitando-se adotar o procedimento do arrolamento, *ainda que haja interessado menor*, desde que como condição necessária concordem todas as partes e o Ministério Público." *in* "Novo CPC Anotado e Comparado para Concursos", coordenação de Simone Diogo Carvalho Figueiredo, Ed. Saraiva, p. 652 (grifo).

A jurisprudência acompanha o mesmo entendimento:

"Agravo de instrumento. Inventário – Conversão em arrolamento – Menor relativamente incapaz – Possibilidade – Princípios da instrumentalidade e da celeridade – Artigo 5º, inciso LXXVIII, da Constituição Federal.

1. 'Não ofende o devido processo legal a decisão que converte o inventário em arrolamento, a pedido dos herdeiros, se o plano de partilha respeitar os interesses do herdeiro incapaz, e tiver por finalidade o atendimento à celeridade processual, como princípio previsto no art. 5º, LXXVII, da Constituição Federal' (Parecer proferido pelo Ilustre Procurador de Justiça Milton José Furtado fl. 116).

2. O princípio da instrumentalidade conduz à aplicação teleológica racional das normas processuais, evitando a literalidade, os excessos do formalismo e que a própria norma se converta em um fim em si mesma. 3. Recurso conhecido e provido" (TJPR, 11ª C.Cível, AI 713784-0, Rel. Des. Ruy Muggiati, j. 02.02.2011).

Ademais, sendo a partilha de todos os bens inventariados celebrada em condomínio entre os filhos, afasta-se qualquer possibilidade de prejuízo a quem quer que seja, abrevia-se o andamento processual, tornando-o menos oneroso e propiciando somente benefícios às partes, principalmente ao curatelado e ao Fisco.

A LIMITAÇÃO DO VALOR

O argumento do valor do monte extrapolar o estabelecido pelo legislador para possibilidade de adoção do rito de arrolamento com herdeiro incapaz, não procede, pois, a obrigação do operador de Direito, seja o magistrado, seja o membro do Ministério Público, seja do advogado, é verificar e resguardar o melhor interesse do incapaz.

A doutrina, de Cintra, Grinover e Dinamarco bem elucida esse dever do Estado:

> "Seja nos casos de controle jurisdicional indispensável, seja quando simplesmente uma pretensão deixou de ser satisfeita por quem poderia satisfazê-la, a pretensão trazida pela parte do processo clama por uma solução que faça justiça a ambos os participantes do conflito e do processo. Por isso é que se diz que o processo deve ser manipulado de modo a propiciar às partes o acesso à justiça, o qual se resolve, na expressão muito feliz da doutrina brasileira recente, em "acesso à ordem jurídica justa". *In* CINTRA, Antonio Carlos de Araujo; GRINOVER, Ada Pellegrini; DINAMARCO, Candido Rangel. *Teoria geral do Processo*. 18 ed. São Paulo: Malheiros, 2002. p. 33 (grifo nosso).

A jurisprudência tem admitido o processamento do inventário pelo rito sumário, em diversas situações, independente, do valor dos bens, desde que não traga prejuízo para os herdeiros incapazes.

> "Inventário – Filha menor. Única herdeira. Adjudicação dos bens. Se o finado deixou um único herdeiro ainda que menor, pode o inventário de seus bens se processar pela forma do arrolamento, prevista nos artigos 1.031 e seguintes do CPC com a redação dada pela Lei 7.019 de 31.08.1982, uma vez protegido o interesse do menor e a adjudicação dos bens ao herdeiro único menor (TJRJ Agravo de instrumento n. 0021752-971998.002.07898) 16ª. CC. Relator Des. Paulo Gustavo Horta, julgado em 01.06.1999);
> "Agravo de instrumento – Processo judicial de inventário – Decisão de conversão de inventário tradicional em arrolamento-interlocutória que não ofende a lei processual por ter sido nomeado curador do herdeiro incapaz – Desconsideração do teto previsto no art. 1.036 do CPC, que mantém o valor desatualizado – Simplificação do procedimento para que se possa obter maior resultado com o mínimo de emprego de atividade processual. (Agravo de Instrumento 0436/2004, 6ª. Vara Cível, Tribunal de Justiça do Estado de Sergipe – Des. José Alves, Relator – Julgado em 15.02.2005)

Portanto, entendemos que não deve, nem pode, o Judiciário ficar omisso a essa situação que só traz benefícios aos herdeiros, ao incapaz e ao Fisco.

PAGAMENTO DO IMPOSTO DE TRANSMISSÃO CAUSA MORTIS NO RITO DO ARROLAMENTO

Declara o texto do § 2º, *in fine*, do artigo 659, que o formal de partilha, carta de adjudicação e alvarás serão expedidos anteriormente ao pagamento da sisa

> "Transitada em julgado a sentença de homologação de partilha ou adjudicação será lavrado o formal de partilha ou de adjudicação, será lavrado o formal de partilha ou elaborada a carta de adjudicação e, em seguida, serão expedidos os alvarás referentes aos bens e as rendas por ele abrangidas, intimando-se o Fisco para lançamento administrativo do imposto de transmissão e de outros tributos porventura incidentes, conforme dispuser a legislação tributária, nos termos do parágrafo 2º. do art. 662".

Interpretando o aludido dispositivo, o Superior Tribunal de Justiça ao julgar o Tema 1.074, no regime de recursos especiais repetitivos REsp 1.896.526, tendo sido firmada a seguinte tese:

> "No arrolamento sumário, a homologação da partilha ou da adjudicação, bem como a expedição do formal de partilha e da carta de adjudicação, não se condicionam ao prévio recolhimento do imposto de transmissão causa mortis, devendo ser comprovado, todavia, o pagamento dos tributos relativos aos bens do espólio e às suas rendas, a teor dos arts. 659, § 2º, do CPC/2015 e 192 do CTN".

Os títulos poderão ser expedidos independente da comprovação do pagamento do imposto de transmissão *causa mortis*.

LEVANTAMENTO DE DEPÓSITOS BANCÁRIOS NO RITO DO ARROLAMENTO

Em princípio, no rito de arrolamento não se admite qualquer incidente, como a venda de bens ou levantamento de importâncias.

Entretanto, não possuindo os herdeiros recursos e existindo no acervo hereditário depósitos bancários ou aplicações financeiras, poderão os herdeiros solicitar ao juiz o seu levantamento para enfrentar as despesas processuais. Para garantia do Fisco, poderá o juiz determinar que se faça antecipadamente o recolhimento do imposto *causa mortis* da quantia que se pretende levantar. Não deverá ser necessariamente um saldo bancário; poderá ser a venda de um automóvel, um título de clube, ações etc.

Ainda que seja um imóvel, pode o magistrado permitir sua alienação a fim de serem obtidos recursos para pagamento do imposto devido.

A herança pertence aos herdeiros, não devendo o magistrado, o Fisco ou o Ministério Público criar embaraços ou dificultar o seu recebimento.

MODELO DE PETIÇÃO EM ARROLAMENTO SUMÁRIO REQUERENDO LEVANTAMENTO DE DEPÓSITO BANCÁRIO PARA ENFRENTAR AS DESPESAS PROCESSUAIS

"Exmo. Sr. Dr. Juiz de Direito da 10ª Vara de Órfãos e Sucessões

Proc. n. ___________

Gisela Martins da Rocha, viúva meeira e inventariante nos autos de inventário dos bens deixados por seu finado marido, Pedro Rocha, vem, com a concordância de todos os herdeiros, requerer a V. Exª a expedição de alvará para levantamento do saldo existente na conta corrente n. ___________, emitida na ag. ___________, do Banco ___________, em nome do ***de cujus***, para fazer frente às despesas processuais.

Para garantia do Fisco, requer seja o imposto de transmissão ***causa mortis*** relativo ao mencionado saldo recolhido antecipadamente, remetendo-se, para tanto, os autos à Secretaria de Fazenda. (parágrafo opcional)

Termos em que,

P. Deferimento.

(data).

Carlos Flexa Ribeiro

OAB/RJ n. ___________

Obs. A petição deverá ser dirigida ao Juízo competente para processar os autos de inventário.

MODELO DE PETIÇÃO EM ARROLAMENTO SUMÁRIO REQUERENDO VENDA DE IMÓVEIS, CUJOS IMPOSTOS JÁ FORAM PAGOS, PARA ARRECADAR RECURSOS DESTINADOS AO PAGAMENTO DO IMPOSTO DOS DEMAIS BENS

Exmo. Sr. Dr. Juiz de Direito da ___________ Vara de Órfãos e Sucessões da Comarca da Capital

Proc. n. ___________

Pedro Sa, na qualidade de inventariante e testamenteiro nomeado, nos autos de inventário dos bens deixados por Maria Martins, vem, por seu advogado, expor e requerer a V. Ex.ª o que segue: Homologada a partilha amigável, não possuem os herdeiros recursos suficientes para arcar com o pagamento do imposto de transmissão de todos os imóveis.

Para tanto, é necessário alienar alguns bens e com os valores obtidos recolher a sisa devida.

Dessa forma, o inventariante recolheu antecipadamente o imposto de transmissão "causa mortis" referente aos: 1) apartamento ___________ do edifício sob o n. ___________ da Avenida ___________; 2) apartamento ___________ do edifício sob o n. ___________ da Avenida ___________; 3) apartamento ___________ do edifício sob o n. ___________ da Avenida ___________; 4) apartamento ___________ do edifício sob o n. ___________ da Avenida ___________, conforme guias anexas.

Ante o exposto, vem requerer a V. Ex.ª a remessa dos autos a Procuradoria do Estado, para que se pronuncie sobre o pedido de venda dos imóveis acima, cujos impostos encontram-se pagos, depositando-se o produto da venda em uma conta Depósitos Judiciais, à disposição do Juízo, para garantia do pagamento da sisa dos demais bens do espólio

Termos em que,

Pede deferimento.

Rio de janeiro, 18 de março de 2018

João Medeiros de Faria

OAB/RJ ....

ORGANOGRAMA DO RITO DO ARROLAMENTO SUMÁRIO

1. Petição comunicando o óbito e requerendo a inventariança.
2. Despacho nomeando o inventariante.
3. Petição de primeiras declarações (declaração de bens e herdeiros), atribuição de valores aos bens, partilha amigável ou pedido de adjudicação.
4. Juntada das certidões fiscais e taxa judiciária.
5. Vistas aos fiscais.
6. Sentença homologando a partilha ou adjudicação.
7. Pagamento do imposto de transmissão *causa mortis*.
8. Vista aos fiscais.
9. Expedição do formal de partilha, carta de adjudicação e alvarás.

RITO DO ARROLAMENTO COMUM

O arrolamento comum vem previsto no artigo 664 do CPC, que estabeleceu o valor dos bens igual ou inferior a 1.000 (mil) salários mínimos para seu processamento.

Pela leitura do texto, sempre que o valor dos bens for igual ou inferior ao teto estabelecido pela lei, obrigatoriamente o rito deverá ser do arrolamento comum diferente do arrolamento sumário.

No arrolamento comum, segundo o texto do artigo 664, cabe ao inventariante, independentemente da assinatura de termo de compromisso, apresentar a declaração de bens, atribuir valores aos mesmos e o plano de partilha.

Se houver impugnação dos valores, o Juiz nomeará avaliador para apresentar o laudo e em audiência designada deliberará sobre a partilha.

Ora, se isso não ocorre quando todos os herdeiros estão acordes, isto é, estão em consonância com os valores atribuídos aos bens e com a partilha que eles próprios estarão assinando, não há razão para que o rito adotado seja o comum do artigo 664.

O que ocorre na prática é que independentemente de o valor dos bens ser igual ou inferior a 1.000 (mil) salários mínimos, quando todos os herdeiros estão acordes quanto aos valores atribuídos aos bens e a partilha, o rito adotado é o arrolamento comum.

O legislador trouxe boa novidade ao permitir que, mesmo existindo herdeiro incapaz, desde que concordem todas as partes e o Ministério Público, o inventário poderá seguir o rito do arrolamento sumário. Perdeu a oportunidade, porém, de atender aos princípios da celeridade, da efetividade, da economia processual e, principalmente, do melhor interesse da criança e do adolescente, ao impor um teto monetário para adoção do rito do arrolamento comum, muito mais eficiente que o sumário.

Entretanto, a jurisprudência já admitia, na vigência do Código revogado, o rito do arrolamento comum, não havendo prejuízo ao herdeiro incapaz, como vemos no seguinte acórdão:

> "Agravo de instrumento. Inventário – Conversão em arrolamento – Menor relativamente incapaz – Possibilidade – Princípios da instrumentalidade e da celeridade – Artigo 5º, inciso LXXVIII, da Constituição Federal.
>
> 1. 'Não ofende o devido processo legal a decisão que converte o inventário em arrolamento, a pedido dos herdeiros, se o plano de partilha respeitar os interesses do herdeiro incapaz, e tiver por finalidade o atendimento à celeridade processual, como princípio previsto no art. 5º, LXXVII, da Constituição Federal' (Parecer proferido pelo Ilustre Procurador de Justiça Milton José Furtado – fl. 116).
>
> 2. O princípio da instrumentalidade conduz à aplicação teleológica racional das normas processuais, evitando a literalidade, os excessos do formalismo e que a própria norma se converta em um fim em si mesma. 3. Recurso conhecido e provido" (TJPR, 11ª Câm. Cível, AI 713784-0, Rel. Des. Ruy Muggiati, j. 02.02.2011).

A doutrina, também, tem se manifestado favoravelmente.

O Professor Humberto Theodoro Junior, expondo sobre o arrolamento previsto nos artigos 1.031 e 1.036 do texto processual revogado, que correspondem, respectivamente, aos atuais artigos 659 e 664, leciona em seu *Curso de Direito Processual Civil* (v. III, 35. ed., Forense, p. 288):

> "1.417 – Simplificação do inventário – O Código de Processo Civil, em seus artigos 1.030 a 1.038, cuida de procedimentos simplificados para certos tipos de inventário, criando uma espécie de *procedimentos compactos* em que grande parte das solenidades e termos do rito comum dos artigos antecedentes é eliminada, tornando o feito mais célere e econômico".

Prossegue o renomado magistrado mineiro, na página seguinte, abordando o artigo 1.036:

> "A presença de incapazes entre herdeiros não afasta o procedimento do artigo 1.036. Impõe, porém, a citação do Ministério Público para funcionar na causa".

A simples participação do incapaz não torna obrigatória a avaliação judicial. Somente quando algum herdeiro ou o Representante do Ministério Público discordar da estimativa do inventariante é que tal medida se tornará indispensável.

O Professor Rennan Faria Krüger Thamay, analisando a novidade apresentada no artigo 665 do CPC, esclarece:

> "Trata-se de importante inovação do NCPC possibilitando-se adotar o procedimento do arrolamento, *ainda que haja interessado menor*, desde que como condição necessária concordem todas as partes e o Ministério Público" (*Novo CPC anotado e comparado para concursos*, coord. de Simone Diogo Carvalho Figueiredo, Saraiva, p. 652).

Em nossa visão, é certo que simples participação do incapaz não torna obrigatória a avaliação judicial e a aplicação do artigo 664. Somente quando algum herdeiro ou o representante do Ministério Público discordar da estimativa do inventariante é que tal medida se tornará indispensável.

Capítulo XXVI
A HERANÇA E A MEAÇÃO

Preceitua o artigo 1.784:

> "Aberta a sucessão, a herança transmite-se, desde logo, aos herdeiros legítimos e testamentários".

No exato momento do óbito do autor da herança transmite-se a herança aos herdeiros legítimos e testamentários. É o princípio da *saisine*, proveniente do direito francês: "*Le mort saisit le vif*".

A herança não permanece por um instante acéfala. Falecido o *de cujus*, a herança instantaneamente se transmite para seus sucessores. O Direito, assim, pretende evitar os direitos vazios de sujeitos. Procura impedir que os direitos, que ficaram sem sujeito, em face do óbito de seu titular, permaneçam nessa situação.

A herança é considerada pelo legislador como um todo indivisível.

Cada um dos herdeiros tem até a partilha direito a essa universalidade.

Reza o artigo 1.791:

> "A herança defere-se como um todo unitário, ainda que vários sejam os herdeiros.
>
> Parágrafo único. Até a partilha, o direito dos coerdeiros, quanto à propriedade e posse da herança, será indivisível, e regular-se-á pelas normas relativas ao condomínio".

O condomínio vem previsto nos artigos 1.314 e seguintes do Código

Civil.

O art. 1.315 prescreve que o condômino é obrigado, na proporção de sua parte, a concorrer para as despesas da conservação ou divisão da coisa e a suportar os ônus a que estiver sujeita. Havendo depósitos bancários em nome do falecido, deverá o juiz facilitar o levantamento ou mesmo autorizar o débito em conta das obrigações a vencer, evitando que o espólio se torne inadimplente, pagando multas desnecessárias.

Andou bem o legislador, ao declarar que a herança regular-se-á pelas regras do condomínio, resolvendo, assim, uma série de divergências anteriormente existentes, entre as quais podemos destacar a ocupação por um herdeiro de imóvel pertencente ao espólio sem nada pagar aos demais a título de remuneração.

MEAÇÃO

Meação não é herança. A meação decorre do regime de bens escolhido no matrimônio. Algumas vezes, necessita o cônjuge sobrevivente, principalmente quando o mantenedor das despesas familiares é o cônjuge falecido, levantar quantia correspondente à sua meação para garantir a sua subsistência e, também, de seus filhos. Não deve o magistrado tampouco a Procuradoria do Estado dificultar o levantamento haja vista que sobre a meação não existe imposto a pagar e, repita-se, meação não é herança.

LEVANTAMENTO DA MEAÇÃO

Outrossim, nada impede que a viúva solicite o levantamento de importância, correspondente a sua meação.

Por vezes, enfrentando dificuldades em face do falecimento do chefe e maior provedor da família, vê-se o cônjuge em situação financeira bastante delicada para fazer frente às despesas que antes eram arcadas pelo *de cujus*.

Como não incide imposto sobre a meação, o juiz poderá deferir o pedido de plano.

Não é razoável que a viúva detentora de sua meação, não em virtude do falecimento, mas do regime de bens eleito no seu matrimônio, tenha de aguardar a partilha para receber as importâncias que faz jus decorrente da comunhão.

É fundamental que os órgãos da justiça entendam que a meação pertence à meeira, devendo ser facilitado o seu recebimento.

A 2ª Câmara Cível do Tribunal de Justiça do Estado do Rio de Janeiro apreciou a matéria no julgamento do AI 2008.002.32353, relatado pela Des. Elizabeth Filizzola, assim ementado:

> "Agravo de instrumento. Remoção do cônjuge supérstite da inventariança, outorga da administração de bens a nova inventariante (art. 998, CPC). Viúvo que pretende continuar a perceber metade dos alugueres dos imóveis. Possibilidade. Cônjuge supérstite que titulariza a meação do patrimônio do casal, cuja natureza não se confunde com a herança. Situação de copropriedade. Necessidade de divisão dos frutos dos imóveis, ante a demonstração da essencialidade da verba para a subsistência do viúvo".

No mesmo sentido, a decisão da 11ª Câmara Cível do mesmo Tribunal, quando do julgamento do AI 2003.002.22649, relatado pelo. Des. Amaury Arruda de Souza, assim ementado:

> "Inventário com cumprimento de testamento. Pedido de levantamento da parte incontroversa da meação conjugal. Meeiro septuagenário. Falecimento de herdeiro testamentário. Distante o fim do inventário. Indeferimento do pedido. Provimento do agravo".

Deste acórdão extrai-se o trecho seguinte:

> "Devido às circunstâncias especiais deve ser atendido o pedido do agravante. Vejamos: O valor pleiteado pelo agravante para ser levantado não é controverso. Metade do montante depositado lhe é devido pela meação conjugal. Pelo reembolso das despesas com o inventário lhe são devidos mais 6,20%".

Certamente, quando o legislador processual estipulou no artigo 651 que o partidor organizará o esboço de partilha, observando nos pagamentos a seguinte ordem: dívidas atendidas; meação do cônjuge; meação disponível e quinhões hereditários, não quis, de forma alguma, determinar que o cônjuge só poderá receber sua meação por ocasião da partilha, mas, sim, que no pagamento do cônjuge constarão tanto os bens já recebidos durante o inventário, quanto os a receber decorrentes de sua meação.

Na prática:

1. A petição deverá ser assinada pela Requerente, eis que a mesma pretende seja a importância incluída em sua meação. Essa é uma forma de resguardar o advogado de problemas futuros.

2. O pedido poderá ser de venda de um automóvel ou qualquer outro bem que caiba na meação do cônjuge sobrevivente. Tratando-se de alienação de bem, a petição deverá vir assinada por todos os herdeiros.

Processando-se pelo rito ordinário, deverá o bem-estar avaliado, pois a alienação dificultará uma posterior avaliação.

No rito do arrolamento, os levantamentos ou vendas são deferidos em casos excepcionais. Não vemos impossibilidade, contudo, de o juiz deferir o pedido, se o herdeiro recolher antecipadamente o imposto correspondente à importância que pretende levantar ou do bem que pretende vender. O Fisco já se encontrará resguardado com o recolhimento da sisa antecipado.

Cabe ao Judiciário facilitar e promover todos os meios para que os herdeiros recebam a herança que lhes cabe.

Capítulo XXVII
PRAZO PARA ABERTURA E ENCERRAMENTO DOS AUTOS DE INVENTÁRIO

O artigo 611 do Código de Processo Civil, estabeleceu o prazo de abertura do inventário para dois meses, marcando o prazo de encerramento nos doze meses seguintes.

Prescreve o aludido mandamento com a nova redação:

> "O processo de inventário e partilha deve ser aberto dentro de 2 (dois meses) a contar da abertura da sucessão, ultimando-se nos 12 (doze) meses subsequentes, podendo o juiz prorrogar tais prazos, de ofício ou a requerimento da parte".

Ficou, também, revogado o prazo de abertura estabelecido no artigo 1.796 do Código Civil.

O inciso V, do artigo 37, da Lei Estadual do Rio de Janeiro 7.174, de 30.12.2015, estipulou a multa de 10% (dez por cento) sobre o imposto de transmissão *causa mortis*, que somente será imposta quando o inventário judicial for aberto após 2 meses do óbito.

Caso o autor da herança tenha deixado testamento e sendo necessário seu cumprimento anteriormente ao inventário, deveria se computar, para efeito de contagem de prazo, a data da distribuição do processo de cumprimento do testamento, entendimento que nos parece o mais acertado, entretanto, não adotado em alguns Estados.

O legislador estabeleceu o prazo de doze meses para encerramento do inventário. Esse prazo geralmente não é obedecido e, não havendo litígio entre os herdeiros, não acarretará maiores problemas, desde que os prazos para recolhimento do imposto sejam obedecidos.

Havendo discórdia entre os herdeiros e o inventariante, poderá este ser responsabilizado pela demora, perdendo, se tiver culpa, o cargo que exerce.

Se o imposto de transmissão *causa mortis* for pago fora do prazo, os herdeiros serão penalizados com a multa.

No inventário extrajudicial, no Estado do Rio de Janeiro, as guias para recolhimento do imposto de transmissão *causa mortis* deverão ser requeridas na Secretaria de Fazenda, em formulário próprio, no prazo de 90 (noventa) dias, a contar da abertura da sucessão, evitando, assim, a imposição da multa.s

Capítulo XXVIII
LEGITIMIDADE PARA REQUERER A ABERTURA DOS AUTOS DE INVENTÁRIO

Prescreve o artigo 615 do Código de Processo Civil:

"O requerimento de inventário e partilha incumbe a quem estiver na posse e administração do espólio, no prazo estabelecido no art. 611.

Parágrafo único. O requerimento será instruído com a certidão de óbito do autor da herança."

E o artigo 616 do mesmo diploma:

"Tem, contudo, legitimidade concorrente:

I – o cônjuge ou companheiro supérstite;

II – o herdeiro;

III– o legatário;

IV– o testamenteiro;

V– o cessionário do herdeiro ou do legatário;

VI– o credor do herdeiro, do legatário, ou do autor da herança;

VII VII– o Ministério Público, havendo herdeiros incapazes;

VIII– a Fazenda Pública, quando tiver interesse;

IX– o administrador judicial da falência do herdeiro, do legatário, do autor da herança ou do cônjuge ou companheiro supérstite".

O inventário deverá ser requerido por quem estiver na posse e administração da herança. Não é necessário que seja um herdeiro do falecido, mas qualquer pessoa que se encontre na administração.

Poderá ser inclusive uma pessoa jurídica que esteja administrando os bens do autor da herança, como, por exemplo, uma administradora de imóveis.

Sendo os imóveis administrados por uma sociedade administradora ou mesmo um profissional de administração, e vindo o proprietário a falecer, não deve a sociedade reter indefinidamente em seu poder as importâncias provenientes dos alugueres e tampouco entregá-las a qualquer pessoa que se apresente como herdeiro.

Deverá requerer a abertura do inventário e solicitar ao juiz guia para depósito das importâncias que se encontram em seu poder, apresentando um balanço das contas.

Poderá, inclusive, requerer permissão para prosseguir na administração dos bens, evitando prejuízo ao espólio até que se habilite algum herdeiro. Alerte-se que a procuração outorgada pelo autor da herança para a administração perdeu seus efeitos com o óbito.

O legislador atribuiu legitimidade para requerer a abertura do inventário a várias pessoas além da que estiver na posse e administração da herança.

Não havendo, porém, quaisquer dos relacionados pelo legislador, poderá qualquer pessoa que tenha interesse em relação a herança requerer a abertura do inventário (art. 615 do CPC).

A petição de abertura do inventário, na maioria das vezes, simplesmente comunica o falecimento do autor da herança.

Nada impede, porém, que, de posse de dados suficientes, a petição inicial, além de comunicar o óbito, constitua, também, a declaração de bens e herdeiros.

MODELO DE PEDIDO DE ABERTURA DE INVENTÁRIO

"Exmo. Sr. Dr. Juiz de Direito da Vara de Órfãos e Sucessões

Marta Silveira Santos, brasileira, viúva, do lar, portadora da carteira de identidade expedida pelo IFP em 12.01.1943, sob n. ___________, e do CPF n. ___________, residente e domiciliada nesta cidade, vem, por seu procurador, requerer a abertura dos autos de inventário dos bens deixados por seu finado marido Murilo Silva Santos, falecido nesta cidade, onde era residente e domiciliado, no dia 12.06.1999, no estado civil de casado com a Requerente pelo regime da comunhão universal, sem deixar testamento, deixando herdeiros e bens a inventariar, que serão, oportunamente, relacionados.

Requer, outrossim, nos termos do artigo 617, do CPC, seja nomeada inventariante do espólio.

Dá à causa o valor de R$ 5.000,00.

Termos em que,

P. Deferimento.

(data).

Isabel Medeiros Faria

OAB/RJ n.__________

Obs.: A petição deverá ser dirigida ao Juízo competente para processar os autos de inventário.

Da petição deve constar:

1. a qualificação completa da Requerente;
2. a relação de parentesco com o *de cujus*;
3. a data do óbito e o local do domicílio do autor da herança (fixar a competência);
4. a existência de testamento, herdeiros e bens;
5. o pedido de nomeação de inventariante.

Se o inventariado deixar testamento, é necessário que, preliminarmente, seja determinado o seu cumprimento por meio do processo competente. Neste caso, a petição de abertura do inventário se destinará somente à comunicação do óbito do autor da herança para prevenir o prazo para distribuição. Após distribuído o inventário, deverá ser requerida a distribuição do processo de "Cumprimento e Registro de Testamento" por dependência ao inventário.

MODELO DE PEDIDO DE ABERTURA DE INVENTÁRIO POR DEPENDÊNCIA AOS AUTOS DE TESTAMENTO

"Exmo. Sr. Dr Juiz de Direito da Vara de Órfãos e Sucessões

Proc. n. __________

Hilda Pestana, brasileira, viúva, do lar, residente e domiciliada à __________, n. __________, apto. __________, nesta cidade, portadora da carteira de identidade expedida pelo IFP sob n. __________ e do CPF n. __________, vem, por seu advogado, requerer a abertura dos autos de inventário dos bens deixados por seu finado tio Júlio de Almeida Pestana, ocorrido em 12 de maio passado, nesta cidade, onde era residente e domiciliado, deixando testamento, que será, posteriormente, distribuído por dependência a este Juízo.

Dá à causa o valor de R$ 5.000,00.

Nestes termos,

Pede Deferimento.

(data).

Antonio Medeiros Faria

OAB/RJ __________

Obs.: A petição deverá ser dirigida ao Juízo competente para processar os autos de inventário.

A petição deverá vir instruída com a certidão de óbito do autor da herança, a certidão de nascimento ou casamento do requerente e a procuração.

Sempre deverá ser comprovada, por meio das respectivas certidões, a relação de parentesco entre o autor da herança e os herdeiros.

Algumas vezes, essas provas se tornam difíceis de efetuar em face da idade das pessoas e da distância de parentesco, devendo o Juízo considerar as evidências apresentadas em cada caso.

O Tribunal de Justiça do Estado do Rio de Janeiro, mediada pela 1ª Câmara Cível, julgando o Agravo de Instrumento 1999.002.07.589/1999, relatado pelo Des. Martinho Campos, assim decidiu:

"Inventário – Falecimento de ascendente – Dispensa de provas – Art. 10 – Art. 482 CC – Interpretação analógica.

> Inventário. Requerimento por irmão de pessoa falecida com 83 anos de idade. Exigência da prova do óbito dos ascendentes e da inexistência de irmãos. Não é razoável que se exija a prova de óbito de ascendentes de uma pessoa falecida aos oitenta e três anos. Socorrem analogicamente o agravante os artigos 10 e 482 do Código Civil, que presumem a morte do ausente que conta 80 anos de idade. A exigência da prova de inexistência de irmãos, por ser negativa, não pode ser determinada". Ementário de Jurisprudência do Tribunal de Justiça do Estado do Rio de Janeiro, publicado no *Diário Oficial* n. 23, de 03.02.2000, p. 279, Ementa 21".

Sendo o Requerente cessionário da herança, deverá juntar a certidão da respectiva escritura de cessão.

O cessionário deverá comprovar que os cedentes dos direitos hereditários são herdeiros do autor da herança. Assim, quando a cessão de direitos hereditários se verificar após o óbito, mas, anteriormente à abertura dos autos de inventário, o cessionário deve solicitar aos cedentes que lhe forneçam as respectivas certidões de nascimento ou casamento, evitando problemas futuros com a obtenção desses documentos.

Capítulo XXIX
O ADMINISTRADOR PROVISÓRIO E O INVENTARIANTE

SUAS FUNÇÕES

Vislumbramos duas fases distintas na administração dos bens no inventário:

A primeira fase, da administração provisória, se inicia com a abertura da sucessão e se prolonga até a nomeação do inventariante.

A segunda fase, da inventariança, se estende do momento que o inventariante presta o compromisso até a sentença homologatória da adjudicação ou partilha.

Primeira fase – Administração provisória

Entre a data da abertura da sucessão e a nomeação do inventariante pode ocorrer um razoável lapso de tempo, por diversas razões: o testador deixou testamento e deve-se aguardar o processo de cumprimento; pode haver uma disputa entre os herdeiros pelo exercício do cargo de inventariante, ou, ainda, pela demora dos próprios herdeiros em promover a abertura do inventário.

Falecendo o autor da herança, os bens que compõem o acervo não deverão ficar ao abandono. Ao contrário, deverão ser administrados por quem tenha interesse na herança.

Essa administração importa na apuração dos bens que compõem o monte, na sua conservação para posterior partilha e, ainda, na administração propriamente dita evitando a dilapidação do patrimônio e propiciando, se possível, rendimentos ao espólio.

Administrador provisório

A figura do administrador provisório está prevista no artigo 613 do Código de Processo Civil:

> "Até que o inventariante preste o compromisso, continuará o espólio na posse do administrador provisório".

Os bens inventariados devem ser geridos por aquele que se encontra na posse e administração da herança.

Inovou o legislador no artigo 1.797 do Código Civil ao estabelecer uma ordem de pessoas, declarando que a administração da herança caberá sucessivamente:

"1 – ao cônjuge ou companheiro, se com o outro convivia ao tempo da abertura da sucessão;

2 – ao herdeiro que estiver na posse e administração dos bens, se houver mais de um nessas condições ao mais velho;

3 – ao testamenteiro;

4 – a pessoa de confiança do juiz, na falta ou escusa das indicadas nos incisos antecedentes, ou quando tiverem de ser afastadas por motivo grave levado ao conhecimento do juiz".

Ao preceituar que o cargo caberá sucessivamente, deduz-se que essa ordem é preferencial e uma pessoa só é chamada se não houver outra na classe antecedente.

Diferentemente da inventariança, o legislador não afirmou que o juiz nomeará o administrador provisório, donde se conclui que a administração provisória será exercida independentemente de nomeação judicial. Entretanto, não vemos óbice para que o interessado requeira ao juiz sua nomeação com a finalidade de fazer prova onde for necessário.

Sendo a união estável uma situação de fato, a nomeação da companheira poderá trazer problemas ao magistrado, pois o processo de inventário não é a sede própria para comprovação da convivência.

Sempre que houver divergência entre os herdeiros quanto a administração provisória, o juiz pode e deve solucionar o conflito ultrapassando essa fase e nomeando imediatamente o inventariante.

A partir da abertura do inventário, em qualquer momento, pode o juiz nomear o inventariante do espólio e, sempre que houver necessidade, deverá fazê-lo com a maior celeridade, pondo ordem no processo.

Não cabe pedido de remoção de administrador provisório, pois, nomeando o inventariante, o magistrado põe fim à administração provisória.

Preceitua o artigo 614 do CPC:

"O administrador provisório representa ativa e passivamente o espólio, é obrigado a trazer ao acervo os frutos que desde a abertura da sucessão percebeu, tem direito ao reembolso das despesas necessárias e úteis que fez e responde pelo dano a que, por dolo ou culpa, der causa".

O dispositivo acima refere-se aos deveres do administrador provisório da herança, que a administrará e a representará enquanto não houver a nomeação do inventariante.

Como a própria denominação diz, trata-se de um administrador provisório e, como tal, deve se comportar.

Nesse período, o administrador provisório deve receber os alugueres, fazer os pagamentos dos impostos e taxas e, se for necessário, contratar os préstimos de uma administradora ou de um profissional para auxiliá-lo na administração dos bens, não devendo, entretanto, mudar a administradora que foi eleita pelo inventariado.

Não deve o administrador provisório, também, celebrar contratos de aluguel sem autorização judicial, tampouco praticar qualquer ato que envolva longa duração, eis que seu cargo é provisório.

Representação ativa e passiva do espólio

Estabelece o citado artigo que o administrador provisório representa ativa e passivamente o espólio. Pode ser necessário que o espólio se faça representar em uma ação substituindo o autor ou o réu falecido.

É dever do juiz nomear um administrador provisório para atender exigência formulada em outro processo enquanto aguarda-se a nomeação do inventariante. Pode ser que o administrador nomeado necessite de uma certidão para comprovar o exercício do cargo e se habilitar nos respectivos autos em que o espólio for autor ou réu.

Prestação de contas

O administrador provisório deve prestar contas de sua atuação depositando o saldo em dinheiro que tiver em seu poder, tão logo seja nomeado o inventariante.

Essa prestação de contas, por economia processual, poderá ser feita diretamente ao inventariante nomeado, obtendo a quitação devida. Caso o inventariante não aceite as contas, deverão elas, então, ser processadas em apenso aos autos de inventário.

A figura do administrador provisório é admitida, ainda que o inventário seja processado pelo rito do arrolamento, tendo em vista a possibilidade de demora na nomeação do inventariante por ter o falecido deixado testamento ou qualquer outra razão.

O INVENTARIANTE

A segunda fase, no rito ordinário, tem início no momento em que o inventariante presta o compromisso, e no rito de arrolamento, no momento de sua nomeação em face da inexistência de termos, perdurando, em ambos os casos, até o trânsito em julgado da sentença que homologar a partilha ou adjudicação. É o que estabelece o artigo 1.991 do Código Civil:

> "Desde a assinatura do compromisso até a homologação da partilha, a administração da herança será exercida pelo inventariante".

Inventariante é a pessoa nomeada pelo juiz para gerir o espólio, representá-lo ativa e passivamente e promover o regular andamento do inventário até final partilha.

O inventariante atua como verdadeiro auxiliar do juiz. Deve zelar pela celeridade e bom andamento do inventário visando atingir seu objetivo, ou seja, a partilha dos bens.

O inventariante tem funções variadas e complexas fora e dentro do inventário. Nesta, tem a função de impulsionar os autos de inventário, arrolar e descrever os bens da herança e promover a partilha ou adjudicação. Fora dos autos tem função de administrador dos bens inventariados. A nomeação para o cargo constitui um direito, mas, também, um encargo.

No exercício do cargo deve agir com zelo, ética e honestidade, mantendo os bens do espólio como se fossem seus, dar impulso processual ao inventário, arcando com as despesas para no futuro ser ressarcido e, ainda, praticando todos os atos inerentes a boa administração e manutenção do acervo hereditário, não devendo, em qualquer hipótese, se beneficiar dos bens inventariados ou do exercício do cargo.

A inventariança, ao contrário do que muitos pensam, é um ônus para o herdeiro.

É nomeado pelo juiz obedecendo a uma ordem preferencial estabelecida pelo legislador no artigo 617 do Código de Processo Civil.

Ordem de nomeação

O inventariante não pode ser pessoa jurídica.

O herdeiro residente fora do país não tem impedimento para exercer o *munus*.

Não deve ser nomeado inventariante quem tenha interesses colidentes com o do espólio. Aquele que tem interesse conflitante com o espólio, sendo, inclusive, autor de ação judicial contra o inventariado ou credor do falecido não deverá exercer o cargo de inventariante.

O inventariante, com exceção do dativo, não tem direito a remuneração, diferentemente do testamenteiro que faz jus a vintena.

O artigo 617 do diploma processual elenca o rol de pessoas habilitadas para o exercício da inventariança:

> "O Juiz nomeará inventariante, na seguinte ordem:
>
> I – o cônjuge ou companheiro sobrevivente, desde que estivesse convivendo com o outro ao tempo da morte deste;
>
> II – o herdeiro que se achar na posse e administração do espólio, se não houver cônjuge ou companheiro sobrevivente ou estes não puderem ser nomeados;
>
> III – qualquer herdeiro, quando nenhum deles estiver na posse e na administração do espólio ou se toda a herança estiver distribuída em legados;
>
> IV – o herdeiro menor, por seu representante legal;
>
> V– o testamenteiro se lhe tiver sido confiada a administração do espólio ou se toda a herança estiver distribuída em legados.
>
> VI – o cessionário do herdeiro ou legatário;
>
> VII – o inventariante judicial, se houver.
>
> VIII – pessoa estranha idônea, quando não houver inventariante judicial. Parágrafo único. O inventariante intimado da nomeação, prestará, dentro de 5 (cinco) dias, o compromisso de bem e fielmente desempenhar a função".

A ordem estabelecida é preferencial, tendo o novel legislador ressaltado no *caput* do dispositivo que a nomeação será "na seguinte ordem". Assim, uma pessoa só deve ser nomeada se a anterior não quiser ou não puder exercer o cargo. Essa ordem preferencial é reforçada no § 2º do artigo 627, ao preceituar que, acolhendo o juiz o pedido de remoção do inventariante, nomeará outro, observada a preferência legal.

Entretanto, em casos excepcionais e, somente nesses casos, poderá o juiz inverter essa ordem. Poderá, também, assim proceder, principalmente, quando houver a concordância de todos os interessados.

A doutrina e a jurisprudência têm admitido a possibilidade de o inventariante residir no exterior. Não há qualquer dispositivo que obrigue o inventariante a residir no País.

Hamilton de Moraes e Barros assinala em seus *Comentários ao Código de Processo Civil* (v. IX, 3. ed., Forense, p. 126):

> "Não impede a nomeação o fato de residir no estrangeiro o que seria inventariante.
>
> A residência no estrangeiro não impede ninguém de ser parte.
>
> O inventariante é, ou passa a ser, o autor da ação de inventário. Toca-lhe realizar o impulso processual. Essa atividade, entretanto, ele a exerce através de advogado, podendo esse, desde que munido dos poderes competentes e expressos, fazer as declarações e assinar os termos. A residência no estrangeiro é um inconveniente, não sendo, entretanto, um impedimento".

Não vemos óbice a que sejam nomeados dois inventariantes no mesmo inventário em uma atuação compartilhada para melhor administrar os bens da herança, como pode ocorrer na curatela. Aliás, não existe proibição da inventariança compartilhada pelo legislador.

Cônjuge ou companheiro

O cônjuge, qualquer que seja o regime de bens, terá a preferência, desde que esteja convivendo com o outro ao tempo da morte deste. A companheira somente deverá ser nomeada inventariante havendo certeza quanto à existência da união estável. Tratando-se de uma situação de fato, somente uma sentença judicial em ação própria é título hábil para comprovação da convivência. A existência de uma escritura de união estável ou qualquer outro documento é simplesmente forte indício, porém, não constitui prova absoluta da certeza do relacionamento no momento do decesso. A necessidade de a companheira ter que propor ação contra os herdeiros visando obter o reconhecimento da união estável inviabilizará sua nomeação para o cargo de inventariante. Haverá evidente conflito de interesses.

Esse é o entendimento dominante na doutrina e na jurisprudência. A 8ª Câmara Cível do Tribunal de Justiça do Estado do Rio de Janeiro, examinando a matéria, assim decidiu, por unanimidade, no julgamento do AI 3292/96, em que foi Relator o Des. José Pimentel Marques:

> "Inventariança – Litígio entre a viúva e o espólio – Nomeação da viúva casada pelo regime da separação de bens – Impossibilidade. Agravo de Instrumento. Cargo de inventariante a que concorre viúva casada pelo regime da separação de bens. Necessidade de, a teor de interpretação jurisprudencial do STF, tenha estado na posse e administração do espólio. Ademais litígio existente entre a viúva e o espólio afasta-a de tal pretensão, de vez que ninguém pode ser autor e réu concomitantemente. Filha legítima, nomeada inventariante pelo juiz do processo, a exibir condições legais à investidura da inventariança. Desprovimento do recurso" (*Ementário de Jurisprudência do Tribunal de Justiça do Estado do Rio de Janeiro* – v. 17, p. 102 – Ementa 16.549)

Como salientado com muita propriedade no acórdão acima, ninguém pode ser concomitantemente autor e réu na mesma ação.

Agindo como autor e representando o espólio como réu na mesma ação, poderá o inventariante, mais facilmente, concordar com a pretensão por ele próprio deduzida.

Hamilton de Moraes e Barros em seus *Comentários ao Código de Processo Civil* (Forense, p. 130), expõe:

"O fato de aspirar a concubina a metade dos bens do inventariado, ou de alegar a posse desses bens, não a autoriza a merecer e a receber a inventariança, ainda que mãe de todos os filhos do inventariado. Esse fato até a contraindica para o encargo, dado que tem interesses opostos ao do espólio".

O herdeiro que estiver na posse e administração do espólio e, não havendo nenhum, então, poderá o juiz nomear qualquer herdeiro

Presume-se que o herdeiro que se encontre na posse e administração da herança seja o mais apto para o exercício do cargo. A idoneidade entre os herdeiros é um fator subjetivo e, por vezes, sendo difícil ao juiz declarar quem é o mais idôneo entre vários herdeiros.

Qualquer herdeiro, quando nenhum deles estiver na posse e na administração do espólio ou se toda a herança estiver distribuída em legados

Nesse caso, deve o juiz eleger o herdeiro que tiver mais aptidão para o cargo.

O menor, por seu representante legal

Ampliou o legislador o rol de pessoas habilitadas a exercer o cargo de inventariante ao permitir que o menor, por seu representante legal, seja nomeado inventariante. Tratando-se de um cargo que envolve uma complexidade de atos, muitas vezes, impondo a representação em juízo, não vemos com bons olhos essa inovação do legislador. Melhor seria possibilitar a nomeação do representante legal do menor herdeiro em vez de autorizar o encargo diretamente ao incapaz. Possibilitar que o menor assuma toda a responsabilidade da gestão do acervo inventariado não parece medida salutar.

O testamenteiro se lhe tiver sido confiada a administração do espólio ou se toda a herança estiver distribuída em legados

Ressalte-se que a pessoa indicada em testamento só deverá ser nomeada inventariante não havendo cônjuge sobrevivente, companheiro ou herdeiro, sendo necessário que o testador distribua toda a herança em legados. E a ordem dos nominados pelo testador no testamento, se houver, deve ser obedecida pelo julgador.

O testador não pode se sobrepor à lei subvertendo a ordem estabelecida pelo legislador, nomeando qualquer pessoa a seu bel-prazer. A indicação do testamenteiro fica a seu critério, porém a de inventariante deverá obedecer a ordem estabelecida pela lei.

Assim, decidiu por unanimidade a 6ª Câmara Cível do Tribunal de Justiça do Estado do Rio de Janeiro, no julgamento do AI 1.345, em que foi relatora a Des. Marianna Pereira Nunes, cuja ementa é a seguinte:

"Inventário – Testamento – Nomeação de inventariante – Testamenteiro – Ordem de preferência – Remoção de inventariante – art. 990, inc. I, CPC. Inventário com testamento. A ordem de preferência para a investidura no encargo de inventariante não pode ser afastada com a simples indicação constante do testamento. A vontade do testador, por si só, não tem o condão de revogar o disposto no artigo 990,

I, do CPC. Cabe à viúva, casada sob o regime da comunhão de bens, e de posse dos bens do casal, o exercício da inventariança. Provimento do recurso para afastar o testamenteiro do encargo de inventariante, por não preencher o mesmo os requisitos legais" (Ementário de Jurisprudência do Tribunal de Justiça do Estado do Rio de Janeiro – *Diário Oficial* n. 223, 25.11.1999).

Encontramos nos anais dos tribunais alguns acórdãos em sentido contrário, entretanto entendemos que a última vontade do testador tem limites. Esses limites esbarram na lei. Não pode o testador se sobrepor à lei, nem o Judiciário deve entender que essa indicação testamentária é a melhor por se tratar de sua última vontade.

Ademais, ressalte-se que o testamenteiro é a pessoa de confiança do testador a quem caberá fiscalizar a execução das disposições testamentárias, estando, portanto, apto a praticar nos autos de inventário todos os atos necessários ao seu regular andamento, inclusive fiscalizando os atos praticados pelo inventariante no exercício do *munus*.

As disposições testamentárias, sejam elas de cunho patrimonial ou pessoal, devem estar adequadas ao texto legal.

O cessionário do herdeiro ou legatário

O cessionário, quando detentor da totalidade da herança, pode e deve ser nomeado inventariante. Sendo o único interessado na administração dos bens e na condução do inventário não existe qualquer razão para que se mantenha um herdeiro ou o cônjuge sobrevivente no exercício do *munus*. Em situações excepcionais, quando os herdeiros abandonam o inventário, ainda que não seja cessionário de todos os bens inventariados, poderá o juiz nomeá-lo inventariante para dar andamento ao inventário.

Inventariante judicial, se houver

Em alguns Estados, existe o cargo de inventariante judicial. Servidor público incumbido de exercer o cargo quando nomeado pelo juiz. O inventariante judicial, nas comarcas onde existe previsão para essa função, administra os bens de inúmeras heranças, não podendo se dedicar com o zelo, muitas vezes, necessário à defesa dos bens inventariados.

O magistrado poderá nomear um estranho para o exercício do cargo nas comarcas em que não houver inventariante judicial.

Pessoa estranha idônea, quando não houver inventariante judicial

Pessoa estranha só deve ser nomeada em casos excepcionais e quando não houver inventariante judicial na comarca, pois com certeza desconhece a situação familiar e patrimonial do de cujus. É pessoa de confiança do juiz. Com autorização do juiz, poderá contratar um profissional para representá-lo nos autos. Assim, pensamos que o ideal é indicar um profissional especializado em matéria orfanológica.

Não é o mero fato da existência de desavenças entre os herdeiros que impõe a nomeação do inventariante dativo. Se assim o fosse, em todos os inventários litigiosos o juiz deveria, de plano, nomear o inventariante dativo. Este só deve ser nomeado quando qualquer dos herdeiros demonstre a incapacidade para gerir a herança.

Nos termos do § 1º do artigo 75 do CPC, o inventariante dativo não representa o espólio ativa e passivamente.

Sendo processadas duas ou mais sucessões em um mesmo inventário, inventários conjuntos, deverá haver um só inventariante nomeado e, de preferência, que seja um herdeiro comum aos dois espólios. A inventariança não deve ser exercida conjuntamente por duas pessoas.

Sendo incapaz o único herdeiro, inexiste óbice para seu representante legal ser nomeado inventariante do espólio, como dativo, mesmo que não tenha qualquer interesse na herança. Sendo, também, herdeiro, pode ser nomeado nessa qualidade.

Não devem ser nomeados inventariante: quem tem interesses contrários ao espólio; quem é devedor ou credor do espólio e também quem demonstra não possuir qualidades morais para o cargo.

Deveres

Existem atos que o inventariante pode praticar independentemente de autorização e outros que só pode fazê-los com autorização judicial.

Os primeiros, estatuídos no artigo 618 do Código de Processo Civil, resumem-se a:

1 – representar o espólio ativa e passivamente em juízo ou fora dele;

2 – administrar o espólio velando-lhe os bens com a mesma diligência como se fossem seus;

3 – prestar as primeiras e últimas declarações;

4 – exibir os documentos relativos ao espólio sempre que solicitado;

5 – juntar aos autos certidão do testamento, se houver;

6 – trazer a colação os bens recebidos pelo herdeiro ausente, renunciante ou excluído;

7 – prestar contas de sua gestão ao final do cargo ou sempre que o juiz determinar;

8 – requerer a declaração de insolvência.

Compete, ainda, ao inventariante dar regular andamento ao inventário, agindo com diligência e presteza para que o processo chegue ao seu término.

A infração de quaisquer desses deveres propicia o pedido de remoção do cargo pelos herdeiros que se sentirem prejudicados.

Representar o espólio ativa e passivamente em juízo.

O inventariante, desde que não seja dativo, representa o espólio em juízo ou fora dele ativa e passivamente.

Deve propor e responder às ações necessárias para a defesa dos interesses do espólio.

As despesas com honorários do advogado contratado, custas processuais, taxas e impostos deverão sair do monte e ser autorizadas pelo juiz, o que poderá acarretar sérios problemas ao inventariante, haja vista o exíguo prazo para apresentar a contestação e a burocracia do Judiciário.

Se o magistrado desejar ouvir todos os herdeiros e os fiscais, o prazo, certamente, será extrapolado, portanto entendemos que o juiz terá de decidir de plano o pedido, usando o bom senso que lhe é peculiar.

Não descartamos a possibilidade de o inventariante, em face do prazo, efetuar as despesas necessárias para a propositura ou defesa, se for o caso, e após comunicar incontinenti ao juiz, evitando prejuízo ao espólio.

Ressalte-se que o inventariante dativo não representa o espólio ativa e passivamente, conforme prescreve o § 1° do artigo 75 do CPC.

Administrar o espólio, velando-lhe os bens com a mesma diligência que teria se seus fossem

Administrar os bens da herança como se fossem seus é a principal regra a ser observada pelo inventariante na gerência do acervo hereditário.

Reza o artigo 1.791 do Código Civil.

> "A herança defere-se como um todo unitário, ainda que vários sejam os herdeiros.
>
> Parágrafo único. Até a partilha, o direito dos coerdeiros, quanto a propriedade e posse da herança, será indivisível, e regular-se-á pelas normas relativas ao condomínio".

Não deve o inventariante misturar seu patrimônio próprio com o acervo hereditário.

Para facilitar a administração, o inventariante deve abrir uma conta bancária em nome do espólio ou, ainda, em seu próprio nome, para movimentar exclusivamente os rendimentos dos bens inventariados. Essa medida facilitará uma posterior prestação de contas, uma vez que todas as quantias depositadas e sacadas referem-se apenas aos bens da herança.

O inventariante é o administrador dos bens da herança e, como tal, recebe os frutos dos bens inventariados, efetua os pagamentos das despesas, devendo, portanto, prestar contas de sua administração por ocasião da partilha ou sempre que o Juízo determinar.

Por vezes, o inventariante se beneficia do cargo postergando o inventário, descumprindo um de seus principais deveres de dar impulso ao processo, aproveitando-se do recebimento das rendas do espólio. Nesse caso, os herdeiros prejudicados poderão requerer a sua remoção do cargo.

Poderá, se necessário, o juiz, percebendo a gravidade dos atos praticados pelo inventariante que propiciam prejuízo ao espólio, substituí-lo de ofício.

Quanto à administração dos imóveis, nos reportamos ao Capítulo XXVI.

Os juízes e o Ministério Público deverão ter especial atenção se existirem herdeiros menores ou incapazes que necessitem de recursos para sua manutenção e o inventariante retenha as rendas do espólio em seu poder, impondo sérias dificuldades ao responsável por aqueles para pagamento de suas despesas.

O magistrado é a peça mais importante nessa engrenagem, devendo contribuir para a boa administração do inventariante, facilitando o levantamento dos recursos do espólio que se encontram à disposição do Juízo.

Os bens inventariados devem ser administrados pelo inventariante visando sempre o melhor proveito em benefício do espólio com a colaboração dos herdeiros e do juízo.

Na administração dos bens da herança, devemos discriminar atos de administração ordinária e extraordinária.

Primeiramente, devemos distinguir atos de conservação de atos de administração e de disposição.

Atos de conservação

Destinam-se à manutenção do acervo hereditário. Têm o objetivo principal de preservar o patrimônio deixado pelo inventariado, evitando a diminuição de seu valor ou seu perecimento.

Não visam produzir rendimentos para o espólio, mas, tão somente, manter íntegros os bens inventariados, não devendo, por conseguinte, as despesas ser consideradas despesas desnecessárias. Ao contrário, a manutenção do acervo hereditário é imperiosa e beneficiará todos os herdeiros. Atos de mera conservação, seja de bens móveis, como livros que compõem uma biblioteca, quadros, objetos de arte, veículos, entre outros, que merecem um cuidado especial para evitar sua deterioração, ou, ainda, de bens imóveis, implicam despesas que, no futuro, deverão ser ressarcidas pelo espólio à pessoa que as efetuou, que poderá ser qualquer herdeiro, o administrador provisório ou o próprio inventariante, após a devida prestação de contas. Se efetuadas por pessoa estranha à sucessão, deverá o credor habilitar o seu crédito no juízo do inventário.

Os atos de conservação confundem-se, muitas vezes, com os atos de administração.

Em princípio, os atos de simples conservação não importam em aceitação da herança.

Atos de administração

Destinam-se à continuação da produtividade do patrimônio, diferentemente dos atos de disposição que alteram estruturalmente o patrimônio.

Entre os atos de administração podemos fazer uma distinção entre os atos de administração ordinária e os de administração extraordinária. Deve-se entender essa distinção no sentido da contraposição entre a administração que não coloca em risco a capacidade produtiva do acervo e a administração que supostamente traz risco para este.

Os atos de administração ordinária trazem consigo, por um lado, uma atividade tendente a conservação do patrimônio e, por outro, uma atividade voltada a continuar a produtividade normal do patrimônio com o consequente aproveitamento de suas rendas.

Os de administração extraordinária implicam a prática de atos que excedem os limites da conservação e da produção normal do patrimônio sem chegar a alterar a integridade estrutural dele.

Em nossa opinião, a distinção entre atos de administração ordinária e de administração extraordinária tem como efeito principal o fato de que, na primeira, o administrador pode atuar por si, enquanto na segunda necessita da concordância dos demais herdeiros. Como exemplo, a locação comercial de imóvel do espólio por um longo período que ultrapasse o término do inventário, embora não necessite o inventariante de autorização judicial para a prática do ato, deve se resguardar obtendo a concordância de todos dos herdeiros, haja vista que os efeitos atingirão os bens transferidos para o patrimônio pessoal deles.

Destaque-se que a administração dos bens inventariados não tem por objetivo precípuo, como no caso do patrimônio particular, produzir lucros, mas visa a manutenção adequada do acervo hereditário, segundo a sua natureza, até que alcance o momento da partilha.

A administração extraordinária é de maior extensão do que a ordinária.

Atos de disposição

Atos de disposição produzem uma modificação na composição do patrimônio.

Os atos de alienação ou aquisição de bens ou transação, em juízo ou fora dele, dependem de autorização judicial e devem ser precedidos da manifestação dos herdeiros.

A autorização pode ser concedida independentemente da concordância de todos os herdeiros, pois não seria razoável imaginar que um herdeiro por mero espírito de emulação se recusasse a concordar com um pedido e o juiz ficasse de mãos atadas, impedido de autorizar a prática do ato.

Prestar as primeiras e últimas declarações

Deve o inventariante, no prazo de 20 (vinte) dias a contar da assinatura do termo, prestar as primeiras declarações, observado o disposto no artigo 620 do diploma processual.

As declarações do inventariante gozam da presunção de verdade e devem, sempre que possível, vir acompanhadas das respectivas provas.

O Código de Processo Civil de 1939 trazia interessante disposição em seu artigo 472, não reproduzida no diploma processual de 1973 tampouco no diploma em vigor, prescrevendo que as declarações prestadas pelo inventariante seriam cridas em juízo, até prova em contrário. Pode o inventariante encontrar dificuldades para fazer prova de falecimento de parentes distantes do falecido que sequer conheceram, por já ter o óbito ocorrido há vários anos ou em local longínquo, existindo, ainda, a certeza do decesso pela idade que essas pessoas teriam atualmente. Exigir a apresentação de certidão de óbito de ascendentes ou colaterais que, por ocasião do óbito, contariam cento e vinte anos de idade, é medida totalmente descabida, devendo o magistrado considerar as evidências apresentadas em cada caso, levando em conta a veracidade das declarações prestadas pelo inventariante, que poderão ser tomadas por termo e que, caso sejam falsas, desembocarão na sua responsabilidade civil e criminal.

O Procurador da República português Domingos Silva Carvalho de Sá, discorrendo sobre o tema, assinala a admissibilidade do princípio pelos tribunais lusos:

> "O princípio de que as declarações do cabeça do casal fazem fé em juízo até prova em contrário vem sendo afirmado de há muito tempo na jurisprudência dos tribunais portugueses. Todavia, tal princípio, não tem consagração legal, sendo de concluir ter sido abandonado pelo legislador do actual Código de Processo Civil. Terá sido substituído por outro que vai no sentido de que, *em princípio, tais declarações fazem fé até serem impugnadas por qualquer dos interessados*. Logo que impugnadas, terá o cabeça do casal de fazer prova de seu conteúdo (*Do inventário – descrever, avaliar e partir*, Almedina, 3. ed., p. 50).

O Tribunal de Justiça do Estado do Rio de Janeiro, em julgamento da 1ª Câmara Cível do Agravo de Instrumento 7589/1999, relatado pelo Des. Martinho Campos, assim decidiu:

> "Inventário – Falecimento de ascendente – Dispensa de provas – Art. 10 – Art. 482, CC – Interpretação analógica. Inventário. Requerimento por irmão de pessoa falecida com 83 anos de idade. Exigência da prova do óbito dos ascendentes e da inexistência de irmãos. Não é razoável que se exija a prova de óbito de ascendentes de uma pessoa falecida aos oitenta e três anos. Socorrem analogicamente o agravante os artigos 10 e 482 do Código Civil que presumem a morte do ausente que conta 80 anos de idade. A exigência da prova de inexistência de irmãos, por ser negativa, não pode ser determinada" (Ementário de Jurisprudência do Tribunal de Justiça do Estado do Rio de Janeiro, publicado no *Diário Oficial* n. 23 de 03.02.2000, p. 279, Ementa 21).

As últimas declarações, também denominadas declarações finais, serão prestadas após a avaliação de todos os bens.

O inventariante informará que os bens declarados são aqueles a ser inventariados, ressalvando que, se souber da existência de qualquer outro, trará ao conhecimento do juízo.

O inventariante só poderá ser arguido de sonegação, após prestar as últimas declarações.

Prestação de contas

A prestação de contas pelo inventariante pode ser espontânea ou forçada.

Espontânea, quando, ao deixar o cargo no final do inventário, independentemente de determinação judicial, apresenta suas contas aos demais herdeiros. Essa demonstração de contas pode ser diretamente aos demais herdeiros, recebendo a quitação de cada um por intermédio de documento particular ou judicial em autos apartados por dependência aos de inventário.

Forçada, quando compelido pelo juízo a apresentar as contas ou quando destituído ou substituído compulsoriamente do cargo.

A prestação de contas deve ser apresentada por ocasião da partilha ou quando determinada pelo juiz.

Os herdeiros não têm o direito de pedir contas ao inventariante a todo momento, nem deve o magistrado, sem razão plausível, determinar a prestação de contas, interrompendo o regular andamento do inventário em momento impróprio.

O juiz tem meios de impedir que o inventariante se aproveite das rendas do espólio. Caso desconfie que ele se beneficia das rendas auferidas, pode determinar o depósito delas em conta de depósitos judiciais.

A ação de exigir contas correrá por dependência aos autos de inventário e poderá ser solicitada após o encerramento do inventário.

A administração dos bens anteriores ao óbito do autor da herança e a respectiva exigência de contas não compete ao juízo orfanológico.

Exibir os documentos relativos ao espólio sempre que solicitado

Sempre que solicitado, deverá o inventariante acostar aos autos de inventário todos os documentos relativos aos bens do Espólio e sua administração.

Trazer à colação os bens recebidos pelo herdeiro ausente, renunciante ou excluído

O legislador estabeleceu que incumbe ao inventariante trazer à colação os recebidos pelo herdeiro ausente, renunciante ou excluído. Tarefa árdua conhecer o inventariante quais os bens o herdeiro ausente, renunciante ou excluído recebeu em vida do autor da herança.

Havendo herdeiro que se encontre em lugar incerto e não sabido e conhecedor o inventariante de bens que haja o ausente recebido como adiantamento de herança, deve trazê-los à colação. O mesmo ocorre com os bens que tiver conhecimento dos herdeiros renunciantes ou excluídos da sucessão na mesma situação.

Declaração de insolvência do espólio

Proclama o artigo 955 do Código Civil que ocorre a insolvência quando as dívidas excederem a importância dos bens do devedor. A declaração de insolvência poderá ser requerida pelo inventariante ou por algum credor do falecido. A declaração de insolvência da herança ocorre quando os bens que compõem o monte forem insuficientes para atender seu passivo exigível.

O artigo 1.792 declara que o herdeiro não responde por encargos superiores à força da herança, incumbe-lhe, porém, a prova do excesso, salvo se houver inventário que a escuse, demonstrando o valor dos bens.

Por conseguinte, sendo as dívidas superiores às forças da herança ou havendo somente dívidas, o inventário deverá ser aberto para resguardar o patrimônio pessoal dos herdeiros.

O inventariante nomeado poderá requerer a insolvência do espólio pelas vias competentes.

O inventariante/representante no inventário extrajudicial

A nomeação de inventariante é ato de competência do juiz, de forma que no inventário por escritura não se nomeia inventariante, mas, sim, um herdeiro para representar o espólio.

Para tanto, deverão os herdeiros na escritura eleger um representante do espólio, que exercerá as mesmas funções do inventariante.

Funciona como verdadeiro representante do espólio com poderes para receber e outorgar escrituras em nome do espólio, substituir processualmente o autor da herança nas ações em que for autor ou réu, praticar atos de administração enquanto não transferidos os bens partilhados para os herdeiros.

Regras do condomínio – frutos

O artigo 1.791, parágrafo único, do Código Civil preceitua que o direito dos coerdeiros quanto a propriedade e posse da herança será indivisível e regular-se-á pelas regras do condomínio.

Os frutos dos bens da herança pertencem aos herdeiros e, abatidas as dívidas da herança, deve o inventariante trazê-los aos autos de inventário para partilha, como proclama o artigo 2.021 do mesmo diploma.

Ainda, o artigo 1.326, inserido no capítulo da "Administração do condomínio", estabelece:

> "Os frutos da coisa comum, não havendo em contrário estipulação ou disposição de última vontade, serão partilhados na proporção dos quinhões".

Esses dispositivos nos levam a crer que os alugueres recebidos pelo inventariante não devem ficar indefinidamente em seu poder, principalmente, quando se tratar de rendimentos substanciais. Devem ser divididos pelo inventariante entre os herdeiros, mediante recibo, após efetuadas as despesas de inventário e dos bens inventariados. Deve o inventariante reter uma parcela dos frutos para enfrentar as despesas do espólio e, se for o caso, ratear o saldo entre os herdeiros. Ressalte-se que não deve ratear os frutos, e, posteriormente, ter que ficar demandando os herdeiros sempre que houver alguma despesa a pagar.

A 17ª Câmara Cível, julgando o AI 0054317-26.2012.8.19.0000, relatado pelo Des. Henrique Carlos de Andrade Figueira, assim decidiu:

> "Processo Civil. Agravo de Instrumento. Inventário. Inventariante. Administração dos bens do Espólio. Agravo de Instrumento contra decisão que determinou o depósito judicial dos alugueres gerados por imóvel do espólio em vista de divergência entre os herdeiros e a viúva meeira. A lei confere ao inventariante o dever de administrar os bens do espólio como se fossem seus e de prestar contas de sua administração. Se assim é, não se justifica retirar de sua administração a disponibilidade de recursos recebidos que posteriormente serão objeto de prestação de contas, mormente se considerado que o *de cujus* deixou dívidas. Recurso provido".

A divisão do saldo, se houver, deverá observar a proporção do quinhão de cada herdeiro.

Herdeiro que ocupa imóvel do espólio

Não deve o inventariante no exercício do cargo beneficiar qualquer herdeiro ou estranho, alugando por preço inferior ao de mercado ou mesmo cedendo graciosamente a ocupação de imóvel do espólio.

Pode ocorrer que algum herdeiro resida em imóvel inventariado sem nada pagar aos demais a título de remuneração. É corriqueiro ver um herdeiro procrastinando o andamento do inventário, com o intuito de permanecer ocupando um dos imóveis inventariados em detrimento dos demais.

A aplicação das regras do condomínio à herança vem prevista no parágrafo único do artigo 1.791 do Código Civil.

O herdeiro residindo em imóvel pertencente ao acervo hereditário deve pagar aos demais herdeiros uma remuneração pela ocupação, não sendo admissível que somente um dos herdeiros se beneficie em prejuízo dos demais, ocorrendo enriquecimento sem causa não admitido pelo ordenamento jurídico.

Não sendo possível estabelecer amigavelmente um valor, o inventariante deve propor a ação de arbitramento de remuneração que será distribuída por dependência aos autos de inventário.

O valor da remuneração pela ocupação deve ser arbitrado pelo Juízo orfanológico.

O ocupante se responsabilizará pelos encargos condominiais durante a ocupação.

Até a partilha todos os herdeiros têm direito a todos os bens.

A remuneração paga é uma forma de igualar o direito de todos os herdeiros, evitando que o ocupante procrastine o andamento do feito, locupletando-se em detrimento dos demais herdeiros.

Encontramos nos diversos repertórios jurisprudenciais inúmeros julgados nesse sentido, entre os quais podemos citar a ementa do julgamento do Ag. de Instrumento n. 51 33528-35.2023.8.21.7000-RS, relatado pelo Des. Carlos Eduardo Zietlow Duro:

> "Cabível a fixação de locativos pelo uso exclusivo por um dos herdeiros de imóvel pertencente ao espólio, cujo quantum deve ser fixado pelo juízo de origem, sob pena de supressão de um grau de jurisdição, observada, ainda, a sua cota parte na herança".

O inventariante como representante do espólio em sociedades

Matéria tormentosa, pouco apreciada pela doutrina e jurisprudência, é o alcance da atuação do inventariante na defesa dos interesses do espólio em sociedades limitadas ou anônimas.

Sociedades Limitadas

Ocorrendo o falecimento de um dos sócios de sociedade limitada, a cláusula *mortis*, também denominada cláusula de continuação, inserida no contrato social regulamentará o destino das cotas do sócio falecido.

Três situações se apresentam: 1 – pagamento aos herdeiros dos haveres correspondentes às cotas do sócio falecido; 2 – transferência das cotas para os herdeiros do sócio falecido; 3 – o contrato for omisso quanto à cláusula de continuação.

No primeiro caso, nem os herdeiros tampouco o inventariante terão qualquer intromissão nos atos de administração da sociedade posteriormente ao óbito, eis que fazem jus à quantia correspondente às cotas que o falecido possuía.

Caberá ao inventariante acompanhar a apuração de haveres para verificar a correção dos valores apurados.

No segundo caso, as cotas se transferem aos herdeiros do sócio falecido, e a medida mais adequada é obter, com a maior brevidade, um alvará do juiz do inventário autorizando a alteração do contrato social para a entrada dos novos sócios na sociedade, regularizando-se a situação societária.

O alvará poderá ser deferido pela autoridade judiciária imediatamente, procedendo-se concomitantemente a apuração de haveres para cômputo do valor das cotas para efeito de recolhimento do tributo devido. No terceiro caso, sendo omisso o contrato social, observar-se-á o disposto no artigo 1.031 do Código Civil.

No inventário processado pelo rito ordinário, a contagem dos valores das cotas será feita em processo de apuração de haveres requerido pelo inventariante ou qualquer sócio remanescente, por dependência aos autos de inventário e, no rito de arrolamento, ou pela via administrativa, por meio do último balanço antes do óbito.

Não havendo a previsão de transferência das cotas para os sucessores, o espólio se torna credor da sociedade e o valor dos haveres apurado será partilhado entre os herdeiros. Cabem ao inventariante as providências necessárias na sociedade para o recebimento do valor apurado.

Se o inventariante for sócio remanescente da sociedade, poderá ocorrer um conflito de interesses entre a posição de sócio e a de inventariante.

Não deve o sócio/inventariante se utilizar dessa qualidade para, em nome do espólio, votar em assembleia matéria que possa trazer prejuízo financeiro ou administrativo.

Sendo o *de cujus* o sócio majoritário e administrador, poderá a sociedade ficar acéfala com o seu falecimento. É importante, nesse caso, que a sociedade não fique acéfala, e razoável que o inventariante exerça os poderes inerentes às cotas do falecido. É o maior interessado no destino da sociedade.

Como administrar as cotas titularizadas pelo falecido e exercer os direitos a ela inerentes?

Como preservar o valor da cota sem participar das deliberações e administração da sociedade?

Há casos em que será necessário nomear provisoriamente um representante legal para poder administrar a sociedade. Sendo o espólio detentor de maioria das cotas, ninguém melhor que o inventariante para administrar a sociedade, pendente o inventário.

No caso de condomínio de cotas, previu o legislador a possibilidade de o inventariante exercer os direitos inerentes às cotas do condômino falecido. Prescreve o § 1° do artigo 1.056 do Código Civil:

> "A quota é indivisível em relação à sociedade, salvo para efeito de transferência, caso em que se observará o disposto no artigo seguinte.
>
> § 1° No caso de condomínio de quota, os direitos a ela inerentes somente podem ser exercidos pelo condômino representante, ou pelo inventariante do espólio de sócio falecido".

Observam-se na jurisprudência do Superior Tribunal de Justiça diversos precedentes atribuindo poderes ao inventariante do Espólio para administração e representação provisória das cotas do sócio falecido:

"Prequestionamento. Ausência. Súmula 282 do STF. Comercial. Espólio. Alteração contratual. Sócio-gerente. Impossibilidade. Divergência jurisprudencial não configurada. A morte de um sócio dissolve sociedade por cotas de responsabilidade limitada (L. 556/1850, art. 335, inciso IV). No caso de morte de sócio da sociedade limitada, a tarefa do inventariante se resume à administração transitória das cotas enquanto se apuram os haveres e a divisão do espólio. (CPC; 993, par. único, II). Simples transcrição de ementas não comprova divergência jurisprudencial" (REsp 274.607/ SP, Rel. Ministro Humberto Gomes de Barros, Terceira Turma, julgado em 22.02.2005, *DJ* 14.03.2005, p. 317).

Idêntico posicionamento foi adotado pela 14ª Câmara Cível, do Tribunal de Justiça do Rio de Janeiro, por ocasião do julgamento do Agravo de Instrumento 0011627-45.2012.8.19.0000, ocorrido em 1° de julho de 2013, relatado pelo Des. Plínio Pinto Coelho Filho, assim ementado:

"Agravo de instrumento. Direito societário. Morte do sócio majoritário. Previsão do contrato social para a continuação da sociedade com os herdeiros. Conjunto probatório produzido em sede de cognição sumária que revela a impossibilidade do exercício da administração conjunta da sociedade com os herdeiros do falecido e um dos sócios minoritários. Adoção da providência que melhor protege a empresa de rumos nocivos ao prosseguimento de suas atividades. Concentração dos poderes de gestão na pessoa da inventariante, a quem cumpre representar a franca maioria do capital social, no lastro dos poderes conferidos pelas quotas pertencentes ao seu falecido pai. Pretensão recursal, deduzida pelos sócios minoritários, que se revela manifestamente improcedente. Negativa de seguimento".

Na mesma linha de raciocínio, o julgado do Tribunal de Justiça do Paraná, reconhecendo não apenas a representação na pessoa do inventariante, mas também atribuindo-lhe, desde logo, a administração da sociedade, em atenção à posição majoritária do sócio falecido:

"Agravo de instrumento – Medida cautelar incidental com pedido liminar *inaudita altera partes* – Falecimento do sócio administrador – Contrato social que dispõe ser necessária a deliberação dos sócios para a escolha de novo administrador – Cada quota corresponde a um voto – Agravante detentora de 90% das cotas sociais pretende ser designada administradora provisória da sociedade – Possibilidade – Agravo provido" (TJPR 9228280 PR 922828-0 (Acórdão), Relator: Antenor Demeterco Junior, j. 02.10.2012, 7ª Câmara Cível).

E ainda,

"Processual civil – Agravo regimental – Sociedade por cotas de responsabilidade limitada – Morte do sócio majoritário – Representatividade da sociedade. I – Com a morte do sócio majoritário de sociedade por cotas de responsabilidade limitada, os herdeiros ficam representados pelo inventariante até a partilha e a consequente alteração contratual, anotada na junta comercial, quando, então, serão individualizadas as novas cotas sociais. II – Regimental improvido" (AgRg no Ag 65.398/RJ, Rel. Ministro Waldemar Zveiter, 3ª Turma, j. 14.11.1995, *DJ* 05.02.1996, p. 1.388).

Após a definição da inventariança no espólio do sócio falecido, não há razão plausível de negar autorização à gestora da herança para administrar e representar provisoriamente as cotas do sócio falecido, conforme previsto no artigo 49 do Código Civil.

Saliente-se que a designação do inventariante como administrador provisório tem natureza transitória e assecuratória enquanto durar a acefalia da empresa.

São as considerações de Gustavo Tepedino, Heloisa Helena Barboza e Maria Celina Bodin de Moraes no *Código Civil interpretado conforme Constituição da República* (Parte Geral e Obrigações, 3. ed., Renovar, p. 127):

> "Comentário: A previsão deste artigo visa evitar uma eventual acefalia na gestão das pessoas jurídicas, o que poderia trazer irreparáveis prejuízos – não só aos que nela se congregam bem como aos terceiros que com ela negociam ou partilham interesses. Daí o porquê de o Código Civil não ter restringido a titularidade para requerer em juízo que se nomeie uma administração de caráter interino, cabendo a qualquer pessoa que comprove seu interesse provocar o aparelho judiciário para conseguir tal intento".

Prosseguem os autores, identificando a "provisoriedade" mencionada no aludido dispositivo e característica das ações cautelares:

> "O adjetivo 'provisório' aqui empregado transmite a ideia de transitoriedade, dando a entender que o administrador nomeado deve perseguir a regularização da direção da pessoa jurídica, buscando a saída que mostre mais adequação ao ato constitutivo, pois devem ser seguidas as formalidades nele prescritas".

Caio Mário da Silva Pereira, comentando o mesmo mandamento, destaca outra característica das ações cautelares, reportando-se ao caráter assecuratório:

> "No caso de ficar acéfala a pessoa jurídica, qualquer interessado poderá tomar as medidas assecuratórias e requererá ao juiz que designe administração provisória (art. 49 do Código Civil). Esta ocupará o lugar da faltosa, até que na forma da lei ou do estatuto, seja nomeada a definitiva" (*Instituições de Direito Civil*, v. I, 20. ed., Forense, p. 315).

Ressaltando providências pertinentes à limitação desta atípica medida cautelar, assinala:

> "No ato de designação, o juiz poderá fixar prazo ao administrador provisório, bem como estabelecer a extensão dos seus poderes".

Sociedades anônimas

O mesmo ocorre se o autor da herança era sócio de sociedade anônima de capital fechado.

O inventariante, para participar e votar em assembleias, deverá estar munido de alvará judicial. Por outro lado, não deve o Juízo dificultar a expedição da autorização que, por vezes, é urgente. Ouvidos todos os herdeiros, deve o pedido ser deferido.

Remoção e substituição do inventariante

O inventariante nomeado só deverá ser substituído nos casos previstos para sua remoção ou por falta grave praticada no exercício do cargo.

Não deve o juiz, por sua livre vontade ou a pedido de qualquer herdeiro, substituir o inventariante sem motivo relevante.

O artigo 622 do Código de Processo Civil enumera os atos que propiciam a remoção do inventariante, sendo certo que outros atos não elencados também permitirão ao juiz remover o gestor da herança.

Remoção

O incidente de remoção de inventariante correrá em apenso aos autos de inventário, nos termos do parágrafo único do artigo 623 do diploma processual.

No requerimento, o herdeiro relatará os motivos pelos quais pretende a remoção indicando quem será o substituto, podendo ser o próprio, outro herdeiro, ou, ainda, um inventariante dativo.

O inventariante será intimado para produzir sua defesa no prazo de quinze dias.

Não existe razão para a demora na decisão da remoção de inventariante. O legislador simplificou o andamento processual. Intimado, o inventariante terá 15 (quinze) dias para se defender e produzir provas. Decorrido o prazo, com ou sem defesa, o juiz decidirá nos termos do artigo 624. Não é necessária a oitiva dos demais herdeiros tampouco dos fiscais, como é praxe nos juízos orfanológicos.

O inventariante removido entregará ao substituto os bens do espólio; não o fazendo, caberá ao nomeado solicitar a expedição de mandado de busca e apreensão ou de imissão de posse dos bens, conforme se tratar de móvel ou imóvel (art. 625, CPC), independentemente da multa a ser fixada pelo juiz em montante não superior a três por cento do valor dos bens inventariados.

Pelo texto do dispositivo entendemos que a aplicação da multa não é uma faculdade do juiz. O legislador é expresso ao estabelecer que o juiz fixará a multa em até 3 (três) por cento. A faculdade outorgada ao magistrado é o percentual a ser fixado. A multa é imposição legal.

A multa reverte em favor do monte e deverá ser paga até o momento da partilha. Desde a sua fixação até o efetivo pagamento será monetariamente atualizada, evitando assim que o inventariante removido procrastine o inventário, retardando o pagamento.

Mantendo o inventariante, poderá o juiz, inclusive, marcar um prazo para o encerramento do inventário, sob pena de substituição de ofício do inventariante.

Substituição

O legislador acertadamente inovou permitindo ao juiz, em casos excepcionais, substituir o inventariante de ofício, independentemente da audiência deste e do processo de remoção.

Praticando o inventariante atos que caracterizem faltas gravíssimas de administração, que importem em evidente prejuízo para o espólio, é dever do juiz substituí-lo de ofício do cargo, nomeando outro, ou mesmo o inventariante judicial onde houver, evitando um dano maior, e, se não o fizer, deixa caracterizada a omissão no exercício de sua função.

O poder de direção do processo atribuído ao magistrado no artigo 139, da lei adjetiva, propicia a adoção das medidas que entender necessárias para a boa condução do processo.

Hamilton de Moraes e Barros, na obra *Comentários ao Código de Processo Civil* (v. IX, 3. ed., Forense, p. 141), já previa a medida no Código revogado:

> "Parece que hoje com o novo diploma, dúvida não poderá existir a respeito de poder o juiz remover o inventariante, mesmo ante a quietação ou inércia dos interessados.

Os dois Códigos diferem no ponto. O art. 995 da Lei de 1973, que enumera os casos de remoção, não subordina como o anterior, ao requerimento de interessado.

A remoção *ex officio* filia-se aos poderes de promoção, prevenção e repressão do juiz.

Sendo um postulado da moderna ciência processual o de que o juiz tem a direção dos feitos e deve estar armado de poderes para velar pelo exato procedimento e pelo regular desfecho das ações, não se compreenderia ficasse desarmado, tolhido, paralisado ante desvios, distorções, desmandos, omissões, fraudes e só agisse quando solicitado por um interessado. Pode dar-se até o fato de estar o interessado mancomunado com o inventariante. O juiz ficaria, então, reduzido a mera testemunha, condenado a assistir aos desmandos, sem nada poder fazer, visto que privado do poder de reprimir, já que dependente de alheias iniciativas. O Código de 1973 não mais subordina a remoção do inventariante à iniciativa dos interessados. Providência administrativa há de ser tomada, tão logo se mostre oportuna ou conveniente".

O mesmo entendimento já era adotado, também, pelo Tribunal do Estado do Rio de Janeiro:

> "A remoção do inventariante faltoso é providência que o Juiz deve adotar de ofício, não dependendo de pedido dos interessados. Tal poder insere-se entre aqueles conferidos ao Juiz na direção dos feitos pelo artigo 125 do CPC. (Ac. unânime da 7ª Câm. do TJ-RJ de 16.12.76, no agr. 736, rel. Des. Décio Ferreira Creton)" – *O Processo Civil à luz da jurisprudência* – v. VIII, Forense – p. 230.

O recurso que cabe, tanto da decisão que substitui quanto da decisão que remove o inventariante, é o agravo.

O inventariante deverá declarar a relação individuada de todos os bens do espólio e dos alheios que nele forem encontrados.

Entretanto, sendo herdeiro necessário, deverá o inventariante trazer à colação os bens que recebeu em vida do autor da herança. Só se pode arguir o inventariante de sonegação, após encerrada a descrição dos bens, com a declaração, por ele feita, de não haver outros bens a inventariar, prescreve o artigo 1.996 do Código Civil.

Capítulo XXX
PRIMEIRAS DECLARAÇÕES

As primeiras declarações ou declarações de herdeiros e bens é a principal peça do inventário.

Na petição de primeiras declarações, o inventariante relaciona os herdeiros e o patrimônio do autor da herança. Os bens imóveis, móveis, semoventes, dívidas ativas e passivas devem ser declarados.

Devem ser inclusive declarados os bens situados no exterior para conhecimento de sua existência pelos demais herdeiros.

Os bens situados no exterior não são inventariados no Brasil a teor da interpretação *a contrario sensu* do artigo 23 do CPC.

Preceitua o artigo 620 do diploma processual:

> "Dentro de 20 (vinte) dias contados da data em que prestou o compromisso, o inventariante fará as primeiras declarações, das quais se lavrará termo circunstanciado, assinado pelo Juiz, pelo escrivão e pelo inventariante, no qual serão exarados:
>
> I – o nome, o estado, a idade e o domicílio do autor da herança, o dia e o lugar em que faleceu e se deixou testamento;
>
> II – o nome, o estado, a idade, o endereço eletrônico e a residência dos herdeiros e, havendo cônjuge ou companheiro supérstite, além dos respectivos dados pessoais, o regime de bens do casamento ou da união estável;
>
> III – a qualidade dos herdeiros e o grau de parentesco com o inventariado;
>
> IV – a relação completa e individualizada de todos os bens do espólio, inclusive aqueles que devem ser conferidos à colação, e dos bens alheios que nele forem encontrados, descrevendo-se:
>
> a) os imóveis, com as suas especificações, nomeadamente local em que se encontram, extensão da área, limites, confrontações, benfeitorias, origem dos títulos, números das matrículas e ônus que os gravam;
>
> b) os móveis, com os sinais característicos;
>
> c) os semoventes, seus números, suas espécies, suas marcas e seus sinais distintivos;
>
> d) o dinheiro, as joias, os objetos de ouro e prata, e as pedras preciosas, declarando-se-lhes especificamente a qualidade, o peso e a importância;
>
> e) os títulos da dívida pública, bem como, as ações, as cotas e os títulos de sociedade, mencionando-se-lhes o número, o valor e a data;
>
> f) as dívidas ativas e passivas, indicando-se-lhes as datas, os títulos, a origem da obrigação, e os nomes dos credores e dos deveres;
>
> g) direitos e ações;
>
> h) o valor corrente de cada um dos bens do espólio.
>
> § 1º O Juiz determinará que se proceda:

I – ao balanço do estabelecimento, se o autor da herança era empresário individual;

II – à apuração de haveres, se o autor da herança era sócio de sociedade que não anônima.

§ 2º As declarações podem ser prestadas mediante petição, firmada por procurador com poderes especiais, à qual o termo se reportará".

Tratando-se da principal peça do inventário, as primeiras declarações devem ser feitas de forma clara e precisa, permitindo uma perfeita visão dos herdeiros e dos bens do autor da herança.

Em nosso entender, para maior clareza, deverá a petição ser feita por itens, destacando-se:

1. o rito a ser adotado;

2. o autor da herança, qualificando-o;

3. se casado, o nome do cônjuge, qualificando-o, mencionando o regime de bens e a opção de exercer o direito real de habitação previsto no artigo 1.831 do CC; caso viva em união estável, o regime de bens da convivência;

4. a verba testamentária, se o autor da herança deixou testamento. Verba testamentária é a parte do testamento que diz respeito às disposições testamentárias. A verba deverá ser transcrita exatamente como se encontra na cédula testamentária;

5. os herdeiros, qualificando-os e declarando a relação de parentesco com o *de cujus*, distinguindo-se:

a) quais os herdeiros legítimos e, dentre estes, se existem herdeiros por representação. Deve ser informado, inclusive, o endereço eletrônico;

b) o estado civil dos herdeiros e respectivos regimes de bens, inclusive, se algum vive em união estável;

c) descrever os bens e declarar o valor corrente de cada um dos bens inventariados. Atribuir valor aos bens é tarefa complicada, pois existem bens móveis que requerem *experts* para sua avaliação, bens imóveis complexos. A situação econômica do País é outro fator de dificuldade para informar o valor dos bens. Quando houver litígio, os herdeiros podem discordar dos valores atribuídos pelo inventariante.

Se o autor da herança deixou testamento:

a) os legatários, se houver (legatário é aquele que recebe, através de testamento, coisa certa e determinada);

b) os herdeiros testamentários (herdeiro testamentário, diferentemente do legatário, é aquele que recebe, pelo testamento, uma cota ou a universalidade da herança).

c) testamenteiro, qualificando-o e, requerendo o arbitramento da vintena, caso o testador não tenha arbitrado.

Existem alguns bens em relação aos quais devemos ter atenção quanto à sua declaração.

BEM DE FAMÍLIA

A instituição do bem de família vem regulada pelos artigos 1.711 a 1.722 do Código Civil; 19 a 23 do Decreto-lei 3.200/1941; e 260 a 265 da Lei 6.015, de 31.12.1973 (Lei de Registros Públicos).

Reza o artigo 1.711:

> "Podem os cônjuges, ou a entidade familiar, mediante escritura pública ou testamento, destinar parte de seu patrimônio para instituir bem de família, desde que não ultrapasse 1/3 (um terço) do patrimônio líquido existente ao tempo da instituição, mantidas as regras sobre a impenhorabilidade do imóvel residencial em lei especial.
>
> Parágrafo único. O terceiro poderá igualmente instituir bem de família por testamento ou doação, dependendo a eficácia do ato da aceitação expressa de ambos os cônjuges beneficiados ou da entidade familiar beneficiada".

A instituição do bem de família sobre o imóvel urbano ou rural visa à proteção do cônjuge, da companheira e dos filhos do instituidor até que completem maioridade, desde que sejam todos capazes civilmente.

Permitiu o legislador a instituição de bem de família, inclusive sobre valores mobiliários, cuja renda deverá se destinar à conservação do imóvel e ao sustento da família.

O bem de família assim instituído não é levado a inventário por ocasião do óbito do instituidor, o que só ocorrerá após a morte de ambos os cônjuges e, até que os filhos do instituidor completem a maioridade, desde que não seja qualquer deles incapaz, conforme estatui o artigo 1.722.

Esse entendimento foi reafirmado pelo acórdão unânime da 7ª Câmara Cível do Tribunal de Justiça do Estado do Rio Grande do Sul, no julgamento do AI 599.065976, em que foi relatora a Des. Berenice Dias, publicado na *Jurisprudência COAD–Adv*, 33/99, 88.791, cuja ementa é a seguinte:

> "Inventário – Bem de família
>
> Incabível o levantamento do gravame, quando permanece residindo no imóvel o cônjuge supérstite. Os artigos 20 e 21 do Decreto-Lei 3.200/41 afastam por completo a pretensão da agravante: determinam que o prédio instituído em bem de família não entrará em inventário, nem será partilhado, enquanto nele continuar a residir o cônjuge sobrevivente ou filho de menor idade, só admitindo a eliminação da cláusula se o prédio deixar de ser domicílio da família ou por motivo relevante plenamente comprovado. No caso em exame não há filhos menores, mas é incontrovertido que o imóvel permanece servindo de residência à cônjuge supérstite, não tendo a parte invocado qualquer motivo relevante que justificasse o levantamento do gravame. Por outro lado, a eventual necessidade de refazimento da partilha – diga-se ocasionada pela própria agravante, que, na condição de inventariante, arrolou bem que não deveria ser inventariado – não constitui justificativa a ensejar o cancelamento da cláusula, que, ademais, representa uma garantia à própria recorrente".

O bem de família instituído de conformidade com o Código Civil difere da impenhorabilidade do imóvel residencial prevista na Lei 8.009, de 29.03.1990.

CONTA BANCÁRIA CONJUNTA

As contas bancárias conjuntas em nome do autor da herança e outros devem ser declaradas nos autos de inventário, porém somente se levará ao monte para efeito de partilha a parte correspondente ao autor da herança.

Se dois são os correntistas, declara-se a metade do valor, se três, um terço e, assim, sucessivamente.

Nesse sentido, os tribunais têm decidido reiteradamente:

"Inventário – Conta conjunta – Inventário, apenas, da metade do saldo da referida conta bancária – Legitimidade da viúva para oferecer embargos de terceiros.

Embargos de terceiro contra o espólio, ajuizados pela viúva do *de cujus*, objetivando excluir do inventário a importância da conta de poupança conjunta que mantinha com o *de cujus*. Legitimidade ativa para a ação de embargos de terceiro. Correta a decisão de 1ª instância que mandou permanecesse para ser inventariado apenas a metade da referida conta. Ap. Cível 516/85-Curitiba, rel. Des. Maximiliano Stasiak PR/JUD 18/69" (*in*: Ricardo de Brito Gonzaga. *Vocabulário forense do inventário e partilha*, 1. ed., Edipro, 1996).

Por outro lado, o legislador declarou no artigo 265 do Código Civil que a solidariedade não se presume.

"A solidariedade não se presume; resulta da lei ou da vontade das partes."

Analisando o tema sob a ótica do direito das obrigações, na conta conjunta, inexistindo restrição, rege entre os cotitulares o princípio da solidariedade ativa, ou seja, qualquer deles pode movimentar livremente a totalidade do saldo. Falecendo um dos cotitulares, não há falar em presunção de igualdade, pois a solidariedade não se presume, bem como, não deve a conta ser encerrada, podendo o sobrevivente levantar o saldo total após o óbito.

O magistrado e doutrinador gaúcho, Arnaldo Rizzardo, leciona em seu livro, *Contratos de Crédito Bancário* (6. ed., São Paulo, Revista dos Tribunais, 2003, p. 70):

"Na conta conjunta solidária, autorizando a movimentação indistintamente de qualquer titular, apenas a solidariedade ativa se estende a todos os componentes, isto é, cada correntista tem o direito de impor ao banco o cumprimento das obrigações inerentes ao contrato. Todos os titulares, em conjunto ou individualmente, legitimam-se para emitir ordens de pagamento, assinar cheques, fazer requisições de talonários e tomar outras providências cabíveis. Nada impede que somente um integrante saque o valor total. Nesta situação, a morte de um dos titulares não acarreta a extinção da conta conjunta. Aos sobreviventes permite-se a utilização e movimentação dos valores existentes, sem possibilidade de substituição, *ipso facto*, pelos herdeiros".

O acervo hereditário é constituído dos bens que estão em nome do autor da herança ou de terceiros, mas que pertençam ao *de cujus*.

Sendo o autor da herança casado por regime que importe comunicação de bens, o cônjuge sobrevivente deverá declarar, também, o saldo de sua conta bancária individual, e, caso se negue a declará-lo, deve o Juízo determinar a expedição de ofício ao estabelecimento bancário solicitando a informação desejada. Tal medida não constitui de forma alguma invasão de privacidade com a quebra do sigilo bancário, tampouco questão de alta indagação para ser discutida nas vias ordinárias, visando somente à apuração do monte. Assim se procede com relação aos bens imóveis. Para a prova de propriedade, contudo, destes se apresenta a certidão do RGI, que independe de pedido do juiz.

Examinando a matéria, a egrégia 13ª Câmara Cível do Tribunal de Justiça do Estado do Rio de Janeiro, no julgamento do Agravo de Instrumento 6.426/1999, relatado pela Des. Nilza Bittar, decidiu, por unanimidade:

> "Inventário – Bem litigioso – Exibição de extrato de conta – Legitimidade.
>
> Agravo de instrumento interposto contra decisão que deferiu pedido de herdeiro, objetivando-se oficiar a Banco no sentido de informar os extratos das contas do pai falecido, individuais ou em conjunto com a agravante – inventariante e ex-companheira do autor da herança. Legitimidade. Direito do herdeiro de saber o montante do espólio. Inexistência, no caso, de invasão de privacidade. Agravo a que se nega provimento (MCT)".

DIREITOS AUTORAIS

Tendo o autor da herança deixado direitos autorais, deverão eles ser trazidos aos autos de inventário para partilha.

Os direitos autorais são regulados pela Lei 9.610, de 19.02.1998, e o artigo 41, da mencionada lei, diz respeito aos direitos sucessórios:

> "Os direitos patrimoniais do autor perduram por 70 (setenta) anos contados de 1º de janeiro do ano subsequente ao de seu falecimento, obedecida a ordem sucessória da lei civil".

Ocorrendo o óbito, não será necessário aos sucessores aguardar o final do inventário para recebimento dos direitos autorais deixados pelo autor da herança.

Com a prova da autoria da obra, da abertura da sucessão (certidão de óbito) e da qualidade de herdeiros (certidão extraída dos autos de inventário comprovando a qualidade) poderão os sucessores se habilitar diretamente junto ao órgão pagador para recebimento das quantias devidas. Pela leitura do texto verifica-se que não cabe meação ao cônjuge. Este só participa dos direitos autorais quando concorre na qualidade de herdeiro.

Assim entendeu o Tribunal de Justiça fluminense ao julgar a Ap. Cível 1.063/94:

> "Inventário – Sucessão aberta – Direito autoral – Obra intelectual – Indenização – Legitimidade *ad causam*.
>
> Direitos autorais – Ação ordinária de indenização – A prova da sua aquisição pelos herdeiros do escritor não precisa ser feita mediante título extraído da partilha dos bens, no inventário. Basta a prova da autoria da obra literária produzida, e da sucessão aberta e da qualidade de herdeiros. Sentença monocrática de errônea fundamentação, julgando os Autores partes ilegítimas *ad causam* com a extinção do processo sem julgamento do mérito. Apelação. Provimento do recurso. Apelação Cível 1.063/94, 6ª CC Unânime, Des. Itamar Barbalho" (*Ementário de Jurisprudência do Tribunal de Justiça do Estado do Rio de Janeiro*, vol. 13, Ementa 14.532).

Além dos direitos patrimoniais, cabem aos sucessores indicados pela lei civil os direitos morais do autor, declinados nos incisos I a IV do artigo

É o que diz o parágrafo 1º do mesmo mandamento.

Visando à obtenção da documentação necessária pelos herdeiros para declaração dos direitos autorais no inventário, decidiu a 3ª Câmara de Direito Privado do Tribunal de Justiça do Estado de São Paulo, julgando a Apelação Cível 202.793-4/5, relatada pelo Des. Ênio Zuliani, assim ementada:

> "Direito autoral – Sucessão hereditária. Os direitos do autor porque considerados bens móveis – artigo 3º da Lei 9.610/98 – são transferidos por sucessão hereditária – artigo 5º, XXVII, da CF – e habilitam os herdeiros ao ajuizamento de medida cautelar preparatória de exibição de todos os documentos que a empresa de entretenimento detém – artigos 844, I, e 356, I e II, do CPC" (*Informativo Semanal de Jurisprudência, COAD* 19/2002, p. 300, Ementa 101.509).

São distintas as primeiras declarações prestadas nos autos de inventário pelo rito de arrolamento e pelo rito ordinário.

HERANÇA DIGITAL

A herança digital ainda não está regulamentada no direito brasileiro. O Projeto de Lei 4.099-A, de 2012, de autoria do Deputado Federal Jorginho Mello, visa incluir no artigo 1.788 do Código Civil a transmissão aos herdeiros de todo o conteúdo de contas ou de arquivos de titularidade do falecido. O texto não distingue conteúdo patrimonial do pessoal, considerando ambos herança.

Os direitos personalíssimos, como retratos e escritos particulares, não se transmitem aos herdeiros. Não contêm valor patrimonial.

Desejando uma pessoa deixar seu conteúdo digital para familiares ou terceiros, deverá fazê-lo por meio de qualquer das formas testamentárias.

MODELO DE PRIMEIRAS DECLARAÇÕES NO RITO ORDINÁRIO

"Exmo. Sr. Dr. Juiz de Direito da ________ Vara de Órfãos e Sucessões

Proc. n. __________

Anita Santos Barbosa, inventariante nos autos de inventário de seu finado marido, José Pereira dos Santos, vem, nos termos do artigo 620 do Código de Processo Civil, apresentar as suas declarações de herdeiros e bens na seguinte forma:

RITO

Tendo em vista a existência de herdeiros menores, será adotado o rito ordinário.

AUTOR DA HERANÇA

O autor da herança, José Pereira dos Santos, brasileiro, faleceu nesta cidade, onde era residente e domiciliado, no dia 22.10.2013, no estado civil de casado com a inventariante pelo regime da comunhão parcial de bens, portador da carteira de identidade expedida pelo CREA em 1º.03.1933, sob n. __________, e do CPF n. __________, deixando testamento.

VERBA TESTAMENTÁRIA

A verba testamentária é do teor seguinte:

"... que é seu desejo deixar para seu sobrinho João Neves dos Santos, seu automóvel marca Chevrolet, Astra, ano 2012, vermelho, placa __________".

VIÚVA MEEIRA

A inventariante, ora Requerente, brasileira, professora, foi casada com o ***de cujus*** pelo regime da comunhão total de bens, portadora da carteira de identidade n. __________, expedida pelo __________ em 02.03.1945, e do CPF n. __________, residente e domiciliada nesta cidade à av. Atlântica, n. __________, apto. __________.

A viúva deseja exercer o direito real de habitação no imóvel que serve de residência ao casal, nos termos do artigo 1.831 do Código Civil.

HERDEIROS

Filhos:

1. Edgard Santos Barbosa, brasileiro, advogado, casado pelo regime da comunhão universal de bens com Lara Pifta Barbosa, portador da carteira de identidade n. __________, expedida em 12.03.1987 pelo IFP, e do CPF n. __________, residente e domiciliado à rua __________, n. __________.

2. Jamil Santos Barbosa, brasileiro, menor, nascido em 12.07.1991, representado por sua mãe, a inventariante.

Legatário:

João Neves dos Santos, brasileiro, solteiro, maior, estudante, portador da carteira de identidade n. __________, expedida em 12.04.1955 pelo IFP, e do CPF n. __________, residente e domiciliado à rua Guilherme Lins, n. __________, apto. __________, nesta cidade.

Testamenteiro:

Carlos Arco Ribeiro, brasileiro, solteiro, maior, advogado, CPF n. __________, portador da carteira de identidade expedida pela OAB/ RJ sob n. __________, residente e domiciliado nesta cidade à Av. Atlântica, n. __________, apto. __________.

BENS

Imóveis:

1. Apartamento n. 210 do prédio à __________, n. __________, com direito a uma vaga de garagem e respectiva fração de 1/16 avos do terreno que mede na sua totalidade 10 m de frente e fundos por 50 m de extensão de ambos os lados, confrontando à direita com o prédio n. __________, de Alexia Zen e outros, à esquerda com o prédio n. __________de Pedro Lins, e aos fundos com o terreno da rua Lagos, n. __________, de propriedade de Bernardo Zen. O referido

imóvel foi adquirido por escritura definitiva de compra e venda lavrada em Notas do Tab. do __________ Ofício, livro __________, fls. __________ de 23.12.1967, devidamente registrado no __________ Ofício do RGI, sob a matrícula n. __________.

2. Direitos hereditários a serem partilhados nos autos de inventário dos bens deixados pelo tio do autor da herança, Francisco dos Santos Peixoto, que corre seus termos perante o Juízo da __________ Vara de Órfãos e Sucessões desta Comarca.

Na comarca de Petrópolis:

3. Direito e ação à compra da loja à __________, n. __________ e respectivo domínio útil do terreno, foreiro à Cia. Imobiliária de Petrópolis, que mede 12m de frente e fundos por 52m de ambos os lados, confrontando do lado direito com o imóvel de n. __________, de propriedade de Taíssa Zen; à esquerda com o imóvel de n. __________, de Fernanda Paiva e aos fundos com terreno pertencente a Manoel Falcão. Adquirido por escritura de promessa de compra e venda lavrada em Notas do Tab. do __________ Ofício de Petrópolis, livro __________, fls. __________, em 13.02.1992, registrado no __________ Ofício do RGI sob a matrícula n. __________.

Móveis:

1. Automóvel marca Chevrolet, Vectra LX, ano 1998, cor azul noturno, placa __________, chassi n. __________.

2. 55.000 ações ordinárias escriturais do Banco __________, cujo Boletim Oficial da Bolsa de Valores do Rio de Janeiro da data do óbito é ora anexado.

3. Importância depositada no Banco __________, agência __________, conta-corrente n. __________.

4. 1.500 cotas da sociedade "Lanifício Tricolor Ltda.", com sede nesta cidade, à rua Nelson Goyanna, n. __________.

5. Diversas joias que se encontram penhoradas na Caixa Econômica Federal, agência Almirante Barroso, conforme cautela de penhor n. __________, com vencimento no próximo dia 30 do corrente ano.

6. Cofre n. __________ locado no Banco __________, agência Leblon __________. Ante o exposto, requer a V. Exª:

a) seja a presente ratificada por termo;

b) seja expedido o respectivo mandado de avaliação para os bens situados na Comarca do Rio de Janeiro;

c) seja expedida Carta Precatória para avaliação do imóvel situado na Comarca de Petrópolis, neste Estado;

d) seja expedido ofício ao Banco __________ para que informe o saldo existente na conta-corrente em nome do ***de cujus***;

e) seja expedido alvará autorizando a inventariante a retirar na Caixa Econômica Federal as joias que se encontram custodiadas, e levá-las aos avaliadores para que procedam à respectiva avaliação;

f) sejam designados dia e hora para abertura do cofre locado pelo autor da herança no Banco __________ e arrolamento dos bens que lá se encontrarem;

g) sejam deixados para sobrepartilha os direitos hereditários a serem partilhados nos autos de inventário de Francisco dos Santos Peixoto, nos termos dos artigos 669 do CPC e 2.021 do CC;

h) seja arbitrada a vintena do testamenteiro Carlos Arco Ribeiro, brasileiro, casado, advogado, residente nesta cidade à rua Sra. Mariana, n. __________, apto. __________.

Termos em que,

Pede Deferimento.

(data).

Rogério Reis

OAB/RJ n. __________"

Obs.: A petição deverá ser dirigida ao Juízo competente para processar os autos de inventário.

MODELO DE PRIMEIRAS DECLARAÇÕES NO RITO DE ARROLAMENTO

*Regime da comunhão universal de bens. O cônjuge não herda.

Tem direito apenas a meação.

"Exmo. Sr. Dr. Juiz de Direito da __________ Vara de Órfãos e Sucessões Proc. n. __________

Anita Santos Barbosa, inventariante nos autos de inventário de seu finado marido, José Pereira dos Santos, vem apresentar as suas declarações de herdeiros e bens na seguinte forma:

RITO

Sendo todos os herdeiros maiores e capazes, será adotado o rito do arrolamento sumário nos termos dos artigos 659 e seguintes do CPC.

AUTOR DA HERANÇA

O autor da herança, José Pereira dos Santos, brasileiro, faleceu nesta cidade, onde era residente e domiciliado, no dia 22.10.2015, no estado civil de casado com a inventariante pelo regime da comunhão universal de bens, portador da carteira de identidade expedida pelo CREA em 01.03.1933 sob n. __________ e do CPF n. __________, deixando testamento.

VERBA TESTAMENTÁRIA

A verba testamentária é do teor seguinte:

"... deixa para seu sobrinho, Roberto Ferreira, seu automóvel marca Chevrolet, Astra, ano 2012, vermelho, placa __________, e o direito ao uso da linha telefônica de n. __________, que se encontra instalada em sua residência".

VIÚVA MEEIRA

A inventariante, ora Requerente, brasileira, professora, foi casada com o ***de cujus*** pelo regime da comunhão universal de bens, portadora da carteira de identidade n. __________, expedida pelo IFP em 12.03.1945, e do CPF n. ___________, residente e domiciliada à ___________, n. ___________, apto. ___________, nesta cidade.

A viúva deseja exercer o direito real de habitação no imóvel que servir de residência ao casal, nos termos do artigo 1.831 do Código Civil.

HERDEIROS

Filhos:

1. Edgard Santos Barbosa, brasileiro, advogado, casado pelo regime da comunhão universal de bens com Lara Pifta Barbosa, portador da carteira de identidade n. ___________, expedida em 12.03.1987 pelo IFP e do CPF n. ___________, residente e domiciliado à rua ___________, n. ___________.

2. HEBE BARBOSA LETO, brasileira, do lar, separada judicialmente, portadora da carteira de identidade n. ___________expedida pelo IFP em 12.04.1995 e CPF n. ___________, residente na cidade de Niterói, à ___________, n. ___________, apto. ___________.

Legatário:

Roberto Ferreira, brasileiro, solteiro, maior, estudante, portador da carteira de identidade n. ___________, expedida em 12.04.1955 pelo IFP e do CPF n. ___________, residente e domiciliado à rua ___________, n. ___________, apto. ___________, nesta cidade.

BENS

Imóveis:

1. Apartamento n. ___________ do prédio à rua ___________, n. ___________, com direito a uma vaga de garagem e respectiva fração de 1/16 avos do terreno que mede na sua totalidade 10m de frente e fundos por 50m de extensão de ambos os lados, confrontando à direita com o prédio n. ___________, de Patrícia Braga Lacerda e outros, à esquerda com o prédio n. ___________de Pedro Lins, e aos fundos com o terreno da rua Lagos n. ___________, de propriedade de Bernardo Zen. O referido imóvel foi adquirido por meio de escritura definitiva de compra e venda lavrada em Notas do Tab. do ___________ Ofício, liv. ___________, fls. 28 de 23.12.1967, devidamente registrado no ___________ Ofício do RGI sob a matrícula n. ___________.

Atribuem ao imóvel o valor de .... R$ 150.000,00.

Na comarca de Petrópolis:

Direito e ação à compra da loja à rua Barão de Rio Branco, n. ___________, e respectivo domínio útil do terreno, foreiro à Cia. Imobiliária de Petrópolis, que mede 12 m de frente e fundos por 52 m de ambos os lados, confrontando do lado direito com o imóvel de n. ___________, de propriedade de Alexia Zen, à esquerda com o imóvel de n. ___________, de Cristina Lins, e aos fundos com terreno pertencente a Manoel Falcão adquirido por escritura de promessa de compra e venda lavrada em Notas do Tab. do ___________ Ofício de Petrópolis, liv. ___________, fls. ___________, em 13.02.1992, registrado no ___________ Ofício do RGI sob a matrícula n. ___________.

1. Atribuem ao imóvel o valor de .... R$ 100.000,00.

Móveis:

Direito ao uso da linha telefônica n. __________ da Telemar, que se encontra instalada na residência da inventariante.

2. Atribuem ao bem o valor de .... R$ 500,00

Automóvel marca Chevrolet, Astra LX, ano 2012, cor vermelho-sangue, placa __________, chassi n. __________.

3. Atribuem ao bem o valor de .... R$ 2.000,00.

56.000 ações ordinárias escriturais do Banco __________, cujo Boletim Oficial da Bolsa de Valores do Rio de Janeiro da data do óbito é ora anexado, cotadas cada uma a R$ 10,00 no Total de .... R$ 560.000,00.

4. Importância depositada no Banco __________, ag. Leblon, conta-corrente n. __________, conforme extrato anexo no valor de .... R$ 16.200,00

5. 1.500 cotas da sociedade "Lanifício Tricolor Ltda.", com sede nesta cidade à rua Nelson Goyana, n. 132, no valor cada uma de R$ 8,00 no total de .... R$ 12.000,00

Total do Monte .... R$ 840.700,00

PARTILHA AMIGÁVEL

MONTE .... R$ 840.700,00

Meação da viúva .... R$ 420.350,00

Meação do inventariado .... R$ 420.350,00

Separam-se os bens objeto do legado .... R$ 2.500,00

Total .... R$ 417.850,00

que se divide por seus dois filhos, cabendo a cada um .... R$ 208.925,00

PAGAMENTO que se faz à viúva meeira e inventariante Anita Santos Barbosa, brasileira, viúva, professora, de sua meação no valor .... R$ 420.350,00

HAVERÁ:

1/2 (metade) do apartamento n. __________ do prédio à rua __________, n. __________, com direito a uma vaga de garagem e respectiva fração de 1/16 avos do terreno, gravado com o direito real de habitação, no valor de .... R$ 75.000,00

1/2 (metade) do direito e ação à compra da loja à rua Barão de Rio Branco, n. __________ e respectivo domínio útil do terreno, foreiro à Cia. Imobiliária de Petrópolis, na comarca de Petrópolis, neste Estado, no valor de .... R$ 50.000,00

28.000 ações ordinárias escriturais do Banco __________, cotadas cada uma a R$ 10,00, no total de .... R$ 280.000,00

Na importância depositada no Banco __________, ag. Leblon, conta-corrente n. __________, conforme extrato anexo no valor de .... R$ 9.350,00

750 cotas da sociedade "Lanifício Tricolor LTDA.", com sede nesta cidade à rua Nelson Goyana n. __________, no valor, cada uma, de R$ 8,00, no total de .... R$ 6.000,00

TOTAL .... R$ 420.350,00

PAGAMENTO que se faz a cada um dos herdeiros:

Edgard Santos Barbosa, brasileiro, advogado, casado pelo regime da comunhão universal de bens com Lara Pifta Barbosa; e Hebe Barbosa Leto, brasileira, do lar, separada judicialmente, de suas heranças paternas, no valor, a cada um, de ....R$ 208.925,00

HAVERÁ cada um:

1/4 (um quarto) do apartamento n. 210 do prédio à __________, n. __________, com direito a uma vaga de garagem e respectiva fração de 1/16 avos do terreno, gravado com o direito real de habitação em favor da viúva, no valor de .... R$ 37.500,00

1/4 (um quarto) do direito e ação à compra da loja à rua __________, n. __________ e respectivo domínio útil do terreno, foreiro à Cia. Imobiliária de Petrópolis, na comarca de Petrópolis, neste Estado, no valor de .... R$ 25.000,00

14.000 ações ordinárias escriturais do Banco __________, cotadas cada uma a R$ 10,00, no total de .... R$ 140.00,00

Na importância depositada no Banco __________, ag. Leblon, conta corrente n. __________, conforme extrato anexo, no valor de ....
R$ 3.425,00

375 cotas da sociedade "Lanifício Tricolor Ltda.", com sede nesta cidade à rua Nelson Goyana n. __________, no valor, cada uma, de R$ 8,00, no total de................................ R$ 3.000,00

TOTAL.. R$ 208.925,00

PAGAMENTO que se faz ao legatário Roberto Ferreira, brasileiro, solteiro, maior, estudante, de seu legado no valor de.. R$ 2.500,00

HAVERÁ:

Direito ao uso da linha telefônica n. __________da Telemar, que se encontra instalada na residência da inventariante, no valor de .... R$ 500,00

Automóvel marca Chevrolet, Astra LX, ano 2012, cor vermelho-sangue, placa __________, chassi n. BR __________, no valor de ....R$ 2.000,00

TOTAL.. R$ 2.500,00

E por esta forma têm por concluída a presente partilha amigável, que por achá-la em tudo boa, firme e valiosa, requerem a V. Exª se digne homologá-la, para que produza seus devidos e legais efeitos.

Requer, outrossim, o prosseguimento, observadas as formalidades legais.

Nestes termos,

Pede Deferimento.

(data).

Anderson da Silva

OAB/RJ n. __________"

Obs. 1: A petição deverá ser dirigida ao Juízo competente para processar os autos de inventário.

Obs. 2: A partilha deverá ser assinada pela viúva, herdeiros e respectivos cônjuges, caso o advogado não tenha procuração com poderes especiais para elaborar e assinar partilha amigável.

BENS QUE ESTEJAM NA POSSE DO AUTOR DA HERANÇA

Os bens que estiverem na posse do inventariado deverão ser declarados nos autos de inventário, como já previa o legislador no Código revogado em seus artigos 494 e seguintes.

Reza o artigo 1.206:

> "A posse transmite-se aos herdeiros ou legatários do possuidor com os mesmos caracteres".

E o artigo 1.207:

> "O sucessor universal continua de direito a posse do seu antecessor; e ao sucessor singular é facultado unir sua posse à do antecessor, para os efeitos legais".

Por conseguinte, se o autor da herança detém a posse de um imóvel, essa posse deverá ser declarada, avaliada e partilhada entre os herdeiros nos autos de inventário, inclusive unindo a sua à de seu antecessor para efeito de prescrição aquisitiva.

A posse transmite-se aos sucessores do possuidor exatamente como possuía seu antecessor, com todas as suas características, se de boa-fé ou má-fé, sendo que ao sucessor singular é permitido unir sua posse à do antecessor.

Pode, inclusive, ser objeto de disposição testamentária.

DIREITOS HEREDITÁRIOS

O autor da herança pode ser herdeiro em outro processo de inventário. Nesse caso, não serão declarados em seu inventário os bens individualizados a serem partilhados no primeiro inventário.

Enquanto não houver a partilha no primeiro inventário, declarando quais os bens caberão ao autor da herança, estes não poderão ser declarados no segundo inventário.

O correto será mencionar na "declaração de bens" o direito hereditário a que faz jus o inventariado, solicitando ao juiz que seja esse direito hereditário deixado para sobrepartilha. Só após a partilha homologada e registrado o formal de partilha passado em favor do autor da herança poderá o inventariante declarar os bens individualizados que lhe foram partilhados no primeiro inventário.

No julgamento do Agravo de Instrumento 1.032/92, em que foi relator o Des. Marlan de Moraes Marinho, decidiu a 8ª Câmara Cível do Tribunal de Justiça do Estado do Rio de Janeiro:

> "Herança – Direitos hereditários – Transmissibilidade – Na sucessão hereditária, transmitem-se os bens que o inventariado possuía em vida. Portanto, se este deixou direitos hereditários, são estes que se transmitem aos herdeiros e não o eventual direito de propriedade sobre imóveis, que aqueles podem conter. Recurso provido".

JOIAS PENHORADAS

Pode o autor da herança ter em vida penhorado joias na Caixa Econômica, vindo a falecer sem resgatá-las.

Declarando-as no inventário, deverá o inventariante requerer um alvará para resgatá-las no estabelecimento credor e, em seguida, deverão ser declaradas no inventário, avaliadas (rito ordinário), recolhido o imposto devido, e partilhadas.

No arrolamento sumário, os próprios herdeiros atribuirão os valores. Se os herdeiros não pagarem os juros devidos, a Caixa Econômica determinará o leilão das joias. Deverá, então, o inventariante requerer ao juiz que expeça, com urgência, ofício solicitando a suspensão do leilão, devendo, a partir de então, pagar os juros cobrados até o efetivo resgate das joias.

MODELO DE PEDIDO DE SUSPENSÃO DE LEILÃO DE JOIAS PENHORADAS

"Exmo. Sr. Dr. Juiz de Direito da 3ª Vara de Órfãos e Sucessões

Processo n. ________

Marta Bastos, na qualidade de inventariante do espólio de sua finada tia-avó Heloisa Bastos, vem, por seu advogado, comunicar a V. Exª que a autora da herança penhorou, junto à ________, as joias constantes das cautelas anexas nos 125.657 e 324.976.

Considerando que a ______________ determinou o leilão das aludidas joias para o próximo dia 18, tendo em vista que as mesmas não foram resgatadas na data aprazada, requer a V. Exª se digne expedir ofício àquele estabelecimento, ordenando a suspensão do leilão até posterior determinação do Juízo.

Requer, por derradeiro, a expedição de alvará autorizando o resgate das joias, que serão arroladas nos autos para futura partilha entre os herdeiros.

Termos em que,

P. Deferimento.

(data).

Renato Freitas

OAB/RJ n. ________"

Obs.: A petição deverá ser dirigida ao Juízo competente para processar os autos de inventário.

SEGURO DE VIDA

É certo que seguro de vida não é herança. A importância segurada não sai do patrimônio do falecido, porém, da companhia seguradora.

Os beneficiários do seguro podem ser quaisquer pessoas, salvo as exceções previstas na lei.

Havendo dúvidas quanto aos beneficiários (sucessores legais) ou recusa de pagamento por parte da seguradora, a matéria não é de ser discutida dentro dos autos de inventário.

Havendo beneficiários menores ou incapazes, e, nesses casos, as seguradoras só pagam com autorização judicial, poderá o juiz do inventário, por economia processual, autorizar o recebimento ou determinar o depósito em conta judicial. Entretanto, tecnicamente, o juízo orfanológico não é o competente para autorização do recebimento de seguro.

A 1ª Câmara Cível do Tribunal de Justiça do Estado do Rio de Janeiro, julgando o AI 5.090/98, em que foi relatora a Des. Valéria Maron, decidiu por unanimidade:

> "Inventário – Seguro de vida – Autorização para levantamento – Indeferimento – Agravo de instrumento – Desprovimento do recurso.
>
> Agravo de instrumento. O contrato de seguro de vida não constitui herança do falecido, até porque o beneficiário pode não ser herdeiro. Recusado o pagamento pela seguradora, o beneficiário deverá propor a ação própria. Recurso desprovido" (*Ementário do Diário Oficial do Estado do Rio de Janeiro*, n. 100, de 27.05.1999, Ementa n. 21).

É possível que o autor da herança favoreça um determinado herdeiro necessário, colocando-o como beneficiário de um seguro feito. Por intermédio de um contrato em favor de terceiro, o *de cujus* consegue privilegiar um herdeiro em detrimento dos outros.

No entanto, a totalidade dos prêmios pagos pelo inventariado à seguradora durante sua vida, em virtude do contrato de seguro, deve ser considerada como adiantamento de legítima, caso haja herdeiros legitimários, pois se trata de uma doação indireta.

Uma pessoa com três filhos falece sem deixar bens a inventariar, tendo durante toda sua vida pago um seguro no valor de R$ 2.000,000,00, tendo como único beneficiário um de seus filhos. Sendo certo que a totalidade dos prêmios pagos equivale a R$ 50.000,00, em valores atualizados na data do óbito, esta quantia deverá ser levada a inventário, como doação feita ao filho beneficiário do seguro. Caracteriza-se uma doação indireta.

Esse é o pensamento esposado pelo Procurador da República de Portugal, Domingos Silva Carvalho de Sá, em sua obra *Do inventário – descrever, avaliar e partir* (3. ed., Coimbra, Almedina, 1998, p. 95).

A matéria por sua complexidade merece um estudo mais profundo.

VGBL E PGBL/PREVIDÊNCIA COMPLEMENTAR

A matéria por sua complexidade merece um estudo mais profundo. VGBL E PGBL/ PREVIDÊNCIA COMPLEMENTAR Vida Gerador de Benefício Livre e Plano Gerador de Benefício Livre são aplicações financeiras feitas pela pessoa, titular ou não de uma conta bancária, em que uma das modalidades é a possibilidade de indicar um beneficiário para, em caso de falecimento do titular, receber o montante aplicado.

O regime de previdência complementar está previsto na Constituição Federal, em seu art. 202 e vem regulado na Lei Complementar 109, de 29.05.2001, prevendo em seu art. 4º que as entidades de previdência complementar são classificadas em fechadas e abertas.

Originalmente, as pessoas recorriam ao regime de previdência complementar hoje classificado como fechado, para garantia de um final de vida tranquilo, sem sobressaltos.

Para tanto, realizavam ao longo da vida aportes mensais sem possibilidade de resgates, com a previsão de que, a partir de determinada data no futuro, estes valores lhe seriam pagos em prestações periódicas, como forma de complementação do valor recebido da previdência pública e com o propósito de manter o mesmo padrão de vida

Contrapondo-se ao regime fechado acima mencionado, existe a previdência complementar aberta, de que são exemplos o VGBL e o PGBL, que não apresentam os mesmos entraves de natureza financeira e atuarial que são verificados nos planos de previdência fechada.

Na previdência privada aberta há ampla flexibilidade do investidor que poderá escolher livremente como e quando receber, aumentar ou reduzir contribuições, realizar aportes adicionais, resgates antecipados ou parcelados a partir da data que porventura indicar.

Por certo, o VGBL, dependendo da forma que é estipulado, quando não apresenta as características de previdência ou seguro, deve ser incluído no acervo hereditário e submetido a inventário, como qualquer outro investimento que a pessoa falecida deixe por ocasião de sua morte.

O caráter de aplicação/investimento do VGBL e a ampla liberdade de movimentação utilizada, muitas vezes, descaracteriza a natureza securitária e previdenciária. É o que preconiza o julgado abaixo transcrito do Superior Tribunal de Justiça:

> "Agravo interno no agravo em recurso especial. Agravo de instrumento. Processo civil e direito sucessório. Violação ao art. 1.022 do CPC/2015. Acórdão estadual devidamente fundamentado. Contrato de previdência privada. Vgbl. Natureza de aplicação financeira. Sujeição à partilha. Natureza securitária não identificada no caso. Revisão. Impossibilidade. Incidência das súmulas 5 e 7 do STJ. Agravo interno não provido. 1. Não demonstrada alegada ofensa ao art. 1.022 do CPC/2015, uma vez que o Tribunal de origem, embora sem examinar individualmente cada um dos argumentos suscitados pela recorrente, adotou fundamentação contrária à pretensão da parte, suficiente para decidir integralmente a controvérsia. 2. Na hipótese, o Tribunal de origem, analisando as circunstâncias do caso concreto, concluiu que o plano de previdência privada firmado não possui natureza securitária, mas de verdadeira aplicação financeira, podendo ser incluído na partilha. A modificação de tal entendimento é inviável no âmbito estreito do recurso especial, a teor do disposto nas Súmulas 5 e 7 do STJ. 3. Agravo interno a que se nega provimento" (AgInt no Agravo em Recurso Especial 1720115 RS (2020/0153886-0) Relator: Ministro Raul Araújo).

Destarte, quando tratar-se de aplicação/investimento e não seguro ou previdência propriamente, as quotas do fundo de investimento decorrentes da aplicação devem ser descritas no inventário, por força do art. 620, IV, "d" e "e", CPC, não se podendo admitir que o VGBL se constitua em instrumento hábil a burlar o art. 1.829, I, CC.

A cobrança do imposto de transmissão *causa mortis*, não é mais matéria controvertida.

No Superior Tribunal de Justiça a matéria é controvertida. Ao julgar o REsp 1.695.687 o Min. Ricardo Villas Boas na 3ª Turma propôs ao colegiado a harmonização de entendimento com relação a natureza jurídica dos VGBL e PGBL. Se tem natureza de investimento ou previdenciária. O Supremo Tribunal Federal no julgamento do

RE 1363013 declarou inconstitucional a cobrança pelos Estados de imposto de transmissão *causa mortis* sobre os valores de VGBL e PGBL.

Usucapião de imóvel inventariado

A jurisprudência tem admitido, de forma pacífica, o usucapião de imóvel pertencente ao acervo hereditário do inventariado.

Sendo a posse e a propriedade dos bens da herança regidas pelas regras do condomínio, como determina o artigo 1.791 do Código Civil, entende-se que o condômino tem legitimidade para usucapir em nome próprio desde que atenda aos requisitos necessários ao usucapião e a posse exclusiva com *animus domini*.

Ao julgar o REsp n. 1.631.859-SP, relatado pela Min. Nancy Andrighi, a 3ª Turma do Superior Tribunal de Justiça, decidiu por unanimidade, a admissibilidade do herdeiro usucapir imóvel inventariado, destacando-se da ementa os seguintes trechos:

> "Direito processual e recursal. Recurso especial. Ação de usucapião extraordinária. Prequestionamento. Ausência. Súmula 282/STF. Herdeira. Imóvel objeto da herança. Possibilidade de usucapião por condômino se houver posse exclusiva.
>
> 1. (...)
>
> 2. (...)
>
> 3. (...)
>
> 4. Aberta a sucessão, a herança transmite-se, desde logo, aos herdeiros legítimos e testamentários (art. 1.784 do CC/02)
>
> 5. A partir dessa transmissão cria-se um condomínio *pro indiviso* sobre o acervo hereditário, regendo-se o direito dos coerdeiros, quanto à propriedade e posse da herança, pelas normas relativas ao condomínio, como mesmo disposto no art. 1.791, parágrafo único, do CC/02.
>
> 6. O condômino tem legitimidade para agir em nome próprio desde que exerça a posse por si mesmo. Ou seja, desde que comprovados os requisitos legais atinentes à usucapião, bem como tenha sido exercida posse exclusiva com efetivo *animus domini* pelo prazo determinado pela lei, sem qualquer oposição dos demais proprietários.
>
> 7. Sob essa ótica, tem-se, assim, que é possível à recorrente pleitear a declaração de aquisição prescritiva em desfavor de seu irmão ou outro herdeiro/condômino – desde que, obviamente, observados os requisitos para a configuração da usucapião extraordinária, previstos no artigo 1.238 do CC/02, quais sejam lapso temporal de 15 (quinze) anos cumulado com a posse exclusiva, ininterrupta e sem oposição do bem.
>
> 8. (...)
>
> 9. Recurso especial parcialmente conhecido e, nesta parte, provido".

A decisão do mencionado acórdão é reforçada com as ementas dos acórdãos dos julgamentos do AgRg no AREsp 22.114-GO, 3ª Turma, DJe 11.11.2013; REsp 10.978-RJ, 3ª Turma, DJe 09.08.1993; Resp 668.131/PR, 4ª Turma, DJe 14.09.2010 e AgRg no Ag 731.971/MS, 3ª Turma, DJe 20.10.2008, todos no mesmo sentido.

Capítulo XXXI
CITAÇÃO

Apresentadas as primeiras declarações, serão todos os herdeiros citados para os termos do inventário.

Os que residem na comarca por onde se processa o inventário serão citados por mandado por meio do Oficial de Justiça, na forma dos artigos 249 a 256 do CPC. O § 1º do artigo 999 do diploma processual revogado estabelecia que os herdeiros residentes fora da comarca do inventário, não importando que tivessem endereço certo, seriam citados por edital e não por carta precatória ou rogatória. O CPC atual não reproduziu esse dispositivo.

Prescreve o artigo 626:

> "Feitas as primeiras declarações, o juiz mandará citar, para os termos do inventário e da partilha, o cônjuge, o companheiro, os herdeiros e os legatários e intimar a Fazenda Pública, o Ministério Público, se houver herdeiros incapaz ou ausente, e o testamenteiro, se houver testamento.
>
> § 1º O cônjuge ou o companheiro, os herdeiros e os legatários serão citados pelo correio, observado o disposto no art. 247, sendo, ainda, publicado edital, nos termos do inciso III do art. 259.
>
> § 2º Das primeiras declarações extrair-se-ão tantas partes quantas forem as partes.
>
> § 3º A citação será acompanhada de cópia das primeiras declarações.
>
> § 4º Incumbe ao escrivão remeter cópias à Fazenda Pública, ao Ministério Público, ao testamenteiro, se houver, e ao advogado, se a parte já estiver representada nos autos".

Os herdeiros menores e incapazes serão citados na pessoa de seus representantes legais e os que se encontrarem em lugar incerto e não sabido serão, também, citados por edital.

Completadas as citações, abrir-se-á vista, primeiramente, às partes e, posteriormente, aos fiscais para se pronunciarem sobre as primeiras declarações no prazo de 15 dias, quando poderão arguir erros ou omissões; reclamar contra a nomeação do inventariante e contestar a qualidade de quem foi incluído no título de herdeiro (arts. 627 a 629 do CPC).

No segundo caso, acolhendo as razões do impugnante, poderá o juiz substituir o inventariante, independentemente do processo de remoção.

CITAÇÃO DO CÔNJUGE DO HERDEIRO

Deverá o cônjuge do herdeiro ser citado para os termos do inventário? Nos regimes da comunhão parcial de bens, da separação legal ou da separação convencional os bens havidos por herança não se comunicam com o cônjuge. Portanto, em princípio não nos parece obrigatória a citação do cônjuge do herdeiro para os termos do inventário.

Devemos dar especial atenção ao inciso II do artigo 80 do Código Civil, que considera para efeitos legais o direito à sucessão aberta como bem imóvel. Sobre ele trataremos a seguir.

Transcrevemos o artigo de nossa autoria publicado na *Revista de Direito do Tribunal de Justiça do Estado do Rio de Janeiro* (v. 16 jul./set. 1993, p. 42):

Cônjuge de herdeiro e inventário dos sogros

Prescreve o artigo 44 do Código Civil:

'Consideram-se imóveis para os efeitos legais:
I – os direitos reais sobre imóveis, inclusive penhor agrícola e as ações que os asseguram.
II – as apólices da dívida pública oneradas com a cláusula de inalienabilidade.
III – o direito à sucessão aberta'.

Assim, devemos entender como integrante da classificação de imóveis, aqueles que o são por estrita definição legal, como o direito à sucessão aberta.

Sucessão, pode definir-se de uma forma mais restrita, como a transferência do patrimônio do defunto a seus herdeiros, em virtude da lei ou de disposição de última vontade.

A abertura da sucessão dá-se no momento da morte do autor da herança, transmitindo-se, desde logo, a propriedade e a posse dos bens do defunto a seus herdeiros, diz o artigo 1.572 da lei substantiva.

'Deste modo, no instante seguinte ao passamento do *de cujus*, abriu-se a sucessão transmitindo-se ao herdeiro a posse da herança e, no mesmo momento ao cônjuge por meação, e pelo princípio da comunicação consagrado no referido artigo 262.'

Esta é a lição ministrada no v. acórdão em que foi relator o insigne Desembargador Doreste Baptista, na Apelação Cível 2.964, de 30.11.1976, publicado na *Revista dos Tribunais* n. 504, p. 217.

O regime da comunhão universal de bens importa a comunicação da totalidade dos bens presentes e futuros dos cônjuges, exceção àqueles enumerados no artigo 262 do Código Civil.

O cônjuge do herdeiro casado pelo regime da comunhão de bens é por sua vez condômino da quota parte que ao herdeiro compete nos bens da herança, pois, pelo regime da comunhão de bens a ele são aplicáveis as disposições relativas a copropriedade.

Inserido no Código de Processo Civil vigente como procedimento especial de jurisdição contenciosa, o inventário será sempre judicial – artigo 982.

Na doutrina, encontramos correntes divergentes a respeito da classificação do inventário e partilha como procedimento especial de jurisdição contenciosa.

'Entre os doutores antigos, todavia, o entendimento predominante era o de que se tratava de procedimento de jurisdição voluntária, visto que a disputa entre os sucessores não era pressuposto, mas um evento ocasional do curso do feito' (Humberto Theodoro Júnior, *Curso de Direito Processual Civil*, 1. ed., Forense, p. 1.738).

O festejado Pontes de Miranda classifica-o como ação de inventário e partilha, na qual figura como autor aquele que promove o inventário e partilha, não sendo, porém, autor sempre o titular da relação de direito material, *res in iudicium deducta* (*Comentários ao Código de Processo Civil*, 1. ed., 1977, Forense, t. XIV, p. 103).

'Consequência necessária das primeiras declarações, autêntica *causa petendi*, é a citação dos interessados, conforme elenco do art. 999. Não se pode conceber a formação de uma relação processual sem a citação dos interessados, para que se manifestem sobre a pretensão deduzida em juízo. O artigo 214 que encerra o princípio geral de direito processual tem aplicação, portanto, no processo de inventário, sob pena de nulidade, e, se os interessados comparecem supre-se a falta da citação' (Gil Costa Alvarenga. *Revista de Direito da Procuradoria-Geral do Estado do Rio de Janeiro*, v. 37, p. 89, ano 1985).

O inciso I do parágrafo único do artigo 10 da lei adjetiva estabelece que para as ações reais imobiliárias serão citados ambos os cônjuges.

Considerando-se, como já dito, o direito à sucessão bem imóvel, e considerando-se mais que o cônjuge casado pelo regime da comunhão universal de bens é comunheiro da metade do quinhão cabente ao herdeiro, e, ainda, levando-se em conta que na partilha realizada nos autos de inventário, promove-se a destinação dos bens inventariados e, ocorrendo transação sobre os mesmos, dúvida não resta quanto a participação obrigatória do cônjuge do herdeiro casado pelo regime da comunhão universal de bens no inventário por falecimento de seus sogros.

A doutrina e a jurisprudência têm admitido pacificamente a obrigatoriedade da citação do cônjuge do herdeiro para os termos do inventário de seus sogros.

Proclama o artigo 125 do estatuto processual:

'O Juiz dirigirá o processo conforme as disposições deste Código competindo-lhe:

I – assegurar as partes igualdade de tratamento;

II – velar pela rápida solução do litígio;

III – prevenir ou reprimir qualquer ato contrário a dignidade da justiça'.

Estas três regras jurídicas contidas no referido mandamento permitem ao magistrado no exercício de sua função a condução do processo de forma justa célere e digna, resultando no atendimento da tutela jurisdicional procurada pelas partes em juízo.

No ensinamento de Celso Agrícola Barbi:

'Estes são três objetivos pelos quais deve o juiz velar na direção do processo' (*Comentários ao Código de Processo Civil*, Forense, v. I, t. II, p. 515).

O que temos visto no presente estudo são os limites da ingerência do cônjuge do herdeiro casado pelo regime da comunhão de bens e separado de fato, nos autos de inventário por falecimento de seus sogros. Quais os atos que lhe cabe praticar, e até onde encontram-se as fronteiras que deve o juiz permitir esta ingerência, de forma que não prejudique o bom andamento do processo e assegure de forma eficaz os direitos que lhe assistem.

Este é o cerne do problema.

Desde os tempos primitivos, com o aparecimento do direito de propriedade, contemplamos o desenvolvimento do direito sucessório sempre transmitindo-se aos herdeiros e perpetuando-se, desta maneira, no seio da família, os bens possuídos pelo *pater.*

Como afirma Arthur Vasco Itabaiana de Oliveira, em seu *Tratado de Direito das Sucessões*, 5. ed., revista e atualizada pelos Desembargadores Décio Itabaiana Gomes da Silva, Paulo Dourado Gusmão e Paulo Pinto, Freitas Bastos, 1987, p. 24, em seus ensinamentos:

> 'Individualizando-se a propriedade e fortalecendo-se os laços de afeição mais estreitamente ligados na família, a transmissão de propriedade de pais a filhos tornou-se um hábito, entrando mesmo tão profundamente nos costumes, que certas legislações antigas reconheceram nos filhos um direito à herança dos pais'.

O artigo 1.603 do diploma civil, estabelecendo a ordem da vocação hereditária, diz:

> 'A sucessão legítima defere-se na ordem seguinte:
>
> I – aos descendentes;
>
> II – aos ascendentes;
>
> III – ao cônjuge sobrevivente;
>
> IV – aos Estados, Município, Distrito Federal ou à União'.

Analisando este dispositivo trazemos à colação o magistério de J. M. Carvalho Santos, *Código Civil Brasileiro Interpretado*, 7. ed., 1958, v. XXII, p. 251:

> '3. Aos descendentes. Os descendentes sucedem *ad infinitum*: filhos legítimos, legitimados, reconhecidos, adotivos, netos, bisnetos, tetranetos etc.'

E, estudando os efeitos do artigo 335 do mesmo diploma, observa: 'Quanto sucessão nenhum efeito tem o artigo 335. Pelo que se pode concluir: não é herdeiro de sua sogra o genro, mesmo que a mulher deste tenha falecido sem deixar descendentes'.

Dúvida não há na opinião dominante, que genro e nora não são herdeiros de seus sogros, e seguindo este entendimento, não hesitamos em afirmar que nos autos de inventário sua posição é de somente meeiro do herdeiro.

Com acerto e assim têm decidido os tribunais de nosso país, não pode o herdeiro renunciar à herança que lhe cabe, sem o consentimento de seu cônjuge.

Insta que seja citada para participar dos termos do processo e se pronunciar em todas as suas fases, pugnando por seu direito, isto é, que não seja prejudicada no valor do quinhão que caberá ao seu cônjuge.

Porém, esta intervenção tem seus limites.

Por não ser herdeiro, não pode o cônjuge do mesmo postar-se como tal, praticando atos que somente a este a lei permite.

Deve pronunciar-se sobre a declaração de bens evitando a sonegação. Todos os bens móveis e imóveis deverão ser arrolados para os efeitos sucessórios, incluindo-se entre estes, os havidos pelos herdeiros a título de adiantamento de legítima.

Outro ponto essencial consideramos a avaliação dos bens.

Partindo-se do princípio de que ao cônjuge do herdeiro cabe velar pelo valor justo do quinhão a ser atribuído a seu consorte, é a fase de avaliação de primordial importância para se buscar a igualdade pretendida.

A perfeita harmonia entre os valores oferecidos pelos avaliadores privativos do Juízo com os bens inventariados, atentando para os detalhes peculiares às avaliações, vão permitir que, por ocasião da partilha, os quinhões, quaisquer que sejam os bens que os integrem, não apresentem desigualdade que prejudique qualquer interessado.

Mas na partilha está o âmago da questão.

Segundo o artigo 1.022 da lei adjetiva, o juiz facultará às partes que no prazo comum de dez dias formulem o pedido de quinhão. Entenda-se por partes, coadunado com o exposto na letra "a" do inciso I do artigo 1.025: o inventariante, o cônjuge supérstite, os herdeiros, os legatários e os credores admitidos, não se incluindo entre eles o cônjuge do herdeiro, haja vista que, examinando com maior profundidade o inciso II do precitado artigo, não haveria possibilidade da existência de uma folha de pagamento em seu favor, distinta da de seu consorte herdeiro.

Destarte, entendemos não poder formular pedido de quinhão, impondo quais bens deverão compô-lo. Este predicado cabe tão somente ao herdeiro. Os bens que deverão constituir os quinhões dos herdeiros legítimos ou testamentários, e a meação que deverá caber a estes compete eleger, caso não haja o inventariado determinado através de disposições de última vontade.

Ao cônjuge do herdeiro assiste o dever de perseguir os seus direitos, evitando permitir que o quinhão de seu cônjuge possua valor inferior àquele que legitimamente lhe caiba.

Com a proteção devida pelo Juízo, a fim de assegurar não fique o cônjuge do herdeiro prejudicado no valor do quinhão que caberá ao seu consorte, e do qual é meeiro, deve opinar na partilha para verificar se realmente os bens que compõem dito quinhão refletem a cota-parte que cabe ao herdeiro no monte partilhado.

E não se fale em conluio por parte dos herdeiros e da viúva, pois, agora sim, apresenta-se a figura do magistrado com os poderes que lhe foram atribuídos pela lei processual para evitar qualquer tipo de lesão que possa ocorrer ao cônjuge do herdeiro.

Poderes estes reforçados pelo próprio teor do artigo 1.025, que estabelece:

> 'Em seguida proferirá no prazo de dez dias o despacho de deliberação de partilha, resolvendo os pedidos das partes e designando os bens que devam constituir o quinhão de cada herdeiro e legatário'.

Desta forma, estará o Juiz conduzindo o processo de forma eficiente, permitindo que o cônjuge do herdeiro propugne pela defesa de seus direitos, sem que perturbe o bom andamento do processo com reivindicações que a lei não lhe concede. Em havendo posteriormente ação de separação judicial dos bens que couberem ao casal, aí sim, poderá o cônjuge escolher os que melhor entender na partilha elaborada nos autos perante o Juízo próprio. Atente-se, ainda, que desejando, poderá através de disposição testamentária impor o inventariado a cláusula de incomunicabilidade à legítima e a herança do herdeiro, caso no qual estará o cônjuge completamente afastado do patrimônio partilhável, impedido de pleitear e, até mesmo, ponderar sobre qualquer assunto nos autos, devendo participar do processo tão somente em face do já citado inciso I do parágrafo único do artigo 10 do estatuto processual vigente.

Este é o nosso pensamento".

Os tribunais vêm admitindo com frequência a desnecessidade da citação do cônjuge do herdeiro, quando o regime de bens não é o da comunhão total. Por vezes, encontrando-se separado de fato ou, ainda, vivendo um momento delicado no matrimônio, tal intervenção movida por interesses mesquinhos, só visa tumultuar o processo, sem qualquer benefício para a parte.

Parece-nos que a citação é obrigatória, exceto quando o regime for da separação convencional, em face dos termos do artigo 1.647 do Código Civil, porém, não deve o juiz do inventário permitir que o ingresso do cônjuge do herdeiro, sem qualquer interesse na herança, seja com exclusiva finalidade de tumultuar o processo.

Agindo com energia e de forma eficiente deve o juiz levar o inventário até final sentença, evitando quaisquer procrastinações.

A matéria é polêmica, encontrando-se inúmeras decisões contraditórias.

Em julgado publicado na *Revista do Tribunal de Justiça do Estado de São Paulo* (v. 166, p. 186), decidiu por maioria de votos a 1ª Câmara Cível, no julgamento do AI 231.367-1, relatado pelo Des. Renan Lotufo, assim ementado:

> "Inventário – Herdeira filha – Participação do cônjuge – Inadmissibilidade – Casamento regido pela comunhão parcial – Bens advindos da sucessão que não se comunicam – Participação afastada – Recurso provido.
>
> – Voto vencido".

Capítulo XXXII
A AVALIAÇÃO

A avaliação dos bens ocorrerá quando o inventário seguir o rito ordinário ou nas hipóteses do § 1° do artigo 664 e do parágrafo único do artigo 663 do CPC, no caso de arrolamento.

No rito de arrolamento, os próprios herdeiros atribuem valores aos bens, pouco importando ao Juízo os valores dados, uma vez que por ocasião do pagamento do imposto, o Estado determinará os valores para efeito de cobrança.

Não importa onde se situem os bens. Se na comarca do inventário ou em outra qualquer, o valor será sempre atribuído pelos herdeiros.

Nesse rito, porém, existindo credores do espólio, poderá ser feita a reserva de tantos bens quantos forem suficientes para garantia do crédito, não impedindo assim a homologação da adjudicação ou da partilha, é a previsão do artigo 663 e seu parágrafo do CPC. É necessário que o credor concorde com os valores atribuídos pelos herdeiros, caso contrário, os bens reservados deverão ser avaliados. Atente-se que a regra diz respeito aos credores do espólio e não aos credores dos herdeiros.

No rito ordinário, os avaliadores judiciais fazem a avaliação dos bens móveis e imóveis e, em alguns estados, é utilizado o valor venal ou qualquer outro atribuído pela prefeitura ou pelo governo estadual.

Ao prestar as primeiras declarações, determinou o legislador (art. 620, letra *h*, CPC) que o inventariante declare o valor corrente de cada um dos bens do espólio.

A Secretaria de Fazenda estadual ou municipal em muitas comarcas possui um cadastro imobiliário com os valores dos imóveis para efeito de cobrança de imposto de transmissão. Para evitar a avaliação judicial dos bens poderá o inventariante atribuir os mesmos valores fixados pelo cadastro da Fazenda, pois, de conformidade com o artigo 633: "não se procederá à avaliação se a Fazenda Pública, intimada pessoalmente, concordar de forma expressa com o valor atribuído, nas primeiras declarações, aos bens do espólio". Ora, se os valores oferecidos pelo inventariante são aqueles constantes do cadastro imobiliário da Secretaria da Fazenda não há razão para esta discordar, evitando-se assim a avaliação judicial, nos termos do artigo 633 do CPC.

Havendo a avaliação, o perito nomeado pelo juiz deverá observar, no que for aplicável, o disposto nos artigos 872 e 873.

Entretanto, o inciso IV do artigo 871 apresenta uma novidade que deve ser aplicada também aos processos de inventário. Quando se tratar de veículo automotor ou de outros bens cujo preço médio de mercado possa ser conhecido por meio de pesquisas realizadas por órgãos oficiais ou de anúncios de venda divulgados em meio de comunicação, essas informações poderão ser utilizadas pelo inventariante e herdeiros substituindo a avaliação judicial.

O legislador, além de outras causas, permitiu nova avaliação dos bens inventariados, quando verificar-se que, posteriormente a avaliação, houve majoração ou diminuição do valor do bem. Nos inventários pelo rito ordinário em face do litígio entre os herdeiros ou a morosidade da justiça poderão os bens, após anos, ter se valorizado ou desvalorizado, caso em que os herdeiros poderão por ocasião da partilha requerer uma atualização dos valores com nova avaliação.

Os bens imóveis que se localizem fora da Comarca do inventário serão avaliados por Carta Precatória. O juiz da comarca onde se processa o inventário não tem competência para determinar a avaliação e recolhimento de imposto de bens localizados em outras comarcas.

Entretanto, o legislador abriu uma exceção ao permitir a avaliação pelo mesmo avaliador para os bens situados em comarcas contíguas àquela onde se processa o inventário, caso sejam de pequeno valor ou de perfeito conhecimento do perito nomeado.

É o que determina o artigo 632 do CPC:

> "Não se expedirá carta precatória para a avaliação de bens situados fora da comarca onde corre o inventário se eles forem de pequeno valor ou perfeitamente conhecidos do perito nomeado".

CARTA PRECATÓRIA PARA AVALIAÇÃO

A carta precatória é o documento expedido pelo Juízo do inventário destinado à avaliação e pagamento do imposto de transmissão de bens situados em outra comarca quando processado o inventário pelo rito ordinário.

Os bens situados em outra comarca, também, deverão ser avaliados, e para cada comarca é expedida uma carta precatória. Na carta precatória, o juiz da comarca do inventário solicita ao juiz deprecado que proceda à avaliação do bem e, após recolhido o imposto devido, a devolva ao Juízo deprecante.

A carta precatória propicia um gasto substancial aos herdeiros, pois, além das despesas respectivas com avaliação, cálculos, certidões fiscais, é necessária a presença de um advogado para acompanhamento dos atos da carta precatória.

No Juízo deprecado é expedido o mandado para avaliação do bem, em seguida, elaborado o cálculo do imposto, e, depois de recolhido o tributo e acostadas as certidões fiscais, a carta precatória é devolvida ao juízo deprecante.

A carta precatória devidamente cumprida deverá ser juntada aos autos de inventário.

AÇÕES DE SOCIEDADES ANÔNIMAS

A apuração dos valores de ações de sociedades anônimas é distinta, seja ela de capital aberto ou de capital fechado.

Apura-se o valor das ações de sociedades anônimas de capital aberto por meio de sua cotação nas Bolsas de Valores na data do óbito. Junta-se aos autos de inventário uma certidão obtida na Bolsa de Valores com a cotação da ação inventariada no dia do óbito.

Nas sociedades de capital fechado, o valor é apurado pela apresentação do último balanço da sociedade antes do óbito, por meio do qual se obterá o valor patrimonial da ação.

No arrolamento sumário, é utilizado o mesmo meio para atribuição dos valores às ações. Se os herdeiros não o fizerem, porém atribuindo qualquer outro valor que desejarem, o Estado o fará por ocasião do pagamento do imposto.

OPÇÃO DE COMPRA DE AÇÕES (*STOCK OPTIONS*)

Ocorrendo o falecimento do beneficiário de direito de Opção de Compra de Ações transfere-se para seus herdeiros o direito ao exercício de aquisição das referidas ações? Em caso positivo, como se opera a transmissão?

A Opção de Compra de Ações é a possibilidade que a empresa oferece ao Beneficiário para adquirir ações em um determinado prazo, a um preço definido, desde que atinjam metas estabelecidas. Geralmente, o Beneficiário pode ser administrador, empregado ou ainda prestador de serviços da sociedade.

É instituído por meio de um Plano de Benefícios e celebrado com o beneficiário através de um Instrumento particular.

O direito ao exercício de Opção de Compra é pessoal e intransferível, exceto, se houver previsão em sentido contrário no Plano ou no Instrumento Particular celebrado entre a sociedade e o beneficiário.

O prazo para o exercício da opção de compra estabelecido no Plano ou no Instrumento pode ser em uma só vez ou em diversas datas, assim como o prazo de venda das ações adquiridas por meio da opção.

A Opção de Compra de Ações pode ser exercida pelos herdeiros e sucessores do beneficiário se isso estiver estabelecido no Plano de Compra de Ações e no Instrumento Particular de Outorga de Opção de Compra de Ações celebrado entre as partes.

Certo é que os herdeiros e sucessores exercerão esses direitos em nome do falecido Beneficiário e não em seus próprios nomes, haja vista que eles não são os Beneficiários da Opção e a compra de ações, no caso, cabe tão somente ao Beneficiário, devendo as ações ser emitidas em nome do falecido e declaradas no inventário com o recolhimento do imposto respectivo de transmissão *causa mortis*.

Sendo a compra das ações um direito pessoal do Beneficiário, cabe aos herdeiros e sucessores somente o direito de optar, se desejarem, em nome do Beneficiário falecido, pela compra das ações acordadas.

No Juízo do Inventário ou perante o Tabelião, se o inventário for extrajudicial, é que serão partilhadas as ações, na proporção estabelecida por lei.

Dito exercício caberá ao inventariante, nomeado pelo juiz em processo de inventário judicial, ou, ao representante legal eleito pelos herdeiros em inventário extrajudicial (escritura).

Não compete tampouco deve a sociedade perquirir quem são os herdeiros do falecido. Os dispositivos que regem a ordem da vocação sucessória e a forma de divisão da herança entre os herdeiros, principalmente quando concorrem cônjuge e descendentes ou companheira do falecido, são extremamente polêmicos, encontrando-se tanto na doutrina quanto na jurisprudência decisões divergentes.

É preciso atentar para o caso de Beneficiário casado, pois, em função do regime de bens e da natureza mercantilista do contrato de Opção de Compra de Ações, o cônjuge sobrevivente pode ter direito à meação das ações adquiridas, o que será apurado no inventário.

SOCIEDADES POR COTAS

No rito de arrolamento o valor das cotas inventariadas será calculado utilizando-se o último balanço anterior à data do óbito. Se outro valor for atribuído pelos herdeiros, o Estado adotará aquele critério para efeito de cobrança do imposto.

Havendo cotas de sociedade limitada a inventariar, vislumbram-se duas situações.

É necessário verificar no contrato social o que consta da cláusula *mortis*: se por falecimento do sócio, as cotas pertencentes ao inventariado serão transferidas para seus herdeiros, ou se ficarão para a sociedade e esta pagará aos herdeiros o valor dos haveres correspondentes ao número de cotas do falecido.

A cláusula *mortis* é que estabelecerá a forma e o prazo de recebimento da quantia referente aos haveres pelo espólio. Sendo omissa, será regulada pelos artigos 1.028 e seguintes do Código Civil. Poderá ser de conformidade com o último balanço anterior ao falecimento, o que muitas vezes, não corresponde à realidade do patrimônio da empresa. Ao se elaborar o contrato social de sociedades limitadas, dever-se-á ter toda atenção com a redação dessa cláusula, evitando problemas futuros para os herdeiros do sócio falecido e para os sócios remanescentes.

Deverão os sócios detalhar as diversas situações que poderão ocorrer após o óbito e, até estabelecer um *pro labore* a ser pago aos herdeiros durante o período de apuração, que, posteriormente, será deduzido dos haveres apurados. Dessa forma, estarão os herdeiros amparados enquanto se procede à apuração de haveres.

APURAÇÃO DE HAVERES

No rito ordinário, a apuração do valor das cotas para efeito de pagamento de imposto e partilha será feita por meio de um processo denominado Apuração de haveres.

É o que se deduz da leitura do inciso II do § 1° do artigo 620 do CPC:

> "§ 1° O Juiz determinará que se proceda: I (...)
> II – à apuração de haveres, se o autor da herança era sócio de sociedade não anônima".

E o parágrafo único do artigo 630, prevê:

> "Na hipótese prevista no artigo 620, § 1°, o juiz nomeará perito para avaliação das quotas sociais ou apuração dos haveres".

O processo de apuração de haveres das cotas do sócio falecido deverá será processado no juízo orfanológico por dependência aos autos de inventário. Assim, decidiu a 3ª CC do egrégio Tribunal de Justiça do Estado do Rio de Janeiro, no julgamento do AI 217/93, em 13.06.1995, em que foi relator o Des. Perlingeiro Lovisi, publicado no "Ementário do Tribunal de Justiça do Estado do Rio de Janeiro", *DO* 226, de 30.11.1995, sob n. 48, cuja ementa é a seguinte:

> "Sociedade por cotas de responsabilidade limitada – Morte de sócio – Inventário – Apuração de haveres.
>
> Inventário. Apuração de haveres. Cabível quando o *de cujus* fazia parte de uma sociedade por cotas de responsabilidade limitada.
>
> Essa apuração deve se aproximar do resultado que poderia ser obtido com a dissolução total, isto é, de forma ampla, com plena verificação, física e contábil, dos valores do ativo e atualização dos ditos haveres em seu valor monetário.
>
> Alteração contratual a ser dirimida noutra via. Provimento parcial deste agravo".

A apuração de haveres quando processada perante o juízo orfanológico, por dependência aos autos de inventário, terá um perito nomeado pelo juiz, que apurará por meio do respectivo laudo o valor dos haveres correspondentes às cotas pertencentes ao inventariado na sociedade. Poderão os herdeiros, às suas expensas, nomear assistente técnico para acompanhar a perícia. Elaborado o laudo, o juiz determinará a audiência dos fiscais e dos demais sócios; a seguir o cálculo da apuração de haveres elaborado pelo contador será homologado pelo juiz, encerrando, assim, o processo.

O valor apurado, correspondente aos haveres do sócio falecido, é devido a este, e não aos seus herdeiros. Os herdeiros não são sócios da sociedade e, portanto, não têm haveres a receber. O destinatário dos haveres apurados é o espólio do sócio falecido, onde o valor deverá ser declarado por intermédio de uma petição, a fim de que possa ser recolhido o imposto *causa mortis* devido e, posteriormente, partilhado entre os herdeiros, da forma que desejarem.

O artigo 599 do diploma processual preceitua:

> "A ação de dissolução de sociedade pode ter por objeto:
>
> I – (...)
>
> II – a apuração dos haveres do sócio falecido, excluído ou que exerceu o direito de retirada ou recesso".

E o artigo 600 estabelece:

> "A ação pode ser proposta:
>
> I – pelo espólio do sócio falecido, quando a totalidade dos sucessores não ingressar na sociedade;
>
> II – pelos sucessores após concluídas a partilha do sócio falecido.
>
> III – pela sociedade, se os sócios sobreviventes não admitirem o ingresso do espólio ou dos sucessores do falecido na sociedade, quando esse direito decorrer do contrato social;
>
> IV – (...)
>
> V – (...)
>
> VI – (...)

Parágrafo único. O cônjuge ou companheiro do sócio cujo casamento, união estável ou convivência terminou poderá requerer a apuração de seus haveres na sociedade, que serão pagos à conta da quota social titulada por este sócio".

Parece existir uma nítida contradição entre os textos dos artigos 620 e 630 (Capítulo "Do Inventário e da Partilha") e 599 e 600 (Capítulo "Da ação de dissolução parcial de sociedade"), todos do CPC.

A análise deste artigo pode deixar transparecer que os haveres do falecido, para efeito de inventário, serão apurados por meio de ação de dissolução parcial da sociedade, cuja competência é da Vara Empresarial e não do juízo orfanológico.

Entretanto, pela leitura dos dispositivos acima, é razoável concluir que a Apuração de Haveres é processada em apenso aos autos de inventário quando não há dissolução parcial da sociedade.

O professor Fábio Ulhoa Coelho, em seu livro "*A sociedade limitada no novo Código Civil*" (Saraiva), abordando o tema da dissolução parcial da sociedade, expõe à p. 157:

"c) Morte de sócio. Se falece o sócio da sociedade limitada com vínculo instável, isso pode implicar a dissolução parcial desta. De fato, a participação societária, como os demais elementos do patrimônio do falecido, será atribuída, por sucessão *causa mortis*, a um herdeiro ou legatário, que nunca estão obrigados a fazer parte da sociedade limitada, seja ela de pessoa ou de capital. Têm eles direito, portanto, à apuração dos haveres de que decorre a dissolução parcial. Claro, se o sucessor do sócio morto quiser parte da sociedade, e os sobreviventes concordarem, nada obriga a liquidação da quota".

Prossegue o ilustre autor:

"Em suma, a morte do sócio só dissolve a limitada com vínculo instável e mesmo assim quando o sucessor não deseja entrar para a sociedade, ou, sendo ela de pessoas, os sobreviventes, querem impedir o ingresso dele. Se o sucessor do sócio morto concorda em manter o investimento na empresa, e os sobreviventes concordam em tê-lo como sócio, a sociedade não se dissolve, nem sequer parcialmente".

E ainda:

"A sociedade limitada com vínculo estável não se dissolve parcialmente em razão da morte do sócio".

Em artigo publicado (no *site* www.saraivajur.com.br), o citado autor estabelece dois subtipos de sociedade limitada:

"Um, o das sociedades limitadas sujeitas ao regime de regência supletiva das sociedades simples (Subtipo I); outro, o das sujeitas ao regime de regência supletiva das sociedades anônimas (Subtipo II). Às sociedades do primeiro Subtipo proponho chamar de *limitadas de vínculo estável*. Isto em razão da implicação que reputo mais relevante entre as diferenças existentes entre os dois subtipos: o direito de retirada imotivada nas sociedades sem prazo. A existência deste direito nas limitadas do Subtipo I faz com que o sócio possa, a qualquer momento e independente de motivação, requerer a apuração de seus haveres; isto torna o vínculo entre os sócios, neste subtipo societário, mais instável do que o do outro subtipo, em que a retirada imotivada não é cabível".

Esclarece, também, os casos em que a morte do sócio não implicará dissolução parcial da sociedade:

"A sociedade limitada desse subtipo (I) só não será parcialmente dissolvida em razão de morte de sócio nas três hipóteses em que a lei trata como exceção: previsão no contrato social de que a morte do sócio não induz a liquidação de suas quotas (art. 1.028, I); a dissolução total deliberada pelos demais sócios (art. 1.028, II); e acordo entre os sócios sobreviventes e os sucessores do sócio morto (art. 1.028, III: a lei fala em 'herdeiros', mas não se deve dar uma interpretação literal ao dispositivo".

Sobre o valor apurado a ser pago ao espólio, correspondente aos haveres do falecido, incide imposto de transmissão *causa mortis*, daí haver interesse da Procuradoria da Fazenda Estadual.

Ressalte-se que os interesses dos sucessores são contrários aos dos sócios remanescentes. Enquanto a estes interessa abaixar o valor dos haveres, aos outros o interesse é aumentar a quantia a ser apurada. Esse valor deve refletir a realidade do patrimônio da sociedade para que não haja um enriquecimento sem causa em seu favor

Em caso de falecimento do sócio, se não houver dissolução parcial da sociedade, os haveres serão apurados por meio do processo de Apuração de Haveres, competência do juízo do inventário. Quando houver dissolução parcial da sociedade, então, a competência será da Vara Empresarial, onde houver, ou do juízo competente de acordo com o Código de Divisão e Organização Judiciária do Estado onde se processa o inventário. Nesse caso, entendemos que deverá haver, também, a participação da Fazenda Estadual diante do interesse no pagamento da sisa devida.

VERIFICAÇÃO DE HAVERES

Sendo sócio o cônjuge do inventariado casado pelo regime da comunhão universal de bens, é necessário que seja apurado o valor das cotas a ele pertencentes, para ser incluído no monte e levado à partilha. Nesse caso, o cônjuge sobrevivente, sócio da empresa, deverá levar à partilha o valor correspondente à meação correspondente ao cônjuge falecido. Esse processo denomina-se verificação de haveres.

O mesmo ocorrerá quando o regime de bens for o da comunhão parcial e a sociedade constituída na vigência do matrimônio.

LIQUIDAÇÃO DE FIRMA INDIVIDUAL

Poderá ocorrer, ainda, que o falecido possua uma firma individual. A Lei 12.441, de 11 de julho de 2011, introduziu no rol das pessoas jurídicas de direito privado as empresas individuais de responsabilidade limitada, em que uma pessoa poderá constituir individualmente uma empresa de responsabilidade limitada (Eirili). Nesse caso, deverá ser apurado o valor do patrimônio da empresa para ser levado a inventário, sendo liquidada caso não haja outra solução de continuidade para a sociedade. A apuração far-se-á por processo de liquidação de firma em apenso aos autos de inventário. O valor apurado será levado ao inventário para ser recolhido o imposto e partilhado aos herdeiros.

MODELO DE PEDIDO DE APURAÇÃO DE HAVERES

"Exmo. Sr. dr. Juiz de Direito da ________ Vara de Órfãos e Sucessões

Processo ________

Joana Peres, inventariante dos bens deixados por seu finado marido Abílio Peres, por seu bastante procurador, vem, nos termos do § 1° do artigo 620 do Código de Processo Civil, requerer a V. Exª, em apenso aos autos de inventário, seja processada a apuração de haveres da sociedade por cotas de responsabilidade limitada "Sape Materiais de Construção Ltda.", com sede nesta cidade, à rua dos ________ n. ________ e da qual o autor da herança possuía 1.000 cotas, conforme demonstra o contrato social e demais alterações ora anexadas.

Os demais sócios, Pedro Pires Silva e Carlos Álvaro Souza, deverão ser citados para o presente procedimento, devendo ser expedido o competente mandado, sendo certo que os mesmos se encontram no endereço da sociedade.

Ante o exposto, requer a V. Exª seja nomeado perito para proceder à apuração, devendo os haveres apurados serem levados aos respectivos autos de inventário.

Termos em que,

Pede Deferimento.

(data).

Pedro Alberto S. de Faria

OAB/RJ n. ________"

Obs.: A petição deverá ser dirigida ao Juízo competente para processar os autos de inventário.

MODELO DE PEDIDO DE VERIFICAÇÃO DE HAVERES

"Exmo. Sr. Dr. Juiz de Direito da ________ Vara de Órfãos e Sucessões

Processo n. ________

Joana Peres, inventariante dos bens deixados por seu finado marido Abílio Peres, por seu bastante procurador, vem requerer a V. Exª, em apenso aos autos de inventário, seja processada a verificação de haveres da sociedade por cotas de responsabilidade limitada "Sape Materiais de Construção Ltda.", com sede nesta cidade, à rua ________, n. ________, e da qual a inventariante possuía 1.000 cotas, conforme demonstra o contrato social e demais alterações ora anexadas.

Sendo o regime de casamento do ***de cujus*** e da requerente o da comunhão universal de bens necessário apurar-se o valor das cotas, a fim de que sejam levados a inventário e partilha.

Os demais sócios, Pedro Pires Silva e Carlos Álvaro Souza, deverão ser citados para o presente procedimento, devendo ser expedido o competente mandado, sendo certo que os mesmos se encontram no endereço da sociedade.

Ante o exposto, requer a V. Exª seja nomeado perito para proceder à apuração, devendo os haveres apurados serem levados aos respectivos autos de inventário.

Termos em que,

Pede Deferimento.

(data).

Pedro Alberto S. de Faria

OAB/RJ n. __________"

Obs.: A petição deverá ser dirigida ao Juízo competente para processar os autos de inventário.

MODELO DE PEDIDO DE LIQUIDAÇÃO DE FIRMA INDIVIDUAL

"Exmo. Sr. Dr. Juiz de Direito da __________ Vara de Órfãos e Sucessões

Processo n. __________

Joana Peres, inventariante dos bens deixados por seu finado marido Abílio Peres, por seu bastante procurador, vem, nos termos do § 1º do artigo 620 do Código de Processo Civil, requerer a V. Exª, em apenso aos autos de inventário, seja processada a liquidação da firma individual – "Sape Materiais de Construção Ltda.", pertencente ao inventariado.

Ante o exposto, requer a V. Exª seja nomeado perito para proceder à apuração, devendo os haveres apurados serem levados aos respectivos autos de inventário.

Requer, outrossim, a nomeação da Requerente para liquidante da firma.

Termos em que,

P. Deferimento.

(data).

Pedro Alberto S. de Faria

OAB/RJ n. __________"

Obs.: A petição deverá ser dirigida ao Juízo competente para processar os autos de inventário.

BENS QUE INDEPENDEM DE AUTORIZAÇÃO JUDICIAL PARA TRANSFERÊNCIA

Geralmente, os bens que independem de autorização judicial para sua transferência não são declarados no inventário. Assim, evita-se o pagamento do imposto de transmissão sobre esses bens. É o caso de dinheiro, moeda estrangeira, joias, objetos de arte, móveis e alfaias que guarnecem a residência do autor da herança. Esses bens não necessitam de autorização judicial para sua transferência, o que ocorre pela simples tradição.

Por outro lado, tratando-se de bens valiosos os herdeiros necessitam declará-los, pois se no futuro os alienarem terão problemas de origem de receita com o imposto de renda.

IMPUGNAÇÃO DA AVALIAÇÃO

Procedida a avaliação, os herdeiros e fiscais se pronunciarão sobre o laudo de avaliação no prazo de 15 (quinze) dias (art. 635, CPC).

Nesse prazo, apresenta-se a oportunidade para que o herdeiro impugne a avaliação, declarando os motivos de seu inconformismo.

O juiz remeterá os autos aos fiscais para que os mesmos se pronunciem e, depois, aos avaliadores para que se manifestem sobre a impugnação apresentada. Mantendo a avaliação, caberá ao juiz decidir a impugnação. Diz a lei que, versando a impugnação sobre o valor da avaliação, o juiz decidirá de plano à vista do que consta dos autos. Não caberá mais pronunciamento dos herdeiros ou fiscais, evitando-se o "diga-diga" que emperra o andamento dos processos, atravancando o Judiciário.

Não se conformando com a decisão, poderá o herdeiro interpor o recurso de agravo.

O legislador estabeleceu no artigo 873 da lei processual os casos em que se repete a avaliação:

1. quando viciada por erro ou dolo do perito;

2. quando se verificar após a avaliação que os bens apresentam defeito que lhes diminua o valor.

Nada obsta que, tendo decorrido longo tempo entre a avaliação e a partilha, sejam os valores dos bens devidamente atualizados para efeito de partilha.

Capítulo XXXIII
SONEGADOS

Aberta a sucessão, deve o inventariante relacionar os bens pertencentes ao inventariado e que se encontrem em seu poder ou em poder de terceiros.

Os herdeiros, inclusive o cônjuge, devem declarar os bens que têm em seu poder e, também, os que com sua ciência estejam em poder de outros e, ainda, os bens que receberam em adiantamento de legítima por doação. Se o inventariante e os herdeiros deixam de cumprir esse dever cometem o delito civil de sonegação, ficando sujeito às penas da lei.

Sonegados são os bens que deveriam ser trazidos ao inventário, no entanto, foram conscientemente dele desviados, quer por não terem sido descritos ou restituídos pelo inventariante ou herdeiros, quer por estes últimos não os haver trazido à colação, quando esse dever se lhes impunha.

Pode sujeitar quem a cometeu, além da pena civil, a pena criminal do delito de apropriação indébita.

Alguns autores entendem que para caracterização do delito é necessário haver o dolo, não bastando a ocultação por negligência ou ignorância.

A intenção maliciosa é elemento constitutivo dessa modalidade de subtração do alheio.

Estão sujeitos à pena de sonegados todos os que ocultarem bens do espólio, impedindo de qualquer modo que o monte alcance sua integralidade.

O inciso III do art. 627 do CPC estabelece o prazo de 15 dias, após concluídas as citações, para as partes alegarem a sonegação de bens.

Evandro Rômulo Degrazia, em sua obra *Sonegados e colação*. A busca do equilíbrio sucessório (Lumen Juris, p. 74), expõe:

> "Desse modo, a ocultação de bens pode ocorrer:
>
> a) Pelo próprio inventariante, com a consequência de sua remoção da inventariança, além da cominação de perda do bem (art. 1.993, CC);
>
> b) Pelo herdeiro que, tendo consigo o bem, não informa ao inventário a sua posse e localização (art. 2.002, CC), também com a cominação da perda do bem;
>
> c) Pelo donatário (art. 2.003, parágrafo único, CC), com exceções previstas nos arts. 2.005 e 2.006 do Código Civil, desde que não ultrapasse a legítima (art. 2007, § 3°, CC), também com a cominação da perda do bem".

Esclarece, ainda, o autor:

> "... a ação poderá ser movida por qualquer pessoa que tenha interesse na colação, desde o testamenteiro; inventariante; herdeiros e os credores".

O inventariante, quando é herdeiro, perde o cargo e o direito à herança dos bens ocultados; o herdeiro perde o direito à herança dos bens ocultados; o testamenteiro, o direito à vintena; e o cessionário da herança perde o direito sobre os bens ocultados.

Quanto à perda dos bens, duas correntes se apresentavam no Código anterior, que devem permanecer em face da semelhança do teor dos dispositivos atuais:

1. Aplica-se somente aos herdeiros. Conforme a interpretação do artigo 1.780, atual 1.992, sustenta que a perda do direito aos bens, só se aplica a herdeiros, uma vez que o dispositivo alude claramente aos herdeiros. A lei que estabelece pena é de natureza restritiva. Logo, não pode aplicar-se a quem não tem qualidade de herdeiro, como a viúva meeira, exceto quando tenha, também, a qualidade de herdeira.

2. Essa é a corrente de tradição em nosso Direito. Combina os artigos 1.780 e 1.781 do Código Civil, atuais 1.992 e 1.993. O artigo 1.993 refere-se ao inventariante, sem distinguir entre inventariante herdeiro e inventariante. Entende que onde a lei não distingue não deve o intérprete distinguir.

Portanto, a pena ao inventariante que não seja herdeiro tem toda a aplicação.

A simples destituição do cargo não constituiria pena suficiente, à altura da gravidade da infração.

O artigo 1.996 dispõe que só se pode arguir de sonegação o inventariante depois de encerrada a descrição de bens, com a declaração de nada mais haver a aditar. Segundo o dispositivo legal, esse momento seria o das declarações finais. Quanto ao herdeiro, depois de declarar no inventário que não os possui.

A pena de sonegados não pode ser aplicada ao inventariante dativo ou judicial, por não ser o mesmo herdeiro. Assim, entendemos que, apresentando o inventariante dativo as declarações finais, deverá o magistrado indagar aos herdeiros se existem outros bens a inventariar, considerando esse o termo final para caracterizar a sonegação para todos os herdeiros.

E no inventário pelo rito de arrolamento?

Existem decisões mais liberais permitindo que se descrevam os bens até o momento da partilha.

No rito de arrolamento não se exige o momento das declarações finais, porque essa fase não existe. Será suficiente haver uma declaração peremptória do herdeiro afirmando não haver mais bens a inventariar ou que os bens reclamados não pertencem ao espólio. Tratando-se de questão de alta indagação, não deve ser discutida nos autos de inventário.

Funcionando o inventariante dativo, entendemos que o prazo para apresentação por todos os herdeiros de bens não declarados será a data da intimação de cada um para esse fim.

A matéria é polêmica e existem decisões afirmando ser a fase das últimas declarações o termo final para caracterização da sonegação.

A ação ordinária de sonegados é proposta no juízo orfanológico, por dependência aos autos de inventário.

Capítulo XXXIV
COLAÇÃO

A colação visa buscar a igualdade das legítimas dos herdeiros. Decorre da teoria da vontade presumida, segundo a qual o autor da herança não desejaria que um descendente seu fosse mais beneficiado que outro, mantendo a igualdade entre todos.

É a devolução ao acervo hereditário dos bens recebidos por doação pelos herdeiros para inclusão na partilha, a fim de que esta se realize com a maior igualdade.

O artigo 2.003 proclama a finalidade da colação:

> "A colação tem por fim igualar na proporção estabelecida neste Código, as legítimas dos descendentes e do cônjuge sobrevivente, obrigando, também, os donatários que, ao tempo do falecimento do doador, já não possuírem os bens doados".

REQUISITOS

São requisitos da colação:

1. A existência de diversos herdeiros necessários.
2. Doação do autor da herança a um herdeiro necessário.
3. Que o donatário não tenha renunciado a herança, pois, nesse caso, só haverá colação para apurar a parte inoficiosa.
4. Inexistência de ato de dispensa de colação pelo doador.

Ainda que haja um filho do doador nascido após a doação dos bens aos demais, estão os donatários obrigados à colação. A jurisprudência é pacífica nesse sentido, eis que a finalidade da colação é igualar a legítima dos herdeiros.

Todos os herdeiros deverão no prazo de 15 dias conferir por termo nos autos de inventário os bens recebidos em adiantamento. É o que preceitua o artigo 639 c/c o artigo 627 do Código de Processo Civil, ficando caracterizada a sonegação caso o beneficiário não o faça naquele prazo.

DOAÇÃO ENTRE CÔNJUGES

Inovou o legislador ao considerar, no artigo 544 do atual diploma civil, como adiantamento de herança, além das doações de ascendentes para descendentes, ainda, as doações de um cônjuge ao outro. Anteriormente, o adiantamento da legítima restringia-se somente às doações dos pais aos filhos.

Embora o artigo 544 do Código Civil considere adiantamento de herança a doação de um cônjuge ao outro, falhou o legislador ao não impor no artigo 2.002

ao cônjuge a obrigação de colacionar os bens recebidos. Entretanto, pela leitura dos artigos 544 e 2.003, deduz-se que a intenção do legislador foi obrigar o cônjuge a colacionar os bens recebidos como adiantamento de legítima, matéria pacífica na doutrina, porém o cônjuge só conferirá os bens recebidos quando concorrer com herdeiros descendentes.

Entendeu a 3ª Turma do Superior Tribunal de Justiça, no julgamento do REsp 1.346.324/SP, relatado pelo Min. João Otávio Noronha, que a doação feita ao cônjuge na vigência do Código Civil de 1916, quando não era considerado herdeiro necessário e, por conseguinte, sem obrigação de conferir, não deve ser agora, na vigência do novo Código Civil, trazido à colação. A obrigação de colação está diretamente ligada à condição de herdeiro necessário, e, à época da doação, o cônjuge não ostentava tal título.

Rabindranath Capelo de Souza, em nota de rodapé de sua obra *Lições de Direito das Sucessões* (v. II, 3. ed., Coimbra Editora, p. 225), comentando o DL 496/77 – que entrou em vigor em 1º.04.1978, inserindo o cônjuge, no direito português, como herdeiro necessário, se as doações feitas anteriormente deveriam ser conferidas –, elucida:

> "(574) É que, só a partir de 1º de abril de 1978, data da entrada em vigor das novas redações do DL 496/77 aos arts. 2.157º, 2.133º, n. 1, al. a), e 2.139º e segs., o cônjuge sobrevivo passou a ser herdeiro legitimário e legítimo de 1ª linha, em concorrência com os descendentes, e, consequentemente, a poder ser considerado presuntivo herdeiro legitimário à data da respectiva liberalidade em vida. É que como vimos, a nossa colação supletiva tem como principal fundamento a vontade presumida do *de cujus* de antecipação da quota hereditária; pelo que, só a partir do momento em que o cônjuge é considerado presuntivo herdeiro legitimário se poderá colocar o problema da colação. As liberalidades em vida feitas ao cônjuge pelo outro cônjuge antes de 1º de abril de 1978 deverão normalmente ser tidas como feitas por conta da quota disponível, mesmo que o cônjuge beneficiado venha a suceder legitimariamente, ao cônjuge doador como descendente deste".

Por analogia, podemos utilizar a determinação contida no parágrafo único do artigo 2.005 do Código Civil, que declara sair da parte disponível do falecido as doações feitas ao descendente, que a época da liberalidade não seria chamado à sucessão na qualidade de herdeiro necessário.

O valor dos bens trazidos à colação será computado na parte legítima, não acrescendo a disponível. Separa-se do patrimônio existente a parte legítima da disponível. À primeira acrescenta-se o valor dos bens colacionados, repartindo-se, então, entre os herdeiros o total apurado na proporção estabelecida pelo Código.

Na colação por substância os donatários não têm a propriedade definitiva do imóvel, eis que por ocasião do óbito do doador referidos bens deverão voltar ao monte.

Carlos Maximiliano, em sua obra *Direito das Sucessões* (v. III, Ed. Freitas Bastos, 5. ed., p. 392), leciona:

> "Consideram-se em regra, as doações, os dotes e quaisquer outras liberalidades a descendentes, como adiantamento de legítima; presume-se ter sido este o intuito do ascendente, não romper a igualdade entre a prole; antecipar o gozo, porém não o domínio definitivo de certos bens; permitir que o filho desfrute imediatamente o que só iria a sua posse quando se abrisse a sucessão paterna, sem prejuízo algum para os irmãos, cujos quinhões seriam equivalentes aos do beneficiário. Por isso, verificado o óbito, a massa hereditária é acrescida dos bens entregues à prole em vida do progenitor;

entram no inventário como se ainda fizessem parte do patrimônio do doador e sofrem a redução da parcela que prejudica a legítima dos outros sucessores forçados. Fica o acervo como se não tivesse ocorrido a dádiva".

O novo Código de Processo Civil, em seu artigo 639, revogou o disposto no artigo 2.004 do Código Civil, estabelecendo a conferência *in natura* ou em substância adotada pelo diploma processual revogado. Do patrimônio existente separa-se a parte legítima da disponível.

A conferência pelo herdeiro obrigado a colação não se reportará ao valor atribuído no ato da liberalidade, como estabelecia o artigo 2.004 do Código Civil, mas ao valor dos próprios bens doados no momento da abertura da sucessão. A colação será sempre em substância e somente por estimação quando não mais existir o bem doado.

Os bens a serem colacionados e os bens inventariados serão todos avaliados em uma mesma data: a da abertura da sucessão como estatui o artigo 639.

Se o herdeiro não possuir mais os bens, trará, então, o valor que teria na data do óbito.

Este valor pode ser obtido pela avaliação do bem se ele ainda existir ou pelo valor da venda devidamente corrigido até a data do óbito.

Pontes de Miranda, comentando o artigo 1.014 do CPC revogado e que tem o mesmo texto do artigo 639 do atual diploma, observa:

> "O Código de 1973 estatui diferentemente do que ocorria sob o Código Civil de 1916 e sob o Código de Processo Civil de 1939: os bens devem ser conferidos na partilha – assim como as acessões e benfeitorias que o donatário fez –, calculam-se pelo valor que tiverem ao tempo da abertura da sucessão (art. 1.014, parágrafo único).
>
> A alteração foi profunda: em vez de ser solvente o valor do tempo da colação, parte-se hoje, da avaliação de acordo com os valores ao tempo da morte do *de cujus*. Se o *de cujus* doara ao filho B prédio que comprara por x e vale 2x ao tempo da abertura da sucessão, o que há de ser como valor conferível é 2x. Se ao tempo da abertura da sucessão, o bem não mais pertence a B, que o vendera ou doara a outrem, o que se tem como adiantamento de legítima é 2x, mesmo se vendera por x ou por x-1" (*Comentários ao Código de Processo Civil*, v. XIV, Forense, p. 152).

Assevera o mestre sobre a forma de colação determinada pelo legislador na p. 153:

> "A solução que está no art. 1.014, parágrafo único do Código de 1973, foi acertada. O valor no tocante a quem está sujeito a colação de bem ou de bens, tem de ser o do tempo em que se abriu a sucessão".

BENFEITORIAS, FRUTOS E RENDIMENTOS

Os frutos e rendimentos produzidos pelos bens doados não devem ser trazidos à colação, pois, como se infere da lição acima, o doador antecipou ao donatário o gozo dos bens doados.

Carlos Maximiliano, na mesma obra e volume antes citados, expõe à p. 457 a respeito dos frutos referentes aos bens doados:

> "Frutos e rendimentos do objeto da liberalidade, quer os percebidos antes, quer os colhidos ou recebidos depois do óbito; assim como os móveis ou imóveis adquiridos com a renda dos bens dados ou doados, não se conferem; não entram no cômputo da legítima geral".

E prossegue o renomado jurista:

"Laboram em erro os que invocando o artigo 1.778 do Código Civil, impõem a conferência de juros e outros proventos advindos depois da morte do inventariado. Refere-se aquele preceito aos frutos dos bens que estejam na posse dos herdeiros; a colação abrange os que se encontrem no domínio dos descendentes, caso especial regido por disposições especiais; numa hipótese tratam dos bens da herança, noutra dos que pertencem, não mais ao patrimônio do defunto, porém, ao do favorecido com a liberalidade; o uso e gozo foram antecipados legalmente; não se devolvem os rendimentos.

Até falecer o *de cujus*, todo indivíduo opulentado com um ato benéfico é, enquanto não se prova o contrário, considerado possuidor de boa-fé; em consequência não confere frutos das coisas que lhe deu o ascendente; porém traz à colação os percebidos após o óbito e correspondentes à parte excessiva, inválida, inoficiosa da doação ou dádiva; pois o que é nulo, nenhum efeito produz".

O mesmo entendimento foi mantido no julgamento do Agravo de Instrumento 0046647-34.2012.8.9.0000, pela 2ª Câmara Cível do Tribunal de Justiça do Estado do Rio de Janeiro, relatado pelo Des. Alexandre Freitas Câmara, assim ementado:

"Direito Civil. Direito das Sucessões. Colação. Sucessão aberta na vigência do Código Civil de 1916. Direito intertemporal. Aberta a sucessão ao tempo em que vigia o Código Civil de 1916, o bem doado como adiantamento deve ser trazido à colação e avaliado pelo valor que tinha à data da abertura da sucessão. Doutrina e precedente do STJ. Não devem ser colacionados os frutos e rendimentos dos bens trazidos à colação. Doutrina e jurisprudência sobre o assunto. Recurso provido".

ACESSÕES E BENFEITORIAS

Determinou, outrossim, o legislador que as acessões e benfeitorias feitas pelos herdeiros devem ser conferidas contrariamente ao prescrito no § 2º do artigo 2.004 do CC.

Reza o parágrafo único do art. 639 do CPC:

"Os bens a serem conferidos na partilha, assim como as acessões e as benfeitorias que o donatário fez, calcular-se-ão pelo valor que tiverem ao tempo da abertura da sucessão".

A colação só abrange os bens doados, não devendo alcançar as benfeitorias acrescidas como previu o legislador no diploma civil. Se as acessões e benfeitorias foram feitas pelo donatário com recursos próprios, não deverão ser trazidas à conferência, eis que somente devem ser conferidos os bens recebidos em doação. Trazer à colação os bens feitos com recursos próprios do donatário propiciará aos demais herdeiros um enriquecimento ilícito e a colação perderia sua finalidade, rompendo a igualdade perseguida. A conferência do valor das benfeitorias só pode ser admitida, se, após encontrado o valor total, abater o *quantum* das acessões e benfeitorias do total apurado, o que, a nosso sentir, não tem sentido.

Vejamos um exemplo: dois filhos, José e Lino, receberam de seu pai dois lotes de terreno de igual valor. José construiu em seu lote, com recursos próprios, uma bela casa com piscina, salão de jogos, quadra de tênis, enquanto Lino deixou crescer em seu terreno um capinzal, tornando-se um depósito de lixo.

É justo obrigar José a trazer a colação o terreno e todas as benfeitorias que fez com dinheiro seu, valorizando de sobremaneira o imóvel, e Lino trazer um terreno abandonado que virou um depósito de lixo?

Diferentemente, deverão ser trazidas à colação as acessões e benfeitorias feitas pelo donatário com recursos do doador.

HERDEIRO POR REPRESENTAÇÃO

Cumpre aos descendentes, ao serem chamados à sucessão por direito próprio, conferir as doações que receberam, devendo, também, conferir as doações havidas pelo representado, quando chamados a suceder por direito de representação. Esta última hipótese está prevista no artigo 2.009 do Código Civil. Devem, assim, os netos conferir os bens que seus pais receberam em vida, ainda que deles nada tenham herdado.

HERDEIRO RENUNCIANTE OU EXCLUÍDO

O herdeiro que renuncia a herança ou dela foi excluído deve trazer os bens que recebeu à colação, tão somente, para o fim de repor o que exceder o disponível (art. 2.008 do CC).

DOAÇÃO FEITA POR CASAL

Sendo a doação feita pelo casal, no inventário do primeiro falecido será conferida metade do bem doado devendo a outra metade ser colacionada por ocasião do falecimento do cônjuge sobrevivente, conforme estabelece o artigo 2.012. Partiu o legislador da presunção que o bem é comum. Entretanto, sendo os cônjuges casados pelo regime da separação convencional ou não sendo o imóvel doado um bem comum, e possuindo os cônjuges frações distintas, no inventário de cada um será conferida proporcionalmente a fração doada.

DOAÇÃO DE DINHEIRO

Sendo a doação de dinheiro para a compra de imóvel, é a quantia que deve ser trazida à colação, e não o bem com ele adquirido. Por exemplo, o pai doa dinheiro ao filho para adquirir um imóvel. O que se confere é o dinheiro usado para a aquisição do imóvel e não o imóvel adquirido.

Arnoldo Wald assim se expressa:

> "Quando os pais dão determinada quantia aos descendentes para que estes, em seu próprio nome, adquiram algum bem, entra na colação a quantia recebida em dinheiro, mas não o bem comprado" (*Curso de Direito Civil – Direito das Sucessões*, 11. ed., Revista dos Tribunais, p. 205).

Situação diferente a ser apreciada é quando o ascendente paga o imóvel com o próprio cheque.

Farta doutrina e jurisprudência dão suporte a esse entendimento.

DOAÇÃO COM RESERVA DE USUFRUTO

Ressalte-se que, se a doação é feita com reserva de usufruto, somente a nua-propriedade deve ser trazida à colação e não a plena propriedade do bem doado. É muito diferente o donatário receber um bem em plena propriedade e poder dar a este o destino que desejar, de outro que recebe somente a nua-propriedade quando, então, quem poderá gozar e fruir é o usufrutuário.

DISPENSA DA COLAÇÃO

Algumas liberalidades não precisam ser conferidas, quer em virtude da lei, quer em virtude da determinação do testador ou doador.

São dispensadas da colação as doações que o testador ou doador determine saiam de sua parte disponível, diz o artigo 2.005.

A disposição só valerá dentro dos limites da parte disponível.

Se a dispensa não foi declarada no ato da doação, só poderá sê-lo por testamento.

O descendente que, ao tempo da doação, não seria chamado à sucessão na qualidade de herdeiro necessário está dispensado de colacionar os bens que recebeu ao autor da herança. Presume-se que a liberalidade tenha sido feita da parte disponível do doador. É o que prevê o parágrafo único do artigo 2.005.

É o caso do avô que doa bens ao neto, estando o pai do donatário e filho do doador vivo no momento do ato. Se por ocasião do óbito do doador, o neto vier à sucessão por direito próprio ou por representação, não estará obrigado a conferir os bens que assim lhe foram doados. Presume-se que saíram da parte disponível do doador, pois no momento da liberalidade o donatário não seria chamado à sucessão na qualidade de herdeiro necessário.

O artigo 2.006 declara que a dispensa da colação pode ser outorgada pelo doador em testamento ou no próprio título da liberalidade. Autores há que entendem que a dispensa somente pode ser feita por essas duas formas. Admitimos a possibilidade de haver a dispensa da colação por outro meio hábil em artigo publicado no *Jornal do Commercio*, de 19.11.1992, p. 25, a seguir transcrito:

> "*Do ato da dispensa da colação* – Versa o presente estudo sobre a admissão de dispensa da colação, em ato *inter vivos*, posterior ao da liberalidade. Dispõe o artigo 1.789 do Código civil: 'A dispensa de colação pode ser outorgada pelo doador, ou dotador, em testamento, ou no próprio ato da liberalidade'. A doutrina interpretando o mandamento legal, somente tem admitido a dispensa de colação, quando feita no próprio título da liberalidade, isto é, no momento da doação, ou, se posteriormente, deve sê-lo através do testamento. A doação é um contrato, em que uma pessoa por liberalidade, transfere de seu patrimônio para o de outra, que os aceita. É o teor do artigo 1.165 da lei citada. Como contrato que é, está a doação sujeita a todas as normas reguladoras dos atos jurídicos desta espécie.
>
> Pode ser revogada pela vontade das partes e, seu distrato, vem previsto no artigo 1.093 da lei substantiva. 'Certo é que a doação é um contrato por definição legal e, para que seja válida, é necessário que tenha os requisitos que a lei fixa para todos os contratos: agentes capazes, vontade não viciada, forma permitida por lei e, objeto lícito e possível', afirma o renomado professor Arnold Wald, em sua obra: *Curso de Direito Civil, Direito das Obrigações*, 4, ed. Lux, 1.926, p. 264. Os tribunais de nosso país se

posicionam no mesmo sentido: 'A doação é um contrato (Código Civil, artigo 1.165). Só se aperfeiçoa pela vontade das partes, doador e donatário. Revoga-se no todo ou em parte, como os contratos, desde que sua forma tenha sido a mesma do contrato. (Código Civil, artigo 1.093)' (grifo nosso). Ap. Cív. 46.896 – Votuporanga – Aptes. Emerenciana de Oliveira e outra. Apdos. Vitório Cabalini e outros, *in Rev. dos Tribunais*, v. 194, p. 183. 'Como contrato, a doação está sujeita a todas as normas reguladoras dos atos jurídicos desta espécie, podendo mesmo ser distratada. Se as mesmas partes que avençaram a doação, continuam na mesma situação jurídica anterior, nada impede que desfaçam ou modifiquem a liberalidade, estabelecendo novas condições' (grifo nosso). Ap. Civ. 54.848-Batatais – Apte. Alzira Borges. Apdos. Vicente de Paula Alves Ferreira e sua mulher e outros, *in Rev. dos Tribunais*, v. 203, pág. 163. A doação segue a regra dos contratos em geral, podendo revogá-la, rescindi-la, distratá-la e, até mesmo modificar e cancelar as cláusulas impostas através de instrumento posterior. Trata-se de negócio pactuado entre pessoa *sui juris* e, relativo a patrimônio de pessoa viva. Como podem distratá-la, podem modificar suas cláusulas e, instituir novas condições, inclui-se a dispensa de colação. Por outro lado, a nosso ver, não restringiu as formas de dispensa de colação. Se, realmente assim o desejasse, teria usado linguagem adequada ou o advérbio correspondente, de modo a excluir todos os outros meios de fazê-lo. Analisando a dispensa de colação por ato *inter vivos* posterior ao da liberalidade, trazemos o pensamento do eminente mestre Philadelpho de Azevedo, em lapidar voto proferido em julgamento no STF. no RE 8.743 de São Paulo, transcrito na *Rev. dos Tribunais*, v. 159 pág. 374: 'Para que chegássemos a ver na hipótese uma ofensa a lei, teríamos de recorrer ao argumento a *contrario sensu*, sempre perigosa na interpretação da lei, principalmente no terreno das formalidades. A orientação do nosso direito, como do direito universal, embora mais atenuada em matéria testamentária, é no sentido da ausência sob tolerância de forma, a não ser quando expressamente determinada em lei (artigo 82), salvo quando esta comine sanção diferente contra a preterição da forma exigida. Não há forma determinada na hipótese; apenas faculta-se fazer a dispensa no próprio ato ou no testamento. Outro não foi o entendimento do Tribunal de Justiça do Estado de São Paulo no julgamento da Ap. Civ. 55.147 – Piraju, unânime, em que foram Aptes. Adelaide Leonel Nago e seu marido e Apdo.: O Juízo, publicado na *Rev. dos Tribunais*, v. 195, pág. 231, cuja ementa é do teor seguinte: 'Colação – Dispensa pelo autor da liberalidade em ato *inter vivos*, posterior a sua instituição – Admissibilidade – Inteligência do artigo 1.789 do Código Civil. Doação

– Dispensa de colação pelo autor da liberalidade em ato *inter vivos* posterior – Admissibilidade. O princípio geral do nosso direito é o da liberdade de forma, sendo assim razoável admitir, eu por meio de outra escritura se possa dispensar o donatário da colação'. O teor do dispositivo analisado pode, à primeira vista, deixar a impressão de haver unicamente duas formas de dispensa. Confrontando o disposto no artigo 1.789 com os demais dispositivos da lei substantiva, nos cientificamos que o legislador, quando desejou restringir a forma de determinado ato, o fez expressamente. No caso deixando de empregar o advérbio 'somente', excludente de todos os outros meios, a não ser com a argumentação a contrário, seria admissível vislumbrar a restrição contida. Estatui o artigo 1.637 da referida lei: 'Ao cego só se permite o testamento público, que lhe será lido...'. Ainda o artigo 1.742: 'A deserdação só pode ser ordenada em testamento, com expressa declaração de causa'. E, também, o artigo 1.782: 'A pena de sonegados só se pode requerer e impor, em ação ordinária'. Nos dispositivos acima atestamos a certeza dos casos, em que o legislador impôs determinada forma a prática de certos atos, excluindo expressamente toda e qualquer outra forma. Reforça nosso entendimento o texto do artigo 129 da supra citada lei: 'A validade das declarações de vontade não dependerá de forma especial, senão quando a lei expressamente o exigir'. E o teor do artigo 1.789, seguramente não impõe, de modo expresso, aquelas duas formas como as únicas para a dispensa da colação. Poder é faculdade. É o exercício de faculdade. Dever é obrigação. A dispensa pode ser efetuada por aqueles dois meios, mas não necessariamente existam somente eles para efetuá-la. Sendo a doação um contrato, as outras formas permitidas são todas aquelas previstas para os contratos em geral, observadas as regras atinentes aos mesmos. Em última análise, sendo a doação uma espécie de contrato sujeita até a rescisão, poderiam as partes, doador e donatário, rescindi-la e, em seguida, o doador operar o mesmo negócio incluindo, então, a dispensa da colação. Alguns autores mencionam ainda, a impossibilidade da dispensa em ato posterior *inter vivos*, uma vez o doador não teria mais a propriedade da coisa transmitida. Ora, a dispensa da colação é um *plus* a ser acrescido a doação, cujo direito pertence ao doador, não se extingue com a transmissão da propriedade. E assim afirmamos, porque a dispensa, via testamento, é feita posteriormente ao ato *inter vivos*. Se com a conclusão deste, houvesse o direito cessado, não poderia em hipótese alguma o doador efetuá-la em outro tempo. Vale mencionar o dever do doador em atender para o cabimento do bem objeto da doação dentro de sua parte disponível, a fim de que não venha a liberalidade a sofrer a necessária redução. A conjunção dos entendimentos esposados neste estudo combinado com o abrandamento do rigor formalístico que, inteligentemente, vem aplicando o direito moderno, leva-nos a concluir não existir obstáculos que impeçam a dispensa da colação pelo doador por ato *inter vivos posterior ao da liberalidade, que não seja o ato de última vontade. É o nosso entendimento*".

ACORDO ENTRE OS HERDEIROS PARA NÃO CONFERIR BENS DOADOS

Ainda que não haja dispensa de colação pelo doador, pois este ato cabe somente a ele, sendo os herdeiros maiores e capazes podem acordar em não conferir os bens no inventário. Nada impede que, aberta a sucessão, transacionem os herdeiros no sentido de dispensarem mutuamente de conferir os bens recebidos anteriormente. Se todos os herdeiros, prejudicados ou beneficiados, entendem estar equiparadas as legítimas a que fazem jus, nada impede que ajustem, por meio de documento hábil, a não conferência dos bens recebidos. A mútua quitação não equivale a dispensa da colação. Esta cabe somente ao doador.

Esse o ensinamento de Carlos Maximiliano:

> "Ao autor da liberalidade, e só a ele, incumbe a prerrogativa de conceder a dispensa referida, embora aos coerdeiros, se todos são juridicamente capazes, assista a faculdade ampla de libertar da injunção legal o beneficiado, transigir sobre o assunto, nada exigir, ou assinar a desistência ou renúncia concernente a reclamação já iniciada" (*Direito das Sucessões*, v. III, Ed. Freitas Bastos, p. 445).

Conjuga a mesma opinião J. M. Carvalho Santos, em sua obra, *Código Civil Brasileiro interpretado* (v. XXV, Ed. Freitas Bastos, p. 36).

DOAÇÃO FEITA A CÔNJUGES

Interessante situação é a prescrita no parágrafo único do artigo 551 do Código Civil:

> "Art. 551 – Salvo declaração em contrário, a doação em comum a mais de uma pessoa entende-se distribuída entre elas por igual.
>
> Parágrafo único – Se os donatários em tal caso, forem marido e mulher, subsistirá na totalidade a doação para o cônjuge sobrevivo".

Determinou o legislador no parágrafo único que sendo a doação feita ao casal, com a morte de um dos cônjuges o bem doado subsistirá em sua totalidade em favor do sobrevivente, não importando qual seja o regime de bens.

Assim, podemos concluir que a parte do cônjuge falecido não será levada a inventário, pois a lei determina que ela subsista em favor do viúvo. Deve-se ficar atento à forma de aquisição dos bens inventariados para não incorrer nesse erro trazendo ao acervo hereditário bens que não devam ser inventariados.

No caso, averba-se o óbito do cônjuge falecido junto a matrícula no Registro de Imóveis a fim de que fique a totalidade do imóvel em nome do sobrevivente.

Agostinho Alvim ensina: "A parte do cônjuge que falece em primeiro lugar não passa aos seus herdeiros (sucessão legítima) nem aos que ele porventura designasse em testamento (sucessão testamentária), e sim ao outro cônjuge" (*Da doação*, Saraiva, 2. ed., p. 212).

No caso de a doação ser feita somente a um dos cônjuges casado pelo regime da comunhão universal, entende J. M. Carvalho Santos que abrange também o outro consorte haja vista que nesse regime todos os bens se comunicam. Esclarece o autor citando Clóvis Beviláqua: "Clóvis Beviláqua, à maravilha, expõe a razão da exceção, nesta passagem de seus comentários ao artigo *supra*". São duas pessoas cujos interesses se transfundem, reciprocamente; os benefícios com que uma é gratificada estendem-se à outra. E, se o regime em que vivem é o da comunhão, que é o da lei e o dos costumes, o que adquire a ambos pertence (ob. cit., observ. ao artigo 1.178)".

Como se vê, havendo comunhão de bens, a exceção justifica-se mesmo por uma necessidade indeclinável, por isso que, entrando o bem doado para comunhão, evidentemente passou a pertencer ao casal, ou seja, a ambos os cônjuges, sem que se possa em rigor, falar em direito de acrescer.

Em acórdão relatado pelo Des. Villa da Costa, da 8ª Câmara Cível do Tribunal de Justiça do Estado de São Paulo, transcrito em *Código Civil nos Tribunais* – artigos 1.151 a 1.245 (Coord. Darcy Arruda Miranda Junior, Darcy Arruda Miranda e Alfredo Luiz Kugelmas, Ed. Jurídica Brasileira, p. 7.095), discorre o i. magistrado sobre o caso de a doação ser feita somente a um dos cônjuges casado pelo regime da comunhão universal:

> "Não é outra que não a do favorecimento do cônjuge sobrevivo, em razão da relação patrimonial, pois, se assim não fosse, deveria estender-se a todos os donatários em comum, ainda que não casados entre si. Portanto, o direito decorrente do parágrafo único do artigo 1.178 do CC se dá, não em atenção a uma presumível vontade do doador ao referir-se como donatário a marido e mulher (presunção que não haveria se ele houvesse mencionado apenas um deles, embora, por força do regime legal de bens, houvesse a comunicação), mas por razão do fato em que a lei houve por bem permitir ao cônjuge sobrevivo que continuasse a fruir do objeto da doação, sem perder a parte do outro cônjuge em favor dos herdeiros deste, pela consideração de que em vida, pela fusão de interesses de marido e mulher, ele fruía de todo o bem doado. Essa finalidade se atinge, ainda, com mais razão quando o regime da comunhão universal de bens foi escolhido pelos próprios cônjuges, para que essa fusão de interesses seja a mais ampla possível. Nem se diga que o doador, ao designar só um dos cônjuges como donatário, o fez *intuitu personae*, não querendo beneficiar o outro cônjuge, se há o regime da comunhão universal. Para isso, seria mister a utilização da cláusula de incomunicabilidade. Esta, sim, é que no caso demonstra o propósito de afastar o benefício do outro cônjuge. Pela tradição da comunhão universal em nosso meio, é do entendimento comum a afirmação do então Des. Rodrigues Alkmin, encossada pela 1ª Turma desta Corte no RE 75.600: 'Casado o donatário com comunhão de bens, é inegável que a doação feita a um dos cônjuges o foi ao casal, dada a inexistência de qualquer restrição a esse respeito na doação, por meio de cláusula de incomunicabilidade'".

A equiparar-se a união estável ao casamento, a regra deverá ser aplicada, também, aos companheiros.

O mesmo raciocínio aplica-se a doação de móveis, já que o legislador não discriminou a espécie de bens.

A doação feita a somente um dos cônjuges que não seja descendente do doador, se o regime não for o da comunhão universal de bens, não deverá ser trazida à colação. Essa é, inclusive, a posição de Caio Mário da Silva Pereira, em suas *Instituições de Direito Civil* (v. VI, 11. ed., 1996, Forense, p. 294).

O Código Civil nada previu a respeito.

DOAÇÃO FEITA POR AMBOS OS CÔNJUGES

Quando a doação é feita por ambos os cônjuges, no inventário de cada um se conferirá a metade, prevê o artigo 2.012. A regra é válida para os doadores casados pelo regime da comunhão universal ou parcial de bens, quando o bem é comum. Se o regime for da completa separação de bens e os cônjuges possuírem frações diferentes, no inventário de cada um será conferida a respectiva fração doada.

PRESENTES

Nascimentos, aniversários, formaturas, noivados, casamentos, bodas, atos religiosos são eventos familiares em que comumente se contemplam o cônjuge, filhos e netos com presentes, muitas vezes, de razoável valor.

Deverão esses presentes, uma joia, um automóvel, uma importância em dinheiro, ser considerados verdadeiras doações?

É um ponto instigante do qual nosso legislador não tratou.

O direito francês admite os "presentes de uso" (*presents d'usage*) entendendo que tais bens ofertados em datas especiais escapam ao conteúdo de doações desde que não excedam a situação financeira, estilo de vida e os hábitos do doador.

O princípio baseia-se em que o presente não deve empobrecer o doador, caso contrário, deixará de ser um presente para ser considerado uma doação manual.

Segundo o livro *Preparer sa Sucession* (Editions Les Particuliers, 2. ed., p. 33), o artigo 852 do Código Civil francês esclarece que a caracterização como "presente de uso" se aprecia à data em que foi concedido e considerada a riqueza do doador, não importando se houve valorização posterior. Essa observação é importante no caso de ser dada uma obra de arte ou uma joia que pode valorizar-se no decorrer do tempo.

Em casos de litígio é sempre o juiz que deve apreciar o caso.

Philippe Malaurie, expondo sobre o tema em sua obra *Les successions Les Libéralités*, 5. ed., Defrénois, p. 184, observa:

> "D. Présents D'Usage – 361 . Aumônes et bijoux – Les presents d'usage (aumônes, cadeaux danniversaire, des fiançailles ou de mariage) échappent ao statut de libéralités, qu'il s'agisse des règles de forme ou de règles de fond. Il s'agit de cadeaux fait a l'occasion de certains évènements, conformément à un usage et, n'excédant pas une certaine valeur; cette modicité s'apprecie à la date de la donation en tenant

compte de la fortune et des habitudes du disposant, comme le confirme, la loi de 2006 (art. 852, al. 1). La question se pose surtout à l'egard des bijoux. L'article 852 dit expressément pour la dispense de rapport. La loi de 2006 réserve la volonté contraire (art. 852, al. 1). La jurisprudence l'a decidée aussi pour d'autres règles: ainsi, l'ancienne révocation des donations entre époux, notamment em cas de divorce, ou la revocation pour survenance d'enfant (avant la loi de 2006) ou l'ingratitude ou l'inexecution des conditions: par example, les cadeaux d'usage faits aux fiancés en vue du mariage n'ont pás être restitués si le mariage n'est pás celebré; au contraire, la bague des fiançailles doit, em príncipe, être reundue em cas de rupture ou de caducité des fiançailles, sauf lorsque le fiancé avait commis une faut em rompant ou em cas de divorce.

À ces exception, Il y a une exception qui renvoie au principe: la bague doit toujours être restituée lorsqu'elle constitue um bijou de famille: marquée de son origine familiale, elle est destinée a demeurer dans la famille si le marriage ne fait pás ou s'il y a divorce. Ce qui Jean Carbonnier appelait 'Le príncipe de la conservation des bijoux de famille dans la famille.

Le cause determine aussi les conséquences de l'illicéité ou de l'inexécution de la charge et de la condition'."

O direito francês admite que os bens oferecidos na comemoração de datas ou eventos importantes na família são considerados presentes, e não doações, desde que não extrapolem os hábitos do doador e não afetem a sua fortuna, não devendo, por consequência, ser objeto de colação.

O Código Civil pátrio é omisso sobre o tema, ficando a cargo da doutrina e da jurisprudência a sua apreciação.

SEGURO DE VIDA

Seguro não é herança. O tema foi abordado no Capítulo XXX – "Primeiras Declarações". Não saindo do patrimônio do falecido a importância paga pela seguradora ao beneficiário, não há falar em adiantamento de legítima em favor de determinado herdeiro. Doutrina e jurisprudência entendem que deve ser colacionado somente o valor das parcelas pagas à seguradora, quando o beneficiário for determinado herdeiro.

RENÚNCIA À HERANÇA

A renúncia à herança não configura doação em favor dos demais herdeiros.

A renúncia abdicativa é renúncia em favor do monte, e não em favor de determinados herdeiros. Ao herdeiro renunciante não interessa quem serão os beneficiados, pois estes serão determinados pela lei.

Samuel Luiz de Araújo bem esclarece o tema em seu livro *O princípio da igualdade e sua projeção no contrato de doação* (Nuria Fabris Editora, p. 74):

"Da mesma forma, a renúncia à herança não traz em si o *animus donandi*, pois esta aproveita ao monte e não a um herdeiro especificamente. O acréscimo patrimonial experimentado dá-se não por vontade do renunciante, mas sim pela vontade da lei, pois é um ato unilateral de que só ele participa, não lhe criando direito algum, tratando-o como se não tivesse herdado".

REDUÇÃO DAS DOAÇÕES

Prescreve o artigo 549:

"Nula é também a doação quanto à parte que exceder à de que o doador, no momento da liberalidade, poderia dispor em testamento".

Sempre que a doação extrapolar a parte que o doador poderia dispor no tempo da liberalidade, deverá ser reduzida até o limite imposto pela lei.

A matéria é regulada no artigo 2.007.

O § 3° do referido mandamento, declara que só se fará a redução quando a doação exceder a legítima mais a cota disponível.

Ex.: Uma pessoa solteira que tenha dois filhos: João e Maria e um patrimônio de R$ 1.000.000,00. A parte disponível equivale a R$ 500.000,00 e a legítima de cada filho corresponde a R$ 250.000,00. Se o pai doa a Maria a importância de R$ 750.000,00, não há excesso na doação, pois R$ 500.000,00 corresponde à parte disponível e R$ 250.000,00 à legítima que cabe à Maria. A legítima de João, no valor de R$ 250.000,00, se manteve intacta, não havendo que se falar em excesso e redução.

Sendo várias as doações feitas em diferentes momentos, serão elas reduzidas a partir da última até a eliminação do excesso, é o que estabelece o § 4°, e tomar-se-á por base o valor dos bens ao tempo da liberalidade como determina § 1° do citado artigo.

Além de estar incluída no ramo do direito das sucessões, sendo a finalidade da colação a igualdade das legítimas, esta só existirá após a morte do doador.

DOAÇÃO AOS ASCENDENTES

Ao abordar o tema da colação, referiu-se o legislador expressamente aos herdeiros descendentes e ao cônjuge, artigo 2.003 do Código Civil. Sendo, porém, os ascendentes herdeiros necessários, deveriam eles trazer à colação os bens que receberam em vida para que houvesse igualdade em seus quinhões hereditários?

Uma pessoa possuindo pais vivos, casados pelo regime da separação, e doando bens a um deles, deverá o donatário, por ocasião do falecimento de seu filho, trazer os bens doados à colação para igualar as legítimas, já que são herdeiros necessários?

Não tendo o legislador determinado a conferência de bens por parte dos ascendentes na sucessão do descendente, não há obrigação de os ascendentes conferirem os bens recebidos em vida por doação.

As doações serão consideradas feitas a estranhos. No entanto, não pode o doador extrapolar a sua parte disponível, o que, se acontecer, será objeto de redução.

Capítulo XXXV
Últimas declarações ou declarações finais

Segundo o artigo 636 da lei processual, aceito o laudo ou resolvidas as impugnações lavrar-se-á, em seguida, o termo de últimas declarações.

Apresenta-se o momento para o inventariante por meio de petição, retificar as primeiras declarações, relacionando os bens que foram omitidos, corrigindo os erros, excluindo os bens que foram equivocadamente arrolados e, também, retificando os dados referentes aos herdeiros.

Nada mais havendo a acrescer, o inventariante poderá em sua petição ratificar as primeiras declarações, ressalvando que, caso venha a ter conhecimento de um novo bem, o trará ao conhecimento do Juízo. O juiz mandará ratificar por termo a petição, que constituirá o termo de últimas declarações ou declarações finais.

Destaca-se a importância das últimas declarações, em face do teor dos artigos 621 do Código de Processo Civil e 1.996 do Código Civil.

Esclarece o primeiro:

> "Só se pode arguir sonegação ao inventariante depois de encerrada a descrição dos bens, com a declaração, por ele feita, de não existirem outros por inventariar".

E o segundo:

> "Só se pode arguir de sonegação o inventariante depois de encerrada a descrição dos bens, com a declaração, por ele feita, de não existirem outros por inventariar e partir, assim como arguir o herdeiro, depois de declarar-se no inventário que não os possui".

Segundo o legislador, é a derradeira oportunidade para o inventariante e os herdeiros declararem os bens do espólio que tenham sido omitidos ou que saibam estar em poder de terceiros, pois, a partir desse momento, ficará caracterizada a sonegação de bens, tema anteriormente exposto.

Apresentadas as últimas declarações, o juiz abrirá vista aos herdeiros para se pronunciarem no prazo de quinze dias – art. 637 –, prazo comum que deverá correr em cartório, determinando, em seguida, que se proceda ao cálculo do tributo.

MODELO DE PETIÇÃO DE DECLARAÇÕES FINAIS OU ÚLTIMAS DECLARAÇÕES

"Exmo. Sr. Dr. Juiz de Direito da ____________ Vara de Órfãos e Sucessões

Processo n. ____________

Joana Peres, inventariante dos bens deixados por seu finado marido Abílio Peres, por sua bastante procuradora, vem, nos termos do artigo 636, do Código de Processo Civil, apresentar as suas últimas declarações, ratificando as suas primeiras declarações e esclarecendo que, caso venha a ter conhecimento da existência de qualquer outro bem a inventariar, trará ao conhecimento desse Juízo.

Termos em que,
P. Deferimento.
(data).

Monica Vigiani
OAB/RJ n. ___________"

Obs.: A petição deverá ser dirigida ao juízo competente para processar os autos de inventário.

Capítulo XXXVI
CÁLCULOS

CUSTAS – TAXA JUDICIÁRIA – IMPOSTO DE TRANSMISSÃO *CAUSA MORTIS*

CUSTAS

As custas e a taxa judiciária no processo de inventário obedecem a uma tabela prevista por lei estadual e deverão ser recolhidas com a apresentação da inicial.

IMPOSTO DE TRANSMISSÃO *CAUSA MORTIS*

A Constituição Federal declara, em seu artigo 155, caber:

> "1. Aos Estados – o imposto de transmissão *causa mortis* e o de doação sobre quaisquer bens ou direitos".

Denomina-se *causa mortis*, em razão da morte do titular dos bens.

Dá-se com o óbito do autor da herança.

O fato gerador do imposto de transmissão *causa mortis* é a morte do autor da herança, transmitindo-se a herança para os herdeiros.

É importante ressaltar que a lei fiscal aplicável é a vigente na data do óbito.

O imposto de transmissão *causa mortis* incidia somente sobre os bens imóveis. A Constituição Federal permitiu a incidência sobre os bens móveis.

No Estado do Rio de Janeiro, a Lei 7.174, de 28.12.2015, alterada pela Lei 7.786 de 16/11/2017, que estabeleceu novas alíquotas, regulou o pagamento do imposto de transmissão *causa mortis e doação* sobre quaisquer bens ou direitos, de competência do Estado do Rio de Janeiro.

O artigo 5° declara que o imposto de bem móvel ou de bem imóvel situado no exterior, bem como de direitos a ele relativos, é devido no Estado do Rio de Janeiro.

Inovou o legislador estadual ao declarar que o imposto é devido também sobre os bens situados no exterior.

Bens situados no exterior não são inventariados no Brasil, interpretando *a contrario sensu*, o artigo 23 do CPC.

Tais bens não poderão ser declarados no inventário, pois o juiz brasileiro não tem competência para inventariá-los e partilhar.

No Estado do Rio de Janeiro, em consulta pela internet, a Secretaria de Fazenda sobre o caminho para recolher o imposto de bem situado no exterior, a primeira resposta obtida é que, ante a existência de bem situado no exterior, o inventário terá de ser judicial, não podendo os herdeiros eleger o rito extrajudicial, ainda que observados os requisitos impostos pelo artigo 610 da lei processual. Como declarar o bem nos autos de inventário, se a lei proíbe inventariar no Brasil bens situados no exterior? A lei estadual não pode impor requisito para o processamento de inventário extrajudicial que a lei federal não exigiu.

Certamente, caberá ao Judiciário resolver mais essa questão.

A base do cálculo é o valor dos bens deixados pelo autor da herança. O herdeiro que renuncia à herança (renúncia abdicativa) não está sujeito ao pagamento do imposto de transmissão causa mortis. Por outro lado, a renúncia em favor de terceiro (renúncia translativa), se admitida, importa o pagamento de dois impostos. O primeiro, causa mortis, pela transmissão do autor da herança para o herdeiro renunciante, e o segundo, *inter vivos*, do herdeiro renunciante para o terceiro beneficiário.

Sobre a cessão de direitos hereditários, também, incide imposto de transmissão. O primeiro, *causa mortis*, do autor da herança para o herdeiro cedente. O segundo, *inter vivos*, do herdeiro cedente para o cessionário dos direitos hereditários.

Se a cessão for onerosa, equivale a uma compra e venda; se for gratuita, equipara-se a uma doação.

O imposto de transmissão *causa mortis* incide sobre a herança. Sendo o *de cujus* casado, torna-se necessário verificar, em face do regime de bens, quais os bens que se comunicam com o cônjuge, pois não incide a sisa sobre a meação.

No rito ordinário, o imposto de transmissão dos bens situados em outra comarca será pago após a avaliação nos autos da carta precatória.

Quanto aos bens situados na comarca do inventário, a sisa será devida somente após a homologação do cálculo do imposto. O Supremo Tribunal Federal, por meio da Súmula 114, já se pronunciou sobre a matéria: "O imposto de transmissão *causa mortis* não é exigível antes da homologação do cálculo".

No rito do arrolamento, o imposto será pago após a homologação da partilha ou adjudicação, através dos formulários obtidos no site da Secretaria de Fazenda.

Declara o texto do § 2°, *in fine*, do artigo 659, que o formal de partilha, carta de adjudicação e alvarás serão expedidos anteriormente ao pagamento da sisa.

> "Transitada em julgado a sentença de homologação de partilha ou adjudicação, será lavrado o formal de partilha ou elaborada a carta de adjudicação e, em seguida, serão expedidos os alvarás referentes aos bens e as rendas por ele abrangidas, intimando-se o Fisco para lançamento administrativo do imposto de transmissão e de outros tributos porventura incidentes, conforme dispuser a legislação tributária, nos termos do parágrafo 2°. do art. 662".

Interpretando o aludido dispositivo, o Superior Tribunal de Justiça ao julgar o Tema 1.074, no regime de recursos especiais repetitivos REsp 1.896.526, firmou a seguinte tese, fundamentada na lição do Professor Luciano Vianna de Araujo, exposta em seu artigo publicado na obra "Direito das Sucessões: problemas e tendências", Ed. Foco, p. 394, coordenada pelas Professoras Ana Luiza Maia Nevares e Ana Carolina Brochado:

"No arrolamento sumário, a homologação da partilha ou da adjudicação, bem como a expedição do formal de partilha e da carta de adjudicação, não se condicionam ao prévio recolhimento do imposto de transmissão causa mortis, devendo ser comprovado, todavia, o pagamento dos tributos relativos aos bens do espólio e às suas rendas, a teor dos arts. 659, § 2°, do CPC/2015 e 192 do CTN"

Assim devem os títulos ser expedidos independente da comprovação do pagamento do imposto de transmissão causa mortis.

No rito ordinário, o cálculo é feito pelo inventariante ou por perito nomeado pelo Juiz. A Central de Cálculos do Tribunal de Justiça do Estado do Rio de Janeiro não está mais habilitada a elaborar o cálculo do imposto causa mortis nos inventários processados pelo rito ordinário.

É de destacar o modo como é calculado o imposto *causa mortis* quando a herança é deferida aos pais do autor da herança.

O cálculo do imposto deverá ser feito individualmente. Com isso, poderão os herdeiros, muitas vezes, se beneficiar dos tetos de isenção concedidos pela lei.

Assim decidiu a 2ª CC do Tribunal de Justiça do Estado de Minas Gerais, julgando o AI 2.073, da comarca de Belo Horizonte, relatado pelo Des. Eduardo de Menezes Filho, cuja ementa é a seguinte:

"Imposto de transmissão de propriedade *causa mortis* – Herança deferida aos pais – Cálculo do tributo relativo a cada progenitor, e não englobadamente.

No caso de se deferir a herança aos pais, o cálculo do imposto de transmissão deve ser feito separadamente, pois a herança não se transmite ao casal, mas a cada um dos pais".

Recolhido o imposto, chegamos à fase da partilha ou adjudicação, porém, antes deverão ser pagas as dívidas do espólio.

Quanto aos bens móveis, o imposto é devido na comarca onde corre o inventário, não importando onde esteja localizado.

A matéria está prevista no inciso II do § 1° do artigo 155 da Constituição da República:

"§ 1° O imposto previsto no inciso I: I – (...)

II – relativamente a bens móveis, títulos e créditos, compete ao Estado onde se processar o inventário ou arrolamento, ou tiver domicílio o doador ou ao Distrito Federal"

Sendo o inventário extrajudicial, o imposto deverá ser recolhido anteriormente à lavratura da escritura.

No Estado do Rio de Janeiro, deverão ser requeridas as guias para pagamento do imposto de transmissão à Secretaria de Fazenda no prazo de 90 dias.

A Lei 7.174 de 28/12/2015, do Estado do Rio de Janeiro, facilitou muito aos herdeiros ao permitir no § 5° do artigo 30, a utilização de recursos do espólio para pagamento do imposto devido.

Reza o referido parágrafo:

"Em caso de inventário judicial, os herdeiros poderão se utilizar do montante constante do espólio para fins de quitação do ITD".

No Estado de São Paulo, em face da dificuldade, muitas vezes, de os herdeiros obterem a documentação no prazo da lei, a Corregedoria de Justiça permitiu que esse prazo seja contado após a lavratura da escritura pública autônoma de nomeação de inventariante. A lavratura da escritura autônoma de inventariante propiciará mais facilmente a obtenção de documentos e demonstra a efetiva vontade dos herdeiros de procederem ao inventário.

IMPOSTO SOBRE BENS SITUADOS NO EXTERIOR

Decidiu o Supremo Tribunal Federal, no julgamento do REx 851.108, relatado pelo Min. Dias Toffoli, em sessão virtual encerrada em 26.02.2021, com repercussão geral, que os Estados não possuem competência para instituir a cobrança de imposto de transmissão *causa mortis* e sobre doação de bens situados no exterior, enquanto não for editada, pelo Congresso Nacional, lei federal complementar regulamentando a matéria.

Face a inércia do Congresso Nacional na elaboração da lei complementar a que alude o inciso III, parágrafo 1°, do artigo 155 da Constituição Federal, os Estados editaram leis estabelecendo a cobrança, as quais foram declaradas inconstitucionais somente após o julgamento do mencionado Recurso Extraordinário.

Porém, ao estabelecer a modulação dos efeitos da decisão, decidiram os Ministros que:

1. para os óbitos ocorridos e doações efetuadas antes do julgamento e que houve cobrança dos Estados, as leis não foram atingidas pela inconstitucionalidade e,

2. para os cidadãos que entraram com mandados de segurança alegando a inconstitucionalidade da lei antes do julgamento, a lei é inconstitucional.

Por conseguinte, enquanto o Congresso Nacional não editar lei complementar estabelecendo as regras para a cobrança de imposto de transmissão *causa mortis* ou doação sobre bens situados no exterior, os Estados e o Distrito Federal não poderão exigir a sisa.

Capítulo XXXVII
PAGAMENTO DAS DÍVIDAS

O legislador repetiu nos artigos 1.997 a 2.001 do Código Civil, referentes ao "Pagamento das Dívidas", o mesmo texto do Código anterior.

Ressalte-se que o patrimônio dos herdeiros não responde pelas dívidas do falecido. Somente a herança responde por estas.

O credor do autor da herança poderá requerer a habilitação de seu crédito antes da elaboração da partilha, ou seja, em qualquer fase processual anterior à partilha.

Estabelece o artigo 642 do Código de Processo Civil:

"Antes da partilha, poderão os credores do espólio requerer ao juízo do inventário o pagamento das dívidas vencidas e exigíveis.

§ 1º A petição, acompanhada de prova literal da dívida, será distribuída por dependência e autuada em apenso aos autos do processo de inventário.

§ 2º Concordando as partes com o pedido, o juiz, ao declarar habilitado o credor, mandará que se faça a separação de dinheiro ou, em sua falta, de bens suficientes para o pagamento.

§ 3º Separados os bens, tantos quantos forem necessários para o pagamento dos credores habilitados, o juiz mandará aliená-los, observando-se as disposições deste Código relativas a expropriação.

§ 4º Se o credor requerer que, em vez de dinheiro, lhe sejam adjudicados, para o seu pagamento, os bens já reservados, o juiz deferir-lhe-á o pedido, concordando todas as partes.

§ 5º Os donatários serão chamados a pronunciar-se sobre a aprovação das dívidas, sempre que haja possibilidade de resultar delas a redução das liberalidades".

A habilitação do crédito não deverá ser feita dentro dos autos de inventário, mas em requerimento que será distribuído por dependência e em apenso.

Havendo concordância dos herdeiros com o pedido, o juiz declarará habilitado o crédito e mandará que se separe em dinheiro ou, em sua falta, em bens, suficientes para o pagamento do credor, os quais o juiz observará o disposto nos artigos 876 e seguintes, que dizem respeito a expropriação de bens.

O legatário, também, poderá manifestar-se sobre a dívida quando a herança for toda dividida em legados ou quando o reconhecimento das dívidas importar redução dos legados, como afirma o artigo 645, do CPC. Nos termos do § 4º do artigo 642 do diploma processual, o credor poderá requerer ao juiz que o pagamento se faça em bens do espólio, o que poderá ser deferido, havendo concordância dos herdeiros.

Nessa hipótese, deve existir a concordância dos herdeiros com o crédito habilitado.

Se os herdeiros discordarem do pedido feito pelo credor, será ele remetido para as vias ordinárias. O juiz somente mandará reservar bens suficientes para o pagamento quando a dívida constar de documento, revestido das formalidades legais, constituindo prova bastante da obrigação e a impugnação não se fundar em quitação, preceitua o artigo 643 e seu parágrafo único, do Código de Processo Civil.

É lícito aos herdeiros, ao separarem os bens para pagamento das dívidas, autorizar o inventariante a indicá-los a penhora no processo em que o espólio for executado (art. 646, CPC).

O legislador, quando o processo seguir o rito de arrolamento, declarou que a existência de credores não impede a homologação da partilha ou adjudicação desde que reservados bens suficientes para o pagamento da dívida. A reserva será realizada pelo estimado pelos herdeiros, salvo se o credor regularmente notificado, impugnar a estimativa. Nesses casos, conforme o parágrafo único do artigo 663 do Código de Processo Civil, os bens reservados deverão ser avaliados por perito indicado pelo juiz.

Os créditos fiscais têm tratamento diferenciado, segundo prescreve o artigo 189 do Código Tributário Nacional:

> "São pagos preferencialmente a quaisquer créditos habilitados em inventário ou arrolamento, ou a outros encargos do monte, os créditos tributários vencidos ou vincendos, a cargo do *de cujus* ou de seu espólio, exigíveis no decurso do processo de inventário ou arrolamento".

Sendo o crédito impugnado pelos herdeiros, poderão solicitar ao juiz a reserva de bens suficientes para garantia do pagamento, o que propiciará ao juiz a homologação da partilha (art. 189, parágrafo único, do CTN).

Essas regras dizem respeito aos débitos do autor da herança. Se a dívida for de um dos herdeiros, será caso de cobrança no juízo cível e penhora no rosto dos autos do quinhão do herdeiro devedor.

TRANSMISSÃO DA OBRIGAÇÃO ALIMENTAR – DÍVIDA DO ESPÓLIO?

A transmissão da obrigação alimentar para os herdeiros do devedor é um tema tormentoso para os operadores de Direito.

A celeuma criada pela redação do artigo 23 da Lei do Divórcio possibilitou uma diversidade de posições na doutrina.

Os principais doutrinadores tratando do plano teórico têm deixado uma lacuna ao cuidar do tema.

O artigo 1.700 do Código Civil de 2002, reproduzindo o artigo 23 da Lei do Divórcio, indica a intenção do legislador de admitir a transmissão da obrigação alimentar para os herdeiros do devedor.

A matéria foi tratada no artigo 402 do Código Civil de 1916, que declarava que a obrigação de prestar alimentos não se transmitia aos herdeiros do devedor.

A regra era a intransmissibilidade da obrigação com a morte do devedor. A Lei do Divórcio, em seu artigo 23, ao dispor que a obrigação de prestar alimentos, transmitia-se aos herdeiros do devedor, restrita às forças da herança, gerou uma enorme incerteza no mundo jurídico.

Sérgio Gishkow Pereira, em *Estudos de Direito de Família* (Livraria do Advogado, p. 145), leciona:

> "Três correntes básicas de opinião se constituíram, diante do art. 23 da Lei 6.515/77: 1) o art. 23 só se referia ao débito alimentar vencido e não pago, existente no instante do falecimento do devedor; 2) o art. 23 se estendia às prestações vincendas e a quaisquer alimentos de direito de família (posição que defendi sempre, desde o surgimento do art. 23). A operacionalidade do novo sistema se daria pela constituição de um capital com os valores deixados pelo *de cujus*, cuja renda assegure o pagamento da prestação alimentar (sugestão que tomei a liberdade de dar quando da edição da Lei do Divórcio); 3) a obrigação alimentar, que se transmitiria aos herdeiros seria unicamente aquela devida por um cônjuge ao outro ou, no máximo, devida pelos pais aos filhos, pois que o art. 23 aparece em uma lei que trata sobre a separação judicial e divórcio, e, portanto, só se aplicaria aos alimentos que aparecem em separações e divórcios".

Por derradeiro, o artigo 1.700 do Código Civil trouxe a regra da transmissibilidade da obrigação de prestar alimentos restrita aos parentes, cônjuge e companheiro, isto é, restrita ao âmbito do direito de família. Não reproduziu o legislador a remissão ao artigo 1.796 do texto revogado, o qual limitava a obrigação às forças da herança.

Apesar da omissão do legislador, não se pode, em hipótese alguma, desprezar a regra do artigo 1.792 do Código Civil, estatuindo que o herdeiro não responde a encargos superiores às forças da herança.

Não tendo o inventariado deixado qualquer bem a inventariar, é necessário que os herdeiros promovam o inventário negativo, procedimento não previsto no Código de Processo Civil, mas pacificamente admitido pela doutrina e jurisprudência, comunicando a inexistência de bens, evitando assim comprometer seus próprios patrimônios, como previsto na parte final do citado artigo 1.792.

Euclides de Oliveira, em artigo publicado nos anais do *IV Congresso Brasileiro de Direito de Família*, IBDFAM, expõe em "Alimentos: Transmissão da obrigação aos herdeiros", p. 141:

> "Convém adiantar a propósito que somente poderá haver transmissão da obrigação se houver herança que a suporte. Não havendo herança, tampouco haverá efetivo herdeiro de quem se possa exigir a continuidade do pagamento da pensão a que se achava obrigado o falecido".

O credor dos alimentos deverá habilitar seu crédito perante o Juízo orfanológico, intermediado pela ação própria, habilitação de crédito, por dependência aos autos de inventário. Não entendo ser necessária a propositura de uma nova ação de alimentos no juízo de família, em face da mudança do polo passivo do alimentante para seus herdeiros.

Segundo o inciso VI do artigo 616 do Código de Processo Civil, o credor do autor da herança tem legitimidade concorrente para requerer a abertura dos autos de inventário, de forma que, se algum dos herdeiros não tomar essa providência, o alimentado poderá fazê-lo.

Necessitando receber os alimentos, o credor tem interesse que o inventário seja aberto o mais breve possível. Esse procedimento poderá ser imediato, se os bens da herança produzem frutos, pois, caso contrário, deverá o juiz determinar as providências cabíveis para obtenção de numerário que satisfaça a obrigação mensal.

Sendo os herdeiros maiores e capazes e havendo acordo com o credor quanto ao pagamento do débito, poderão as partes adotar o rito do arrolamento sumário, previsto no artigo 659 da lei processual, celebrando uma partilha amigável.

Transmitindo-se a obrigação aos herdeiros do devedor, a meação do cônjuge, decorrente do regime de bens no matrimônio, não responde pelo débito. A meação do cônjuge ou companheiro não é considerada herança, devendo ser separada do patrimônio inventariado. Sobre os demais bens que constituem a herança se imporá a obrigação.

Considerado como se não fosse herdeiro, o renunciante, também, ficará excluído da obrigação alimentar.

A prestação alimentar é devida pelo espólio desde o momento da abertura da sucessão, porém só é exigível após a habilitação do crédito nos autos de inventário pelo alimentado.

Não existe uma regra absoluta em relação à forma de efetuar o pagamento da obrigação alimentar.

O bom senso do juiz e dos herdeiros propiciará uma solução para atender o pagamento do credor, que poderá ser feito com rendas de imóveis, de aplicações financeiras. Bens do espólio que não produzam rendas, como lotes de terreno, automóveis, títulos de clube, poderão ser alienados e o produto aplicado, atribuindo-se os frutos ao credor.

Outra solução prevista no § 3º do artigo 642 do Código de Processo Civil é a venda de um bem, aplicando-se o produto da alienação, entregando-se os rendimentos para o credor. Essa solução não nos parece ideal, pois, ao fim de determinado tempo, o produto da venda vai se esvair, não existindo mais o bem, nem o dinheiro.

Poderão acordar, ainda, os herdeiros e o credor sobre a transferência de um bem para o nome do último.

Amparada no binômio necessidade/possibilidade, poderá ocorrer a modificação na situação patrimonial do alimentado, de forma que possibilite a revisão ou mesmo a exoneração da pensão.

Sendo o alimentado herdeiro do *de cujus*, sua situação patrimonial poderá sofrer uma mudança no exato momento da abertura da sucessão, passando à qualidade de herdeiro com expectativa de razoável patrimônio e fazendo jus aos frutos da herança, deixando assim de satisfazer o requisito necessário para fazer jus ao benefício.

Poderá o inventariante do espólio propor contra o alimentado ação de revisão, ou mesmo de exoneração de pensão para se ver, com os herdeiros, livre da obrigação. A postulação deverá ser feita por meio de ação própria no juízo de família, nos Estados onde as varas de família não funcionem com as de sucessões.

Certo é que o juiz que preside o inventário será o maior responsável pelo regular recebimento dos alimentos pelo credor.

O inventariante, apesar dos poderes inerentes à condição de gestor de herança, não tem a faculdade de dispor dos bens e dos frutos da herança, sem consulta aos demais herdeiros e autorização judicial.

O juiz do inventário, com o poder de direção que lhe confere a lei, é a única autoridade capaz de proporcionar meios para obter o *quantum* suficiente para o pagamento da dívida alimentar, enquanto perdurar o processo de inventário. Para tanto, deve agir com rigor, segurança e bom senso, praticando todos os atos necessários ao regular andamento do inventário e decidindo as questões pertinentes para que possa o alimentado receber com a maior rapidez seus alimentos.

Ao inventariante cumpre observar as incumbências inerentes ao *munus* insculpidas no artigo 618 do Código de Processo Civil, e, principalmente, obedecer às decisões judiciais, executando-as com presteza.

O inventariante não poderá ser responsabilizado pela demora no pagamento do débito alimentar, eis que o inciso III do artigo 619 da lei processual proíbe expressamente, que pague qualquer dívida do espólio, sem autorização judicial, daí o relevante papel que ocupará o magistrado na solução de tão aflitiva questão.

Capítulo XXXVIII
ADJUDICAÇÃO OU PARTILHA

ADJUDICAÇÃO

Havendo um só herdeiro, os bens da herança deverão ser adjudicados ao mesmo. Adjudicar significa atribuir a alguém. É certo que, havendo somente um herdeiro, não serão os bens partilhados, pois não existe divisão com uma só pessoa.

No rito de arrolamento sumário, havendo um só herdeiro, após haver arrolado e atribuído valor aos bens nas primeiras declarações, deverá ser requerida ao juiz a adjudicação de todos os bens ao único herdeiro.

MODELO DE PETIÇÃO DE PRIMEIRAS DECLARAÇÕES NO RITO DE ARROLAMENTO SUMÁRIO, EM CASO DE ADJUDICAÇÃO

"Exmo. Sr. Dr. Juiz de Direito da __________ Vara de Órfãos e Sucessões

Proc. n. __________

Anita Santos Barbosa, inventariante nos autos de inventário de seu finado marido, José Pereira dos Santos, vem, apresentar as suas declarações de herdeiros e bens na seguinte forma:

RITO

Será adotado o rito do arrolamento sumário nos termos dos artigos 659 e seguintes do CPC.

AUTOR DA HERANÇA

O autor da herança, José Pereira dos Santos, brasileiro, faleceu nesta cidade, onde era residente e domiciliado, no dia 22.10.2016, no estado civil de casado com a inventariante pelo regime da comunhão universal de bens, portador da carteira de identidade expedida pelo CREA em __________ sob n. __________ e do CPF n. __________, sem deixar herdeiros descendentes ou ascendentes.

VIÚVA MEEIRA E ÚNICA HERDEIRA

A inventariante, ora Requerente, brasileira, professora, foi casada com o ***de cujus*** pelo regime da comunhão universal de bens, portadora da carteira de identidade expedida pelo IFP em __________ pelo IFP e do CPF n. ___________, residente e domiciliada à Av. Atlântica, n. ___________, apto. ___________, nesta cidade.

BENS

Imóveis:

1. Apartamento n. ___________ do prédio à rua ___________, n. ___________, com direito a uma vaga de garagem e respectiva fração de 1/16 avos do terreno que mede na sua totalidade 10 m de frente e fundos por 50 m de extensão de ambos os lados, confrontando à direita com o prédio n. ___________, de João Lazzarotti e outros, à esquerda com o prédio n. ___________ de Pedro Lins, e aos fundos com o terreno da rua Lagos, n. ___________, de propriedade de Bernardo Zen. O referido imóvel foi adquirido por escritura definitiva de compra e venda lavrada em Notas do Tab. do ___________ Ofício, liv. ___________, fls. ___________ de 23.12.1967, devidamente registrado no ___________ Ofício do RGI sob a matrícula n. ___________.

Atribui ao imóvel o valor de..R$ 150.000,00

Na comarca de Petrópolis:

1. Direito e ação à compra do prédio à ___________, n. ___________, e respectivo domínio útil do terreno, foreiro à Cia. Imobiliária de Petrópolis, que mede 12 m de frente e fundos por 52 m de ambos os lados, confrontando do lado direito com o imóvel de n. ___________, de propriedade de Alexia Zen; à esquerda com o imóvel de n. ___________, de Ana Luíza Faria e, aos fundos, com terreno pertencente a Manoel Falcão. Adquirido por escritura de promessa de compra e venda lavrada em Notas do Tab. do ___________ Ofício de Petrópolis, liv. 1254, fls. 12, em 13.02.1992, registrado no 1º Ofício do RGI sob a matrícula n. ___________.

Atribui ao imóvel o valor de..R$ 100.000,00

Móveis

1. Direito ao uso da linha telefônica n. ___________da Telemar, que se encontra instalada na residência da inventariante.

Atribui ao bem o valor de..R$ 500,00

2. Automóvel marca Chevrolet, Astra LX, ano 2015, cor vermelho sangue, placa ___________6, chassi n. ___________.

Atribui ao bem o valor de..R$ 2.000,00

3. 56.000 ações ordinárias escriturais do Banco ___________, cujo Boletim Oficial da Bolsa de Valores do Rio de Janeiro da data do óbito é ora anexado, cotadas cada uma a R$ 10,00 no total de..R$ 560.000,00

4. Importância depositada no Banco ___________, ag. Leblon, conta corrente n. ___________, conforme extrato anexo no valor de..R$ 16.200,00

5.1.500 cotas da sociedade "Lanifício Tricolor Ltda.", com sede nesta cidade à rua ___________, n. ___________, no valor, cada uma, de R$ 8,00, no total de R$ 12.000,00

TOTAL DO MONTE..R$ 840.700,00

Ante o exposto, requer a V. Exª se digne adjudicar à Requerente, na qualidade de viúva meeira e única herdeira os bens acima, homologando-se o presente pedido, após cumpridas as formalidades legais, expedindo-se a competente Carta de Adjudicação e os respectivos alvarás.

Termos em que,

Pede Deferimento.

(data).

Cesar Augusto Cury

OAB/RJ n. ___________"

Obs.: A petição deverá ser dirigida ao juízo competente para processar os autos de inventário.

O documento a ser expedido ao final do inventário para transferência para o nome do herdeiro dos bens imóveis junto ao Registro de Imóveis é a Carta de Adjudicação.

No inventário por escritura, também será feita a adjudicação de todos os bens ao único herdeiro.

PARTILHA – FORMAS DE PARTILHA

Partilha é a divisão dos bens do autor da herança entre seus herdeiros.

Ela põe término à comunhão *pro indiviso* dos bens inventariados.

A partilha não é ato atributivo de direito, mas ato declaratório de direito anteriormente adquirido. A participação na partilha não atribui a condição de herdeiro, da mesma forma que a ausência da mesma não exclui a titularidade do direito à herança.

A partilha deverá obedecer à forma estabelecida no artigo 651 do Código de Processo Civil.

Pode ser feita por ato entre vivos, escritura pública, ou de última vontade, testamento, conforme previsto no artigo 2.018 do Código Civil.

PARTILHA JUDICIAL

A partilha será judicial sempre que houver herdeiros menores ou incapazes ou existir divergência entre os herdeiros quanto a divisão dos bens.

A partilha judicial é feita pelos partidores do juízo. Havendo litígio entre os herdeiros, a partilha será elaborada de conformidade com a determinação do juiz no despacho de deliberação de partilha.

Não havendo litígio e sendo os herdeiros menores ou incapazes, os partidores elaborarão a partilha da melhor forma que possa atender os interesses dos mesmos.

O Ministério Público se pronunciará sobre a partilha na defesa dos interesses dos incapazes e, caso a partilha lhes seja prejudicial, caberá ao *parquet* discordar, sugerindo uma nova divisão.

Os herdeiros e os demais fiscais também se pronunciarão sobre a partilha judicial.

Não há impedimento para elaboração da partilha pelos partidores judiciais mesmo que os herdeiros sejam maiores e capazes e estejam acordes quanto à divisão dos bens.

PARTILHA AMIGÁVEL

Sendo os herdeiros capazes, poderão celebrar a partilha amigável dos bens inventariados. A partilha amigável pode ser feita por instrumento público, por termo nos autos ou escrito particular homologado pelo juiz (art. 2.015).

A partilha amigável feita por escritura pública será acostada aos autos de inventário. Não é homologada pelo juiz, mas o magistrado determinará seu cumprimento e, após a ciência das partes e fiscais, ordenará a expedição do respectivo título (formal de partilha).

A partilha amigável mais comum é a elaborada por escrito particular.

A exigência de reconhecimento das firmas dos herdeiros na partilha é descabida e sem amparo legal.

PARTILHA TESTAMENTÁRIA

É a partilha deliberada pelo testador na cédula testamentária.

O Código Civil anterior era omisso. O vigente prevê em seu artigo 2.014:

> "Pode o testador indicar os bens e valores que devem compor os quinhões hereditários, deliberando ele próprio a partilha, que prevalecerá, salvo se o valor dos bens não corresponder às quotas estabelecidas".

O testador pode no ato de última vontade designar quais bens comporão o quinhão de cada herdeiro, faculdade outorgada pelo artigo 2.014 do diploma civil. Os pais sabem exatamente as necessidades e aptidões de seus filhos, sendo, portanto, as pessoas mais aptas para indicar quais os bens mais adequados ao patrimônio de seus herdeiros.

Imprescindível é o respeito à legítima e à existência de igualdade em valores nos quinhões.

PARTILHA EM VIDA

A partilha em vida vem prevista no artigo 2.018 do Código Civil. É feita por meio de escritura pública de partilha.

A partilha em vida não é considerada um contrato sobre herança de pessoa viva, mas uma verdadeira doação do ascendente aos seus descendentes, devendo ser respeitada a legítima dos herdeiros necessários. Os bens havidos por meio da partilha em vida não são trazidos à colação.

Participando um herdeiro menor, necessário seja o instrumento, posteriormente, apreciado judicialmente, ouvido o Ministério Público na defesa dos interesses do incapaz.

A partilha em vida, também, pode ser feita através de testamento e, como ato *causa mortis*, só produzirá efeito após o óbito do testador.

Sendo o testador casado pelo regime da comunhão total, poderá designar os bens que comporão o quinhão dos herdeiros?

Nesse caso, parece-nos que não. A viúva, tendo a meação nos bens do casal em virtude do regime de bens matrimonial, terá preferência na eleição daqueles que comporão sua meação. Não pertencendo o bem exclusivamente ao testador, encontra-se ele impedido de dispor de sua totalidade em favor de terceiros. Tal disposição, nos leva a crer que se caracterizará uma simples recomendação, a qual poderá ou não ser observada pelo cônjuge sobrevivente.

PEDIDO DE QUINHÃO

Prescreve o artigo 647, do Código de Processo Civil:

"Cumprido o disposto no art. 642, § 3º, o juiz facultará às partes que, no prazo comum de 15 (quinze) dias, formulem o pedido de quinhão e, em seguida, proferirá a decisão de deliberação da partilha, resolvendo os pedidos das partes e designando os bens que devam constituir o quinhão de cada herdeiro e legatário.

"Parágrafo único. O juiz poderá, em decisão fundamentada, deferir antecipadamente a qualquer dos herdeiros o exercício dos direitos de usar e de fruir de determinado bem, com a condição de que ao término do inventário, tal bem integre a cota desse herdeiro, cabendo a este, desde o deferimento, todos os ônus e bônus decorrentes do exercício daqueles direitos".

Quanto ao *caput* do dispositivo, o litígio existente entre os herdeiros no inventário, muitas vezes, dificulta a elaboração da partilha, pois, em alguns casos, os herdeiros pretendem ficar com o mesmo bem.

Com o fito de evitar essas delongas, o legislador estabeleceu o prazo de quinze dias, que por ser comum corre em cartório, para que os herdeiros formulem seus pedidos de quinhão.

Cada herdeiro, por meio de petição, declarará ao juiz quais bens deseja que integrem seu quinhão na partilha.

Não importa que diversos herdeiros escolham os mesmos bens.

Caberá ao juiz, em seguida, proferir o despacho declarando quais os bens que caberão no quinhão de cada herdeiro. O texto revogado estabelecia o prazo de dez dias para decisão do magistrado. O atual, por razões óbvias, não estabeleceu prazo, declarando que o juiz "em seguida" proferirá a decisão. "Em seguida" quer dizer "na sequência", ficando o prazo para o magistrado em aberto.

O juiz usando o bom senso que lhe é peculiar e observando as regras para a elaboração de uma partilha, procurando a maior igualdade tanto em seu valor e natureza como em quantidade e qualidade dos bens, deliberará sobre a partilha.

Reconhecemos que se trata de uma decisão difícil, pois o juiz não tem condições de conhecer os bens inventariados, verificar seus estados para poder deliberar de forma justa a divisão dos bens.

Por outro lado, deverá evitar sempre que possível o condomínio entre os herdeiros.

A solução apresentada pelo legislador no aludido dispositivo é de grande saber, mas, lamentavelmente, os magistrados não a utilizam com a frequência necessária, permitindo muitas vezes aquele "diga-diga", que torna os processos infindáveis.

Nos inventários em que há litígio, tendo o juiz pulso firme, determinará que os herdeiros elejam no prazo estabelecido os bens que comporão cada quinhão e depois deliberará a partilha.

Se não houver possibilidade de formar os quinhões com os imóveis inventariados em face de um bem ultrapassar o quinhão cabente ao herdeiro, determinará a venda em hasta pública, admitido o direito de preferência aos herdeiros. É a regra do artigo 2.019 do Código Civil. O imóvel que não couber no quinhão de um herdeiro ou não admitir divisão cômoda será vendido em hasta pública.

Adotando as providências que lhe confere a lei, o magistrado porá fim ao conflito sem maiores delongas. Se algum dos herdeiros ficar insatisfeito com a decisão poderá utilizar o recurso cabível para ver seu pleito apreciado na instância superior.

É agravável o ato judicial de deliberação da partilha a que alude o artigo 647 do Código de Processo Civil. Assim decidiram, por maioria, os Desembargadores da Seção Cível do Tribunal de Justiça do Estado do Rio de Janeiro, acolhendo o incidente de uniformização de jurisprudência, relatado pelo Des. Humberto Manes. Trata-se da Uniformização de Jurisprudência n. 1/91.

Por vezes, os herdeiros, por questões pessoais, não se ajustam na partilha, tornando o processo de inventário infindável. Nesses casos, deve o juiz agir com energia determinando a partilha em condomínio de todos os bens, possibilitando que procedam, posteriormente, à extinção do condomínio ou à venda de todos os bens em leilão, repartindo-se o produto da venda entre os herdeiros.

Inovou o legislador, no parágrafo único, facultando ao magistrado que em decisão fundamentada defira antecipadamente a qualquer dos herdeiros o exercício dos direitos de usar e fruir de determinado bem, com a condição de que ao término do inventário tal bem integre a cota desse herdeiro, cabendo a este, desde o deferimento, todos os ônus e bônus decorrentes do exercício daqueles direitos.

Certamente, não será por ocasião da partilha que o herdeiro fará esse pedido, e sim no início do processo de inventário. O parágrafo, tecnicamente, está mal colocado.

Os frutos da herança pertencem a todos os herdeiros enquanto não realizada a partilha. Se um herdeiro usufrui de um imóvel e os demais encontram-se locados, ele terá um benefício em detrimento dos demais, pois os rendimentos destes serão por ele também divididos.

Se um herdeiro já ocupava, em vida do falecido, um imóvel inventariado, justo que esse imóvel caiba a ele na partilha (se seu quinhão comportar). Entretanto, permitir que ocupe um imóvel graciosamente, arcando somente com as taxas, provocará prejuízo aos demais herdeiros que não se beneficiam individualmente dos demais bens.

A existência de litígio entre os herdeiros propiciará que o herdeiro beneficiado procrastine o inventário, haja vista que já tem assegurado gratuitamente o bem, que ainda permanece indivisível, o qual poderá inclusive ser por ele locado recebendo os valores dos alugueres, já que o direito é de usar e fruir.

O legislador não distinguiu se bens móveis ou imóveis, de sorte que a solicitação poderá dizer respeito a um automóvel, ações e até saldos bancários, que um herdeiro pode estar necessitando ao abrir a sucessão e que caiba dentro de seu quinhão.

Ex.: um herdeiro que tenha uma dívida bancária ao abrir a sucessão poderá requerer ao juiz que determinado saldo de conta-corrente lhe seja destinado antecipadamente e atribuído na partilha em seu quinhão.

PODEM OS HERDEIROS PARTILHAR OS BENS ATRIBUINDO A NUA-PROPRIEDADE AOS HERDEIROS E O USUFRUTO À VIÚVA?

Sendo todos os herdeiros maiores e capazes, poderão repartir os bens como acharem melhor, sujeitando-se aos impostos decorrentes dos atos que praticarem.

Podem, inclusive, em vez de partilhar em frações os imóveis, atribuir a nua-propriedade aos herdeiros instituindo o usufruto em favor do cônjuge ou vice-versa.

A jurisprudência é tranquila sobre o tema.

ARROLAMENTO – ATRIBUIÇÃO DE USUFRUTO À VIÚVA MEEIRA E DA NUA-PROPRIEDADE AOS HERDEIROS

> "É possível a instituição de usufruto em partilha amigável, inclusive por termo nos autos. O usufruto é destacável da nua-propriedade, como direito autônomo. Tanto a viúva meeira como os herdeiros possuem partes ideais no todo. Portanto, nada obsta a que se concretizem essas partes pela forma avençada na partilha (TJSP – Ac. Unân. da 8ª Câmara de Direito Privado, de 28.05.2001, AI 206.350-4/3-00, rel. Des. César Lacerda, Espólio de Vicente Chiachio x O Juízo)" (*Informativo Semanal de Jurisprudência* n. 09/2002, p. 140, Ementa 100.738).

Em nota à ementa acima, é mencionado acórdão do Tribunal de Justiça do Estado de São Paulo, publicado em sua revista, volume 65, p. 236, declarando não caracterizar doação por parte dos celebrantes da partilha, inexistindo, pois, a cobrança do respectivo imposto.

O mesmo tribunal paulista, por intermédio de sua 7ª Câmara Cível, julgando o Agravo de Instrumento 161.302-1, relatado pelo Des. Campos Mello, transcrito na *Revista de Jurisprudência do Tribunal de Justiça do Estado de São Paulo* (v. 136, p. 339), decidiu:

> "Inventário – Partilha – Meação – Atribuição da nua-propriedade aos herdeiros com reserva de usufruto ao viúvo meeiro – Inocorrência de transmissão de bens ou direitos reais a título oneroso – Imposto de transmissão *inter vivos* indevido – Artigo 156, inciso II, da Constituição da República – Recurso provido".

MODELO DE PARTILHA AMIGÁVEL

"Partilha amigável que fazem entre si Anita Santos Barbosa, brasileira, viúva, professora; Edgard Santos Barbosa, brasileiro, advogado, casado pelo regime da comunhão universal de bens com Lara Pifta Barbosa; e Hebe Barbosa Leto, brasileira, do lar, separada judicialmente, nos autos de inventário dos bens deixados pelo finado Alencar Barbosa, na forma abaixo:

MONTE

Apartamento n. ________ do prédio à rua ________, n. ________, com direito a uma vaga de garagem e respectiva fração de 1/16 avos do terreno no valor de R$ 150.000,00

Direito e ação à compra do prédio à rua ________, n. ________, e respectivo domínio útil do terreno, foreiro à Cia. Imobiliária de Petrópolis . R$ 100.000,00

56.000 ações ordinárias escriturais do Banco ________, cujo Boletim Oficial da Bolsa de Valores do Rio de Janeiro na data do óbito anexado, cotadas, cada, uma a R$ 10,00............ R$ 560.000,00

Importância depositada no Banco Itaú S/A, ag. Leblon, conta corrente n. ________, conforme extrato anexo, no valor de .... R$ 16.200,00

1.500 cotas da sociedade "Lanifício Tricolor Ltda.", com sede nesta cidade à rua ________ n. ________, no valor, cada uma, de R$ 8,00, no total de R$ 12.000,00

TOTAL DO MONTE .... R$ 838.200,00

Meação da viúva .... R$ 419.100,00

Meação do inventariado .... R$ 419.100,00

que se divide por seus dois filhos, cabendo a cada um .... R$ 209.550,00

PAGAMENTO que se faz à viúva meeira e inventariante Anita Santos Barbosa, brasileira, viúva, professora, de sua meação no valor de .... R$ 419.100,00

HAVERÁ:

1/2 (metade) do apartamento n. ________ do prédio à rua ________, n. ________, com direito a uma vaga de garagem e respectiva fração de 1/16 avos do terreno, no valor de .... R$ 75.000,00

1/2 (metade) do direito e ação à compra do prédio à rua ________, n. 85 e respectivo domínio útil do terreno, foreiro à Cia. Imobiliária de Petrópolis, na comarca de Petrópolis, neste Estado, no valor de R$ 50.000,00

28.000 ações ordinárias escriturais do Banco ________, cotadas, cada uma, a R$ 10,00, no total de.. R$ 280.000,00

Na importância depositada no Banco ________, ag. Leblon, conta-corrente n. ________, conforme extrato anexo, no valor de .... R$ 8.100,00

750 cotas da sociedade "Lanifício Tricolor Ltda.", com sede nesta cidade à rua Nelson Goyana, n. ________, no valor, cada uma, de R$ 8,00, no total de .... R$ 6.000,00

TOTAL .... R$ 419.100,00

PAGAMENTO que se faz a cada um dos herdeiros:

Edgard Santos Barbosa, brasileiro, advogado, casado pelo regime da comunhão universal de bens com Lara Pifta Barbosa; e Hebe Barbosa Leto, brasileira, do lar, separada judicialmente, de suas heranças paternas, no valor, a cada um, de .... R$ 209.550,00

HAVERÁ cada um:

1/4 (um quarto) do apartamento n. __________ do prédio à rua __________ n. __________, com direito a uma vaga de garagem e respectiva fração de 1/16 avos do terreno no valor de .... R$ 37.500,00

1/4 (um quarto) do direito e ação à compra do prédio à rua __________, n. __________ e respectivo domínio útil do terreno, foreiro à Cia. Imobiliária de Petrópolis, na comarca de Petrópolis, neste Estado, no valor de .... R$ 25.000,00

14.000 ações ordinárias escriturais do Banco __________, cotadas, cada uma, a R$ 10,00, no total de .... R$ 140.000,00

Na importância depositada no Banco __________, ag. Leblon, conta-corrente n. ______, conforme extrato anexo, no valor de .... R$ 4.050,00

375 cotas da sociedade "Lanifício Tricolor Ltda.", com sede nesta cidade à rua __________, n. __________, no valor, cada uma, de R$ 8,00, no total de .... R$ 3.000,00

TOTAL .... R$ 209.550,00

E por esta forma têm por concluída a presente partilha amigável, que por achá-la em tudo boa, firme e valiosa, requerem a V. Exª se digne a homologá-la, para que produza seus devidos e legais efeitos.

(data).

Anita Santos Barbosa

Edgard Santos Barbosa

Lara Pifta Barbosa

Hebe Barbosa Leto

Adolfo C. Lacerda

OAB/RJ n. __________"

Obs.: A petição deverá ser dirigida ao juízo competente para processar os autos de inventário.

SERÁ OBRIGATÓRIA A PARTILHA OU PODERÃO OS HERDEIROS MANTER O IMÓVEL EM CONDOMÍNIO INDEFINIDAMENTE, SEM ENCERRAR O PROCESSO DE INVENTÁRIO?

Tendo sido pago o imposto de transmissão *causa mortis*, não vemos objeção a que os herdeiros não procedam à partilha até por pretenderem vender os bens da herança sem transmiti-los para seus nomes. Posteriormente, será partilhado o produto da venda dos bens.

A partilha do produto da venda deverá ser efetivada e homologada, encerrando-se o inventário.

O prazo para os herdeiros se pronunciarem sobre a partilha é de 15 (quinze) dias e correrá em cartório, por ser comum (art. 652, CPC).

Não obstante ter o legislador determinado no artigo 611 do Código de Processo Civil o prazo de doze meses para encerramento do inventário, não existe qualquer penalidade para os herdeiros caso esse prazo seja ultrapassado.

A REPOSIÇÃO NA PARTILHA

A herança é uma universalidade e cada herdeiro tem direito a um quinhão dos bens inventariados.

Sendo a partilha a divisão dos bens, podem os herdeiros acordar que essa repartição não seja equânime, recebendo, um herdeiro, bens imóveis de maior valor do que o quinhão a que tem direito.

Caso um herdeiro receba, em imóveis situados em uma mesma comarca, valor superior ao de seu quinhão, repondo em dinheiro a quantia a maior aos demais herdeiros, sobre esse *plus* incide o imposto de reposição. Tratando-se de um tributo decorrente de uma transação onerosa feita na partilha entre os herdeiros o imposto é devido ao município.

Se, porém, os herdeiros ficam com imóveis diversos no mesmo município, mas de igual valor, não há imposto de reposição a pagar.

Não é correta a interpretação de que os imóveis localizados no mesmo município devam ficar em condomínio com os herdeiros para não incidir a reposição. Podem ser partilhados imóveis diferentes a herdeiros distintos e, desde que seus valores não ultrapassem os respectivos quinhões, não haverá imposto de reposição a pagar.

O imposto de reposição só recai sobre bens imóveis, jamais sobre bens móveis.

Se a reposição for devida a um herdeiro menor ou incapaz, deverá, após a partilha, ser a quantia depositada em conta Depósitos Judiciais, à disposição do Juízo, em nome do beneficiário.

Esse é o entendimento adotado pela e. 2ª Câmara Cível do Tribunal do Estado do Rio de Janeiro, ao julgar a Ap. Cível 6.258/94, relatada pelo Des. Sérgio Cavalieri, assim ementada:

> "Inventário – Homologação de partilha. Direito de menor postergado. Nulidade. Nula é a sentença que homologa partilha sem prévio pagamento da reposição devida a herdeiro menor. Provimento do Recurso".

SOBREPARTILHA

Reza o artigo 2.021:

> "Quando parte da herança consistir em bens remotos do lugar do inventário, litigiosos, ou de liquidação morosa, ou difícil, poderá proceder-se, no prazo legal, à partilha dos outros, reservando-se aqueles para uma ou mais sobrepartilhas, sob a guarda e administração do mesmo ou diverso inventariante, e consentimento da maioria dos herdeiros".

E o artigo 2.022:

> "Ficam sujeitos à sobrepartilha os bens sonegados e quaisquer outros bens da herança de que se tiver ciência após a partilha".

O artigo 669 do Código de Processo Civil, com outra redação, prevê os mesmos casos de sobrepartilha:

"São sujeitos à sobrepartilha os bens:

I – sonegados;

II – da herança descobertos após a partilha;

III – litigiosos, assim como os de liquidação difícil ou morosa;

IV – situados em lugar remoto da sede do juízo onde se processa o inventário.

Parágrafo único. Os bens mencionados nos incisos III e IV serão reservados à sobrepartilha sob a guarda e a administração do mesmo ou de diverso inventariante, a consentimento da maioria dos herdeiros".

A sobrepartilha é um instrumento de grande utilidade, permitindo que os herdeiros resolvam imediatamente a divisão dos demais bens que se encontram regulares.

Com a sobrepartilha visou o legislador propiciar o prosseguimento do inventário, inobstante existirem bens situados em lugares remotos, litigiosos, de difícil ou morosa liquidação.

Bens litigiosos são aqueles cuja propriedade está se discutindo.

O direito à herança que o *de cujus* tem a receber em outro inventário é um exemplo de bem de liquidação difícil ou morosa. É necessário aguardar a partilha, para se conhecer quais os bens que couberam no quinhão do *de cujus*. Em lugar remoto da sede do inventário estão os que se situam em comarcas distantes ou de difícil acesso da sede do inventário. Aplica-se, principalmente, quando o inventário se processa pelo rito ordinário, sendo necessária a expedição de carta precatória para avaliação do bem, importando despesas vultosas com a locomoção do herdeiro e advogado para acompanhamento.

Nesses casos, poderá o inventariante requerer ao juiz que o bem seja deixado para sobrepartilha.

A sobrepartilha é uma segunda partilha nos mesmos autos de inventário. Caso se encontrem os autos arquivados, solicitar-se-á o seu desarquivamento.

Funciona o inventariante anteriormente nomeado, porém, nada impede que outro exerça o cargo, desde que haja concordância dos herdeiros, como prescreve o parágrafo único.

Sendo processado pelo arrolamento sumário, o inventariante descreverá o bem que pretende sobrepartilhar, atribuindo o valor que desejar, elaborando em seguida a sobrepartilha entre os herdeiros.

A sobrepartilha deve ter forma contábil igual à partilha.

Sendo processado pelo rito ordinário, o inventariante descreverá o bem solicitando a expedição de mandado de avaliação ou carta precatória para avaliação, conforme for o caso. No rito ordinário, os autos seguem o mesmo trâmite. Avaliação, pagamento do imposto, apresentação das certidões fiscais, sobrepartilha, sentença e expedição de formal de sobrepartilha. Havendo um só herdeiro, será caso de sobreadjudicação, que obedecerá à mesma tramitação da sobrepartilha.

A sobrepartilha ou sobreadjudicação também se aplica ao inventário extrajudicial.

MODELO DE PEDIDO DE SOBREPARTILHA

"Exmo. Sr. Dr. Juiz de Direito da __________ Vara de Órfãos e Sucessões

Processo n. __________

Mariana Marques, inventariante nos autos de inventário dos bens deixados por seu marido Júlio Marques, vem requerer a V. Exª se digne, nos termos do artigo 669 do Código de Processo Civil, processar a sobrepartilha do seguinte bem de propriedade do autor da herança, que agora chegou ao seu conhecimento:

'Direito e ação a compra do prédio e respectivo terreno à rua Maria Antonia, n. __________, na comarca de __________, cujo terreno mede em sua totalidade 10 m de frente e fundos por 45 m de ambos os lados, confrontando a direita com o prédio n. 12 e à esquerda com o de n. 10, ambos da mesma rua, respectivamente de propriedade de Cristovão Atherino e Sérgio Sarmento, e aos fundos com o prédio n. __________ da rua __________, de propriedade de Gustavo Leal.'
Dito imóvel foi adquirido por escritura de promessa de compra e venda lavrada em notas do Tabelião do __________ Ofício, livro __________, fls __________, em 12.07.1989, devidamente registrado no 6º Ofício do Registro Geral de Imóveis, matrícula n. __________.

Atribui ao imóvel o valor de R$100.000,00, devendo prosseguir pelo arrolamento sumário.

SOBREPARTILHA

Monte .... R$ 100.000,00
Meação da viúva .... R$ 50.000,00
Meação do inventariado que pertence ao único herdeiro .... R$ 50.000,00
PAGAMENTO que se faz à viúva meeira MARIANA MARQUES, brasileira, viúva, do lar, de sua meação, no valor de .... R$ 50.000,00

HAVERÁ:
1/2 (metade) do direito e ação à compra do prédio e respectivo terreno à rua Maria Antonia, n. 32, na comarca de Guarapi, Estado do Acre, no valor de .... R$ 50.000,00
Total .... R$ 50.000,00
PAGAMENTO que se faz ao herdeiro Octavio Ala Marques, brasileiro, solteiro, médico, de sua legítima, no valor de .... R$ 50.000,00

HAVERÁ:

1/2 (metade) do direito e ação à compra do prédio e respectivo terreno à rua Maria Antonia, n. 32, na comarca de Guarapi, Estado do Acre, no valor de .... R$ 50.000,00
Total .... R$ 50.000,00

E por esta forma têm por concluída a presente sobrepartilha, que por achá-la em tudo conforme, requerem a V. Exª se digne a homologá-la para que produza seus devidos e legais efeitos de direito.

Termos em que,

P. Deferimento.

(data).

Pedro Alberto S. de Faria

OAB/RJ n. __________"

Obs.: A petição deverá ser dirigida ao juízo competente para processar os autos de inventário.

HOMOLOGAÇÃO DA PARTILHA OU ADJUDICAÇÃO

No rito ordinário, comprovando-se o pagamento dos tributos e acostadas as certidões fiscais, o Juiz homologará a partilha ou adjudicação.

No arrolamento sumário, apresentadas as declarações de bens e herdeiros, acostadas as certidões dos tributos e ouvidos os fiscais, o juiz homologará a partilha ou a adjudicação. Depois, será recolhido o imposto de transmissão *causa mortis*, expedindo-se o formal de partilha ou a carta de adjudicação.

Proclama o *caput* do artigo 662 do Código de Processo Civil:

> "No arrolamento, não serão conhecidas ou apreciadas questões relativas ao lançamento, ao pagamento ou à quitação de taxas judiciárias e de tributos incidentes sobre a transmissão da propriedade dos bens do espólio".

O recurso cabível da sentença que homologa a partilha ou a adjudicação é apelação.

Homologada a partilha, o juiz determinará a expedição do formal de partilha. Partilha e formal de partilha são coisas distintas. A primeira é a divisão dos bens entre os herdeiros nos autos de inventário e o segundo, o documento expedido pelo juízo do inventário destinado ao registro dos bens imóveis nos respectivos Registros de Imóveis. O mesmo ocorre se tratando de adjudicação, quando o documento expedido será a carta de adjudicação.

As peças dos autos de inventário que compõem o formal de partilha ou a carta de adjudicação estão elencadas no artigo 655 do Código de Processo Civil.

O legislador permitiu, quando o monte não exceder cinco vezes o salário mínimo, a expedição de uma certidão de pagamento do quinhão hereditário, caso em que se transcreverá nela a sentença transitada em julgado (parágrafo único, art. 655, CPC). Quais as peças que constarão da certidão?

O legislador não explicitou quais peças compõem a certidão. Pelo texto parece ser suficiente a partilha constando o quinhão do herdeiro, a sentença e a certidão do trânsito em julgado.

Para transferência dos bens móveis ou levantamento de importâncias serão expedidos tantos alvarás quantos forem os bens.

A partilha ou a adjudicação poderão, mesmo depois de transitadas em julgado as respectivas sentenças, ser emendadas, desde que concordem todos os herdeiros, quando tenha havido erro de fato na descrição dos bens. É o que prescreve o artigo 656 do CPC.

CERTIDÕES FISCAIS

Antes da homologação da partilha ou da adjudicação deverão ser juntadas as certidões de quitações fiscais comprovando a inexistência de distribuição contra o nome, o espólio do autor da herança e os imóveis inventariados. É o que dispõe o artigo 654 da lei adjetiva.

Na comarca do Rio de Janeiro, exige-se a juntada das certidões do 9º Distribuidor, Justiça Federal, quitação predial e da Delegacia da Receita Federal.

Existindo uma distribuição apontada contra o inventariado, seu espólio ou um imóvel inventariado, deverá o inventário ser sobrestado até a solução do débito?

A resposta nos é dada pelo Des. Arnaldo Rizzardo, do Tribunal de Justiça do Estado do Rio Grande do Sul, em sua obra *Direito das Sucessões* (1. ed., Rio de Janeiro, Aide, v. II, 1996, p. 685):

> "No entanto não se pode levar ao extremo a exigência. Havendo dívidas pendentes, ou processo em andamento, não será concedida uma certidão negativa, mas positiva.

O que fará o Juiz?

Homologará a partilha. Leva-se em conta que o fisco está ciente da existência do inventário. E, havendo dívida, se não ocorreu pronto atendimento para pagar, não podia o mesmo manter-se omisso. Poderia ingressar com a ação apropriada ao recebimento do crédito. O Supremo Tribunal Federal já se manifestou sobre o assunto admitindo que "não pode ser exigida, no inventário, prova de pagamento de tributos em outro processo, principalmente se não esclarecido o débito. Nesta ordem, não pode o inventário ser paralisado até a prova do eventual pagamento de tributos à Fazenda em outro processo, havendo meios legais para exigi-los no referido processo".

Por outro lado, os quinhões respondem pelas dívidas do espólio, até o limite do seu montante".

Já tendo sido apresentadas as certidões fiscais, se pronunciado os fiscais sobre elas, o fato de o inventário demorar algum tempo, por qualquer motivo, não obriga os herdeiros a atualizarem as certidões fiscais apresentadas. Assim decidiu a 8ª Câmara Cível do Tribunal de Justiça do Estado do Rio de Janeiro, julgando o AI 9.690/2000, relatado pelo Des. Paulo Lara, assim ementado:

> "Inventário – Exigência de Atualização de Certidões Fiscais.
>
> A exigência da atualização de certidões fiscais é descabida, visto que o r. Fisco já se manifestou nos autos opinando pela homologação da partilha. Ademais, o feito é antigo, iniciado em 1992, e está repleto de certidões fiscais, inclusive com relação ao imóvel objeto da decisão. E com exigência sumária dessa natureza, sem motivação aparente, o feito tende a eternizar-se em detrimento da parte e da administração da justiça. Provimento do recurso (TJRJ, Ac. Unân. da 8ª Câm. Cív., publ. em 25.04.2002, AI 9.690/2000, rel. Des. Paulo Lara, Agrte. Espólio de Antonio Cardoso da Mota)" (*Boletim Informativo Semanal COAD* n. 38/2002, Ementa 103.048).

Prescreve o artigo 663 do Código de Processo Civil:

> "A existência de credores do espólio não impedirá a homologação da partilha ou da adjudicação, se forem reservados bens suficientes para o pagamento da dívida.
>
> Parágrafo único. A reserva de bens será realizada pelo valor estimado pelas partes, salvo se o credor regularmente notificado, impugnar a estimativa, caso em que se promoverá a avaliação dos bens a serem reservados".

Existindo um débito com o Fisco apontado nas certidões fiscais, poderão os herdeiros reservar quantia suficiente que garanta o pagamento, permitindo ao juiz homologar a partilha ou a adjudicação.

Capítulo XXXIX
QUESTÕES DE ALTA INDAGAÇÃO

Prescreve o artigo 612 do Código de Processo Civil:

> "O juiz decidirá todas as questões de direito desde que os fatos relevantes estejam provados por documento, só remetendo para as vias ordinárias as questões que dependerem de outras provas".

As questões de direito não implicam provas e, por isso, devem ser decididas pelo juiz. Também, as questões de fato relevantes que se encontrem devidamente provadas por documentos nos autos de inventário deverão ser apreciadas pelo juiz.

Questões de alta indagação não são questões intrincadas e de difícil interpretação, mas aquelas que dependem de prova a ser obtida fora do processo.

Pontes de Miranda define:

> "Questões de alta indagação são as questões em que aparecem elementos de fato que exigiriam processo à parte, com o rito próprio. Questões só de direito são questões puras, em que não se precisa investigar fato, ou apurar provas. Se, sem a indagação relativamente difícil de fatos, não se pode resolver a questão, ou há questão de direito, que depende da solução das questões de fato, ou não há propriamente, questão de direito, não decide o juiz do inventário e partilha" (op. cit., p. 19).

Hamilton de Moraes e Barros, comentando o referido artigo, cita alguns exemplos de questões de alta indagação:

> "Como exemplos de questões de alta indagação surgidas em inventário, poderíamos lembrar a admissão de herdeiro, que envolvesse a investigação da paternidade ou da maternidade; o problema da venda de bens a filhos; o problema da anulação do testamento (não de sua nulidade, ou da sua inexistência, que podem ser evidentes), já que a anulação é objeto de uma ação proposta para tal fim; o problema dos bens, no regime da separação, quando se trata de saber se vieram antes ou depois do casamento etc." (op. cit., p. 112).

Julgando o Recurso Especial 57.505-MG, em que foi relator o Min. Cesar Asfor Rocha, a E. 4ª Turma do Superior Tribunal de Justiça, em 19.03.1996, assim decidiu:

> "Civil e processual civil. Sucessão. Inventário. Reconhecimento da paternidade incidentamente por escritura pública. União estável. Arts. 357 do Código Civil e 984 do Código de Processo Civil.
>
> 1. Desde que documentalmente comprovados os fatos no curso do inventário, sem necessidade de procurar provas fora do processo e além dos documentos que o instruem, nesse feito é que devem ser dirimidas as questões levantadas, prestigiando-se o princípio da instrumentalidade, desdenhando-se as vias ordinárias.
>
> 2. Recurso conhecido e parcialmente provido, vencido parcialmente o relator, que o recebia em maior extensão".

Dessa forma, todas as questões de direito deverão ser decididas pelo juízo e as de fato somente serão remetidas para as vias ordinárias quando dependerem de outras provas, pois, se estiverem provadas documentalmente, deverão, também, ser apreciadas pelo juízo orfanológico.

Capítulo XL
INCIDENTES NO PROCESSO DE INVENTÁRIO

"O processo de inventário não tem feição contenciosa estrita, mas, ao contrário, deve prestar-se de modo flexível e tanto quanto for necessário, ao atendimento de todos os interesses da sucessão *mortis causa*, nos direitos e nos deveres. Trata-se de uma forma de prestação de serviço público, por via judiciária, que serve para legitimar situações jurídicas do interesse dos particulares e que exigem o concurso do estado para sua final constituição" (Des. Bruno Afonso André do Tribunal de Justiça do Estado de São Paulo ao relatar a Ap. 280.018. *Revista de Jurisprudência do Tribunal de Justiça do Estado de São Paulo*, v. 60/95).

LEVANTAMENTO DE IMPORTÂNCIAS

As importâncias depositadas em estabelecimentos bancários, em conta-corrente ou aplicações financeiras em nome do autor da herança, deverão ser inventariadas e partilhadas ao cônjuge e aos herdeiros.

Ocorrendo o óbito de uma pessoa, geralmente, seu falecimento desestrutura toda a economia familiar, principalmente se o falecido é o suporte financeiro da família, efetuando as despesas com a manutenção da casa, pagamento de aluguel, taxas e tributos, educação dos filhos, mensalidade escolar, material para os estudos e com as básicas para proporcionar uma vida digna para todos.

Em determinado momento, vê-se a viúva meeira desprovida de qualquer recurso, tendo que efetuar essas despesas essenciais à sua manutenção e de seus filhos, não obstante existirem no espólio importâncias depositadas em estabelecimentos bancários.

É certo, também, que o recebimento da pensão, em face da burocracia existente, demora alguns meses.

Nesse instante, tem o Judiciário demonstrado uma grande insensibilidade e falta de solidariedade com o cidadão, não autorizando de imediato o levantamento de numerário suficiente para a viúva, como chefe da família, transpor as dificuldades que se apresentam.

Na prática, quando solicitado o levantamento, principalmente da meação, independentemente da urgência que apresente a situação, o Juiz manda oficiar ao estabelecimento bancário para que informe o saldo. Com a resposta, determina sejam ouvidos os fiscais sobre o pedido de levantamento, só depois autorizando o levantamento, assim mesmo se houver concordância de todos.

Como já ressaltado ao discorrer sobre o assunto no respectivo capítulo, a meação não decorre da morte, mas sim do regime de bens matrimonial e sobre ela não incide imposto, não havendo razão plausível para a demora na apreciação do pedido. Só o descaso com o cidadão justifica essa atitude.

O pedido de levantamento, em princípio, deverá vir acompanhado da concordância de todos os herdeiros.

As importâncias que estiverem depositadas em nome dos menores estarão disponíveis quando os mesmos completarem dezoito anos de idade, atingindo a maioridade.

É o que decidiu, por unanimidade, a 4ª Câmara Cível do Tribunal de Justiça do Estado do Rio de Janeiro, no julgamento da Ap. Cível 8.804/97, em que foi relator o Des. José Pimentel Marques, cuja ementa vai a seguir transcrita:

> "Alvará para levantamento de depósito em nome de menor. Art. 432, CC – Inaplicabilidade – Art. 1º, Lei 6.858, de 1980 – Procedência do pedido – Recurso provido.
>
> Apelação Cível – Pedido de alvará – Pretendida liberação, por parte da genitora, de dinheiro depositado em nome de seus filhos, estando falecido o pai. O ordenamento jurídico brasileiro não ostenta lacuna a ser suprida, quanto à administração dos bens dos filhos incapazes. Poder-dever de mantê-los sob a guarda materna, falecido o pai. Direito amplo e inarredavelmente assegurado à mãe, eis que ninguém melhor que ela, à falta do marido, apta a administrar o que pertence aos próprios filhos. O art. 432 do Código Civil contém proibição que somente se dirige ao tutor, não estando o pai ou a mãe sob essa disciplina, pelo que contas não têm que prestar.
>
> Incidência, igualmente, da regra contida no art. 1º, § 1º, da Lei 6.858, de 24.11.1980, que autoriza o uso do capital depositado em caderneta de poupança, no dispêndio necessário à subsistência e educação do menor. O levantamento pode ser total, pois. Provimento do recurso" ("Ementário de Jurisprudência do Tribunal de Justiça do Estado do Rio de Janeiro", publicado no *DO* 154, de 20.08.1998, p. 189, Ementa 8).

Competindo aos pais a administração dos bens de seus filhos menores, não há por que as importâncias a estes pertencentes ficarem depositadas à disposição e sob fiscalização do Juízo.

Por maioria, decidiu a 7ª Câmara Cível do Tribunal de Justiça fluminense, ao julgar o AI 1.024/96, relatado pelo Des. Pestana de Aguiar, que assim se pronunciou:

> "Seguro de vida – Morte do segurado – Depósito à disposição do juízo – Art. 385 – Art. 386, CC – Agravo de Instrumento – Recurso provido.
>
> Seguro de vida deixado pelo pai falecido, a ser levantado pela mãe do menor, como administradora dos bens da filha sob seu pátrio poder (arts. 385 e 386 do CC). Agravo contra decisão que deferiu esse levantamento, mas sem qualquer fundamentação o condicionou ao depósito em conta de poupança em nome da menor, à disposição do Juízo. As restrições legais só se referem a imóveis (art. 386 do CC). O direito à administração dos bens móveis (nestes incluindo a moeda corrente) não pode sofrer a restrição imposta. Sendo mesmo um dever só pode, a livre disposição do dinheiro, se submeter à posterior prestação de contas de sua aplicação em benefício do menor, a ser exigido pelo Juízo *a quo*. Não, porém, ao bloqueio prévio para sua eventual liberação. Provimento do agravo".

Os juízes criam vários obstáculos, determinando a oitiva de herdeiros e de Fiscais para o cônjuge sobrevivente levantar uma importância que já lhe pertence. É a total falta de sensibilidade e de solidariedade.

MODELO DE PEDIDO DE LEVANTAMENTO DE DEPÓSITO BANCÁRIO – RITO ORDINÁRIO

"Exmo. Sr. Dr. Juiz de Direito da 3ª Vara de Órfãos e Sucessões

Proc. n. ___________

Esc. Armindo

Josina Pedras, na qualidade de viúva meeira e inventariante nos autos de inventário dos bens deixados por seu finado marido Alexandre Pereira Pedras, vem requerer a V. Exª o levantamento da importância que se encontra depositada em nome do ***de cujus***, na conta-corrente n. ___________, da agência Lapa, do Banco ___________, cujo extrato encontra-se às fls. ___________ dos autos.

Tendo em vista a urgência do levantamento para fazer face às despesas com a manutenção de sua família, requer a V. Exª seja deferido o pedido de plano, independentemente da audiência dos Fiscais, devendo tal importância ser debitada da meação da Requerente.

Ressalte-se que sobre a meação do cônjuge não incide imposto de transmissão ***causa mortis.***

Ademais, existem outros bens que garantirão o Juízo em relação a quaisquer eventuais débitos que possam vir a surgir.

Termos em que,

Pede Deferimento.

(data).

Ivo Nunes Pereira

OAB/RJ n. ___________"

Obs.: A petição deverá ser dirigida ao juízo competente para processar os autos de inventário.

1. A petição deverá ser assinada pela requerente, eis que ela pretende seja a importância incluída em sua meação. Essa é uma forma de resguardar o advogado de problemas futuros.

2. O pedido poderá ser de venda de um automóvel ou qualquer outro bem que caiba na meação do cônjuge sobrevivente. Tratando-se de alienação de bem, a petição deverá vir assinada por todos os herdeiros.

Processando-se pelo rito ordinário, deverá o bem-estar avaliado, pois a alienação dificultará uma posterior avaliação.

No rito de arrolamento, os levantamentos ou vendas são deferidos em casos excepcionais. Não vemos, porém, impossibilidade de o juiz deferir o pedido, se o herdeiro recolher antecipadamente o imposto correspondente à importância que pretende levantar ou do bem que pretende vender. O Fisco já se encontrará resguardado com o recolhimento da sisa antecipado.

Cabe ao Judiciário facilitar e promover todos os meios para que os herdeiros recebam a herança que lhes cabe.

MODELO DE PEDIDO DE LEVANTAMENTO DE DEPÓSITO BANCÁRIO – ARROLAMENTO SUMÁRIO

"Exmo. Sr. Dr. Juiz de Direito da ________ Vara de Órfãos e Sucessões

Proc. n. ________

Mariana Pedreira, na qualidade de viúva meeira e inventariante nos autos de inventário dos bens deixados por seu finado marido Floripa Pedreira, com a concordância dos demais herdeiros, vem requerer a V. Exª o levantamento da importância que se encontra depositada na conta poupança n. ________, da agência Vila Valqueire, do Banco do ________, em nome do autor da herança.

Inobstante não estar previsto no rito de arrolamento o levantamento de importâncias, no presente caso, torna-se necessária a acolhida da pretensão em face de não terem os herdeiros recursos para o pagamento do imposto de transmissão ***causa mortis*** e demais despesas do inventário.

Via de consequência, não seria justo impor aos herdeiros o processamento do inventário pelo rito ordinário, pois implicaria maiores despesas.

Ante o exposto, requer a V. Exª que, após o recolhimento do imposto devido, seja expedido o respectivo mandado de levantamento, prosseguindo-se o inventário até final partilha.

Termos em que,

P. Deferimento.

(data).

José Manoel Flores

OAB/RJ n. ________

De acordo:

Algel Pedreira Fernanda Pedreira"

Obs.: A petição deverá ser dirigida ao juízo competente para processar os autos de inventário.

OCUPAÇÃO POR HERDEIRO DE IMÓVEL INVENTARIADO

Pode ocorrer que um herdeiro resida em um imóvel inventariado sem nada pagar aos demais, a título de remuneração.

É corriqueiro ver o inventariante ou algum herdeiro procrastinando o andamento do inventário com o intuito de permanecer ocupando um dos imóveis inventariados em detrimento dos demais herdeiros.

Sobre o tema, escrevemos o artigo publicado na seção "Direito e Justiça", do *Jornal do Commercio*, em 15.04.1994, a seguir transcrito:

Ocupação por herdeiro de imóvel inventariado

Pouco abordado pela doutrina, o tema ora exposto, ocupação de imóvel inventariado por um dos herdeiros em detrimento dos demais, tem encontrado solução conflitante na jurisprudência dos demais tribunais.

Para uma análise mais detida da questão, devemos abordar, entre outros, os seguintes tópicos:

Equivale a herança a um condomínio?

A maioria dos autores, entre os quais podemos citar Silvio Rodrigues e Orlando Gomes, assim entende.

O professor paulista ensina que as regras que se aplicam à herança são as regras do condomínio (*D. das Sucessões*, Saraiva, v. 7, p. 27).

Por sua vez, o mestre baiano afirma que 'o direito dos coerdeiros rege-se, no particular, pelas disposições concernentes ao condomínio' (*Sucessões*, 1. ed., Forense, p. 293).

A aplicação das regras do condomínio à herança é um entendimento abraçado pela quase totalidade dos autores.

Trata-se de aluguel ou taxa de ocupação?

Apesar de os julgados que versam sobre a matéria mencionarem as duas expressões, ora aluguel, ora taxa de ocupação, cremos não se tratar de relação locatícia, haja vista que não é regida pela lei específica, tampouco possui as características próprias do regime da locação.

Taxa traz a ideia de tributo e, tecnicamente, não é o termo mais apropriado.

Entendemos a denominação 'remuneração pela ocupação' como a mais adequada.

O herdeiro residindo em imóvel pertencente ao acervo hereditário deve pagar aos demais herdeiros uma remuneração pela ocupação.

Não é admissível que somente um herdeiro se beneficie em prejuízo dos demais, ocorrendo um enriquecimento ilícito não admitido pelo ordenamento jurídico.

É o juízo orfanológico competente para apreciar a matéria?

O juízo competente para processar o inventário é o competente para as ações referentes à herança, em vista do princípio da conexão e da universalidade daquele Juízo.

Trata-se de ações em que a pretensão diz respeito ao direito das sucessões, ao direito hereditário, à partilha, aos legados etc.

Não se trata daquelas ações em que o espólio figura como autor ou réu, tais quais a ação de despejo, adjudicação compulsória, consignação em pagamento, e outras tantas.

No caso, versa a matéria sobre imóvel que está sendo inventariado, tendo como partes os herdeiros, competindo desta forma ao juiz que preside o inventário, o conhecimento do pedido.

Deve ser objeto de ação distribuída por dependência aos autos de inventário.

E o arbitramento da remuneração pela ocupação?

O valor da remuneração pela ocupação deve ser arbitrado pelo Juízo orfanológico, que poderá se socorrer das tabelas de alugueres elaboradas pelas diversas associações administradoras de imóveis, ou poderá, ainda, solicitar os préstimos de um perito por ele nomeado, o qual deverá observar os preços de mercado.

O ocupante se responsabilizará pelos encargos condominiais durante a ocupação.

Em face das regras da economia, o índice a ser aplicado poderá ser a URV, que tendo reajuste diário, evitará a corrosão daquele valor pela inflação.

Qual deverá ser o período de duração da ocupação?

O prazo de duração da ocupação deverá ter início não na data da abertura da sucessão, porém, na data da citação do herdeiro para tomar ciência da ação.

Antes desta data, nada havendo pleiteado os coerdeiros, inexistiria motivo para o pagamento. O prazo final não deverá exceder a partilha.

Com a partilha apura-se o quinhão de cada herdeiro, pondo fim a comunhão até aquele momento reinante entre os herdeiros. Nesta ocasião ficará definido a qual herdeiro caberá o imóvel objeto da ocupação.

Com o julgamento da partilha, de posse do título de propriedade devidamente registrado, poderá o herdeiro a quem coube o imóvel tomar as medidas que melhor entender.

Caso o imóvel seja atribuído ao herdeiro ocupante, não deverão os demais coerdeiros devolver-lhe as quantias recebidas a título de ocupação, vez que antes de homologada a partilha a herança permanecia indivisível, cabendo a todos uma quota ideal da mesma.

Até a partilha, todos os herdeiros têm direito a todos os bens.

A remuneração paga é uma forma de igualar o direito de todos os herdeiros, evitando que o ocupante procrastine o andamento do feito, locupletando-se em detrimento dos demais herdeiros.

É o nosso entendimento".

Encontramos nos diversos repertórios jurisprudenciais inúmeros julgados nesse sentido, entre os quais podemos destacar:

1. "Espólio – Ocupação, por herdeiro, de imóvel em inventário – Ressarcimento – Não se cuida, em verdade, de locação nem de aluguel. Nada obstante a avaliação do montante do ressarcimento há de obedecer, em termos, a técnica da fixação do valor do aluguel. Atendimento ao julgado de que este reembolso deve ser arbitrado, face à peculiaridade da situação, de forma módica, sendo devido desde a citação. Desprovimento do agravo" (AI. Processo 1989.002.394, julgado em 20.02.1990 pela egrégia 6ª Câmara Cível do Tribunal de Justiça do Estado do Rio de Janeiro, em que foi relator o eminente Des. Claudio Vianna de Lima).

2. "Inventário – Imóvel ocupado por inventariante – Remuneração devida – Critério para fixá-la – Recurso não provido.

O inventariante que ocupa imóvel deixado pelo *de cujus* deve pagar remuneração ao espólio, com base no valor locativo" (AI 189-1-Capital, 3ª Câmara Cível do Tribunal de Justiça do Estado de São Paulo, relator o eminente Des. Evaristo dos Santos. *Revista dos Tribunais*, v. 544/1.000).

3. "Locação. Coisa comum. Herdeiros que ocupam imóvel do espólio, em sua integridade, devem pagar aos demais o valor correspondente à renda presumível que a locação proporcionaria. Não conhecimento do recurso extraordinário" (REx 80.090-

SP, 2ª Turma do STF, rel. Min. Cordeiro Guerra. *Revista Trimestral de Jurisprudência*, v. 73/965)

Julgando os Embargos de Divergência em REsp 622.472-RJ, relatado pelo Min. Luiz Fux, um novo entendimento despontou, admitindo ser possível a cobrança de alugueres pelo uso exclusivo de imóvel em condomínio somente quando houver resistência do ocupante a fruição concomitante do imóvel com os demais herdeiros, ou seja, é necessário que haja resistência da ocupação concomitante do imóvel pelos demais herdeiros para que seja imposta a cobrança de um aluguel.

Para ser cobrado aluguel do ocupante é imprescindível que os demais herdeiros demonstrem sua pretensão de ocupar o imóvel concomitantemente com o ocupante.

É necessária a prova do impedimento pelo ocupante do gozo dos demais herdeiros dos direitos inerentes ao condomínio do bem imóvel.

O parágrafo único do artigo 647 do Código de Processo Civil permitiu ao juiz, em decisão fundamentada, deferir antecipadamente a qualquer dos herdeiros o direito de usar e fruir de determinado bem, com todos os ônus e bônus, desde que o mesmo integre sua cota.

Pode o herdeiro ocupante de imóvel do espólio requerer ao juiz o direito concedido no dispositivo acima, eximindo-se do pagamento de qualquer importância ao espólio e arcando com os ônus da ocupação.

REQUERIMENTO DE ALVARÁ PARA OUTORGA DE ESCRITURA DEFINITIVA

Tendo o autor da herança prometido vender ou ceder um imóvel para um terceiro, recebido a totalidade do preço e não outorgada a escritura definitiva de compra e venda ou cessão, necessário se faz regularizar a situação.

Para tanto, deve o promitente comprador ou cessionário, por meio de um processo de "Requerimento de Alvará", em apenso aos autos de inventário do promitente vendedor ou cedente, solicitar ao juiz que determine a expedição de um alvará autorizando o inventariante a outorgar em nome do espólio a respectiva escritura definitiva de compra e venda ou cessão, conforme for o caso.

Com a petição deverá ser anexada a escritura de promessa e o recibo de quitação da totalidade do preço.

Após a audiência do inventariante, herdeiros e fiscais, o juiz determinará a expedição do alvará, encerrando-se o processo.

O Requerimento deverá ser processado em apenso aos autos de inventário, pois o promitente comprador ou cessionário não tem legitimidade para adentrar os autos de inventário.

O inventariante, desejando, poderá comunicar ao juiz nas primeiras declarações a situação e requerer a expedição do alvará para outorgar a escritura definitiva ao promitente comprador.

Nessa situação, não é cabível a ação de adjudicação compulsória em face do espólio, pois o inventariante não se nega a outorgar a escritura definitiva. Simplesmente, o administrador da herança ou qualquer dos herdeiros não pode celebrar a referida escritura sem autorização judicial.

Se o inventariante se negar a outorgar a escritura depois de expedido o alvará, então, será o momento apropriado para adotar outro procedimento judicial compatível para regularização da situação.

Orlando Soares em seus *Comentários ao Código de Processo Civil* (v. III, Forense, 1992), traz à colação, na p. 216, a seguinte ementa:

"Não pode o juiz compelir a inventariante a outorgar, pelo espólio escritura de compra e venda, a requerimento do promitente comprador, nem pode, para esse efeito, suprir o consentimento do inventariante. Deve o adquirente requerer, pelos meios adequados, nas vias ordinárias, as providências de seu interesse" (Ac. unânime da 8ª Câm. do TJ-RJ, de 28.09.1982, no Agr. 5.811, rel. des. Paulo Pinto).

Por outro lado, se não tiver sido paga a totalidade do preço por ocasião do óbito, o saldo da venda deverá ser declarado no inventário para ser partilhado entre os herdeiros. Após o pagamento da totalidade do preço acordado, o juiz expedirá o alvará autorizando o inventariante a outorgar a escritura definitiva.

O promitente comprador não deverá pagar diretamente ao inventariante o saldo do preço. Deverá requerer guia nos autos de inventário para depósito em Juízo, em nome do espólio, da importância devida, não correndo, assim, o risco de pagar mal e, por isso, ter de repeti-lo.

MODELO DE PEDIDO DE ALVARÁ PARA OUTORGA DE ESCRITURA DEFINITIVA

"Exmo. Sr. Dr. Juiz de Direito da __________ Vara de Órfãos e Sucessões

Processo __________

Irene Pinheiro dos Santos, brasileira, solteira, estudante, portadora da carteira de identidade expedida pelo IFP em 12.11.1992 sob n. __________, residente e domiciliada à rua __________, n. __________, vem, por seu advogado, em apenso aos autos de inventário dos bens deixados pelo finado Arthur Prates, apresentar pelos motivos abaixo o seguinte

REQUERIMENTO

1. Por escritura de promessa de venda lavrada em 10.06.1994, nas Notas do __________ Ofício, livro __________, fls. __________, o finado Arthur Prates prometeu vender à Requerente o prédio e respectivo terreno sito à rua __________, n. __________, nesta cidade, pelo preço de R$ 100.000,00 (cem mil reais) representado por 10 notas promissórias de R$ 10.000,00 (dez mil reais) cada uma, com vencimento, a primeira, na data da escritura e, as restantes, nos nove meses subsequentes, já totalmente pago, conforme recibo ora acostado.

2. Para obter seu título definitivo é necessário que seja lavrada a respectiva escritura definitiva de compra e venda, uma vez que foram cumpridas todas as formalidades estabelecidas na escritura de promessa.

Para tanto, requer a V. Exª, apos a audiência dos interessados e dos Drs. Fiscais, seja expedido o competente alvará de autorização para que o inventariante do espólio possa outorgar à Requerente a escritura definitiva de compra e venda do imóvel objeto da promessa de venda.

Termos em que,

Pede Deferimento.

(data).

Hebe Heloísa Estrela

OAB/RJ n. __________"

Obs.: A petição deverá ser dirigida ao juízo competente para processar os autos de inventário.

VENDA DE BENS EM INVENTÁRIO JUDICIAL

É possível a venda de bens no decorrer do inventário quando processado pelo rito ordinário.

Geralmente, é necessário que tenha sido procedida a avaliação.

A petição deverá ser assinada por todos os herdeiros. Quanto à aquiescência dos cônjuges dos herdeiros, já analisamos o problema no capítulo concernente à "Citação". Havendo herdeiros menores, deverão assinar seus representantes legais.

Sobre o pedido de venda deverão ser ouvidos os Fiscais, a Procuradoria da Fazenda Estadual, por seu interesse no recolhimento do imposto de transmissão *causa mortis*, e o Ministério Público, se houver incapazes.

Se o imposto não tiver sido recolhido, poderá ser solicitado o depósito de um percentual do produto da venda em conta Depósitos Judiciais, a ser emitida em nome do espólio, à disposição do Juízo, para garantia do Fisco. Vinte por cento do produto da venda é um percentual bastante razoável, uma vez que ultrapassa o dobro da alíquota do imposto de transmissão.

Entretanto, havendo outros bens a inventariar que sirvam de garantia ao Juízo para o pagamento do imposto devido, desnecessário o depósito prévio. Se o imposto já tiver sido pago, não faz sentido o depósito de um percentual do produto da venda.

É inaceitável a posição de diversos juízes e dos fiscais em autorizar a venda somente por preço superior ao da avaliação do bem. Não existe qualquer fundamento legal para tal exigência.

Pertencendo a herança aos herdeiros, eles podem dar o destino que desejarem à mesma desde que resguardados os interesses do Fisco.

Por motivos independentes da vontade dos herdeiros, pode ocorrer que o valor de mercado para venda de determinado bem seja inferior ao da avaliação. A recessão no mercado imobiliário ou o fato de estar o imóvel em precárias condições ou, ainda, localizar-se perto de uma favela, em zona perigosa, são fatores que diminuem o valor do imóvel e devem ser levados em conta.

A base de cálculo para o pagamento do imposto é a avaliação e não o valor da alienação, não havendo razão para essa ingerência do Judiciário no preço da venda do bem. Só a existência de herdeiros incapazes poderá justificá-la. Parece-nos, portanto, que os alvarás deveriam ser expedidos sem mencionar valor, posteriormente, o inventariante juntando cópia da escritura nos autos, pois o que será partilhado entre os herdeiros é o produto da venda.

Para resguardar o juízo, caso não tenham todos os herdeiros concordado com o pedido de venda, deverá ser determinado que intervenham na escritura para aquiescer na transação.

Por outro lado, sempre que não houver possibilidade de divisão cômoda dos imóveis e não desejarem os herdeiros manter o condomínio ou, ainda, determinados bens não couberem no quinhão dos herdeiros, deverá o Juízo facilitar a venda dos bens. O condomínio deverá ser sempre evitado.

Preceitua o artigo 2.019 do Código Civil:

> "Os bens insuscetíveis de divisão cômoda, que não couberem na meação do cônjuge sobrevivente ou no quinhão de um só herdeiro, serão vendidos judicialmente, partilhando-se o valor apurado, a não ser que haja acordo para serem adjudicados a todos.
>
> § 1º Não se fará a venda judicial se o cônjuge sobrevivente ou um ou mais herdeiros requererem lhes seja adjudicado o bem, repondo aos outros, em dinheiro, a diferença, após avaliação atualizada.
>
> § 2º Se a adjudicação for requerida por mais de um herdeiro, observar-se-á o processo de licitação".

O legislador, no artigo 649 do Código de Processo Civil, repete a mesma solução com outras palavras:

> "Os bens insuscetíveis de divisão cômoda, que não couberem na parte do cônjuge ou companheiro supérstite ou no quinhão de um só herdeiro serão licitados entre os interessados ou vendidos judicialmente, partilhando-se o valor apurado, salvo se houver acordo para que sejam adjudicados a todos".

Quando os bens não admitirem divisão cômoda e não couberem na meação do cônjuge ou do companheiro, ou no quinhão de um só herdeiro, determinará o juiz a venda deles, partilhando-se o produto, a não ser que desejem ficar em condomínio.

Encontrou o legislador a solução ideal para evitar o prosseguimento de um condomínio indesejável entre os herdeiros. Nada impede que dois herdeiros requeiram ao juiz que o bem integre seus quinhões em condomínio.

Se, porém, os dois herdeiros desejarem ficar com o mesmo bem na sua totalidade, o juiz promoverá a licitação entre os mesmos, ficando com o bem aquele que oferecer maior valor.

Se algum herdeiro ou o cônjuge adjudicar o bem e este exceder o valor de seu quinhão ou de sua meação, o adjudicante reporá aos demais herdeiros a quantia correspondente ao excesso. O valor dos demais bens será apurado por meio de avaliação, feita pelos avaliadores judiciais, atualizada à época da partilha para que haja igualdade de valores entre todos os bens em um determinado momento. Essa avaliação, parece-nos, não admite impugnação, uma vez que não houve previsão pelo legislador. O depósito deverá ser feito em conta Depósitos Judiciais, à disposição do Juízo, em nome dos beneficiários, por ocasião da partilha, em prazo marcado pelo juiz, só devendo a mesma ser homologada, após a comprovação com a juntada da guia autenticada com o depósito.

A reposição também poderá ser feita com outros bens do espólio, mas, nesse caso, terá que haver a concordância dos herdeiros.

PODERÁ O JUIZ DETERMINAR A VENDA DE BENS DO ESPÓLIO EM CONDOMÍNIO COM TERCEIROS?

Se o espólio é condômino com terceiros não pode o juiz do inventário determinar a venda da totalidade do bem sem a concordância do condômino.

Transcrevemos a ementa publicada no livro *Inventários, Arrolamentos e Partilhas*, de autoria de Orlando Fida e Carlos A. M. Guimarães, Leud, p. 240:

> "Inventário – Venda de imóvel em condomínio com estranho.
>
> No inventário, não pode ser vendido imóvel em condomínio com estranho. Se o que está inventariado é só parte ideal de um imóvel, não há como determinar, o Juízo, a venda dele em sua totalidade, em simples homenagem ao direito de propriedade de pessoa estranha ao inventário. O que cabe é apenas a venda da parte ideal do imóvel, que é o bem inventariado, salvo se o espólio entender mais vantajoso promover a divisão pelas vias ordinárias. Adcoas – 1971/37".

A solução se encontra no *caput* artigo 1.320 do Código Civil:

> "A todo tempo será lícito ao condômino exigir a divisão da coisa comum respondendo o quinhão de cada um pela sua parte nas despesas da divisão".

Poderá o inventariante do espólio requerer ao Juiz do inventário autorização para propor a devida ação de Extinção de Condomínio, como poderá, também, o condômino do Espólio fazê-lo.

MODELO DE PEDIDO DE ALVARÁ PARA VENDA DE IMÓVEL

"Exmo. Sr. Dr. Juiz de Direito da __________ Vara de Órfãos e Sucessões

Proc. n. __________

Edmundo dos Anjos Silva Junior, na qualidade de inventariante nos autos de inventário dos bens deixados por seu finado pai, Edmundo dos Anjos Silva, vem, por seu advogado, com a concordância dos demais herdeiros, requerer a venda do imóvel da rua __________, n. __________, haja vista que não interessa aos herdeiros manter o condomínio sobre o referido bem. Requer, outrossim, fique depositada em nome do espólio, à disposição do Juízo, a quantia correspondente a 10% (dez por cento) do valor da venda para garantia do Fisco quanto ao recolhimento do imposto de transmissão devido, bem como seja, também, depositada em caderneta de poupança a ser emitida em nome do herdeiro Eduardo dos Anjos Silva, menor, a parte que lhe couber.

O inventariante compromete-se a juntar aos autos a escritura de venda, prestando contas de tudo a este Juízo, oportunamente.

Termos em que,

Pede Deferimento.

(data).

Manoel Bastos

OAB/RJ n. __________"

Obs.: A petição deverá ser dirigida ao juízo competente para processar os autos de inventário.

A VENDA DE BENS SEM AUTORIZAÇÃO JUDICIAL

Podem todos os herdeiros vender determinado bem do espólio a terceiros sem autorização judicial?

Nossa apagada opinião na edição anterior era no sentido de tratar-se de um negócio de alto risco, visto que:

1. o imóvel objeto da escritura teria de ser levado a inventário;
2. o imóvel teria de ser partilhado, inclusive, atribuído aos herdeiros signatários da escritura de venda;
3. poderia ocorrer o falecimento de um herdeiro antes do final do inventário;
4. o formal de partilha deveria ser registrado no Ofício do Registro de Imóveis competente.

A escritura de venda só pode ser levada a registro após o término do inventário com a partilha do bem alienado entre os herdeiros signatários da escritura.

A venda, também, poderia ser feita por somente um herdeiro ou, ainda, pelo cônjuge meeiro, porém, para que pudesse ser registrada no RGI, seria necessário que o imóvel fosse atribuído a este herdeiro ou ao meeiro por ocasião da partilha.

A propósito, assim decidiu o Tribunal de Justiça do Estado de São Paulo:

> "Compra e Venda – Bens de espólio – Venda pelo cônjuge sobrevivente – Anulação pedida por herdeiro – Necessidade de se aguardar o término do inventário – Contrato eventualmente válido, se a coisa vendida vier a caber no quinhão ou na meação do alienante – Carência reconhecida (*RJTJ do Estado de São Paulo*, v. 35/24)" (Orlando Fida e Carlos A. M. Guimarães, Leud, *Inventários, Arrolamentos e Partilhas*, 1978, p. 204).

O novel legislador, porém, resolveu a questão dispondo no § 3º do artigo 1.793:

> "Ineficaz é a disposição, sem prévia autorização do Juízo da sucessão, por qualquer herdeiro, de bem componente do acervo hereditário, pendente a indivisibilidade".

Enquanto não for homologada a partilha, permanecendo a indivisibilidade da herança, qualquer alienação feita por um, alguns ou todos os herdeiros sem autorização do juiz é ineficaz.

Destarte, se pretendem vender um imóvel que está sendo inventariado, deverão os herdeiros requerer ao Juiz um alvará autorizando o inventariante a promover a alienação do bem.

Abrimos uma exceção para a possibilidade de os herdeiros fazerem uma escritura de promessa de venda de bem futuro, ou seja, aquele bem que no futuro, em face da partilha ou adjudicação, irá pertencer aos próprios herdeiros. A escritura de promessa de venda de bem futuro não é suscetível de registro no RGI, servindo, entretanto, como um instrumento preliminar de um futuro negócio.

HONORÁRIOS DO ADVOGADO DO INVENTARIANTE

Para que os honorários do inventariante do espólio sejam deduzidos do monte inventariado, é necessário que exista a concordância de todos os interessados e o contrato de honorários seja homologado pelo juízo do inventário. Esse é o nosso pensamento sustentado em farta doutrina e exuberante jurisprudência.

O requerimento de Homologação de Contrato de Honorários formulado pelo inventariante deve ser processado por dependência e em apenso aos autos de inventário.

A existência de litígio entre herdeiros impõe a contratação de advogados diversos. Se algum herdeiro contratar outro advogado para defender seus interesses, conflitantes com o do inventariante, não será justo arcar com os honorários de seu patrono e, ainda, com parcela do advogado do inventariante, uma vez que será debitada do acervo hereditário.

Destarte, quando o herdeiro tiver advogado diverso do inventariante e interesses colidentes, deverá impugnar o pedido de homologação do contrato de honorários. Havendo a impugnação, as partes serão remetidas às vias ordinárias para solução da questão.

A 7ª Câmara Cível do Tribunal de Justiça do Estado do Rio de Janeiro, julgando o AI 12.277/93, relatado pelo Des. Pestana de Aguiar, decidiu por unanimidade:

> "Honorários de advogado – Contratado por inventariante – Havendo litígio entre legatários e a inventariante, os quais constituíram advogados que estão atuando no inventário, descabe a homologação do contrato pelo Juízo, em consequência, responder o monte limitado a um imóvel, por seu pagamento. Agravo desprovido".

Numerosos acórdãos, em idêntico sentido, encontram-se nos repertórios jurisprudenciais, inclusive, no Ementário de Jurisprudência do Tribunal de Justiça do Estado do Rio de Janeiro, destacando-se as Ementas nos 248, ano 1981, e 5.545, ano 1983.

Wilson de Oliveira em sua obra *Inventários e Partilhas* (2. ed., São Paulo, Saraiva, p. 259), expõe com muita sabedoria o assunto:

> "Achamos que em regra, os honorários do advogado do inventariante devem ser pagos pelo espólio ou por todos os interessados, visto ter esse advogado agido no interesse de todos.

Desde que haja profundas divergências entre os herdeiros, desde que existam interesses antagônicos, inconciliáveis, os herdeiros que tenham constituído outro advogado para acompanhar o inventário e partilha e defender os seus direitos, não têm obrigação de contribuir para o pagamento dos honorários do advogado do inventariante.

Imaginemos que tenham surgido casos sobre a qualidade dos herdeiros ou sobre os bens a serem incluídos no espólio ou excluídos do mesmo, bens reclamados por alguns herdeiros como de sua propriedade.

O advogado contratado pelo inventariante não pode defender na mesma causa, simultânea ou sucessivamente, partes contrárias, sob pena de ser processado criminalmente.

Cada parte tem, conseguintemente, de constituir seu advogado. Ocorrendo tal hipótese, têm os interessados de pagar apenas os honorários do advogado que contrataram. Nada mais justo".

MODELO DE PEDIDO DE HOMOLOGAÇÃO DE CONTRATO DE HONORÁRIOS

"Exmo. Sr. Dr. Juiz de Direito da ________ Vara de Órfãos e Sucessões

Processo n. ________

Maria Pia Bastos, na qualidade de inventariante do espólio de sua finada tia-avó Heloisa Bastos, vem, por seu advogado, requerer a V. Exª seja homologado o contrato de honorários celebrado com o Dr. Renato Lira, ora acostado.

Requer, outrossim, seja o presente Requerimento distribuído por dependência aos autos de inventário e, após autuado em apenso, sejam ouvidos os interessados e os Drs. Fiscais.

Termos em que,

Pede Deferimento.

(data).

Renato Lira

OAB/RJ n. ________"

Obs.: A petição deverá ser dirigida ao juízo competente para processar os autos de inventário.

PRESTAÇÃO DE CONTAS DO INVENTARIANTE

Reza o inciso VII do artigo 618 do Código de Processo Civil:

"Incumbe ao inventariante:

(...)

VII – prestar contas de sua gestão ao deixar o cargo ou sempre que o juiz lhe determinar".

Não havendo divergências entre os interessados no inventário, não necessita o inventariante prestar em Juízo contas de sua gestão. Essas contas são prestadas entre os próprios interessados independentemente de homologação do juiz.

Havendo litígio entre os herdeiros deve o inventariante prestar contas de sua administração.

A ausência de prestação de contas, ou se as que prestar não forem julgadas boas, são causas de remoção do inventariante.

As contas serão prestadas em ação própria, por dependência aos autos de inventário. Jamais, dentro dos próprios autos de inventário.

Deverá ter a forma contábil, apresentando o inventariante os créditos e débitos com seus respectivos comprovantes.

Os interessados poderão requerer ao juiz que determine ao inventariante a prestação de contas, ou, ainda, poderão os interessados propor a ação, citando o inventariante, para que no prazo legal apresente as contas.

A ação de exigir contas está prevista nos artigos 550 e seguintes do diploma processual.

Diversas vezes, aproveita-se o inventariante deste seu cargo para procrastinar os autos de inventário usufruindo por um período maior dos rendimentos do acervo hereditário.

Os herdeiros prejudicados devem solicitar ao juiz a prestação imediata de contas do inventariante com o depósito do saldo em conta Depósitos Judiciais, em nome do espólio, à disposição do Juízo.

A nosso ver, sempre que o juiz do inventário sentir que o inventariante, de alguma forma, se beneficia com o recebimento de alugueres ou quaisquer outros rendimentos de bens inventariados deverá mandar depositá-los em Juízo, com a devida prestação de contas.

Assim decidiu a 6ª Câmara Cível do Tribunal de Justiça do Estado de São Paulo, no julgamento da Apelação Cível 119.011-1, em que foi relator o Des. Ernani de Paiva, cuja ementa é a seguinte:

"Prestação de contas – Dever de prestá-las – Inventariante – Frutos civis produzidos pelos bens, no período compreendido entre a abertura da sucessão até a homologação da partilha – Necessidade de que sejam especificados e colocados à disposição do Juízo e dos demais herdeiros – Ação procedente – Recurso não provido".

Ainda que terminado o inventário, têm os herdeiros direito de exigir a prestação de contas do inventariante. Esse foi o entendimento da e. 6ª Câmara de Direito Privado do Tribunal de Justiça do Estado de São Paulo, no julgamento da Ap. Civ. 119 898-4/4-00, em que funcionou como relatora a Des. Luzia Galvão Lopes, assim ementada:

> "Mesmo encerrado o inventário, não decorrido o prazo prescricional, o herdeiro tem direito, em ação própria, a pedir prestação de contas ao inventariante".

MODELO DE PEDIDO DE EXIGIR CONTAS DO INVENTARIANTE

"Exmo. Sr. Dr. Juiz de Direito da __________ Vara de Órfãos e Sucessões

Processo n. __________

Maria Lúcia Machado Silva, brasileira, do lar, portadora da carteira de identidade n. __________ expedida pelo IFP e do CPF __________, assistida de seu marido João Guimarães Silva, residentes e domiciliados nesta cidade à av. __________, n. __________, apto. __________, na qualidade de herdeira nos autos de inventário dos bens deixados por sua finada mãe, Lydia Machado, vem, por seu advogado, propor a presente ação de Prestação de Contas em face de Antonio Lino da Pecha, brasileiro, casado, corretor de valores, portador do CPF n. __________, residente e domiciliado nesta cidade à av. __________, n. __________, apto. __________, com fundamento nos artigos 550 e seguintes, 614 e 622 do CPC, pelas razões a seguir expostas:

A Autora é filha da inventariada.

Em 12 de janeiro de 2012, faleceu nesta cidade, onde era residente e domiciliada, Lydia Machado Silva, deixando diversos bens imóveis que se encontram locados.

Em 20 de outubro do mesmo ano, foi requerida a abertura dos autos de inventário da ***de cujus.***

Como o Réu encontrava-se na posse e administração da herança desde o falecimento da ***de cujus,*** foi-lhe deferida a inventariança.

Ressalte-se que o inventariante do espólio não é herdeiro da falecida, mas sim marido da herdeira, não figurando, portanto, no rol das pessoas que podem ser nomeadas inventariantes do espólio.

Durante esse período, o Réu, entre a abertura da sucessão e a assinatura do compromisso de inventariante, na qualidade de administrador provisório da herança, figura prevista nos artigos 613 e 614 do CPC, administrou os bens do espólio.

Posteriormente, no exercício do cargo de inventariante até a presente data, decorridos mais de cinco anos do óbito, não logrou a inventariante concluir a avaliação dos bens.

Essa situação parece interessar, sobremaneira, ao inventariante, pois o mesmo vem recebendo os alugueres dos imóveis inventariados, utilizando-os a seu bel-prazer, eis que inexistem despesas processuais, uma vez que as custas processuais já foram recolhidas.

Tratando-se de imóveis localizados em áreas nobres da cidade, proporcionam, certamente, altos rendimentos de alugueres. Ademais, dois imóveis foram objeto de legados, pertencendo, portanto, os frutos aos legatários.

Dessa forma, uma vez que a inventariante deveria ter trazido ao acervo os frutos que recebeu durante a administração provisória, nos termos do artigo 614 do diploma processual, vem requerer a V. Exª se digne a determinar ao inventariante nomeado, que preste as devidas contas de sua administração desde a data do óbito até a presente data, depositando em conta em nome do espólio, à disposição do Juízo, o saldo existente.

Requer, outrossim, seja o Réu citado no endereço acima, para os termos da presente ação, que deverá ser processada por dependência aos autos de inventário.

Termos em que,

Pede Deferimento.

(data).

Ana Luiza de Faria F. Ribeiro

OAB/RJ n. ___________"

Obs.: A petição deverá ser dirigida ao juízo competente para processar os autos de inventário.

Capítulo XLI
AVERBAÇÃO DA SUCESSÃO

CUMULAÇÃO DE INVENTÁRIOS

A cumulação de inventários possibilita a agilização do feito e economia processual, propiciando o processamento de uma ou mais sucessões dentro dos mesmos autos.

Prescreve o artigo 672 do diploma processual:

> "É lícita a cumulação de inventários para a partilha de heranças de pessoas diversas quando houver:
>
> I – identidade de pessoas entre as quais devem ser repartidos os bens; II – heranças deixadas pelos dois cônjuges ou companheiros.
>
> III – dependência de uma das partilhas em relação a outra.
>
> Parágrafo único. No caso previsto no inciso III, se a dependência for parcial, por haver outros bens, o juiz pode ordenar a tramitação separada, se melhor convier ao interesse das partes ou à celeridade processual".

Medida sábia do legislador de permitir sejam os inventários processados em separado, se melhor convier as partes, porque, por vezes, pode o primeiro inventário ter algum problema que dificulte seu término e o segundo não ficará, obrigatoriamente, atrelado ao primeiro.

Haverá um só inventariante para os dois inventários.

O legislador permitiu, por medida de economia processual, que em caso de falecimento do cônjuge supérstite ou de identidade de pessoas dentre as quais deverão ser repartidos os bens, as duas heranças fossem processadas cumulativamente.

As duas sucessões são processadas em um só auto de inventário. E isso se dá por meio do pedido de averbação da segunda sucessão no inventário já existente do cônjuge ou companheiro premorto, caso mais comum.

ara tanto, é necessário que os bens e os herdeiros sejam os mesmos nas duas sucessões.

Ao apresentar as declarações de bens referentes à segunda sucessão, o que é imperativo, deve o inventariante arrolar somente a metade dos bens do 1° inventariado, correspondente à meação do cônjuge supérstite, e os bens preveem igual hipótese, só que desta vez com relação ao herdeiro que vem a falecer no curso do inventário, deixando como único bem a inventariar seu quinhão hereditário na primeira sucessão.

Trata-se, também, de caso de averbação da segunda sucessão nos autos de inventário do primeiro inventariado, processando-se um só inventário com as duas sucessões.

O Des. Elmo Arueira, na Apelação Cível 1993.002.03.921, julgada por unanimidade na 3ª Câmara Cível, do Tribunal de Justiça do Estado do Rio de Janeiro, lavrou acórdão com a seguinte ementa:

> "Inventário – Cumulação – Art. 1.043 – Art. 1.044, CC.
>
> Inventário. Cumulação em um só procedimento, do arrolamento e partilha de herança, relativos a três sucessores e constituídos de frações ideais de um imóvel residencial, em condomínio familiar. Herdeiras comuns que concorrem por representação, na herança da avó, e por cabeça, na dos seus pais, pré-mortos. Inexistência de outros bens além dos respectivos quinhões. Aplicação conjugada dos arts. 1.043 e 1.044 do CPC. Possibilidade da cumulação que atende ao princípio da economia processual, sem prejuízo dos interesses do Fisco".

Se o herdeiro falecido posteriormente deixar outros bens a inventariar, caso de dependência parcial, os herdeiros poderão optar em fazer o inventário separado, se lhes convier.

MODELO DE PEDIDO DE AVERBAÇÃO DA SUCESSÃO DO CÔNJUGE DO INVENTARIADO

"Exmo. Sr. Dr. Juiz de Direito da __________ Vara de Órfãos e Sucessões

Proc. n. ________

Leônidas Amado Neto, na qualidade de herdeiro nos autos de inventário dos bens deixados por seu finado pai, Leôncio Amado, vem, nos termos do artigo 672, do Código de Processo Civil, por seu advogado, comunicar que, em 12 de abril do corrente ano, faleceu nesta cidade, onde era residente e domiciliada, sua mãe, Jasmim Amado, que foi casada pelo regime da comunhão universal de bens com o primeiro inventariado, sem deixar testamento, deixando, porém, herdeiros e bens a inventariar.

Ante o exposto, vem requerer seja averbada a sucessão da segunda inventariada nos presentes autos de inventário, nomeando-se inventariante o requerente.

Termos em que,
Pede deferimento.
(data).
Alexandre Léo
OAB/RJ n. ________"

Obs.: A petição deverá ser dirigida ao juízo competente para processar os autos de inventário.

Capítulo XLII
EMENDA, ANULABILIDADE, NULIDADE E RESCISÃO DA PARTILHA

Ocorrendo erro material na partilha ou adjudicação, o legislador permitiu, no artigo 656, da lei adjetiva, a sua emenda, mesmo após o trânsito em julgado da sentença.

Preceitua o aludido mandamento:

> "A partilha, mesmo depois de transitada em julgado a sentença, pode ser emendada nos mesmos autos de inventário, convindo todas as partes, quando tenha havido erro de fato na descrição dos bens, podendo o Juiz, de ofício ou a requerimento da parte, a qualquer tempo, corrigir-lhe as inexatidões materiais".

Desnecessária a aquiescência de todas as partes, haja vista que, existindo o erro material, o juiz deve saná-lo independentemente da oitiva de todas as partes.

Para retificar a partilha ou adjudicação, deverá ser feita uma petição no inventário mencionando o erro existente, solicitando a sua retificação e depois seja aditado ao formal de partilha ou à carta de adjudicação.

O artigo 2.027 do Código Civil prescreve:

> "A partilha é anulável pelos vícios e defeitos que invalidam, em geral, os negócios jurídicos.
>
> Parágrafo único. Extingue-se em um ano o direito de anular a partilha".

Os artigos 138 e seguintes do Código Civil dizem respeito aos defeitos dos negócios jurídicos.

O dispositivo acima, único do capítulo atinente à anulação da partilha no Código Civil, não previu os casos de nulidade da partilha. Por exemplo, o caso em que o herdeiro tenha sido preterido na partilha. Tratando-se de nulidade absoluta, entendemos que o prazo seria de dez anos, de conformidade com o Código vigente.

O artigo 657 do Código Processo Civil reza:

> "A partilha amigável, lavrada em instrumento público, reduzida a termo nos autos do inventário ou constante de escrito particular homologado pelo juiz, pode ser anulada por dolo, coação, erro essencial ou intervenção de incapaz, observado o disposto no § 4º do art. 966.
>
> Parágrafo único. O direito à anulação de partilha amigável extingue-se em 1 (um) ano, contado esse prazo:
>
> I – no caso de coação, do dia em que ela cessou.
>
> II – no caso de erro ou dolo, do dia em que se realizou o ato.
>
> III – quanto ao incapaz, do dia em que cessar a incapacidade".

O dispositivo acima prevê os casos em que pode a partilha amigável ser anulada por dolo, coação, erro essencial ou intervenção de incapaz, estabelecendo seu parágrafo único o prazo de prescrição de um ano e o marco inicial de sua contagem.

Por outro lado, a partilha julgada por sentença é rescindível nos casos mencionados: 1) no art. 657; 2) se feita com preterição de formalidades legais; e 3) se preteriu herdeiro ou incluiu quem não o seja.

O prazo para propor a ação, nos termos do artigo 975, extingue-se em dois anos contados do trânsito em julgado da última decisão proferida no processo.

Capítulo XLIII
INVENTÁRIO NEGATIVO

O "Inventário Negativo" não está previsto no Código de Processo Civil. É uma praxe forense admitida pela doutrina e pela jurisprudência.

É requisito essencial para sua admissibilidade que o inventariado não tenha deixado qualquer espécie de bem a inventariar.

Tendo o autor da herança deixado um pequeno saldo bancário ou somente um bem móvel de pequeno valor não será caso de "Inventário Negativo", mas de "inventário", em face da existência de patrimônio a transferir para os herdeiros.

Bem elucida o Des. Hamilton de Moraes e Barros em seus *Comentários ao Código de Processo Civil* (3. ed., Forense, v. IX, p. 103):

> "Com ele não se pretende inventariar o nada. Cuida-se exatamente de utilizá-lo, para fazer certo que nada existe a inventariar. Concebido para inventariar o nada, seria sem dúvida, uma onerosa inutilidade. Usado, entretanto, para firmar que nada existe que devesse ser inventariado, para fazer certo que inexiste herança, é uma necessidade do Direito, pois, que produzirá efeitos jurídicos".

Sua admissibilidade vem agasalhada pelos Tribunais, ressaltando-se a decisão da 2ª CC do Tribunal de Justiça do Estado de São Paulo, no julgamento da Ap. Cív. 251.940-Capital, de 25.05.1976, em que foi relator o Des. Lafayette Salles Junior:

> "Inventário negativo – Inexistência de bens – Processamento – Pedido deferido – Apelação provida.
>
> O inventário negativo é admitido pela doutrina e pela jurisprudência e é de interesse para o cônjuge sobrevivente e herdeira".

Do aludido acórdão extraímos o seguinte trecho:

> "Embora não raro o falecido não deixe bens ou ainda quando o passivo supere o ativo, existe frequentemente para os seus parentes ou seu cônjuge interesse legítimo para que essa situação deficitária do *de cujus* se apure judicialmente, com audiência dos interessados.
>
> Para o cônjuge sobrevivente com o fim de positivar a inexistência de infração ao art. 183, II, do CC.
>
> Para os parentes na finalidade de sucessores do extinto regularizarem o passivo por ele deixado e evitarem que os bens particulares deles sejam responsabilizados por dívidas do finado.
>
> Procede-se assim ao chamado inventário negativo, admitido pela doutrina e jurisprudência" (*Revista dos Tribunais*, v. 488/97).

Humberto Theodoro Júnior leciona em seu *Curso de Direito Processual Civil* (10 ed., Forense, v. III, p. 264):

> "Se o morto não deixou bens patrimoniais não há evidentemente o que inventariar. Mas, mesmo assim, há situações jurídicas em que o cônjuge supérstite tem interesse em obter o reconhecimento oficial do óbito sem herança.

O inventário negativo não se acha expressamente disciplinado pelo Código".

O "Inventário Negativo" é utilizado em três casos principais, a saber:

1. para os fins dos artigos 1.523, I, e 1.641, I, do Código Civil;
2. para o cumprimento de uma obrigação;
3. para os fins do artigo 1.792 do Código Civil.

PRIMEIRO CASO:

Estabelece o artigo 1.523, inciso I, do Código Civil:

"Art. 1.523. Não devem casar:

I – O viúvo ou a viúva que tiver filho do cônjuge falecido, enquanto não fizer inventário dos bens do casal e der partilha aos herdeiros".

E o artigo 1.641, inciso I, do mesmo diploma:

"Art. 1.641. É obrigatório o regime da separação de bens no casamento:

I – Das pessoas que o contraírem com inobservância das causas suspensivas da celebração do casamento".

O cônjuge viúvo que possuindo filhos pretende casar-se em segundas núpcias sem ter promovido o inventário do consorte falecido, terá, de conformidade com os dispositivos acima, de se matrimoniar pelo regime da separação de bens.

Pode, porém, ocorrer que deseje casar-se pelo regime da comunhão universal ou parcial de bens, e, nesse caso, será necessário proceder-se ao inventário do cônjuge falecido.

E se o cônjuge falecido não tiver deixado qualquer bem a inventariar? Então, utiliza-se o "Inventário Negativo" para comprovar a inexistência de bens e atender a exigência do mandamento legal.

Na petição inicial comunica-se o óbito, declara-se a inexistência de qualquer bem a inventariar e proclama-se a finalidade do pedido.

O parágrafo único do artigo 1.523 abre uma oportunidade para evitar a necessidade de fazer o inventário negativo, caso os nubentes comprovem e o Juiz aceite a inexistência de prejuízo para os herdeiros, em face da ausência de bens para inventariar. A alegação deverá ser provada perante o Ofício do Registro Civil, onde será celebrado o casamento.

MODELO DE PEDIDO DE ABERTURA DE INVENTÁRIO NEGATIVO (PRIMEIRO CASO)

"Exmo. Sr. Dr. Juiz de Direito da Vara de Órfãos e Sucessões

Processo n. __________

Maria Luiza Assis, brasileira, viúva, médica, residente e domiciliada à rua __________, n. __________, nesta cidade, vem, por seu advogado, comunicar o óbito de seu finado marido Paulo Assis e requerer a V. Exª que se processe o

INVENTÁRIO NEGATIVO

nos termos e para os fins do que dispõem os artigos 1.523, I, e 1.641, I, do Código Civil, procedendo às seguintes declarações:

DO AUTOR DA HERANÇA

O inventariado, seu marido, faleceu nesta cidade, onde era residente e domiciliado, no dia 23.02.2010, no estado civil de casado pelo regime da comunhão parcial de bens com a Requerente, sem deixar testamento, deixando os seguintes herdeiros:

FILHOS

1. Pérola Assis, brasileira, menor, nascida em 12.07.1992.
2. Safira Assis, brasileira, menor, nascida em 11.09.1996, representadas por sua mãe, a Requerente.

DOS BENS:

O autor da herança não deixou quaisquer bens a inventariar.

Ante o exposto, requer a V. Exª se digne a nomear a Requerente. inventariante, lavrando-se o respectivo termo para o fim de representação do espólio, dando-se vista aos doutos representantes da Fazenda Estadual e do Ministério Público, proferindo a final a sentença homologatória do presente Inventário Negativo, extraindo-se, posteriormente, a respectiva certidão para os fins de direito.

Termos em que,

P. Deferimento.

(data).

Maria Angela Faria

OAB/RJ n. __________"

Obs.: A petição deverá ser dirigida ao juízo competente para processar os autos de inventário.

SEGUNDO CASO:

Para cumprimento de uma obrigação.

Pode ocorrer que o inventariado, não tendo qualquer bem a inventariar, tenha deixado uma obrigação a cumprir.

Exemplifiquemos:

João promete vender a José um apartamento em 10 prestações mensais de R$ 20.000,00. Paga a totalidade do preço pelo promitente comprador e dada a quitação pelo promitente vendedor não se preocupam o outorgante e outorgado em celebrar a escritura definitiva de compra e venda, regularizando a situação.

Ocorrendo o falecimento do promitente vendedor, impõe-se a abertura de seu inventário e a nomeação do inventariante, representante legal do espólio, para outorgar a escritura definitiva.

E se o promitente vendedor não deixar bem de espécie alguma a inventariar?

Nesse caso, a solução é o inventário negativo comunicando o óbito, ressaltando a inexistência de bens a inventariar, requerendo a nomeação de inventariante e a expedição de alvará autorizando o ele a outorgar a escritura definitiva em favor do promitente comprador.

É necessário que a totalidade do preço tenha sido paga em vida ao inventariado, pois, se houver qualquer saldo a receber pelos herdeiros, não se procederá ao inventário negativo, e sim ao inventário da quantia devida, que deverá ser partilhada entre os herdeiros, requerendo-se o alvará para outorga da escritura definitiva nesse procedimento.

MODELO DE PEDIDO DE ABERTURA DE INVENTÁRIO NEGATIVO (SEGUNDO CASO)

"Exmo. Sr. Dr. Juiz de Direito da Vara de Órfãos e Sucessões

Processo n. __________

Maria Luiza Assis, brasileira, viúva, médica, residente e domiciliada à rua __________, n. __________, nesta cidade, portadora da carteira de identidade expedida pelo IFP em 12.12.1967, n. __________, e do CPF __________, vem, por seu advogado, comunicar o óbito de seu finado marido Paulo Assis e requerer a V. Exª que se processe o seu

INVENTÁRIO NEGATIVO,

pelos motivos que passa a expor:

O inventariado, seu marido, faleceu nesta cidade, onde era residente e domiciliado, no dia 23 de fevereiro de 2015, no estado civil de casado pelo regime da comunhão de bens com a Requerente, sem deixar testamento, deixando os seguintes herdeiros:

FILHOS

1. Pérola Assis, brasileira, menor nascida em 12.07.1991.

2. Safira Assis, brasileira, menor nascida em 11.09.1993, representadas por sua mãe, a Requerente.

DOS BENS

O autor da herança não deixou bens de espécie alguma, sejam móveis ou imóveis a inventariar.

Ocorre que o inventariado prometeu vender a João José dos Santos, brasileiro, solteiro, engenheiro, o apartamento n. __________ do prédio sito à rua __________, n. __________, e respectiva fração de terreno de 1/25 avos, com direito a uma vaga na garagem, localizado nesta cidade, conforme escritura de promessa de compra e venda lavrada em Notas do Tabelião do __________ Ofício, livro __________, fls. __________, em 01.01.1987, ora acostada pelo preço de Cr$ 5.000.000,00 (cinco milhões de cruzeiros), em 10 prestações mensais e sucessivas de Cr$ 500.000,00 (quinhentos mil cruzeiros), integralmente recebidas em vida pelo ***de cujus***, conforme recibos anexos.

Ante o exposto, requer a V. Exª se digne a nomear a Requerente inventariante, lavrando-se o respectivo termo para o fim de representação do espólio, dando-se vista aos doutos representantes da Fazenda Estadual e do Ministério Público, expedindo-se, após cumpridas as formalidades legais, o competente alvará para outorga da respectiva escritura definitiva de compra e venda.

Termos em que,

Pede Deferimento.

(data).

Maria Ângela de Miranda

OAB/RJ n. __________"

Obs.: A petição deverá ser dirigida ao juízo competente para processar os autos de inventário.

TERCEIRO CASO:

Estatui o artigo 1.792 do Código Civil:

"O herdeiro não responde por encargos superiores às forças da herança; incumbe-lhe, porém, a prova do excesso, salvo se houver inventário, que a escuse, demonstrando o valor dos bens herdados".

É ponto pacífico que o patrimônio dos herdeiros não responde pelas dívidas do falecido.

Estas deverão ser pagas pelas forças da herança. Mas é necessário que os herdeiros comprovem a inexistência de bens da herança ou que os mesmos sejam insuficientes para o pagamento das dívidas.

Se o inventariado não deixou qualquer bem a inventariar, mas dívidas, necessário promover-se a abertura do inventário negativo comunicando o óbito ao juiz, declarando a inexistência de bens a inventariar, evitando, assim, que os bens dos herdeiros respondam pelas dívidas do falecido.

MODELO DE PEDIDO DE ABERTURA DE INVENTÁRIO NEGATIVO (TERCEIRO CASO)

"Exmo. Sr. Dr. Juiz de Direito da Vara de Órfãos e Sucessões

Processo n. ______

Maria Luiza Assis, brasileira, casada, médica, residente e domiciliada à rua ________, n. ________, nesta cidade, portadora da carteira de identidade expedida pelo IFP em 12.12.1967, sob n. ________, e do CPF ________, vem, por seu advogado, comunicar o óbito de seu finado pai Paulo Assis, e requerer a V. Exª que se processe o

INVENTÁRIO NEGATIVO,

nos termos e para os fins do que dispõe o artigo 1.792 do Código Civil, procedendo às seguintes declarações:

AUTOR DA HERANÇA:

O inventariado, seu pai, faleceu nesta cidade, onde era residente e domiciliado, no dia 23 de fevereiro de 2010, no estado civil de viúvo, sem deixar testamento, deixando como única herdeira a Requerente, sua filha.

BENS:

O autor da herança não deixou bens de espécie alguma a inventariar, sejam móveis ou imóveis, porém diversas dívidas, desconhecendo a Requerente os valores e os respectivos credores.

Ante o exposto, requer a V. Exª se digne a nomear a Requerente inventariante, lavrando-se o respectivo termo para o fim de representação do espólio, dando-se vista aos doutos representantes da Fazenda Estadual e do Ministério Público, proferindo afinal a sentença homologatória do presente inventário negativo, extraindo-se, posteriormente, a respectiva certidão para os fins de direito.

Termos em que,

Pede Deferimento.

(data).

Maria Ângela S. de Faria

OAB/RJ n. ______"

Obs.: A petição deverá ser dirigida ao juízo competente para processar os autos de inventário.

Capítulo XLIV
REQUERIMENTO DE ALVARÁ

O "Requerimento de Alvará", também denominado "Súplica de Alvará", não está previsto no Código de Processo Civil.

Trata-se de uma praxe forense. É o "Requerimento de Alvará" um procedimento mais simples, mais rápido e menos oneroso para as partes.

Deve ser utilizado, principalmente, para recebimento das quantias decorrentes da Lei 6.858/80, quando não haja dependentes declarados junto à Previdência Social, ou existindo sejam menores ou incapazes.

O requisito essencial para utilização desse procedimento é a inexistência de outros bens. Deixando o *de cujus* qualquer outro bem impõe-se o processamento dos autos de inventário.

É necessário, outrossim, que todos os herdeiros estejam acordes, pois esse tipo de procedimento não comporta discussões entre as partes.

A existência de herdeiros menores ou incapazes não impede a sua utilização. Até pelo contrário, beneficia-os por ser mais rápido e menos oneroso.

Existindo herdeiros menores ou incapazes deverá funcionar o Ministério Público resguardando os interesses das partes.

No "Requerimento de Alvará" não existem termos, tampouco nomeação de inventariante, partilhas e outros atos.

Na petição inicial serão feitas as declarações relativas ao autor da herança, nomeando os herdeiros e relacionando os bens relativos a Lei 6.858/80. Ao final, solicita-se ao juiz que determine a expedição dos respectivos alvarás para transferência dos bens aos dependentes habilitados ou aos herdeiros, discriminando quanto receberá cada herdeiro. Para cada valor (FGTS, PIS, Pasep, salário etc.,) deverá ser expedido um alvará.

Como sobre essas importâncias não é devido imposto de transmissão, não existe prazo para abertura do "Requerimento de Alvará".

MODELO DE PEDIDO DE ALVARÁ

"Exmo. Sr. Dr. Juiz de Direito da Vara de Órfãos e Sucessões

Processo n. __________

Perfídia de Almeida, brasileira, viúva, funcionária pública aposentada, CPF n. __________, residente e domiciliada nesta cidade à rua __________, n. __________, apto. __________, vem, por seu bastante procurador abaixo assinado, expor e requerer a V. Exª o que segue:

Em 12 de maio de 2015, faleceu nesta cidade, onde era residente e domiciliado, seu marido, Paulo de Almeida, portador da carteira de identidade n. __________ expedida pelo Detran/RJ em 12.09.2000 e inscrito no CPF sob n. __________, no estado civil de casado com a Requerente pelo regime da comunhão universal de bens, sem deixar testamento, deixando os seguintes herdeiros:

FILHOS:

1. Manoel de Almeida, brasileiro, menor, nascido em 15 de maio de 2010.
2. Marcos de Almeida, brasileiro, menor, nascido em 10 de julho de 2007.

DOS BENS

O autor da herança ***não deixou bens imóveis***, tendo deixado os seguintes bens:

1. Saldo existente no Banco __________ referente aos salários depositados.
2. Importância referente ao Fundo de Garantia por Tempo de Serviço depositada na ag. Catete do Banco __________.
3. Importância referente ao Pasep depositada no Banco __________.

Ante o exposto, requer a V. Exª:

1. Expedição de ofício ao Banco __________, ag. Catete, para informar o saldo existente no FGTS.
2. Expedição de ofício ao Banco __________ para informar o saldo existente na conta Pasep.
3. Expedição de ofício ao Banco __________ para informar o saldo existente na conta do falecido.

Após as respostas dos ofícios requer sejam expedidos os respectivos mandados de pagamento para recebimento das importâncias existentes em nome da Requerente.

Termos em que,

Pede Deferimento.

(data).

Ana Luiza Faria F. Ribeiro

OAB/RJ n. __________"

Obs.: A petição deverá ser dirigida ao juízo competente para processar os autos de inventário.

Deve ser utilizado, outrossim, nos casos de necessidade de lavratura da escritura definitiva de imóveis que foram prometidos a venda pelo *de cujus*, não tendo sido lavrada a respectiva escritura definitiva.

Nesses casos, necessário que o inventariante do Espólio seja autorizado, por alvará expedido pelo Juiz, a outorgar a escritura definitiva de compra e venda em favor do promitente comprador regularizando a situação do imóvel.

CAPÍTULO XLV
A LEI 6.858, DE 24.11.1980

Preceitua o artigo 666 do Código de Processo Civil:

"Independerá de inventário ou de arrolamento o pagamento dos valores previstos na Lei 6.858, de 24 de novembro de 1980".

A Lei 6.858/80 dispõe sobre o pagamento aos dependentes ou sucessores dos respectivos titulares de valores não recebidos por eles em vida. Posteriormente, foi regulamentada pelo Decreto 85.845, de 26.03.1981.

Ditos valores vêm discriminados no artigo 1º:

"Os valores devidos pelos empregadores aos empregados e os montantes das contas individuais do Fundo de Garantia por Tempo de Serviço e do Fundo de Participação PIS-Pasep, não recebidos em vida pelos respectivos titulares, serão pagos, em cotas iguais aos dependentes habilitados perante a Previdência Social ou na forma da legislação específica dos servidores civis e militares, e, na sua falta, aos sucessores previstos na lei civil, indicados em alvará judicial, independentemente de inventário ou arrolamento".

O artigo 2º acresce a esses valores as quantias decorrentes de restituição de imposto de renda e outros tributos recolhidos por pessoa física, e, não havendo outros bens sujeitos a inventário, aos saldos bancários e de contas de cadernetas de poupança e de fundos de investimento de valor até 500 Obrigações Reajustáveis do Tesouro Nacional.

A primeira parte do artigo 2º foi revogada pelo disposto no artigo 13 do Decreto-lei 2.292, de 21.11.1986:

"As disposições da Lei 6.858, de 24 de novembro de 1980, não se aplicam aos procedimentos para restituições a dependentes ou sucessores de contribuintes falecidos, de valores relativos ao imposto de renda e outros tributos administrados pela Secretaria da Receita Federal, bem como de resgate de cotas de fundos fiscais criados pelos Decretos-Leis nos 157, de 10 de fevereiro de 1967, e 880, de 18 de setembro de 1969, que não tenham sido recebidos em vida pelos respectivos titulares".

A segunda parte, em face da galopante inflação e das diversas mudanças de índices monetários, perdeu seu sentido.

Esclarece o magistrado mineiro, Ernane Fidélis dos Santos, em seu *Manual de Direito Processual Civil* (5. ed., São Paulo, Saraiva, 1997, v. 3, p. 125):

"A simples conversão da antiga OTN (ORTN em 1980) na realidade torna inócua a disposição, fora da realidade jurídica e das finalidades da lei, pois, em cifra, a conversão atingirá no máximo R$ 20,00. Como, porém, trata-se de valor de alçada e não propriamente de correção de moeda, possível será estabelecer a correlação do limite da época com base no salário mínimo. Assim, se em 24 de novembro de 1980, a ORTN valia NCr$ 6.684,79, quinhentas equivaleriam a NCr$ 342.395,00. O salário mínimo da época era de Ncr$ 5.778,80, quinhentas ORTN corresponderiam a 59,64 salários mínimos, ou seja, hoje R$ 6.623,68, portanto, para aplicação da Lei 6.858/80".

A lei em questão destina-se aos casos em que o falecido deixe saldos de salários ou quaisquer quantias decorrentes da relação empregatícia ou, ainda, importâncias depositadas a título de FGTS ou PIS-Pasep. Essas quantias poderão ser recebidas pelos dependentes habilitados perante o órgão previdenciário, em cotas iguais, diretamente na empresa ou nos estabelecimentos bancários onde se encontrem depositados.

O requisito obrigatório para esse recebimento, independentemente de autorização judicial, é a apresentação da certidão de dependentes fornecida pelo órgão da previdência, conforme declaração de pessoas inscritas pelo segurado no referido órgão.

Com a certidão, que deverá ser obtida junto ao órgão previdenciário para o qual o *de cujus* contribuía, deverão os dependentes indicados dirigir-se aos estabelecimentos para receberem, em cotas iguais, as quantias que lhes couberem.

A certidão de dependentes, também, poderá ser solicitada pelo Juízo por ofício, estabelecendo, inclusive, um prazo para resposta, a fim de agilizar o procedimento.

O Tribunal de Justiça do Estado do Rio de Janeiro, por meio de sua 2ª Câmara Cível, no julgamento do AI 1.352/91, em que foi relatora a Des. Maria Stella Rodrigues, cuja ementa abaixo transcrita foi publicada na "Jurisprudência do Tribunal de Alçada Cível do Estado do Rio de Janeiro", do *DO* n. 219, parte III, de 19.11.1992, sob n. 8, decidiu:

> "Inventário – PIS – Pasep – FGTS – Lei 6.858, de 1980 – Expedição de Ofício – Agravo de Instrumento – Beneficiários do PIS, Pasep e FGTS.
>
> A Lei 6.858/80 não especifica a forma de comprovar-se a inexistência de beneficiários dos benefícios reclamados pelo espólio. Estabelece, apenas, que 'na falta de beneficiários indicados ou melhor habilitados', os valores serão pagos aos sucessores dos instituídos, na forma da lei civil.
>
> Significa que, por meio de ofício, pode o Juízo indagar do INSS se existem – não na forma negativa – beneficiários habilitados para que na sua falta, os valores sejam partilhados aos herdeiros, nos termos da lei civil e pode solicitar essa informação, sob sanções legais aplicáveis, tendo em vista a fonte de informações e seu atual e sério envolvimento.
>
> Provimento do agravo".

Estabelecendo o legislador os "sucessores", não há falar em meação a favor do cônjuge. O cônjuge terá direito ao benefício quando se apresentar como herdeiro, nos casos em que concorrer com os descendentes ou ascendentes, ou ainda, herdar obedecendo à ordem da vocação hereditária (arts. 1.829, I, II, III, e 1.830, do Código Civil).

Inexistindo dependentes habilitados ou sendo os mesmos menores ou incapazes, as importâncias somente poderão ser recebidas por intermédio de autorização judicial, devendo os interessados se utilizar do Requerimento de Alvará, anteriormente abordado, por ser um procedimento mais rápido e menos oneroso.

Nesses casos, o processo deverá, também, ser instruído com a certidão do órgão previdenciário comprovando a inexistência de beneficiários ou a existência de menores ou incapazes.

A Lei 6.858/80 abre uma exceção a ordem da vocação hereditária estabelecendo que as quantias deixadas pelo autor da herança serão recebidas em cotas iguais pelos dependentes declarados perante o órgão previdenciário, que podem não ser os sucessores declarados na ordem da vocação hereditária.

Pode ocorrer que o autor da herança deixando filhos maiores tenha indicado como única dependente sua companheira, à qual caberá a totalidade das quantias em detrimento dos filhos que lhe precedem na ordem da vocação hereditária (art. 1.829 do CC).

O Tribunal de Justiça do Estado de São Paulo, julgando por sua egrégia 1ª CC o Agravo de Instrumento 186.930-1, relatado pelo Des. Guimarães de Souza, decidiu:

> "Inventário – Bens – Saldo em conta relativa ao FGTS – Exclusão da partilha – Verba a ser paga exclusivamente aos dependentes habilitados perante a Previdência Social, independentemente da expedição de alvará – Recurso provido.
>
> Pertence aos dependentes habilitados perante a Previdência Social o direito de receber o saldo do FGTS existente em nome do segurado, independentemente da expedição do alvará, já que pela sua natureza e em virtude de lei deve ficar fora do processo de inventário" (*Revista do Tribunal de Justiça do Estado de São Paulo*, v. 118/185).

No Estado do Rio de Janeiro não é devido imposto de transmissão *causa mortis* sobre as importâncias mencionadas no artigo 1°, da referida lei, em face do disposto no artigo 8° da Lei 7.174, de 28.12.2015, atualmente em vigor.

CAPÍTULO XLVI
AUSÊNCIA – SUCESSÃO PROVISÓRIA – SUCESSÃO DEFINITIVA

O legislador retirou o instituto da "ausência" da parte do Direito de Família e o inseriu na Parte Geral do Código Civil.

Reza o artigo 6º do Código Civil:

> "A existência da pessoa natural termina com a morte; presume-se esta, quanto aos ausentes, nos casos em que a lei autoriza a abertura de sucessão definitiva".

Previu o legislador dois tipos de morte:

1. Morte real – ocorre com a parada total e irreversível de todas as funções cerebrais.

O professor titular de Direito Civil da Faculdade de Direito da Universidade do Chile, Gonzalo Figueiroa Yáñes, define:

> "La muerte no ha sido definida por la ley. La ciencia médica, por su parte, ha abandonado la concepción primitiva, que consideraba que el fallecimiento correspondía a la cesación de las funciones cardiorrespiratorias, para reemplazarla por la extinción irreversible de las funciones cerebrales. La modificación de criterio coincide con la fabricación de respiradores artificiales, que permiten prolongar mecánicamente la actividad cardiorrespiratoria" (*Persona, Pareja y Familia*, Editorial Jurídica de Chile, 1995, p. 58).

2. MORTE PRESUMIDA – a morte presumida está prevista no artigo 7º:

> "Pode ser declarada a morte presumida, sem decretação de ausência:
>
> I – se for extremamente provável a morte de quem estava em perigo de vida;
>
> II – se alguém, desaparecido em campanha ou feito prisioneiro, não for encontrado até dois anos após o término da guerra".

A morte civil não é admitida em nosso Direito. Ocorria no direito romano quando o cidadão perdia seus direitos e o estado de liberdade sendo transformado em coisa. É a perda dos direitos do cidadão em função de uma lei.

Restou em nosso Direito, no artigo 1.816, um resquício da morte civil ao se referir aos que não podem suceder:

> "São pessoais os efeitos da exclusão; os descendentes do herdeiro excluído sucedem, *como se ele morto fosse antes da abertura da sucessão*".

Trata a pessoa viva como se morta fosse.

O conceito de ausência está previsto no artigo 22 do Código Civil. Preceitua o dispositivo da lei substantiva:

"Desaparecendo uma pessoa do seu domicílio sem dela haver notícia, se não houver deixado representante ou procurador a quem caiba administrar-lhe os bens, o juiz, a requerimento de qualquer interessado ou do Ministério Público, declarará a ausência, e nomear-lhe-á curador".

No sentido jurídico, a ausência, além de a pessoa não estar presente, exige mais um requisito, ou seja, o fato de não se ter notícias do ausente, notícias essas que deixem tornar incerta a sua existência.

É necessário que se promovam todos os meios possíveis para se descobrir o paradeiro do ausente. Deve-se procurar nos hospitais, necrotérios, e também comunicar às autoridades policiais para que investiguem o destino do desaparecido.

Não basta a pessoa não estar presente, é necessário que não tenha deixado procurador, e, se deixou, este não queira ou não possa exercer o mandato.

Se uma pessoa desaparece de seu domicílio sem deixar procurador, é necessário que se nomeie alguém para administrar-lhe os bens.

Os parentes têm interesse na conservação dos bens do ausente, pois este poderá retornar ao seu domicílio ou aparecer morto, dando margem à abertura do inventário e da partilha entre seus herdeiros. Caso não ocorra esta última hipótese, proceder-se-á à declaração de ausência, seguindo-se a sucessão provisória e, posteriormente, a definitiva.

Não devem, portanto, os bens do ausente ficar ao léu, sem alguém que zele por eles praticando os atos de gestão, recebendo aluguéis, efetuando o pagamento das taxas e impostos, aplicando as quantias existentes nas contas bancárias etc.

É necessário proceder-se à arrecadação judicial dos bens do ausente e nomear um curador para administrá-los por intermédio de um processo de "Declaração de Ausência", cuja competência na comarca do Rio de Janeiro é das Varas de Órfãos e Sucessões.

Reza o artigo 744 do Código de Processo Civil:

"Declarada a ausência nos casos previstos em lei, o juiz mandará arrecadar os bens do ausente e nomear-lhe-á curador na forma estabelecida na Seção VI, observando-se o disposto na lei".

A finalidade de se proceder à Declaração de Ausência é resguardar os bens do ausente.

Se, por acaso, o desaparecido não possuir qualquer patrimônio, desnecessário se declarar a sua ausência.

Curador do ausente é a pessoa nomeada pelo juiz para administrar os bens do ausente.

Não existe um prazo legal para que os interessados possam requerer a "Declaração de Ausência" de uma pessoa.

Cada caso deve ser examinado isoladamente, apreciando o magistrado as circunstâncias descritas.

Uma pessoa que retorna ao lar todos os dias após o trabalho, caso passe três dias sem aparecer em casa, deixa uma séria presunção da ocorrência de um fato grave, que mereça investigação sobre seu paradeiro.

O mesmo não ocorre com outra pessoa que, em virtude de seus afazeres, normalmente permanece vários dias fora de seu domicílio não dando notícias de seu destino.

O legislador elencou, no artigo 25, a ordem das pessoas habilitadas a exercer o cargo de curador do ausente. Essa ordem é preferencial e, tratando-se de uma curatela de bens e não de pessoas, não há que se falar em bem-estar do ausente.

Em relação ao cônjuge, excluiu o separado judicialmente ou separado de fato por mais de dois anos antes da declaração da ausência.

Inobstante o Código regular a união estável, o legislador olvidou-se de incluir a companheira no referido rol. A jurisprudência, porém, tem se incumbido de suprir essa omissão, propiciando à companheira do ausente o direito de exercer a curatela deste, se viverem em união estável.

Não sendo abundante a prova da existência da união estável, permitindo ao magistrado aquilatar de plano a convivência, deverá o companheiro comprovar, por ação própria, o reconhecimento da união estável.

O legislador evitou a odiosa discriminação anterior que preferia o pai à mãe, declarando que, não havendo cônjuge, a curatela caberá aos pais.

Na petição inicial, o Requerente, uma das pessoas elencadas no artigo 27 da lei civil, relatará como ocorreu o desaparecimento do ausente mencionando os meios utilizados para encontrá-lo.

Relacionará os bens de propriedade do ausente, apresentará o rol de testemunhas (duas ou mais) que tiveram conhecimento do desaparecimento, solicitará a citação do ausente por edital e, afinal, requererá a arrecadação dos bens e a nomeação do curador para administrar o patrimônio do ausente.

Como já dito, estão legitimadas para o exercício do cargo de curador as pessoas nomeadas no artigo 25 do Código Civil.

Proferida a sentença, deverá o Curador nomeado assinar o termo de compromisso no livro próprio em Cartório. Ressalte-se que o ausente não é mais considerado um incapaz como declarava o inciso IV do art. 5° do Código de 1916.

Feita a arrecadação, assinado o respectivo termo pelo curador, determina o artigo 745 do diploma processual, o juiz mandará publicar editais na rede mundial de computadores, no sítio do tribunal a que estiver vinculado e na plataforma de editais do Conselho Nacional de Justiça, onde permanecerá por um ano ou, não havendo sítio a publicação far-se-á no órgão oficial e na imprensa da comarca, durante um ano, reproduzida de dois em dois meses, anunciando a arrecadação e chamando o ausente a entrar na posse de seus bens.

A Curadoria cessa nos casos previstos na lei substantiva:

1. pelo comparecimento do ausente;
2. pela certeza da morte do ausente;
3. pela sucessão provisória.

Sendo necessário, pode-se solicitar ao juiz na inicial que o Requerente. seja nomeado curador provisório, a fim de que possa tomar as medidas cabíveis para defesa do patrimônio do ausente até que seja proferida a sentença final.

MODELO DE PEDIDO DE DECLARAÇÃO DE AUSÊNCIA

"Exmo. Sr. Dr. Juiz de Direito da Vara de Órfãos e Sucessões.

Processo n. ___________

José Ariel dos Santos, brasileiro, viúvo, engenheiro, portador da carteira de identidade expedida pelo CREA sob n. ___________, expedida em 12.05.1956, CPF n. ___________, residente e domiciliado nesta cidade à rua ___________, n. ___________, vem, por seu advogado, com fundamento nos artigos 22, do Código Civil, e 744, do Código de Processo Civil, expor e requerer a V. Exª o que segue:

1. Em 22 de janeiro de 2005, seu filho Paulo Pires dos Santos, brasileiro, solteiro, maior, estudante, portador da carteira de identidade n. ___________ expedida em 1º.12.1991 pelo IFP e CPF n. ___________, residente no mesmo endereço do Requerente, saiu de sua residência, por volta das 22 horas, dizendo que ia à cidade de Petrópolis, para a casa de um amigo, Francisco Ramos, passar o fim de semana.

2. Não tendo retornado para casa, na semana seguinte iniciou o Requerente as buscas para localizar seu filho, não tendo obtido êxito em sua empreitada.

3. Soube, inclusive, por Francisco Ramos, que Paulo não estivera em sua residência.

O Requerente procurou em todos os hospitais públicos e particulares, no necrotério e nas residências dos amigos, providenciando, inclusive, a publicação de avisos nos principais jornais e rádios da cidade e, ainda, o registro da ocorrência na 28ª Delegacia Policial, conforme certidão anexa.

4. Decorrido mais de um ano do desaparecimento, não teve o Requerente qualquer notícia de seu filho e, como é este possuidor de diversos bens a seguir descritos, necessário regularizar-se essa situação, nomeando-se um curador para o ausente.

5. São os seguintes os bens deixados por seu filho Paulo Pires dos Santos:

a) Prédio e respectivo terreno à rua ___________, n. ___________, devidamente registrados no ___________ Ofício do RGI, conforme certidão anexa.

b) Automóvel marca Fiat, Palio, ano 2002, cor vermelha, placa ___________, chassi ___________.

c) Conta-corrente n. ___________ emitida no Banco do ___________, ag. ___________. Ante o exposto, requer:

1. Seja o ausente citado por edital na forma da lei para retornar ao seu domicílio.

2. Seja oficiado à Delegacia da Receita Federal e ao Tribunal Regional Eleitoral para informarem se houve alguma modificação nos dados do ausente.

3. Sejam ouvidas as testemunhas abaixo relacionadas, amigas do ausente, sobre o ocorrido:

a) Agostinho Aires, brasileiro, solteiro, professor, residente e domiciliado à ___________, n. ___________.

b) Lourdes Pancrácio, brasileira, solteira, estudante, residente e domiciliada à ___________, n. ___________.

4.Sejam arrecadados os bens e declarada a ausência de seu filho Paulo Pires dos Santos, nomeando-se o Requerente seu curador.

5.Outrossim, seja o Requerente nomeado curador provisório, a fim de que possa tomar as medidas necessárias para resguardo dos bens do ausente.

Termos em que,

P. Deferimento.

(data).

Albert Ronald Murray

OAB/RJ n. __________"

Obs.: A petição deverá ser dirigida ao juízo competente para processar os autos de inventário.

SUCESSÃO PROVISÓRIA

A sucessão provisória é um desdobramento do pedido de Declaração de Ausência. Processa-se nos mesmos autos.

Diz o artigo 26 do Código Civil:

"Decorrido 1 (um) ano da arrecadação dos bens do ausente, ou, se ele deixou representante ou procurador, em se passando 3 (três) anos, poderão os interessados requerer que se declare a ausência e se abra provisoriamente a sucessão".

A redação do dispositivo acima é contraditória em relação ao artigo 22 e parece deixar clara a existência de duas fases no processo de declaração de ausência.

Estabelece o legislador processual no § 1° do artigo 745 o prazo para requerer a abertura da sucessão provisória.

São interessadas na abertura da sucessão provisória as pessoas relacionadas no artigo 27.

São elas:

1. o cônjuge não separado judicialmente;
2. os herdeiros presumidos legítimos ou testamentários;
3. os que tiverem sobre os bens do ausente direito dependente de sua morte;
4. os credores de obrigações vencidas e não pagas.

Promovida a citação e habilitados os herdeiros, o juiz proferirá a sentença decretando a abertura da sucessão provisória, que só produzirá efeito 180 dias após sua publicação (art. 28, CC).

Se o ausente tiver deixado testamento, será necessário que se promova o processo de apresentação e cumprimento do testamento, observado o que diz respeito, na lei processual, a cada uma das formas testamentárias.

Apresentadas as primeiras declarações, deverão ser observadas as disposições contidas na cédula testamentária.

O legislador omitiu-se quanto à nomeação do inventariante na sucessão provisória, porém, em nosso entendimento, a administração dos bens nesse período caberá ao curador do ausente. Sobre a matéria, convém examinar o teor do § 1º do artigo 30 do Código Civil abaixo transcrito, apregoando que o herdeiro imitido na posse provisória que não puder prestar garantia de restituição dos bens, o que deverá ser feito mediante penhor ou hipoteca equivalente ao quinhão respectivo, será excluído, mantendo-se os bens que lhe deviam caber sob a administração do curador ou de outro herdeiro designado pelo juiz que preste essa garantia.

> "Aquele que tiver direito à posse provisória, mas não puder prestar a garantia exigida neste artigo, será excluído, mantendo-se os bens que lhe deviam caber sob a administração do curador, ou de outro herdeiro designado pelo juiz, e que preste essa garantia."

Tal fato implica séria dificuldade, pois, tratando-se de pessoa humilde, que não possa oferecer as garantias solicitadas, será excluída, como determina o mandamento acima.

Os artigos 30 e seguintes do diploma civil regulam a posse dos bens inventariados pelos herdeiros durante a sucessão provisória, esclarecendo que, se o ausente retornar ou se lhe provar a existência cessarão, desde logo, as vantagens para os sucessores nela imitidos.

Na sucessão provisória deverão os herdeiros pagar o imposto de transmissão *causa mortis*. Tal entendimento encontra-se proclamado pelo Supremo Tribunal Federal na Súmula 331:

> "É legítima a incidência do imposto de transmissão *causa mortis* no inventário por morte presumida".

Uma novidade da nova legislação diz respeito à "ausência voluntária", que pune o ausente na forma prevista no parágrafo único do artigo 33, que reza:

> "Se o ausente aparecer, e ficar provado que a ausência foi voluntária e injustificada, perderá ele em favor do sucessor, sua parte nos frutos e rendimentos".

SUCESSÃO DEFINITIVA

Prescreve o artigo 37 do Código Civil:

> "Dez anos depois de passada em julgado a sentença que concede a abertura da sucessão provisória, poderão os interessados requerer a sucessão definitiva e o levantamento das cauções prestadas".

O artigo 1.167 do Código de Processo Civil revogado previa que a sucessão provisória cessaria pelo comparecimento do ausente e converter-se-ia em definitiva:

> "I – quando houver certeza da morte do ausente;
>
> II – dez anos depois de passada em julgado a sentença de abertura da sucessão provisória;
>
> III – quando o ausente contar 80 (oitenta) anos de idade e houverem decorrido 5 (cinco) anos das últimas notícias suas."

O dispositivo previa as três hipóteses de conversão da sucessão provisória em definitiva.

Na primeira hipótese, com a certeza da morte, juntando-se a certidão de óbito, converter-se-á em inventário, o qual poderá ser processado pelo rito de arrolamento ou ordinário, observados os requisitos necessários para cada procedimento.

Na segunda, após decorridos dez anos do trânsito em julgado da sentença que decretou a abertura da sucessão provisória, possibilitando o levantamento das cauções prestadas, nos termos do artigo 37 do Código Civil.

Na terceira, se o ausente contar mais de oitenta anos de idade e houver decorrido mais de cinco anos das últimas notícias suas (art. 38, CC).

Ocorrendo, porém, a conversão da sucessão provisória em definitiva em face das duas últimas hipóteses, não terão os herdeiros a plena propriedade de seus quinhões hereditários.

Segundo o artigo 39, *caput,* da lei substantiva, se o ausente regressar nos dez anos seguintes à abertura da sucessão definitiva haverá os bens no estado em que se encontrarem ou o preço que os herdeiros e demais interessados tiverem recebido pelos alienados, depois daquele tempo.

Essa situação só poderá ocorrer nas duas últimas hipóteses suscitadas. A sucessão provisória poderá ser convertida em definitiva nos mesmos autos onde se iniciou a declaração de ausência, nos termos do § 3° do artigo 745 do Código de Processo Civil.

POSIÇÃO DO AUSENTE NOS AUTOS DE INVENTÁRIO

Pode ser que um herdeiro se encontre em lugar incerto e não sabido. O fato de um herdeiro não estar presente no local do óbito ou em qualquer outro lugar não lhe tira o direito à herança.

Sua pessoa deve ser declinada na relação de herdeiros nas primeiras declarações, esclarecendo-se ao juiz que o mesmo se encontra ausente, em lugar incerto e não sabido.

Tal declaração, denominada "afirmação de ausência", deverá ser ratificada por termo lavrado pelo Cartório.

O herdeiro que se encontra em lugar incerto e não sabido será citado por edital. No processo de inventário funcionará o Ministério Público, pronunciando-se em todos os atos, por meio do Curador de Ausentes, que defenderá os interesses do ausente.

Ao herdeiro desaparecido será atribuído, por ocasião da partilha, o quinhão hereditário a que faz jus e, caso sua parte consista em dinheiro, ficará depositado, em seu nome, à disposição do Juízo, em banco oficial.

Paralelamente ao processo de inventário, poderão os demais herdeiros requerer a Declaração de Ausência do desaparecido, como preparação para a sua sucessão provisória e definitiva. Os bens que couberem em seu quinhão serão arrolados no processo declaratório de sua ausência para efeito de posterior inventário.

Se antes da abertura da sucessão já tiver sido declarada a ausência do herdeiro, poderão seus filhos vir à sucessão por direito de representação. O assunto foi tratado no capítulo referente ao direito de representação.

Havendo necessidade de o ausente ficar em condomínio com outros herdeiros em um ou alguns imóveis, melhor será requerer ao juiz do inventário a venda do imóvel e a divisão do produto da venda, depositando-se a parte do ausente. O condomínio com o herdeiro ausente implica necessidade de autorização judicial para a venda ou locação do imóvel. A venda, em princípio, deverá ser realizada em hasta pública, o que importa geralmente prejuízo para os demais condôminos.

Portanto, efetuando-se a venda do bem ainda no inventário, evitar-se-á o condomínio com o ausente, e a partilha do dinheiro permitirá aos demais herdeiros a livre disposição de suas partes.

DECLARAÇÃO JUDICIAL DE ÓBITO

Prevê o *caput* do artigo 88 da Lei 6.015, de 31.12.1973, Lei dos Registros Públicos.

> "Poderão os juízes togados admitir justificação para o assento de óbito de pessoas desaparecidas em naufrágio, inundação, incêndio, terremoto ou qualquer outra catástrofe, quando estiver provada a sua presença no local do desastre e não for possível encontrar-se o cadáver para exame".

A declaração judicial de óbito se presta para os casos em que existe a certeza da presença do desaparecido no evento.

É o caso do Deputado Ulysses Guimarães. Todos sabiam que naquela fatídica tarde ele estava em Angra dos Reis, entrou no helicóptero que, infelizmente, veio a cair ao mar, não tendo sido seu corpo encontrado.

Por meio de Justificação Judicial, os interessados, utilizando as provas circunstanciais ao caso, requerem ao juiz que seja declarado o óbito do desaparecido. Observadas as cautelas de praxe e ouvido o Ministério Público, o juiz proferirá a sentença, determinando a expedição da certidão de óbito do desaparecido, o que propicia, assim, aos seus herdeiros a abertura do inventário e o processo da sucessão definitiva.

A DECLARAÇÃO DA MORTE PRESUMIDA

A declaração da morte presumida não é uma novidade do novo Código Civil.

A Lei 6.015, de 31.12.1973, Lei de Registros Públicos, previu em seu artigo 88, antes citado, a possibilidade, perante os juízes togados, da justificação para o assento de óbito de pessoas desaparecidas em naufrágios, inundações, incêndios, terremotos e outras catástrofes, quando fosse provada sua presença no local e não fosse possível encontrar o cadáver para exame.

Outras leis, além da acima citada, previram a possibilidade da declaração da morte presumida, destacando-se entre elas a Lei 6.683 de 28.08.1979, denominada "Lei de Anistia", destinada a amenizar a aflitiva situação dos parentes dos "desaparecidos" políticos.

Com a declaração da morte presumida, prevista no artigo 7º do Código Civil, visou o legislador poupar os possíveis herdeiros das pessoas desaparecidas, em determinadas situações, do angustiante, longo e oneroso caminho da declaração de ausência, sucessão provisória e, por fim, da sucessão definitiva.

O legislador admitiu a declaração da morte presumida de uma pessoa independentemente da declaração de sua ausência. Suprimindo essa fase processual, propiciou maior agilização, diminuindo, inclusive, os custos, eis que, sabidamente, o processo de "Declaração de Ausência, Sucessão Provisória e Definitiva" é bastante demorado e oneroso para as partes.

Dispensando essa fase, não desobrigou o legislador, de forma alguma, que os interessados tomassem todas as precauções necessárias à segurança da afirmação da presunção do óbito.

A declaração da morte presumida não se destina a todas as pessoas desaparecidas que se encontrarem em lugar incerto e não sabido, mas abrange somente aquelas enquadradas nas hipóteses previstas em lei.

Preceitua o artigo 7º:

> "Pode ser declarada a morte presumida, sem decretação da ausência:
>
> I – se for extremamente provável a morte de quem estava em perigo de vida;
>
> II – se alguém, desaparecido em campanha ou feito prisioneiro, não for encontrado até dois anos após o término da guerra.
>
> Parágrafo único. A declaração da morte presumida, nesses casos, somente poderá ser requerida depois de esgotadas as buscas e averiguações, devendo a sentença fixar a data provável do falecimento".

Admitiu o legislador duas situações:

a) se for extremamente provável a morte de quem estava em perigo de vida.

b) se alguém desaparecido em campanha ou feito prisioneiro não for encontrado até dois anos após o término da guerra.

A probabilidade do óbito, ou seja, a quase certeza da morte do desaparecido é requisito essencial para a obtenção da declaração da morte presumida.

Na primeira hipótese, não será necessariamente obrigatório que a pessoa esteja em uma situação de perigo de vida. O evento pode ocorrer em situação tal que a pessoa não se encontre em perigo de vida, mas a consequência é fatal.

A segunda hipótese diz respeito ao desaparecimento de pessoas durante guerras. Não obstante não ter o legislador mencionado, entendemos que deva se estender a possibilidade, também, às revoluções civis, que propiciam, muitas vezes, o desaparecimento de prisioneiros políticos sem que se tenha notícia de seu paradeiro.

Note-se que o legislador não restringiu essa possibilidade exclusivamente a militares, porém, a qualquer pessoa desaparecida ou feita prisioneira em campanha.

A delimitação de um lapso temporal, dois anos após o término da guerra, para requerimento da declaração da morte presumida, como estabelece o parágrafo único do aludido dispositivo, não nos parece uma estipulação aceitável, de vez que a guerra pode durar vários anos e o desaparecimento pode ter ocorrido de forma evidente, logo em seu início, como em um desastre de avião ou afundamento de navio, onde não exista dúvida quanto à presença do desaparecido. Aguardar-se um biênio para propor a ação é impor à família do desaparecido uma espera angustiante e desnecessária.

Qualquer pessoa que tiver interesse na prova do óbito terá legitimidade para propor a ação declaratória. Os interessados na sucessão têm legitimidade ativa, e, também, qualquer dos cônjuges com o intuito de ver dissolvido o matrimônio.

Na ação, o autor, demonstrando sua legitimidade, descreverá como ocorreu o desaparecimento, comprovando ter esgotado todas as medidas possíveis para encontro do cadáver, requerendo ao final seja declarado o óbito do desaparecido.

Por seu lado, em vista de sua responsabilidade, entendendo o juiz que as medidas tomadas pelo autor são insuficientes para formar sua convicção, poderá determinar outras providências destinadas a, de forma inequívoca, evidenciar a indubitável certeza do falecimento que enseje a sentença declaratória da morte presumida.

Ressalte-se que a ação declaratória da morte presumida não é uma ação preliminar ao processo de inventário, até porque o juízo orfanológico não é competente para tal e a declaração, como já dito, pode ter outro fim que não seja o inventário dos bens.

Na sentença declaratória da morte presumida deverá o juiz fixar o dia provável do falecimento, pois a data da abertura da sucessão regula a capacidade para suceder e a lei aplicável à sucessão, de conformidade com o artigo 1.787 do referido diploma.

Por fim, as disposições atinentes à declaração de ausência, à sucessão provisória e à sucessão definitiva serão aplicadas nos demais casos em que a pessoa se encontre em lugar incerto e não sabido.

MODELO DE PEDIDO DE DECLARAÇÃO DA MORTE PRESUMIDA

"Exmo. Sr. Dr. Juiz de Direito da Vara de Órfãos e Sucessões

José Ariel dos Santos, brasileiro, viúvo, engenheiro, portador da carteira de identidade expedida pelo CREA sob n. __________, expedida em __________, CPF n. __________, residente e domiciliado nesta cidade à rua __________, n. __________, vem, por seu advogado, com fundamento no artigo 7º do Código Civil, expor e requerer a V. Exª o que segue:

Em 22 de março do corrente ano, seu filho Paulo Pires dos Santos, brasileiro, solteiro, maior, estudante, portador da carteira de identidade n. __________, expedida em 15.02.1991, pelo IFP e CPF n. __________, residente no mesmo endereço, embarcou, às 21h30, no Aeroporto Antônio Carlos Jobim, na cidade do Rio de Janeiro, no voo n. __________ da Fall Airlines, com destino a Manaus.

É certo que Paulo Pires dos Santos fez o ***check-in*** no balcão da referida companhia aérea, tendo sido designado o seu lugar no assento A-1 e embarcado conforme consta dos apontamentos da Fall Airlines.

Ocorre que nos preparativos para o pouso no aeroporto de Manaus, teve início um incêndio na aeronave, que, desgovernada, partiu-se no ar, vindo a cair despedaçada na água.

As equipes de socorro do aeroporto e os bombeiros iniciaram imediatamente após a queda, as buscas para salvamento dos passageiros. Lamentavelmente, não tendo obtido êxito na empreitada, não se encontrou o corpo de seu filho.

Além das buscas por equipes oficiais, o Requerente contratou uma equipe de resgate para proceder a buscas pelas redondezas do local onde ocorreu a queda da aeronave e, mesmo assim, o corpo não foi encontrado.

As autoridades oficiais já encerraram as buscas por acreditarem não haver possibilidade da existência de qualquer sobrevivente.

Por outro lado, entre os corpos resgatados dentro do avião não se encontrava o de seu filho.

O Requerente promoveu todas as medidas possíveis para encontrar o cadáver de seu filho, colocando, inclusive, avisos nos principais jornais e rádios da cidade.

Decorridos mais de dois meses do desaparecimento, não teve o Requerente qualquer notícia de seu filho.

Ante o exposto, sendo evidente o óbito de seu filho, vem, com fundamento no artigo 7º do Código Civil, requerer a V. Ex.ª, após preenchidas as formalidades legais, seja declarada a morte presumida de PAULO PIRES DOS SANTOS, independentemente da declaração de sua ausência, fixando-se a data provável aquela em que ocorreu o indigitado acidente, determinando a averbação no Registro Civil das Pessoas Naturais, que deverá expedir a respectiva certidão de óbito.

Termos em que,

Pede Deferimento.

(data).

Argemiro Baudson Sienra

OAB/RJ n. ___________"

Obs.: A petição deverá ser dirigida ao juízo competente para processar os autos de inventário.

Capítulo XLVII
A AÇÃO DE PETIÇÃO DE HERANÇA

O Código Civil anterior nada dispunha sobre a ação de petição de herança. Bem andou o legislador regulando-a nos artigos 1.824 a 1.828.

O fundamento da ação de petição de herança reside no direito do herdeiro de reclamar a herança que lhe pertence, ainda que a partilha tenha sido julgada.

A petição de herança é a ação cabível para o herdeiro legítimo ou testamentário que foi excluído da partilha demandar o reconhecimento de seu direito sucessório, obter a herança ou parte dela contra quem na qualidade de herdeiro, ou mesmo sem título a possua, conforme preceitua o artigo 1.824. O herdeiro não a propõe somente no interesse de ver reconhecida sua qualidade de herdeiro, mas, principalmente, para obter a devolução dos bens da herança ou parte deles.

Dirige-se ao herdeiro, ao cessionário da herança ou àquele que mesmo sem título de herdeiro possua a herança, seja de boa ou má-fé.

Marco Aurélio S. Vianna leciona:

> "Examinando a doutrina nacional e alienígena, verificamos que os doutrinadores, em regra, entendem que na petição de herança são perseguidos dois objetivos, a um só tempo:
> a) o reconhecimento judicial da qualidade de herdeiro; b) a restituição da herança no todo ou em parte".

E prossegue:

> "O demandante obtém sentença com uma carga declaratória (a declaração do direito do herdeiro à herança) e uma carga condenatória (a condenação a restituí-la, imposta ao injusto possuidor da herança) *Da Ação de Petição de Herança* (Saraiva, 1986, p. 34 e 37).

Segundo o artigo 1.826, o possuidor da herança está obrigado à restituição dos bens do acervo hereditário, fixando-se-lhe a responsabilidade, conforme for de boa ou má-fé sua posse, aplicando-se as regras dos artigos 1.214 a 1.222.

As alienações a título oneroso feitas pelo herdeiro aparente a terceiro de boa-fé são eficazes. Sobre herdeiro aparente nos reportamos ao que foi dito no capítulo atinente aos excluídos da sucessão.

O legislador ressaltou que o herdeiro aparente, que de boa-fé houver pago um legado, não está obrigado a prestar o equivalente ao verdadeiro sucessor, ficando este com o direito de proceder contra quem o recebeu.

O Juízo por onde se processam os autos de inventário é o foro competente para propositura da ação de petição de herança, exceto quando cumulada com investigação de paternidade cuja competência será da Vara de Família.

O valor atribuído à causa deverá ser o valor correspondente ao quinhão a que tem direito o herdeiro no acervo hereditário.

Pode ser proposta antes ou depois de julgada a partilha.

Se já houve partilha, a ação de petição de herança poderá ser cumulada com o pedido de nulidade de partilha.

A ação de petição de herança prescreve em dez anos a contar da data da abertura da sucessão, como preceitua o artigo 205 do Código Civil.

CAPÍTULO XLVIII
TUTELA DE URGÊNCIA/ ARROLAMENTO DE BENS

Prescreve o artigo 301 do Código de Processo Civil:

> "A tutela de urgência de natureza cautelar pode ser efetivada mediante arresto, sequestro, arrolamento de bens, registro de protesto contra alienação de bem e qualquer outra medida idônea para asseguração do direito".

Entendemos que a tutela pode ser deferida independente da oitiva dos demais herdeiros, pois, caso contrário, perderá toda sua utilidade. O legislador nada dispôs a respeito.

O arrolamento de bens é medida assiduamente utilizada no juízo orfanológico, em face do receio por parte de qualquer herdeiro de extravio ou dissipação dos bens que guarnecem a residência do *de cujus* ou que se encontrem em qualquer outro local.

Visa arrolar todos os bens existentes no local e, posteriormente, declarar no inventário somente os que pertençam ao inventariado.

A existência dos bens arrolados na residência do inventariado não importa dizer que lhe pertençam. Embora se encontrem na moradia do autor da herança podem pertencer a terceiros, que deverão fazer a prova da propriedade para reavê-los.

O juiz deverá nomear um depositário para guardar os bens arrolados.

A tutela pressupõe a existência do inventário e deverá ser distribuída por dependência ao mesmo Juízo.

O Código revogado previa a medida cautelar de arrolamento de bens em seu artigo 855. Não se tratava de uma medida preparatória, até porque os herdeiros têm de promover à abertura do inventário no prazo legal. Tratava-se de medida incidental destinada a arrolar os bens a inventariar, sendo, portanto, competente o juízo de sucessões.

Assim julgou a egrégia 6ª Câmara Cível do Tribunal de Justiça do Estado do Rio de Janeiro, ao apreciar o AI 1.688/94, relatado pelo eminente Des. Marlan Marinho, cuja ementa é a seguinte:

> "Exceção de incompetência – Arrolamento de bens deixados por inventariada. Dependência.
>
> A cautelar de arrolamento de bens de inventariada é dependente e se subordina ao processo de inventário. A notificação, preparatória de possível ação de desalijo, também, requerida na cautelar, não modifica a questão. Pois os seus efeitos não induzem conexão entre ela e ação de reconhecimento de sociedade de fato, em face da ausência de possibilidade de decisões contraditórias. Recurso improvido".

Do voto proferido pelo insigne relator, transcrevemos o seguinte trecho:

"Com efeito tendo por objeto o arrolamento de bens, pertencentes ao espólio de Heloísa Helena da Silva, cujo inventário processa-se na 3ª Vara de Órfãos e Sucessões, desta Capital, emerge incontroverso que a dependência – e não conexão – da cautelar subordina-se ao processo de inventário e não à ação ordinária, onde discute a existência de sociedade de fato entre a inventariada e os pais dos excipientes, ora agravantes".

Capítulo XLIX
CONTRATO SOBRE HERANÇA DE PESSOA VIVA

Antes da morte de uma pessoa, não há falar em herança para os seus sucessores. Herança é o patrimônio do defunto, só existindo após a sua morte.

A morte transforma para os herdeiros em direito o que era simples expectativa. Somente existe direito adquirido à herança após a morte. Não há que se falar em herança antes do óbito, sendo proibido qualquer contrato sobre ela.

É o que prevê o artigo 426 do Código Civil:

> "Não pode ser objeto de contrato a herança de pessoa viva".

Tais contratos, denominados pactos sucessórios, não têm qualquer eficácia.

Pactos sucessórios são os contratos cujo objeto é a herança de pessoa viva.

São contrários aos bons costumes, despertam sentimentos imorais, propiciando o desejo da morte de uma pessoa.

Os pactos sucessórios podem ser:

1. Renunciativos, por meio do qual alguém renuncia à sucessão de pessoa viva.
2. Designativos, pelos quais se dispõe da própria sucessão.
3. Dispositivos, que implicam a disposição da sucessão de terceiro ainda não aberta.

É a lição de Carlos Pamplona Corte Real em seu livro *Direito de Família e Sucessões* (v. II, Sucessões, Edições Jurídicas Lex, Lisboa, p. 81).

Todos os pactos sucessórios são nulos, sejam para suceder ou não suceder, sejam entre aqueles que esperam ser herdeiros ou com a própria pessoa de cuja herança se trata.

Ninguém pode dispor do patrimônio que não possui, não valendo qualquer pacto celebrado pelos herdeiros relativos à futura herança.

Esta proibição é absoluta. Alguns autores entendem ser válida a inclusão de uma cláusula declarando que um dos cônjuges desiste do direito de concorrer a herança e não do direito á herança.

Donde se conclui que não pode ser objeto de contrato a herança de pessoa viva, tanto por parte do proprietário do patrimônio quanto por parte de seus herdeiros.

Da mesma forma, não pode qualquer dos cônjuges ou companheiros renunciar, em contrato antenupcial ou contrato de união estável, à herança que vier a ter direito por falecimento de seu consorte. Tal cláusula, se inserida em um pacto antenupcial, será nula.

A respeito, escreve Arthur Vasco Itabaiana de Oliveira:

"O Código Civil acabou, de uma vez, com a controvérsia existente, determinando taxativamente e de modo absoluto, no artigo 1.089, que não pode ser objeto de contrato a herança de pessoa viva. Assim, nem mesmo nas convenções antenupciais se pode estipular sobre a sucessão recíproca dos contraentes, porque o Código Civil declara não escrita a convenção, ou a cláusula que contravenha disposição absoluta de lei, e este contrato ou pacto é uma das proibições absolutas" (*Tratado de Direito das Sucessões*, 5. ed., Freitas Bastos, p. 42).

A partilha em vida, prevista no artigo 2.018 da lei civil, não diz respeito a pacto sucessório, porém equipara-se à doação *inter vivos* da totalidade dos bens do doador.

Capítulo L
INVENTÁRIO POR ESCRITURA PÚBLICA

Finalidade – A Lei 11.441, de 4 de janeiro de 2007, que deu nova redação ao artigo 982 do Código de Processo Civil revogado, teve por finalidade propiciar que o inventário por morte, a separação consensual e o divórcio fossem feitos por via administrativa, por meio de escritura pública.

O artigo 610 do Código de Processo Civil prevê:

"Havendo testamento ou interessado incapaz, proceder-se-á ao inventário judicial.

§ 1º Se todos forem capazes e concordes, o inventário e a partilha poderão ser feitos por escritura pública, a qual constituirá documento hábil para qualquer ato de registro, bem como para levantamento de importância depositada em instituições financeiras.

§ 2º O tabelião somente lavrará a escritura pública se todas as partes interessadas estiverem assistidas por advogado ou defensor público, cuja qualificação e assinatura constarão do ato notarial".

Perdeu o legislador a oportunidade de expressar que a escritura pública de inventário é título hábil para transferência de qualquer bem móvel, e não somente para levantamento de importância em instituição financeira.

Os tribunais estaduais têm admitido por meio de Resoluções ou Portarias a admissibilidade quando exista testamento revogatório de outros anteriores para que a sucessão do testador se processe na forma legítima ou quando as disposições testamentárias caducarem (ex.: o beneficiário faleceu antes do testador) ou não produzirem qualquer efeito.

O inventário por escritura pública possibilita aos herdeiros uma forma mais ágil e menos onerosa de partilhar a herança, sem encontrar todos os inconvenientes da burocracia e morosidade do Poder Judiciário.

Esta é, sem dúvida, sua principal vantagem: não ter que se submeter ao Judiciário.

O frágil texto contém imperfeições e omissões, porém, devemos interpretá-lo buscando soluções para as diversas situações que surgirão e não previstas pelo legislador.

Facultativo – O inventário por escritura pública, ainda que todos os herdeiros sejam maiores e capazes, é facultativo às partes e pode ser feito mesmo que o óbito tenha ocorrido anteriormente à vigência da lei.

Se desejarem, as partes poderão fazer o inventário judicial pelo arrolamento sumário ou rito ordinário.

As partes podem eleger a via judicial:

1. pela segurança que apresenta;

2. pelo desejo da venda de bens ou levantamento de importâncias pendentes no inventário.

Requisitos – São requisitos para que o inventário e partilha por morte possam ser feitos por escritura pública:

Herdeiros maiores e capazes – Embora o novel legislador tenha excluído o ausente do rol das pessoas absolutamente incapazes, este, ainda que representado por seu curador, não poderia participar da escritura de inventário e partilha.

Herdeiros acordes quanto à partilha – Não poderá haver divergência entre as partes. Todos deverão estar acordes quanto à partilha dos bens.

Inexistência de testamento – Segundo o legislador civil, o *de cujus* deve falecer *ab intestato*. O Tribunal de Justiça do Estado Rio de Janeiro, pelo Provimento 21/2017, deu nova redação ao artigo 297 da Consolidação Normativa do Estado do Rio de Janeiro, permitindo a escritura pública de inventário, nos casos em que o autor da herança tenha deixado testamento, desde que haja expressa autorização do juízo sucessório competente nos autos de apresentação e cumprimento de testamento e sejam todos os herdeiros capazes e concordes. A escritura constituirá título hábil para o registro. Também será permitido quando o testamento for caduco ou declarado inválido pela sentença transitada em julgado. A matéria está pacificada em todos o país.

Testamento revogatório – Pode o autor da herança ter deixado um testamento revogando o anterior para que sua sucessão se processe na forma legal. Trata-se de situação bastante interessante. O testamento só pode ser revogado por outro testamento, daí que o ato revogador, por tratar-se de ato testamentário, impediria, a princípio, a escritura de inventário.

Para que o testamento revogador tenha validade é necessário que, pelo competente processo judicial, o Juízo determine o seu cumprimento e registro.

No caso do testamento particular, um dos requisitos de validade é a confirmação, pelas testemunhas, de suas assinaturas em Juízo, como estabelece o artigo 1.878 do Código Civil. Sem esse requisito o testamento será nulo, prevalecendo o anterior.

O testamento cerrado só poderá ser aberto pelo juiz em audiência designada para tal, exigindo, assim, que se apresente o testamento judicialmente para que o Juiz determine o seu cumprimento.

Idêntica situação é a do codicilo, regido pelas regras concernentes à execução dos testamentos, como preceitua o artigo 737, § 3º, da lei processual.

Entretanto, entendemos que tendo o juiz determinado o cumprimento do testamento revogador, verificando que todos os requisitos essenciais foram observados, não importa a forma testamentária, poderá o inventário ser feito pela via administrativa, tendo em vista que a sucessão do autor da herança se processará de conformidade com a vocação hereditária estabelecida no artigo 1.829 do Código Civil.

E quando as disposições testamentárias perderem sua razão de ser? Por exemplo, se ocorrer o falecimento do legatário antes do testador.

Aplica-se a mesma solução. Procede-se ao cumprimento do testamento pela via judicial para que o juiz verifique se os requisitos essenciais foram observados. Caso positivo, com a decisão do cumprimento, as partes apresentarão ao Tabelião a certidão do testamento e a certidão de óbito do beneficiário, comprovando que as disposições testamentárias perderão sua razão de ser.

E o testamento, cujos requisitos essenciais de validade não foram observados?

É necessário que seja judicialmente declarado nulo. Depois, poderá ser feito o inventário administrativo.

Em todos esses casos, deverá ser apresentada ao tabelião a certidão de cumprimento do testamento, fato que deverá constar da escritura.

Assistência por advogado – As partes deverão estar assistidas por advogado, que poderá ser comum. Não é necessário que o advogado apresente uma procuração do herdeiro, quando este está presente.

O herdeiro poderá estar representado por advogado, impondo-se que a procuração seja feita por instrumento público, uma vez que a herança, nos termos do inciso II do artigo 80 do Código Civil, é considerada bem imóvel.

Caso não seja comum o advogado, deverá o Tabelião na escritura mencionar quem está assistindo qual herdeiro.

Adjudicação – Malgrado a inexplicável omissão do legislador, a lei aplica-se também aos casos de adjudicação. Outro entendimento seria absurdo.

Havendo um só herdeiro maior e capaz e não tendo o autor da herança deixado testamento, poderá ser feita a escritura de inventário e adjudicação.

Escritura como título hábil para transferência de bens – quanto aos imóveis, a própria lei intitulou a escritura como título hábil para transferência. Problema poderá haver quanto aos bens móveis e a aceitação do título pelos diversos estabelecimentos e órgãos governamentais.

Para que a lei tenha aplicação, os estabelecimentos bancários, as sociedades empresariais e os diversos órgãos públicos, deverão respeitar o título apresentado, eis que se trata de uma escritura pública lavrada por Tabelião, que possui fé pública.

Resolução 35, de 24 de abril de 2007, do Conselho Nacional de Justiça – Tendo em vista os diversos entendimentos emanados dos Tribunais de Justiça Estaduais, o Conselho Nacional de Justiça publicou a Resolução 35, de 24 de abril de 2007, disciplinando a Lei 11.441.

A Emenda Constitucional 45/2004, que originou o Conselho Nacional de Justiça estabelece que compete ao Conselho controlar a atuação administrativa e financeira do Poder Judiciário, deixando a certeza de que o referido órgão não tem competência para elaborar, tampouco regulamentar lei federal.

Entretanto, na falta de outra lei posterior mais bem elaborada, os Notários estão adotando as regras contidas na referida Resolução para ordenarem os atos permitidos pela lei.

Competência para lavratura da escritura – O art. 8º da Lei 8.935/94, que dispõe sobre Serviços Notariais e de Registro, estipula ser livre a escolha do tabelião de notas, qualquer que seja o domicílio das partes ou o lugar da situação dos bens objeto do ato ou do negócio.

O artigo 1.785 do Código Civil declara que a sucessão se abre no último domicílio do falecido, orientação seguida pelo legislador processual ao estabelecer, no artigo 48 do Código de Processo Civil, que o foro do domicílio do autor da herança é o competente para o inventário e a partilha.

O último domicílio é o local onde normalmente o de cujus possui seus bens, tem seus negócios, presta declaração de imposto de renda, o que possibilita maior facilidade para reunir a documentação necessária à transmissão da herança.

A nosso ver, o Conselho foi infeliz, pois o último domicílio do inventariado é, também, o local onde os credores do falecido encontrarão menor dificuldade para cobrar seus créditos.

O respeito ao princípio da competência protege os credores do falecido e dos herdeiros. Se o *de cujus* era domiciliado na cidade do Rio de Janeiro e seu inventário for aberto no Estado de Tocantins, dificultará sobremaneira aos credores tomarem conhecimento da existência da escritura e, consequentemente, promoverem as medidas cabíveis para defesa de seus interesses.

Os herdeiros poderão fazer diversas escrituras de inventário em comarcas distintas, uma para cada bem, inclusive em uma escritura renunciar à herança, e, em outra, aceitá-la, sendo inviável ao tabelião controlar a existência de escrituras lavradas anteriormente.

Parece-nos que a interpretação mais correta seria permitir a livre escolha do tabelião de notas dentro da comarca do domicílio do autor da herança, aplicando-se o artigo 8º da lei notarial em sintonia com o artigo 1.785 da lei civil, impedindo a fraude aos credores e a ofensa ao texto legal enquanto não for constituído um Registro Nacional de Inventários.

Lei aplicável – O Tabelião, obrigatoriamente, deverá conhecer a lei e sua aplicação para poder definir a sucessão do falecido.

Não pode participar da escritura quem não é interessado na sucessão, daí que, forçosamente, o Tabelião somente poderá permitir a participação como herdeiro na escritura daquele que legitimamente o é.

O fato de serem as partes assistidas por advogado não transfere, exclusivamente, para este a responsabilidade da declaração dos herdeiros.

Para vender um imóvel o Tabelião exige a prova da propriedade; para participar do inventário é necessária a prova da legitimidade dos herdeiros, que são os possuidores da herança.

Segundo o artigo 1.787 do Código Civil, a lei vigente na data do óbito regula a sucessão e a capacidade para suceder.

Ocorrendo o falecimento, abre-se a sucessão e, nesse momento, apresentar-se-ão as pessoas declaradas pela lei com capacidade sucessória.

Na data do óbito, verificar-se-á a lei civil vigente e quais as pessoas com capacidade para herdar.

Se a lavratura da escritura se der vários anos após o falecimento do autor da herança, a lei aplicável será a vigente na data do óbito, e não a que estiver em vigor no momento da lavratura da escritura.

Aplicação da lei estrangeira na escritura de inventário – O artigo 10 da Lei de Introdução às Normas do Direito Brasileiro estabelece que a lei aplicável à sucessão é a lei em vigor no país do domicílio do falecido.

Sendo, portanto, o autor da herança domiciliado no exterior, a lei a ser aplicada é a vigente no país de seu domicílio.

Se o bem se situa em território brasileiro, a escritura de inventário terá que ser lavrada no Brasil, observada a lei civil do país em que era domiciliado o *de cujus*.

Imprescindível trazer ao conhecimento do Tabelião, anexando-se à escritura, o teor da lei estrangeira relativa ao direito das sucessões, que poderá ser obtida junto ao consulado do país. O Tabelião não tem obrigação de conhecer a lei estrangeira.

Caso o autor da herança seja casado, impõe-se a juntada do texto legal relativo aos regimes de bens, para verificar quais os direitos do cônjuge sobre os bens do casal.

O texto da lei estrangeira deverá ser apresentado devidamente traduzido para a língua portuguesa, conforme determinam os artigos 192, parágrafo único, do Código de Processo Civil, e 224 do Código Civil, e, para surtir efeitos em relação a terceiros, deverá ser registrado no Registro de Títulos e Documentos, como previsto no artigo 129, item 6, da Lei 6.015, de 31.12.1973.

A vocação hereditária pode ser distinta nas diversas leis.

Prazo para lavratura da escritura – Imposto – A redação do artigo 611 do Código de Processo Civil estabelece o prazo de 2 meses para abertura do inventário e de 12 meses para encerramento do inventário.

O prazo de 2 meses, muitas vezes, será exíguo para a lavratura da escritura de inventário em face da necessidade de apresentação da documentação exigida e o pagamento do imposto devido.

Entretanto, a legislação tributária estadual é que define o prazo.

A apresentação do plano de partilha ou a apresentação do respectivo formulário perante a Secretaria de Finanças do Estado para expedição das guias para pagamento do imposto de transmissão deverá prevenir o prazo de abertura, eis que a escritura só poderá ser lavrada após o pagamento da sisa.

No Estado do Rio de Janeiro, deverão ser requeridas as guias para pagamento do imposto de transmissão junto a Secretaria de Fazenda, no prazo de 90 dias.

No Estado de São Paulo, perante a dificuldade, muitas vezes, de os herdeiros obterem a documentação no prazo da lei, a Corregedoria de Justiça permite que esse prazo seja contado após a lavratura da escritura pública autônoma de nomeação de inventariante. A lavratura da escritura autônoma de inventariante propiciará mais facilmente a obtenção de documentos e demonstra a efetiva vontade dos herdeiros de procederem ao inventário.

Como dito, as leis estaduais regulam o pagamento nos demais Estados.

Compete ao tabelião e ao registrador verificar a regularidade do pagamento do imposto e se as respectivas multas foram aplicadas.

Inventariante/Representante do espólio – A nomeação de inventariante é ato de competência do juiz.

Pode ocorrer de ser necessário o espólio ter um representante para a prática imediata de determinados atos. Nesse caso, poderão os herdeiros fazer uma escritura preliminar à escritura de inventário e partilha, tão somente, para a nomeação de um inventariante, representante do espólio.

Inventário negativo – A escritura pública também se presta para os casos de inventário negativo.

É requisito essencial para sua admissibilidade que o inventariado não tenha deixado qualquer espécie de bem a inventariar.

Como já analisamos em capítulo anterior desta obra, o "Inventário Negativo" é utilizado em três casos principais:

a) para os fins dos artigos 1.523, I, e 1.641, I, do Código Civil

O cônjuge viúvo que, possuindo filhos, pretender casar-se em segundas núpcias pelo regime da comunhão de bens deve promover o inventário do consorte falecido.

Não tendo o cônjuge falecido deixado qualquer bem a inventariar, utiliza-se o "inventário negativo" para comprovar a inexistência de bens e atender a exigência do mandamento legal.

Na escritura pública comunica-se o óbito, declara-se a inexistência de qualquer bem a inventariar e proclama-se a finalidade do pedido.

b) para o cumprimento de uma obrigação

Pode ocorrer que o inventariado tenha deixado somente uma obrigação a cumprir, como outorgar uma escritura definitiva.

Não tendo o falecido promitente vendedor ou cedente deixado bem de espécie alguma a inventariar, a solução é o inventário negativo. Na escritura os herdeiros comunicam o óbito ressaltando a inexistência de bens a inventariar e elegem um representante legal para, em nome do espólio, cumprir a obrigação deixada pelo inventariado.

É necessário que a totalidade do preço tenha sido paga em vida ao inventariado, pois, se houver qualquer saldo a receber pelos herdeiros, não se procederá ao inventário negativo, e sim ao inventário da quantia devida, que deverá ser partilhada entre os herdeiros.

c) para os fins do artigo 1.792, do Código Civil

O patrimônio dos herdeiros não responde pelas dívidas do falecido, para tanto, é necessário que exista inventário.

Se o inventariado não deixou qualquer bem a inventariar, mas dívidas, necessária a abertura do inventário negativo.

Será uma escritura de inventário negativo declarando o falecimento do *de cujus*, relacionando os herdeiros e afirmando a inexistência de qualquer bem a inventariar, evitando, assim, que os bens dos herdeiros respondam pelas dívidas do falecido.

Cumulação de sucessões em uma mesma escritura – Duas ou mais sucessões podem ser objeto de uma mesma escritura de inventário e partilha desde que os herdeiros de ambas sejam os mesmos. É o que prescreve o artigo 672 do Código de Processo Civil.

O Tabelião deverá relacionar os herdeiros e os bens da primeira sucessão elaborando a partilha como se o segundo inventariado fosse vivo.

Em seguida, passará a descrever a declaração dos herdeiros da segunda sucessão, os bens a serem partilhados, observando o que lhe foi partilhado na primeira sucessão, elaborando a respectiva partilha.

Em caso de comoriência, se forem os mesmos os herdeiros dos comorientes, as duas sucessões poderão ser objeto de uma só escritura, aplicando-se às sucessões as peculiaridades do instituto.

Convolação de ritos – Tendo o inventário se iniciado pelo rito de arrolamento ou ordinário, desde que não tenha havido recolhimento do imposto, poderá ser convolado e feito por escritura.

No rito de arrolamento, se tiverem sido apresentadas as declarações de bens e herdeiros com a partilha e respectivas certidões fiscais, não existe razão para a convolação.

No rito ordinário, entendemos que não poderá ser convolado, caso tenha sido efetuado o pagamento do imposto.

As partes deverão comunicar ao juiz que pretendem fazer o inventário por escritura, requerendo a baixa na distribuição do inventário judicial.

Aceitação da herança – A celebração da escritura de inventário e partilha importa a aceitação da herança pelo herdeiro.

Não é possível a aceitação parcial da herança. Deverá ser sempre em sua totalidade. Assim, uma vez aceita a herança, o herdeiro terá que receber tanto os bens que lhe forem atribuídos na partilha, quanto aqueles que lhe couberem, por acaso, em uma eventual sobrepartilha.

O herdeiro, não desejando aceitar a herança, pode renunciar, devolvendo seu quinhão para o monte.

Renúncia da herança – A renúncia da herança deve ser expressa e, no caso, feita na própria escritura de inventário. Entretanto, nada impede que seja feita anteriormente em outra escritura com essa única finalidade.

A renúncia é sempre gratuita e só poderá beneficiar outro herdeiro, jamais um estranho.

A renúncia translativa, também conhecida como renúncia *in favorem* ou em favor de terceiros, é verdadeira cessão de direitos hereditários e assim deve ser tratada na escritura de inventário e partilha, implicando duas transmissões: a primeira, do autor da herança para o herdeiro; e a segunda, do herdeiro renunciante em favor do terceiro, propiciando a cobrança de dois impostos: *causa mortis*, do autor da herança para o herdeiro, e *inter vivos*, decorrente da transferência do herdeiro renunciante para o beneficiário.

Cessão de direitos hereditários a terceiros – Na escritura de inventário o herdeiro poderá fazer a cessão de seus direitos hereditários a qualquer coerdeiro, aos demais herdeiros ou, ainda, a estranhos.

A cessão de direitos hereditários pode ser gratuita ou onerosa e referir-se a alguns bens ou à totalidade da herança, devendo o Tabelião atentar para o recolhimento correto do imposto.

Deve-se ressaltar que o cônjuge meeiro cede direitos à meação. Quando for herdeiro cede direitos hereditários. Ocupando a posição de meeiro e herdeiro cede seus direitos à meação e à herança, ou um ou outro, como desejar.

No caso do inventário por escritura, não existe qualquer problema com relação ao direito de preferência, pois todos os interessados participam do ato.

A cessão deve ser definitiva. Não pode ser feita uma promessa de cessão, pois, para participar da partilha ou adjudicação, que é feita no mesmo ato, o cessionário deve ter seu título definitivo.

Caso os herdeiros não tenham recursos para pagar os impostos e fazer o inventário extrajudicial, poderão fazer a escritura de cessão de determinado bem anteriormente à escritura de inventário e partilha, que será feita em outro ato posterior. A importância paga pela cessão será utilizada pelos herdeiros para pagar os impostos sucessórios, viabilizando o inventário por escritura.

Impostos – os impostos devem ser pagos antecipadamente à escritura. Existirá uma dificuldade quando houver bens em diversas comarcas. A demora no pagamento dos impostos poderá acarretar diversos problemas.

O imposto de transmissão *causa mortis* e os impostos *inter vivos* decorrentes das transações (reposição ou doação) porventura feitas pelos interessados na partilha devem ser pagos antecipadamente à escritura, e apresentadas ao Tabelião as respectivas guias.

Os tabeliães e os Oficiais do Registro de Imóveis são responsáveis pelo correto recolhimento dos impostos.

Reconhecimento de união estável – A doutrina e jurisprudência são pacíficas quanto à possibilidade de reconhecimento da união estável nos autos de inventário quando não houver oposição dos herdeiros. No inventário por escritura também é possível o reconhecimento da união estável entre o *de cujus* e seu convivente, estabelecendo-se a data do início da união para caracterizar os bens adquiridos na sua constância para efeito de meação. Na partilha deverão ser destacados os bens sobre os quais o convivente tem meação e sobre os quais não incide imposto *causa mortis*.

Sobrepartilha – Poderão alguns bens ser deixados para sobrepartilha. Não importa que a primeira partilha tenha sido feita por inventário judicial. A sobrepartilha poderá ser feita por escritura ou vice-versa.

Emenda da partilha – A emenda da partilha por erro material pode ser feita pela retificação na própria escritura ou por meio de escritura de rerratificação, dependendo do erro ocorrido. A escritura de rerratificação, se for o caso, pode ser feita em outro Tabelionato.

Conteúdo da escritura – A escritura de inventário deverá conter os mesmos dados das primeiras declarações feitas em processo de inventário.

Declarações que poderão constar na escritura (Sob pena da responsabilidade civil) – Na escritura deverá constar:

Declaração de inexistência de qualquer forma de testamento conhecido; de inexistência de herdeiro ausente; de inexistência de herdeiro premorto, que não esteja representado pelos seus herdeiros (direito de representação); de inexistência de união estável tanto do falecido quanto dos herdeiros.

Declarações referentes ao autor da herança – nome, nacionalidade, profissão, identidade, CPF, estado civil (regime de bens), residência e domicílio e declaração de inexistência de testamento.

Declarações do cônjuge – qualificação, estado civil que não se encontra separado de fato do autor da herança há mais de dois anos; se é meeira, herdeira ou tem as duas qualidades; se deseja exercer o direito real de habitação sobre o imóvel que serve de residência ao casal (quando for o caso).

Declarações dos herdeiros – relação de parentesco entre os herdeiros e o *de cujus* e a que título herdam, se por direito próprio ou direito de representação; qualificação completa; declaração de inexistência de doação a herdeiros necessários em vida (bens sujeitos a colação); declaração de que nenhum herdeiro possui qualquer bem do falecido em seu poder (caracterização de sonegação).

Declaração dos bens – Somente deverão ser inventariados os bens situados no Brasil. Bens situados no exterior são inventariados nos países onde se encontram localizados.

Deverão, se for o caso, ser declarados os bens sobre os quais a viúva tenha meação, decorrente do regime de bens e os que deverão ser partilhados por inteiro entre os herdeiros.

Bens imóveis – Descrição do imóvel, características, metragens, confrontações, se apartamento, fração de terreno e se possui vaga de garagem.

I) Situados na Comarca do domicílio do autor da herança;

II) Situados em outras Comarcas Juntar Certidão do Registro de Imóveis

Bens móveis:

Juntar os títulos de propriedade dos bens: Veículos – DUT

Contas-correntes – extrato bancário

Ações de sociedades anônimas: a) de capital aberto (extrato comprovando a quantidade de ações em nome do *de cujus* – boletim da bolsa de valores); b) de capital fechado (extrato comprovando a quantidade de ações em nome do *de cujus* – último balanço antes do óbito).

Cotas de sociedade limitada – cópia do contrato social comprovando o número de cotas em nome do *de cujus* – último balanço anterior ao óbito.

Obs.: Atribuir valor aos bens.

Dívidas ativas – declarar os créditos que o autor da herança tem a receber.

Dívidas passivas – declarar as dívidas que o autor da herança tem a pagar; ou que não existem dívidas passivas.

Partilha – Na partilha deverá constar: um pagamento para o cônjuge meeiro ou herdeiro e um pagamento para cada herdeiro. Poderá ser instituído usufruto na partilha, ficando os herdeiros com a nua-propriedade dos bens e a viúva com o usufruto, ou vice-versa, recolhendo-se o imposto devido pela transação.

APURAÇÃO DE INFORMAÇÕES BANCÁRIAS E FISCAIS /LEVANTAMENTO DE VALORES PARA PAGAMENTO DE IMPOSTO E EMOLUMENTOS DECORRENTES DO INVENTÁRIO

O Conselho Nacional de Justiça publicou a Resolução n. 452, de 22 de abril de 2022, dando nova redação ao artigo 11 da Resolução n. 35 de 24/02/2007, com a seguinte redação:

> "Art. 11(...)
>
> § 1º O meeiro e os herdeiros poderão, em escritura pública anterior à partilha ou à adjudicação, nomear inventariante.
>
> § 2º O inventariante nomeado nos termos do § 1º poderá representar o espólio na busca de informações bancárias e fiscais necessárias à conclusão de negócios essenciais para a realização do inventario e no levantamento de quantias para pagamento do imposto devido e dos emolumentos do inventário.
>
> § 3º A nomeação do inventariante será considerada o termo inicial do procedimento de inventário extrajudicial
>
> Art. 2º Esta Resolução entra em vigor na data da sua publicação."

Extrai-se da nova redação do artigo 11 que os herdeiros poderão lavrar uma escritura tão somente para nomeação de inventariante com a finalidade de:

a) obter junto aos estabelecimentos financeiros (bancos, corretoras etc.) saldos de contas, aplicações financeiras, informações sobre custódia de ações etc.

b) informações fiscais junto as repartições competentes necessárias à conclusão de negócios essenciais para a realização do inventário e,

c) levantamento de quantias para pagamento do imposto devido e dos emolumentos do inventário.

Nos parece que a simples obtenção de informações em estabelecimentos financeiros a respeito de valores existentes é passível de ser cumprida, apesar dos estabelecimentos criarem todos os tipos de dificuldades para fornecer os saldos.

Quanto ao levantamento de valores, provavelmente os estabelecimentos criarão todos os obstáculos para permitir a retirada das quantias solicitadas.

Ante o descumprimento da solicitação pelo estabelecimento financeiro, restará ao inventariante se socorrer do Judiciário para fazer cumprir a Resolução.

VENDA DE BENS NO INVENTÁRIO POR ESCRITURA -

O Tribunal de Justiça do Estado do Rio de Janeiro, através do Provimento CGJ n. 77/2022, o Corregedor Geral de Justiça, Des. Ricardo Rodrigues Cardoso inovou possibilitando a alienação de bens integrantes do acervo hereditário em inventário extrajudicial, independente de autorização judicial:

PROVIMENTO CGJ 77/2022

Dispõe sobre a alienação, por escritura pública, de bens integrantes de acervo hereditário, altera a redação do artigo 556 do Código de Normas da Corregedoria Geral da Justiça do Estado do Rio de Janeiro – Parte Extrajudicial e lhe acrescenta os artigos 308-A, 308-B, 308-C, 556-A e 556-B e dá outras providências.

O CORREGEDOR-GERAL DA JUSTIÇA DO ESTADO DO RIO DE JANEIRO, Desembargador Ricardo Rodrigues Cardozo, no uso de suas atribuições legais e regimentais;

CONSIDERANDO competir à Corregedoria Geral da Justiça o planejamento, supervisão, coordenação, orientação, disciplina e fiscalização dos serviços notariais e registrais (art. 21 da LODJ);

CONSIDERANDO a necessidade de aprimoramento do Código de Normas da Corregedoria Geral da Justiça – Parte Extrajudicial para instituir disciplina concernente à alienação, por escritura pública, de bens integrantes de acervo hereditário;

CONSIDERANDO ser a iniciativa importante instrumento para, com a segurança jurídica necessária aos outorgantes e aos outorgados, viabilizar que herdeiros descapitalizados obtenham os recursos necessários ao pagamento do ITD e dos emolumentos necessários ao processamento e conclusão do inventário;

CONSIDERANDO, a seu turno, que a regulamentação ora instituída resguarda os interesses da Fazenda ao determinar que uma parte ou a integralidade do preço será quitado pelo outorgado mediante o recolhimento do ITD incidente sobre a totalidade da herança sob pena de desfazimento do negócio;

CONSIDERANDO, ainda, operar a iniciativa como meio facilitador ao processamento do inventário extrajudicial, significando medida voltada à desjudicialização e ao incremento de receitas tributárias;

CONSIDERANDO, por fim, o decidido no processo administrativo SEI nº 2022-06113548;

RESOLVE:

Art. 1º O Código de Normas da Corregedoria-Geral da Justiça – Parte Extrajudicial fica acrescido dos seguintes artigos:

"Art. 308-A. É possível a alienação, por escritura pública, de bens integrantes do acervo hereditário, independentemente de autorização judicial, desde que dela conste e se comprove o pagamento, como parte do preço:

I – da totalidade do imposto de transmissão causa mortis sobre a integralidade da herança, ressalvado o disposto no artigo 669, II, III e IV, do CPC; e

II – do depósito prévio dos emolumentos devidos para a lavratura do inventário extrajudicial.

§ 1º A alienação disciplinada neste artigo não poderá ser efetivada quando:

I – tiver por objeto imóveis situados fora do Estado do Rio de Janeiro;

II – o inventário não puder ser lavrado por escritura pública na via extrajudicial; e

III – constar a indisponibilidade de bens quanto a algum dos herdeiros ou ao meeiro.

§ 2º O espólio será representado por inventariante previamente nomeado em escritura declaratória, ou no próprio instrumento de alienação de bens integrantes do acervo hereditário.

§ 3º Ao discriminar a forma de pagamento da parte do preço, o tabelião deverá consignar na escritura os elementos identificadores:

I – de orçamento expedido por notário escolhido pelo interessado, a fazer parte integrante do ato, indicando:

a) a relação dos bens do espólio que serão inventariados extrajudicialmente, incluindo o objeto da alienação;

b) os dados bancários necessários ao depósito prévio dos emolumentos para a realização do inventário;

c) a data de sua elaboração;

d) advertência de que a não lavratura da escritura pública de inventário extrajudicial em até 90 (noventa) dias da ciência do depósito prévio importará ao alienante na perda dos emolumentos depositados pelo adquirente em favor do tabelião;

II – da declaração de herança por escritura pública (HEP) e das guias para pagamento expedidas pelo órgão da Fazenda Estadual e documentos congêneres expedidos por órgãos competentes para o lançamento do imposto de transmissão causa mortis de outros entes da federação.

§ 4º Caso não haja a antecipação do pagamento, será possível a alienação com cláusula resolutiva expressa de que parte do preço será pago pelo depósito prévio dos emolumentos para a lavratura do inventário, em até dez dias, e pela quitação do imposto de transmissão causa mortis da integralidade da herança.

Art. 308-B. Se o inventário extrajudicial não for lavrado no prazo de 90 (noventa) dias contados da ciência do depósito prévio (artigo 308-A, § 3º, I, d), considerar-se-á o ato notarial efetivamente realizado, importando na perda dos emolumentos previamente depositados.

§ 1º Na hipótese do caput, deverá o serviço extrajudicial fazer a transmissão do selo eletrônico no prazo fixado neste Código, contado da data da expiração do prazo para lavratura da escritura de inventário.

§ 2º Havendo motivo plenamente justificado, será possível ao interessado requerer ao tabelião que lavre a escritura pública de inventário extrajudicial sem novo pagamento de emolumentos, podendo, ainda, em caso de recusa, dirigir seu requerimento à Corregedoria Geral da Justiça. Deferida a lavratura, o ato será selado e transmitido como gratuito.

Art. 308-C. O bem alienado será relacionado no monte para fins de apuração dos emolumentos, enquadramento tributário, cálculo dos quinhões e eventual torna, mas não será objeto de partilha, consignando-se a sua alienação na escritura do inventário.

Art. 556-A. A liberação da condição resolutiva na alienação de bens integrantes de acervo hereditário (art. 308-A, § 4º) será averbada na matrícula do imóvel, mediante apresentação ao respectivo oficial:

I – do comprovante do depósito do valor dos emolumentos devidos, na conta corrente do tabelionato de notas eleito pelo interessado para a lavratura do inventário extrajudicial, e;

II – de documento expedido pela autoridade competente para a tributação da transmissão causa mortis, reconhecendo a extinção do crédito tributário ou sua isenção, imunidade ou não incidência, ou do comprovante de pagamento das guias do imposto de transmissão que tiverem sido elencados na compra e venda.

Art. 556-B. A resolução do negócio jurídico ao qual aposto cláusula resolutiva expressa poderá ser realizada perante o oficial do registro de imóveis, aplicando-se o procedimento disposto no artigo 251-A, da Lei 6.015, de 31 de dezembro de 1973."

Art. 2º O artigo 556 do Código de Normas da Corregedoria Geral da Justiça – Parte Extrajudicial passa a vigorar com a seguinte redação:

"Art. 556. As condições negociais dos contratos de compra e venda que instituem cláusula resolutiva, tal como acontece nos pagamentos a prazo, ou as instituídas nas alienações de bens integrantes do acervo hereditário (art. 308-A, § 4º), deverão ser averbadas subsequentemente ao registro do negócio jurídico, ensejando cobrança de emolumentos correspondente à averbação sem conteúdo econômico."

Art. 3º Este Provimento entrará em vigor na data da sua publicação, revogadas as disposições em contrário.

Rio de Janeiro, 17 de outubro de 2022.

Desembargador RICARDO RODRIGUES CARDOZO

Corregedor-Geral da Justiça

Segundo o aludido Provimento,

I – **a alienação não pode ser efetuada:**

a) se o imóvel que se pretende alienar se localizar fora do Estado do Rio de Janeiro.

b) o inventário não puder ser lavrado por escritura pública.

c) constar indisponibilidade do bem quanto a algum herdeiro ou ao meeiro.

II – **São condições para a lavratura da escritura de venda que conste e se comprove como parte do preço:**

O pagamento da totalidade do valor do imposto de transmissão *causa mortis* devido por todos os bens da herança.

O depósito prévio dos emolumentos devidos para a posterior lavratura da escritura de inventário extrajudicial.

III – **o Espólio será representado por inventariante previamente nomeado em escritura declaratória ou na própria escritura de venda.**

IV – **São deveres do Tabelião:**

Ao discriminar na escritura a forma de pagamento da parte do preço, deverá consignar:

O orçamento expedido pelo notário que for escolhido pelo interessado, indicando os dados bancários necessários ao depósito prévio dos emolumentos da escritura de inventário, bem como, a data da sua elaboração:

Relação dos bens do espólio que serão inventariados, incluindo aquele objeto da alienação

Declaração de herança por escritura pública (HEP) e das guias para pagamento expedidas pelo órgão fazendário e demais documentos necessários.

Advertir as partes que caso a escritura de inventário não seja lavrada em até 90 dias da ciência do depósito prévio do valor a ela referente importará em perda da importância depositada em favor do Tabelião escolhido, salvo haja motivo justo devidamente comprovado. Não havendo justo motivo, por ocasião da feitura da escritura as partes arcarão novamente com os emolumentos respectivos.

V – **A venda poderá ser com cláusula resolutiva:**

Caso não haja antecipação do pagamento do imposto de transmissão, será possível a alienação com cláusula resolutiva expressa que parte do preço será pago pelo depósito prévio dos emolumentos para a lavratura do inventário, em até 10 dias, e pela quitação do imposto de transmissão *causa mortis* da integralidade da herança.

O bem alienado será descrito no inventário para fins de apuração de emolumentos e enquadramento tributário, cálculo dos quinhões e eventual torna mas não será objeto da partilha ou adjudicação, consignando-se sua alienação na escritura de inventário

A liberação da condição resolutiva será averbada na matrícula do RGI coma apresentação ao Oficial do RGI do comprovante do depósito dos emolumentos e do documento expedido pela autoridade competente reconhecendo a extinção do crédito tributário ou sua isenção ou das guias comprovando o pagamento do imposto de transmissão devido.

MODELO DE ESCRITURA DE INVENTÁRIO PARA NOMEAÇÃO DE REPRESENTANTE LEGAL/INVENTARIANTE

ESCRITURA DE INVENTÁRIO E NOMEAÇÃO DE REPRESENTANTE LEGAL PARA O ESPÓLIO DE ENRICO SILVA NA FORMA ABAIXO:

SAIBAM quantos esta virem que no ano de dois mil e vinte e um, aos ___ (___) dias do mês de fevereiro, nesta cidade do Rio de Janeiro, Estado do Rio de Janeiro, perante mim RICARDO DA SILVA DINIZ, Substituto, do 13º Ofício de Notas, que tem sede na Av. __________, n. __________ – 3º andar, compareceu como outorgantes e reciprocamente outorgados, doravante denominados simplesmente OUTORGANTES: 1) LUCIA SILVA, brasileira, viúva, não convive em união estável, maior, filha de Paulo Silva e de Maria Silva, correio eletrônico __________, portadora da carteira de identidade n. __________, expedida pelo IFP/RJ em 13.06.1952, inscrita no CPF/MF sob o n. __________, residente e domiciliada à __________, n. __________, ap. __________, Copacabana – RJ, CEP __________; 2) ALICE SILVA, brasileira, solteira, não convive em união estável, maior, filha de Paulo Silva e Maria Silva, correio eletrônico __________, portadora da carteira de identidade n. __________, expedida pelo IFP/RJ em 1º.07.1987, inscrita no CPF/MF sob o n. __________, residente e domiciliada à __________, n. __________, ap. __________, Niterói – RJ, CEP __________; 3) RODRIGO SILVA, brasileiro, comerciante, maior, filho de Paulo Silva e de Maria Silva, correio eletrônico __________, portador da carteira de identidade n. __________, expedida pelo IFP/RJ, inscrito no CPF/MF sob o n. __________, solteiro, residente e domiciliado à __________, n. __________, ap. __________, São Francisco, Niterói – RJ, CEP __________; devidamente assistidos neste ato por seu advogado, EDUARDO CURY FERNANDES, brasileiro, casado, advogado, inscrito na OAB/RJ sob o n. __________ e no CPF sob o n. __________, correio eletrônico __________, com escritório na __________, n. __________, Sala __________, Centro, Rio de Janeiro, CEP __________; os presentes reconhecidos como os próprios por mim, conforme os documentos apresentados, do que dou fé, bem como que da presente será enviada nota ao competente distribuidor, na forma da Lei. Então pelos OUTORGANTES me foi dito: 1º) Que em virtude do falecimento de ENRICO SILVA, natural do Egito, aposentado, portador da carteira de identidade n. __________, expedida pelo IFP/RJ em 18.01.1966, inscrito no CPF/MF sob o n. __________, ocorrido em 19.01.2021, no estado civil de casado pelo regime da comunhão universal de bens, antes da vigência da Lei 6.515/77, com LUCIA SILVA, acima qualificada, conforme Certidão de Óbito expedida em 21.01.2021, pelo Oficial e Registrador do Registro Civil das Pessoas Naturais da 2ª Zona Judiciária de Niterói, no Estado do Rio de Janeiro, registrado no Livro C-43, Fls. 40, Número de Ordem __________, os Outorgantes, acima qualificados, tornaram-se, a primeira, viúva meeira, e dos demais, únicos herdeiros do autor da herança, o qual não deixou testamento; 2º) Que além da necessidade de obter extratos bancários e representar o espólio, o falecido ENRICO SILVA deixou bens móveis e imóveis que devem ser administrados pelo representante legal do espólio até o momento da lavratura da escritura de inventário e partilha extrajudiciais; 3º) DO REPRESENTANTE DO ESPÓLIO: Dessa forma, os Outorgantes declaram que a viúva meeira LUCIA SILVA, acima qualificada, será o representante do Espólio de ENRICO SILVA, com poderes de inventariante, conforme artigo 11 da Resolução 35 do Conselho Nacional de Justiça de 24.04.2007; 4º) DAS DECLARAÇÕES DO ADVOGADO: Pelo Dr. CESAR EDUARDO CURY FERNANDES, acima qualificado, me foi dito que, na qualidade de advogado dos herdeiros, assessorou e aconselhou seus constituintes, tendo conferido a presente escritura. 5º) DAS CERTIDÕES E DOCUMENTOS APRESENTADOS __________.

MODELO DE ESCRITURA DE INVENTÁRIO COM REPOSIÇÃO

ESCRITURA DE INVENTÁRIO E PARTILHA DOS BENS DEIXADOS CARLOS NORONHA, na forma abaixo:

SAIBAM quantos esta virem que no ano de dois mil e vinte e um, aos ____ (______) dias do mês de agosto, nesta cidade do Rio de Janeiro, Estado do Rio de Janeiro, perante mim ____________ ____, compareceram partes entre si justas e contratadas, a saber: como OUTORGANTES E RECIPROCAMENTE OUTORGADOS: 1) MARCIA NORONHA, brasileira, maior, viúva, médica, filha de Carlos Noronha e de Maria Noronha, __________, portadora da carteira de identidade n. __________, expedida pelo Detran/RJ, inscrita no CPF/MF sob o n. __________, residente e domiciliada à __________, n. __________, ap. __________, Copacabana, Rio de Janeiro – RJ, CEP __________, era casada com o autor da herança desde 12 de dezembro de 1980, pelo regime da comunhão universal de bens, antes da vigência da Lei 6.515/77, conforme certidão de casamento expedida em 18.07.2021, pelo Oficial e Registrador do 1º Registro Civil de Pessoas Naturais da Capital – RJ, registrado no Livro de casamentos __________, Fls. __________, sob o termo n. __________, na qualidade de viúva meeira do autor da herança; 2) ISABEL NORONHA, brasileira, maior, divorciada, médica, filha de Carlos Noronha e de Marcia Noronha, endereço eletrônico __________, portadora da carteira de identidade n. __________, expedida pelo IFP/RJ, inscrita no CPF/MF sob o n. __________, residente e domiciliada à __________, ap. __________, Botafogo, Rio de Janeiro – RJ, CEP __________, na qualidade de filha do autor da herança. DA ASSISTÊNCIA JURÍDICA: A viúva meeira e a herdeira acima qualificadas estão assistidas por seu advogado, Dr. MARIO ROBERTO CARVALHO DE FARIA, filho de Fernando Antonio de Faria Sobrinho e de Maria da Conceição Carvalho de Faria, endereço eletrônico __________, brasileiro, casado, advogado, inscrito na OAB/RJ sob o n. __________, expedida em 16.06.2008 e no CPF/MF sob o n. __________, com escritório profissional à Rua Mexico n. __________, sala __________, centro, Rio de Janeiro – RJ, CEP __________. Os presentes reconhecidos como os próprios, por mim, conforme documentos apresentados de que dou fé, bem como de que da presente será enviada nota ao competente Registro de Distribuição, no prazo e na forma da Lei. Então, perante mim, pelos OUTORGANTES E RECIPROCAMENTE OUTORGADOS, assistidos por seu advogado acima mencionado, e conforme o disposto do artigo 610 do CPC com redação dada pela Lei 11.441 de 04.01.2007, me foi requerido seja feito o inventário e a partilha dos bens deixados pelo finado CARLOS NORONHA, a seguir qualificado, e declaram o seguinte: DO AUTOR DA HERANÇA: CARLOS NORONHA, brasileiro, casado, engenheiro, filho de Pedro Noronha França e de Marta Noronha, portador da carteira de identidade n. __________, expedida pelo IFP/DETRAN, inscrito no CPF/MF sob o n. __________, era residente e domiciliado à Rua Presidente Itamar Franco n. __________, Tijuca – RJ, CEP 24.611-290, falecido em 8 (oito) de março de 1999, na cidade de Nova Friburgo, conforme Certidão de Óbito expedida em 23.09.2021, pelo Oficial de Registro Civil das Pessoas Naturais de Nova Friburgo – Ofício do RCPN 1º Distrito da 1ª Circunscrição – RJ, registrado no Livro C-71, Fls. __________, Termo __________, no estado civil de casado com MARCIA NORONHA desde 23.11.1970, pelo regime da comunhão universal de bens, antes da vigência da Lei 6.515/77, conforme certidão de casamento expedida em 18.07.2021, pelo Oficial e Registrador do __________ Registro Civil de Pessoas Naturais da Capital – RJ, registrado no Livro de casamentos BA-315, Fls. __________, sob o termo n. __________, deixando bem a inventariar, sem deixar testamento, conforme atestam as certidões do 5º e 6º Ofícios de Distribuição e certidão Censec, deixando 01 (uma) filha, ISABEL NORONHA, acima qualificada; DA NÃO EXISTÊNCIA DE TESTAMENTO: O autor da herança não deixou testamento conhecido, conforme atestam as certidões do 5º e 6º Ofícios de Distribuição e certidão Censec; DA INVENTARIANTE:

A viúva meeira MARCIA NORONHA, devidamente qualificada acima, exercerá o ***munus*** da Inventariança, com poderes de inventariante, conforme artigo 11 da resolução 35 do CNJ de 24.04.2007; DA NÃO EXISTÊNCIA DE HERDEIROS MENORES OU INCAPAZES: Declaram as partes não existir herdeiros menores ou incapazes, tendo sido feitas todas as pesquisas e obtidas todas as certidões que atestem tal situação; DA NÃO EXISTÊNCIA DE PROCESSO JUDICIAL: Declaram as partes não existir processo judicial de inventário na pessoa do autor da herança; DOS BENS: O inventariado possuía, por ocasião da abertura da sucessão, a fração do seguinte bem: 1) 1/7 (um sétimo) do apartamento n. __________, do prédio situado à __________, n. __________, na freguesia da Glória, e correspondente fração ideal de 1/17 do terreno, cujas metragens, características e confrontações são as constantes da certidão de ônus reais, imóvel objeto da matrícula n. __________, aberta no __________ Ofício de Registro Geral de Imóveis desta cidade, havida pelo Formal de Partilha de 10.11.2016 da __________ Vara de Órfãos e Sucessões, contendo sentença de 05.07.2016, prenotado em 06.12.2016 com o n. __________ à fl. __________ do livro 1__________, extraído dos autos de inventário dos bens deixados por CARLOS AUGUSTO NORONHA, falecido em 01.02.1982 (processo __________), devidamente registrado no R-2 da já referida matrícula n. __________, aberta no __________ Ofício de Registro Geral de Imóveis desta cidade. O imóvel está inscrito na municipalidade sob o n. __________, CL n. __________, tendo como valor atribuído à integralidade do imóvel para fins de partilha R$ 200.000,00 (duzentos mil reais), correspondendo à fração inventariada de 1/7 (um sétimo) o valor de R$ 28.571,42 (vinte e oito mil, quinhentos e setenta e um reais e quarenta e dois centavos); DA DECLARAÇÃO DE INEXISTÊNCIA DE OUTROS BENS: Declaram as partes que desconhecem outros bens em nome do autor da herança a serem partilhados; DA PARTILHA: MONTE TOTAL: R$ 28.571,42 (vinte e oito mil, quinhentos e setenta e um reais e quarenta e dois centavos); MEAÇÃO: R$ 14.285,71 (quatorze mil, duzentos e oitenta e cinco reais e setenta e um centavos); LEGÍTIMA DA HERDEIRA: R$ 14.285,71 (quatorze mil, duzentos e oitenta e cinco reais e setenta e um centavos); PAGAMENTO que se faz à viúva meeira MARCIA NORONHA , acima qualificada, conforme sua meação, no valor de R$ 14.285,71 (quatorze mil, duzentos e oitenta e cinco reais e setenta e um centavos). HAVERÁ: 1) 1/7 (um sétimo) do apartamento n. 204, do prédio situado à __________, n. __________, na freguesia da Glória, e correspondente fração ideal de 1/17 do terreno, cujas metragens, características e confrontações são as constantes da certidão de ônus reais, imóvel objeto da matrícula n. __________, aberta no __________ Ofício de Registro Geral de Imóveis desta cidade, havida pelo Formal de Partilha de 10.11.2016 da __________ Vara de Órfãos e Sucessões, contendo sentença de 05.07.2016, prenotado em 06.12.2016 com o n. __________ à fl. __________ do livro __________, extraído dos autos de inventário dos bens deixados por CARLOS AUGUSTO NORONHA, falecido em 01.02.1982 (processo __________), devidamente registrado no R-2 da já referida matrícula n. __________, aberta no __________ Ofício de Registro Geral de Imóveis desta cidade. O imóvel está inscrito na municipalidade sob o n. __________, CL n. __________, tendo como valor atribuído à integralidade do imóvel para fins de partilha R$ 200.000,00 (duzentos mil reais), correspondendo à fração inventariada de 1/7 (um sétimo) o valor de R$ 28.571,42 (vinte e oito mil, quinhentos e setenta e um reais e quarenta e dois centavos); TOTAL R$ 28.571,42 (vinte e oito mil, quinhentos e setenta e um reais e quarenta e dois centavos). PAGAMENTO que se faz à herdeira ISABELLA DE NORONHA FRANÇA, acima qualificada, conforme sua herança, no valor de R$ 14.285,71 (quatorze mil, duzentos e oitenta e cinco reais e setenta e um centavos). HAVERÁ: conforme declaração de ITD n. __________ e guia de excesso na partilha n. __________, a totalidade da fração inventariada foi paga à viúva meeira, cabendo à herdeira R$ 0,00. TOTAL R$ 0,00 (zero reais). DA SITUAÇÃO JURÍDICA DO BEM: que o dito bem acha-se livre e desembaraçado de todo e qualquer ônus ou gravame, real ou pessoal, judicial ou extrajudicial, hipoteca legal ou convencional, pensão, arresto, foro, sequestro, litispendência, débitos e/ou responsabilidade de qualquer outra natureza, bem como está inteiramente quite de impostos e taxas até a presente data, declarando, ainda, não haver multas e/ou exigências das autoridades competentes a pagar ou satisfazer; DOCUMENTOS ARQUIVADOS: as certidões apresentadas ao Tabelião; DAS DECLARAÇÕES DO ADVOGADO: Pelo Dr. MARIO ROBERTO CARVALHO DE FARIA, já qualificado, me foi dito que, na qualidade de advogado e assistente das partes, assessorou e aconselhou seus constituintes, tendo conferido a correção da partilha e seus valores, bem como as certidões apresentadas, de acordo com a Lei. Pelos OUTORGANTES me foi dito que aceitam a presente como está feita e redigida. Certifico e porto por fé que os ITD's incidentes sobre os bens objetos da presente foram pagos à Secretaria Estadual de Fazenda do Estado do Rio de Janeiro através da declaração de Herança Escritura Pública n. __________ e confirmado da seguinte forma (...)

MODELO DE ESCRITURA DE INVENTÁRIO DE SOBREPARTILHA

ESCRITURA DE INVENTÁRIO DE SOBREPARTILHA DOS BENS DEIXADOS POR MARIA REGINA PINTO, NA FORMA ABAIXO:

Aos ______ dias do mês de julho do ano de dois mil e vinte e um (___.07.2021), nesta Cidade do Rio de Janeiro, Estado do Rio de Janeiro, perante mim, Jorge da Costa Roque, Substituto do Tabelião do __________ Ofício de Notas, com sede na __________, n. __________, 3º andar, compareceram partes entre si justas e contratadas, a saber: como OUTORGANTES E RECIPROCAMENTE OUTORGADOS: 1) MARCELO DIAS, brasileiro, divorciado, maior, aposentado, filho de Paulo Dias e de Maria Dias, endereço eletrônico __________, portador da carteira de identidade CNH n. __________, expedida pelo DETRAN/RJ/ em 12.12.2011, onde consta o documento de identidade IFP/RJ n. __________, inscrito no CPF/MF sob o n. __________, residente e domiciliado na Rua Bari, casa __________, viveu sob o regime da convivência familiar (União Estável) com a autora da herança, desde outubro de 1995, conforme escritura pública declaratória de união estável, lavrada perante o __________ Ofício de Notas, Livro n. __________, Folha __________, Ato __________, em 9/ /2020 , na qualidade de companheiro da autora da herança; 2) ANA PINTO, brasileira, maior, divorciada, advogada, filha de Francisco Pinto e de Maria Regina Pinto, endereço eletrônico: __________, portadora da carteira de identidade n. __________, expedida pelo OAB/RJ em 08.01.2011, inscrita no CPF/MF sob o n. __________, residente e domiciliada à __________, n. __________, Tijuca, Rio de Janeiro – RJ, CEP __________, na qualidade de filha da autora da herança; 3) JOÃO PINTO, brasileiro, maior, solteiro advogado, filho de Francisco Pinto e de Maria Regina Pinto, endereço eletrônico: __________, portador da carteira de identidade n. __________, expedida pela OAB/RJ em 11.12 2003, inscrito no CPF/MF sob o n. __________, residente e domiciliado à __________, n. __________, Rio de Janeiro – RJ, CEP __________, na qualidade de filho da autora da herança; 4) PEDRO CARLOS PINTO, brasileiro, maior, médico, divorciado, filho de Francisco Pinto e de Maria Regina Pinto, endereço eletrônico: __________, portador da carteira de identidade n. __________, expedida pelo CRM/RJ em 12.08.2019, inscrito no CPF/MF sob o n. __________, residente e domiciliado à Rua Lia de Morais n. __________, ap. __________, Ipanema, Rio de Janeiro – RJ, CEP __________, na qualidade de filho da autora da herança DA ASSISTÊNCIA JURÍDICA: Os herdeiros acima qualificados estão assistidos por seu advogado, Dr. MARIO ROBERTO CARVALHO DE FARIA, filho de Fernando Antonio de Faria Sobrinho e de Maria da Conceição Carvalho de Faria, endereço eletrônico: __________, brasileiro, casado, advogado, inscrito na OAB/RJ sob o n. __________, expedida em 16.06.2018 e no CPF/MF sob o n. __________, com escritório profissional à Rua México n. __________, sala __________, centro, Rio de Janeiro – RJ, CEP __________. Os presentes reconhecidos como os próprios, por mim, conforme documentos apresentados de que dou fé, bem como de que da presente será enviada nota ao competente Registro de Distribuição, no prazo e na forma da Lei. Então, perante mim, pelos OUTORGANTES E RECIPROCAMENTE OUTORGADOS, assistidos por seu advogado acima mencionado, e conforme o disposto do artigo 610 do CPC com redação dada pela Lei 11.441 de 04.01.2007, me foi requerido seja feito o inventário e a sobrepartilha dos bens deixados pela finada MARIA REGINA PINTO, a seguir qualificada, e declaram o seguinte: DA AUTORA DA HERANÇA: MARIA REGINA PINTO, brasileira, professora, divorciada de João Paiva, filha de Carlos Silva e de Maria Silva, portadora da carteira de identidade n. ___________, expedida pelo DETRAN/RJ em 16.12.2009, inscrita no CPF/MF sob o n. ___________, era residente e domiciliada nesta cidade na Rua Aloé n. ___________, ap. ___________, Ipanema, Rio de Janeiro – RJ, CEP ___________, falecida em 05 (cinco) de novembro de 2020, na cidade do Rio de Janeiro, conforme Certidão de Óbito expedida em 07 de novembro de 2020, pelo Registrador do 5º Registro Civil das Pessoas Naturais da Capital RJ, registrado no Livro ___________, folha ___________, sob o n. ___________, matrícula ___________, vivia em união estável, desde outubro de 1967, com MARCELO DIAS, conforme escritura pública declaratória de união estável, lavrada perante o ___________ Ofício de Notas, Livro n. ___________, Folha ___________, Ato ___________, em 12.11.2019, deixando bens a inventariar, sem deixar testamento, conforme atestam as certidões do 5º e 6º Ofícios de Distribuição e certidão Censec, deixando 03 (três) filhos, ANA PINTO, JOÃO PINTO e PEDRO CARLOS PINTO, todos acima qualificados; DO INVENTARIANTE: O herdeiro JOÃO PINTO, devidamente qualificado acima, continuará exercendo o cargo de representante legal do espólio, com poderes de inventariante, conforme artigo 11 da Resolução n. 35 do CNJ de 24.04.2007; DA NÃO EXISTÊNCIA DE TESTAMENTO E DE HERDEIROS MENORES OU INCAPAZES: Declaram as partes que não existe testamento conhecido efetuado pela autora da herança ou herdeiros menores ou incapazes, tendo sido feitas todas as pesquisas e obtidas todas as certidões que atestam tal situação; DA NÃO EXISTÊNCIA DE PROCESSO JUDICIAL: Declaram as partes que não existe processo judicial de inventário judicial na pessoa da autora da herança; DOS BENS: A inventariada possuía, por ocasião da abertura da sucessão, os seguintes bens descobertos após a partilha: (1) 82 ações do tipo ON NM, código BBAS3, da empresa BANCO ___________, custodiadas pela Fator S.A. Corretora de Valores, código do cliente ___________, código de carteira ___________, com a cotação média em 06.11.2020 no valor de R$ 30,39 por ação, no valor total de R$ 2.491,98; (2) 16.908 ações do tipo PN ED N1, código ___________, da empresa BANCO ___________, custodiadas pela Fator S.A. Corretora de Valores, código do cliente ___________, código de carteira ___________, com a cotação média em 06.11.2020 no valor de R$ 25,56 por ação, no valor total de R$ 432.168,48; (3) 464 ações do tipo ___________, código ___________, da empresa PETROBRAS S/A, custodiadas pela Fator S.A. Corretora de Valores, código do cliente ___________, código de carteira ___________, com a cotação média em 06.11.020 no valor de R$ 19,76 por ação, no valor total de R$ 9.168,64; (4) 1.452 cotas do Fundo FII CAPI SEC CI, código ___________, custodiadas pela Fator S.A. Corretora de Valores, código do cliente ___________, código de carteira ___________, com a cotação em 06.11.2020 no valor de R$ 97,50 por cota, no valor total de R$ 141.570,00; (5) Saldo existente junto à conta-corrente n. ___________, junto à Fator S.A. Corretora de Valores, com saldo em 06.11.2020 no valor de R$ 50.922,93; (6) 205 ações do tipo EO, código ___________, da empresa GPC PARTICIPAÇÕES S/A, custodiadas pelo Banco ___________., com a cotação média em 06.11.2020 no valor de R$ 18,85 por ação, no valor total de R$ 3.864,25; (7) 50 ações do tipo EO, código ___________, da empresa CIA BRASILEIRA DE DISTRIBUIÇÃO S/A, custodiadas pelo Banco ___________., com a cotação média em 06.11.2020 no valor de R$ 65,53 por ação, no valor total de R$ 3.276,50. DA DECLARAÇÃO DE INEXISTÊNCIA DE OUTROS BENS: Declaram as partes que não existem outros bens em nome da autora da herança a serem sobrepartilhados; DO ACORDO ENTRE O COMPANHEIRO E HERDEIROS QUANTO À MEAÇÃO: Por meio de acordo, estabelecem as partes que a meação será partilhada entre os herdeiros, os quais efetuaram o recolhimento do imposto respectivo pelo excesso de seus quinhões. DA SOBREPARTILHA: MONTE TOTAL R$ 643.462,78 (seiscentos e quarenta e três mil, quatrocentos e sessenta e dois reais e setenta e oito centavos); MEAÇÃO: R$ 321.731,39 (trezentos e vinte e um mil, setecentos e trinta e um reais e trinta e nove centavos); LEGÍTIMA DOS HERDEIROS: R$

321.731,39 (trezentos e vinte e um mil, setecentos e trinta e um reais e trinta e nove centavos); CABENDO CADA UM: R$ 107.243,79 (cento e sete mil, duzentos e quarenta e três reais e setenta e nove centavos). PAGAMENTO que se faz à herdeira ANA PINTO, acima qualificada, conforme sua legítima, no valor de R$ 214.487,59 (duzentos e quatorze mil, quatrocentos e oitenta e sete reais e cinquenta e nove centavos). HAVERÁ: 1 27 ações do tipo ON NM, código ___________, da empresa BANCO ___________, custodiadas pela Fator S.A. Corretora de Valores, código do cliente 470354, código de carteira ___________, com a cotação média em 06.11.2020 no valor de R$ 30,39 por ação, no valor de R$ 820,53; 2 5.636 do tipo PN ED N1, código ___________ da empresa BANCO ___________, custodiadas pela Fator S.A. Corretora de Valores, código do cliente ___________, código de carteira ___________, com a cotação média em 06.11.2020 no valor de R$ 25,56 por ação, no valor de R$ 144.056,16; 3 155 ações do tipo PN N2, código ___________, da empresa PETROBRAS S/A, custodiadas pela Fator S.A. Corretora de Valores, código do cliente ___________, código de carteira ___________, com a cotação média em 06.11.2020 no valor de R$ 19,76 por ação, no valor de R$ 3.062,80; 4 1/3 das cotas do Fundo FII CAPI SEC CI, código ___________, custodiadas pela Fator S.A. Corretora de Valores, código do cliente ___________, código de carteira ___________, com a cotação em 06.11.2020 no valor de R$ 97,50 por cota, no valor de R$ 47.190,00; 51/3 do Saldo existente junto à conta-corrente n. ___________, junto à Fator S.A. Corretora de Valores, com saldo em 06.11.2020 no valor de R$ 16.974,31; 6 68 ações do tipo EO, código ___________, da empresa GPC PARTICIPAÇÕES S/A, custodiadas pelo Banco ___________, com a cotação média em 06.11.2020 no valor de R$ 18,85 por ação, no valor de R$ 1.281,80; 7 17 ações do tipo EO, código PCAR3, da empresa CIA BRASILEIRA DE DISTRIBUIÇÃO S/A, custodiadas pelo Banco ___________, com a cotação média em 06.11.2020 no valor de R$ 65,53 por ação, no valor de R$ 1.114,01; TOTAL R$ 214.499,61 (duzentos e quatorze mil, quatrocentos e noventa e nove reais e sessenta e um centavos). PAGAMENTO que se faz ao herdeiro JOÃO PINTO, acima qualificado, conforme sua legítima, no valor de R$ 214.487,59 (duzentos e quatorze mil, quatrocentos e oitenta e sete reais e cinquenta e nove centavos). HAVERÁ: 1 28 ações do tipo ON NM, código ___________ da empresa BANCO ___________, custodiadas pela Fator S.A. Corretora de Valores, código do cliente ___________, código de carteira ___________, com a cotação média em 06.11.2020 no valor de R$ 30,39 por ação, no valor de R$ 850,92; 2 5.636 do tipo PN ED N1, código ___________, da empresa BANCO ___________, custodiadas pela Fator S.A. Corretora de Valores, código do cliente ___________, código de carteira ___________, com a cotação média em 06.11.2020 no valor de R$ 25,56 por ação, no valor de R$ 144.056,16; 3 154 ações do tipo PN N2, código ___________ da empresa PETROBRAS S/A, custodiadas pela Fator S.A. Corretora de Valores, código do cliente ___________, código de carteira ___________, com a cotação média em 06.11.2020 no valor de R$ 19,76 por ação, no valor de R$ 3.043,04; 4 1/3 das cotas do Fundo FII CAPI SEC CI, código ___________, custodiadas pela Fator S.A. Corretora de Valores, código do cliente ___________, código de carteira ___________ com a cotação em 06.11.2020 no valor de R$ 97,50 por cota, no valor de R$ 47.190,00; 5 1/3 do Saldo existente junto à conta-corrente n. ___________, junto à Fator S.A. Corretora de Valores, com saldo em 06.11.2020 no valor de R$ 16.974,31; 6 69 ações do tipo EO, código ___________, da empresa GPC PARTICIPAÇÕES S/A, custodiadas pelo Banco ___________, com a cotação média em 06.11.2020 no valor de R$ 18,85 por ação, no valor de R$ 1.300,65; 7 17 ações do tipo EO, código PCAR3, da empresa CIA BRASILEIRA DE DISTRIBUIÇÃO S/A, custodiadas pelo Banco ___________, com a cotação média em 06.11.2020 no valor de R$ 65,53 por ação, no valor de R$ 1.114,01; TOTAL R$ 214.529,09 (duzentos e quatorze mil, quinhentos e vinte e nove reais e nove centavos). PAGAMENTO que se faz ao herdeiro PEDRO CARLOS PINTO, acima qualificado, conforme sua legítima, no valor de R$ 214.487,59 (duzentos e quatorze mil, quatrocentos e oitenta e sete reais e cinquenta e nove centavos). HAVERÁ: 1 27 ações do tipo ON NM, código ___________, da empresa BANCO ___________, custodiadas pela Fator S.A. Corretora de Valores, código do cliente ___________ código de carteira ___________, com a cotação média em

06.11.2020 no valor de R$ 30,39 por ação, no valor de R$ 820,53; 2 5.636 do tipo PN ED N1, código ________, da empresa BANCO ITAÚ UNIBANCO S/A, custodiadas pela Fator S.A. Corretora de Valores, código do cliente ________, código de carteira ________, com a cotação média em 06.11.2020 no valor de R$ 25,56 por ação, no valor de R$ 144.056,16; 3 155 ações do tipo PN N2, código ________, da empresa PETROBRAS S/A, custodiadas pela Fator S.A. Corretora de Valores, código do cliente ________, código de carteira ________, com a cotação média em 06.11.2020 no valor de R$19,76 por ação, no valor de R$ 3.062,80; 4 1/3 das cotas do Fundo FII CAPI SEC CI, código ________, custodiadas pela Fator S.A. Corretora de Valores, código do cliente ________, código de carteira ________, com a cotação em 06.11.2020 no valor de R$ 97,50 por cota, no valor de R$ 47.190,00; 5 1/3 do Saldo existente junto à conta-corrente ________, junto à Fator S.A. Corretora de Valores, com saldo em 06.11.2020 no valor de R$ 16.974,31; 668 ações do tipo EO, código GPCP3, da empresa GPC PARTICIPAÇÕES S/A, custodiadas pelo Banco ________, com a cotação média em 06.11.2020 no valor de R$ 18,85 por ação, no valor de R$ 1.281,80; 716 ações do tipo EO, código PCAR3, da empresa CIA BRASILEIRA DE DISTRIBUIÇÃO S/A, custodiadas pelo Banco ________, com a cotação média em 06.11.2020 no valor de R$ 65,53 por ação, no valor de R$ 1.048,48; TOTAL R$ 214.434,08 (duzentos e quatorze mil, quatrocentos e trinta e quatro reais e oito centavos). DA SITUAÇÃO JURÍDICA DOS BENS: que ditos bens acham-se livres e desembaraçados de todo e qualquer ônus ou gravame, real ou pessoal, judicial ou extrajudicial, hipoteca legal ou convencional, pensão, arresto, foro, sequestro, litispendência, débitos e/ou responsabilidade de qualquer outra natureza, bem como estão inteiramente quites de impostos e taxas até a presente data, declarando, ainda, não haver multas e/ou exigências das autoridades competentes a pagar ou satisfazer. Os requerentes, herdeiros e os únicos filhos, maiores e capazes, se dão mútua e recíproca quitação, para nada mais reclamarem entre si, por si, herdeiros ou sucessores, em qualquer tempo, assinando a presente partilha amigável, e ainda, requerem e autorizam as instituições bancárias e financeiras (corretoras de valores) a praticar todos os atos que se fizerem necessários ao registro da presente. DAS DECLARAÇÕES DO ADVOGADO: Pelo Dr. MARIO ROBERTO CARVALHO DE FARIA, já qualificado, me foi dito que, na qualidade de advogado e assistente das partes, assessorou e aconselhou seus constituintes, tendo conferido a correção da sobrepartilha e seus valores, bem como as certidões apresentadas, de acordo com a Lei. DAS CERTIDÕES E DOCUMENTOS APRESENTADOS: deixam de serem apresentadas neste ato, por já terem sido apresentas nas escrituras de partilha, as certidões necessárias a presente. Não consta em nome do(s) "de cujus" indisponibilidade de bens conforme consulta(s) ________ e ________ feitas à Corregedoria-Geral de Justiça do Rio de Janeiro em 30.06.2021, bem como, foi apresentado o relatório de consulta de indisponibilidade de bens com resultado negativo código HASH: ________ feita junto a Central Nacional em 30.06.2021. Declaram os comparecentes que o "de cujus" não era, e nunca foi contribuinte obrigatório para com a Previdência Social na qualidade de empregador em firma individual, e que não houve inventário anterior (judicial ou extrajudicial). Pelos OUTORGANTES me foi dito que aceitam a presente como está feita e redigida. DO ITD (IMPOSTO DE TRANSMISSÃO CAUSA MORTIS) – Pelas partes me foi apresentado os pagamentos dos impostos "causa mortis" já homologado pela Secretaria Estadual de Fazenda (declaração: ________), pelo (1) 82 ações do tipo ON NM, código ________, da empresa BANCO ________, através da guia n. ________ no valor de R$ 77,92 em 18.06.2021, valor atribuído pela SEFAZ R$ 2.491,98 e tendo sido a base de cálculo R$ 1.298,67; (2) 16.908 ações do tipo PN ED N1, código ________, da empresa BANCO ________, através da guia n. ________ no valor de R$ 13.513,20 em 18.06.2021, valor atribuído pela SEFAZ R$ 432.168,48 e tendo sido a base de cálculo R$ 225.219,96; (3) 464 ações do tipo PN N2, código PETR4, da empresa PETROBRAS S/A, através da guia n. ________ no valor de R$ 286,69 em 18.06.2021, valor atribuído pela SEFAZ R$ 9.168,64 e tendo sido a base de cálculo R$ 4.778,14; (4) 1.452 cotas do Fundo FII CAPI SEC CI, código ________, através da guia n. ________ no valor de R$ 4.426,66 em 18.06.2021, valor atribuído pela SEFAZ R$ 0,00 e tendo sido a base de cálculo R$ 73.777,69; (5) Saldo existente junto à conta-corrente n. ___________, junto à Fator S.A. Corretora de Valores, através da guia ___________ no valor de R$ 1.592,28 em 18.06.2021, valor atribuído pela SEFAZ R$ 0,00 e tendo sido a base de cálculo R$ 26.537,94. (6) 205 ações do tipo EO, código ___________, da empresa GPC PARTICIPAÇÕES S/A, através da guia ___________ no valor de R$ 120,83 em 18.06.2021, valor atribuído pela SEFAZ R$ 3.864,25 e tendo sido a base de cálculo R$ 2.013,82; (7) 50 ações do tipo EO, código ___________, da empresa CIA BRASILEIRA DE DISTRIBUIÇÃO S/A, através da guia ___________ no valor de R$ 102,46 em 18.06.2021, valor atribuído pela SEFAZ R$ 3.276,50 e tendo sido a base de cálculo R$ 1.707,52, e GUIA DE EXCESSO NA PARTILHA através da guia ___________ no valor de R$ 15.090,02 em 18.06.2021, valor do excesso na partilha R$ 335.333,72 e tendo sido a base de cálculo R$ 335.333,72, cujo originais ficam arquivados nestas Notas. Emitida a DOI. assim por estarem justos e contratados, me pediram que lavrasse nestas Notas esta escritura, que lhes sendo lida em voz alta e achada conforme, aceitam e assinam, dispensando as testemunhas. Eu, ___________ Jorge da Costa, Substituto do Tabelião, lavrei, li e encerro o presente ato, colhendo as assinaturas.-.-.-.-.-.-

MODELO DE ESCRITURA DE INVENTÁRIO E ADJUDICAÇÃO TENDO O FALECIDO DEIXADO TESTAMENTO

ESCRITURA DE INVENTÁRIO E ADJUDICAÇÃO DO BEM DEIXADO POR MARIA RIBEIRO, na forma abaixo:

SAIBAM quantos esta virem que no ano de dois mil e dezenove, aos ___________ dias do mês de julho, nesta cidade do Rio de Janeiro, Estado do Rio de Janeiro, perante mim RICARDO DA SILVA DINIZ, Substituto do ___________ Ofício de Notas, que tem sede na ___________, n. ___________ – 3º andar, compareceu partes entre si justas e contratadas, a saber: como OUTORGANTE E RECIPROCAMENTE OUTORGADO: NA QUALIDADE DE ÚNICO HERDEIRO TESTAMENTÁRIO, sobrinho da Autora da Herança: MARIO RIBEIRO, brasileiro, maior, Professor Universitário, filho de Mario Soares Ribeiro e de Joana Ribeiro, endereço eletrônico ___________, portador da carteira de identidade n. ___________, expedida pelo FP/RJ em 07.09.1996, inscrito no CPF/MF sob o n. ___________, solteiro, residente e domiciliado na ___________, n. ___________, ap. ___________, Tijuca, RJ, CEP ___________; DA ASSISTÊNCIA JURÍDICA: O herdeiro acima qualificado está assistido, por seus advogados, Dr. MARIO ROBERTO CARVALHO DE FARIA, brasileiro, casado, advogado, filho de Fernando Antonio de Faria Sobrinho e de Maria da Conceição Carvalho de Faria, endereço eletrônico ___________, inscrito na OAB/RJ sob o n. ___________, inscrito no CPF/MF sob o n. ___________. Os presentes reconhecidos como os próprios, por mim, conforme documentos apresentados de que dou fé, bem como de que da presente será enviada nota ao competente Registro de Distribuição, no prazo e na forma da Lei. Então, perante mim, pelo OUTORGANTE E RECIPROCAMENTE OUTORGADO, assistido pelos advogados acima mencionados, e conforme o disposto do artigo 610 do CPC com redação dada pela Lei 11.441 de 04.01.2007, me foi requerido seja feito o inventário e a adjudicação do bem deixado pela finada YVONE DANTAS RIBEIRO, a seguir qualificada, e declaram o seguinte: DA AUTORA DA HERANÇA: MARIA RIBEIRO, brasileira, solteira, aposentada, filha de Aluisio Ribeiro e de Luiza Ribeiro, portadora da carteira de identidade n. ___________, expedida pelo IFP/RJ em 16.01.1954, inscrita no CPF/MF sob o n. ___________, residia na Rua ___________, apt. ___________, Rio de Janeiro – RJ, CEP ___________, falecida em 13 (treze) de fevereiro de 2019, na cidade do Rio de Janeiro, conforme Certidão de Óbito expedida em 17 (dezessete) de fevereiro de 2019, pelo Oficial e Registrador do 1º Registro Civil de Pessoas Naturais da Capital – RJ, registrado no Livro ___________, Fl. ___________, Termo ___________, deixando testamento, conforme certidões do 5º e 6º Ofícios de distribuição e CENSEC, não deixou filhos ou herdeiros necessários, deixando como único herdeiro testamentário seu sobrinho, OUTORGANTE E RECIPROCAMENTE OUTORGADO acima qualificado. DO INVENTARIANTE: O herdeiro testamentário MARIO RIBEIRO, devidamente qualificado acima, exercerá a Inventariança e o cargo de representante legal do espólio, com poderes de inventariante, conforme artigo 11 da Resolução 35 do CNJ de 24.04.2007, podendo obter junto aos bancos extratos bancários com os saldos atuais e na data do óbito; DA EXISTÊNCIA DE TESTAMENTO E DA VERBA TESTAMENTÁRIA: A autora da herança deixou testamento lavrado perante o ______ Ofício de Notas do Rio de Janeiro, Livro ______, Fls. ______, Ato ______, em 12.03.2001, o qual foi devidamente cumprido conforme o processo de Abertura, Registro e Cumprimento do Testamento, que tramitou perante o Juízo da ______ Vara de Órfãos e Sucessões da Comarca da Capital do Estado do Rio de Janeiro, processo autuado sob o n. ______, contendo sentença proferida em 05.05.2019, que autoriza a realização do inventário pela via extrajudicial, nos termos da Lei 11.441/2007, e do art. 297, § 1º da Consolidação Normativa da CGJ/RJ. A verba testamentária é do seguinte teor: "*...Que não possuindo ascendentes vivos e nem descendentes pode dispor, livremente, a totalidade de seu patrimônio; Que deixa e lega por ocasião de seu falecimento todos os bens que possui ou venha a possuir para seu sobrinho MARIO RIBEIRO, filho de sua irmã Luisa Ribeiro, a quem institui como seu único e universal herdeiro; Que para seu testamenteiro e inventariante nomeia seu sobrinho MARIO RIBEIRO, a quem dá por abonado em Juízo ou fora dele, independente de caução ou fiança...*". DA NÃO EXISTÊNCIA DE HERDEIROS MENORES OU INCAPAZES: Declara não existir herdeiros menores ou incapazes, tendo sido feitas todas as pesquisas e obtidas todas as certidões que atestem tal situação; DA NÃO EXISTÊNCIA DE PROCESSO JUDICIAL: Declara não existir processo judicial de inventário da pessoa da autora da herança; DO ÚNICO BEM IMÓVEL: A inventariada possuía, por ocasião da abertura da sucessão, o seguinte BEM IMÓVEL: Apartamento 101 do edifício situado na Rua Visconde de Pirajá 59, nesta cidade, com a fração ideal de 1/32 do terreno constituído dos lotes 25 e 26, cujas metragens, características e confrontações são as constantes da certidão de ônus reais do imóvel objeto da matrícula n. ______, aberta no ______ Ofício de Registro Geral de Imóveis desta cidade, havido conforme Escritura de Compra e Venda, assinada em 28.06.2002, do ______ Ofício de Notas, livro ______, fls. ______, prenotado no livro ______, fls. ______, em 11.07.2002, devidamente registrada na R-4 da já mencionada matrícula n. ______, aberta no ______ Ofício de Registro Geral de Imóveis desta cidade, em 17.07.2002. O imóvel está inscrito na municipalidade sob o n. ______, CL n. ______, o qual está quite de impostos e taxas até a cota 05 do exercício de 2019, não sendo foreiro à municipalidade, conforme se verifica da certidão emitida pela repartição competente, que ora se arquiva, e tendo como valor atribuído para fins de partilha R$ 1.000.000,00 (hum milhão de reais); DA DECLARAÇÃO DE EXISTÊNCIA DE OUTRO BEM: Declara desconhecer outros bens livres e desembaraçados em nome da autora da herança a serem adjudicados, pendendo, entretanto, pesquisa de saldos e aplicações financeiras; DA ADJUDICAÇÃO: Monte total R$ 1.000.000,00 (hum milhão de reais); Disponível R$ 1.000.000,00 (hum milhão de reais); Cabendo ao único herdeiro testamentário R$ 1.000.000,00 (hum milhão de reais); PAGAMENTO que se faz ao único herdeiro testamentário MARIO RIBEIRO já qualificado, o valor de R$ 1.000.000,00 (hum milhão de reais); HAVERÁ: Apartamento 101 do edifício situado na Rua Visconde de Pirajá 59, nesta cidade, com a fração ideal de 1/32 do terreno constituído dos lotes 25 e 26, cujas metragens, características e confrontações são as constantes da certidão de ônus reais anexa, imóvel objeto da matrícula n. ______, aberta no 5º Ofício de Registro Geral de Imóveis desta cidade, e tendo como valor atribuído para fins de partilha R$ 1.000.000,00 (hum milhão de reais); TOTAL R$ 1.000.000,00 (hum milhão de reais). DA SITUAÇÃO JURÍDICA DO ÚNICO BEM: Que o único bem em causa está livre e desembaraçado de toda e qualquer cláusula, gravame ou condição, sejam elas reais, pessoais, legais, judiciais ou convencionais, fiscais, parafiscais ou previdenciárias, hipotecas, enfim de qualquer ônus judicial ou extrajudicial, estando o mesmo absolutamente quite para com todos os tributos, tarifas e encargos sobre ele incidente, inclusive com cotas condominiais; DOCUMENTOS ARQUIVADOS: certidão de óbito da autora da herança; certidão de casamento do único herdeiro; documentos de identidade e de inscrição no CPF da autora da herança e do único herdeiro. Certidões da Justiça Federal do Rio de Janeiro, em nome da finado e do seu Espólio, das quais nada consta; Certidão Conjunta negativa de débitos relativos a Tributos Federais e a Dívida Ativa da União, em nome da finada, código de controle da certidão: 817E. 1A3F. F5B4. 8EC5; Certidões do ___________ Distribuidor desta comarca, em nome da finada, do seu espólio e do imóvel objeto desta escritura, das quais nada constam; certidões expedidas pelos 5º e 6º Ofícios de Distribuição desta Comarca, bem como, a certidão Censec, comprobatórias da inexistência de testamento em nome da falecida, salvo o testamento acima denunciado; CND Trabalhista emitida pelo sitio do TST em nome da finada, da qual nada consta; certidões do 1º e 2º Ofícios de Interdições e Tutelas desta comarca, em nome do único herdeiro, nada constando; certidão negativa emitida pelo Registro Civil das Pessoas Naturais – Registro Civil do 1º Subdistrito da Cidade de Juiz de Fora – MG, relativa a apontamento de emancipações, interdições e ausências, em nome do único herdeiro, da qual nada consta; certidão de ônus reais do imóvel ora inventariado, bem como a certidão de quitação fiscal do mesmo; certidões do 1º e 2º Distribuidores desta Comarca, em nome da falecida, das quais nada consta, exceto quanto ao cumprimento de testamento, acima denunciado, constante na certidão do 2º Distribuidor; Certidão Negativa de Débitos em Dívida Ativa emitida pela Procuradoria Geral do Estado do Rio de Janeiro, em nome da falecida; Certidão Negativa de Débitos emitida pela Secretaria de Estado da Fazenda e Planejamento/RJ, certidão de Regularidade Fiscal de n. ___________ em nome da falecida; certidão negativa de débito do FUNESEOM, relativa ao imóvel objeto da presente, de n. ___________; DAS DECLARAÇÕES DO ADVOGADO: Pelos Drs. MARIO ROBERTO CARVALHO DE FARIA, já qualificado, me foi dito que, na qualidade de advogado e assistente da parte, assessorou e aconselhou seu constituinte, tendo conferido a correção da adjudicação e seus valores, bem como as certidões apresentadas, de acordo com a Lei. Pelo OUTORGANTE me foi dito que aceita a presente como está feita e redigida. Certifico e porto por fé que o ITD incidente sobre o bem objeto da presente foi pago à Secretaria Estadual de Fazenda do Estado do Rio de Janeiro e confirmado conforme declaração n. ___________, através da guia n. ___________, paga em 27.06.2019, no valor de R$ 153.619,20, tendo como base de cálculo o valor de R$ 1.920.240,00, que se arquiva, referente ao bem imóvel descrito no item "1" acima: EMITIDA A DOI.

MODELO DE ESCRITURA DE IMÓVEL SITUADO NO BRASIL COM 2 SUCESSÕES, APLICANDO-SE A LEI ESTRANGEIRA

ESCRITURA DE INVENTÁRIO E PARTILHA do ESPÓLIO de MARIA ELZA RIBEIRO MARTINEZ em favor de MARIA ELZA FRANCO RIBEIRO e MARIA DEL PILAR FRANCO RIBEIRO, que veio a falecer e tem seu espólio representado por sua inventariante, e INVENTÁRIO E ADJUDICAÇÃO do ESPÓLIO de MARIA DEL PILAR FRANCO RIBEIRO em favor de MARIA ELZA FRANCO RIBEIRO, assessoradas pelo Dr. MARIO ROBERTO CARVALHO DE FARIA – OAB/RJ nº 91.068, na forma abaixo: SAIBAM quantos esta virem que aos quatorze dias do mês de junho do ano de dois mil e vinte e dois (14/06/2022), nesta cidade do Rio de Janeiro, capital do Estado do Rio de Janeiro, República Federativa do Brasil, perante mim, Raphael Rezende da Silva, Substituto do 8º Ofício de Notas, com sede na rua da Assembleia, nº 10, 10º andar, sala 1016, Centro, Tabelião Gustavo Bandeira, devidamente inscrito no CNPJ sob o nº 30.714.901/0001-06, compareceram, como: **OUTORGANTES E RECIPROCAMENTE OUTORGADAS: 1) MARIA ELZA FRANCO RIBEIRO**, espanhola, divorciada, não convivendo em união estável, maior, nascida em 28/07/1947, de prendas do lar, filha de Manuel Franco

López e de María Elza Ribeiro Martinez, sem endereço eletrônico, portadora da carteira de identidade 33798886H, expedida pelo DNI da Espanha, inscrita no CPF/ME sob o nº 700.024.901-37, residente e domiciliada na Calle Camilo José Cela 22, portal 9, bajo A, Las Rozas, Madri, Espanha, neste ato representada por seu bastante procurador, **MARIO CARVALHO** , filho de Fernando Antonio Sobrinho e de Maria da Conceição Carvalho , endereço eletrônico mcarvakho@mf.adv.br, brasileiro, casado, advogado, inscrito na OAB/RJ sob o n.º 991068, expedida em 16/06/2008 e no CPF/ME sob o n.º 000.000.047-00, com escritório profissional à Rua México nº 831, sala 1401, centro, Rio de Janeiro – RJ, CEP 20.031-144, conforme procuração lavrada perante a Notária de D. Gerardo Delgado García – Majadahonda (Madrid), assento 47/2022 em 28 de março de 2022, na forma do art. 30 do Dec. 166/1991, **na qualidade de filha de MARIA ELZA RIBEIRO MARTINEZ e irmã de MARIA DEL PILAR FRANCO RIBEIRO, sendo herdeira em ambas as sucessões; 2) MARIA DEL PILAR FRANCO RIBEIRO**, que veio a falecer em 06 de maio de 2020, era espanhola, solteira, não convivia em união estável, maior, nascida em 14/05/1946, de prendas do lar, filha de Manuel Franco López e de Maria Elza Ribeiro Martínez, portadora da carteira de identidade BIJ126046, expedida pelo DNI da Espanha, inscrita no CPF/ME sob o nº 700.024.781-96, era residente e domiciliada na Calle Camilo José Cela nº 3, portal 10, piso 3ºA, Madrid, Espanha, falecida em 06 de maio de 2020, na **qualidade de herdeira de MARIA ELZA FRANCO RIBEIRO,** sendo seu Espólio representado por sua inventariante, MARIA ELZA FRANCO RIBEIRO, acima qualificada, igualmente representada por seu procurador **MARIO CARVALHO** , acima qualificado, conforme procuração lavrada perante a Notária de D. Gerardo Delgado García – Majadahonda (Madrid), assento 47/2022, em 28 de março de 2022, na forma do art. 30 do Dec. 166/1991; **DA ASSISTÊNCIA JURÍDICA:** As Outorgantes e reciprocamente Outorgadas acima qualificados estão assistidos por seu advogado, Dr. **MARIO CARVALHO** , filho de Fernando Antonio Sobrinho e de Maria da Conceição Carvalho , endereço eletrônico mcarvkalho@mf.adv.br, brasileiro, casado, advogado, inscrito na OAB/RJ sob o n.º 9991068, expedida em 16/06/2008 e no CPF/ME sob o n.º 000.000.047-00, com escritório profissional à Rua México nº 931, sala 1401, centro, Rio de Janeiro – RJ, CEP 20.031-144. Os presentes reconhecidos como os próprios, por mim, conforme documentos apresentados de que dou fé, bem como de que da presente será enviada nota ao competente Registro de Distribuição, no prazo e na forma da Lei. Então, perante mim, pelas **OUTORGANTES E RECIPROCAMENTE OUTORGADAS**, assistidos por seu advogado acima mencionado, e conforme o disposto do artigo 610 do CPC com redação dada pela Lei nº 11.441 de 04/01/2007, me foi requerido seja feito o inventário e partilha do bem deixado por MARIA ELZA RIBEIRO MARTINEZ e o inventário e adjudicação do bem deixado por MARIA DEL PILAR FRANCO RIBEIRO, a seguir qualificadas, e declaram o seguinte: **DA LEI APLICÁVEL – Reza o *caput* do artigo 10 da Lei de Introdução as Normas do Direito Brasileiro: "A sucessão por morte ou por ausência obedece a lei do pais onde era domiciliado o defunto ou o desaparecido qualquer que seja a natureza e a situação dos bens." As duas inventariadas eram domiciliadas na cidade de Madrid, Espanha, portanto, a lei a ser aplicada a ambas as sucessões é a lei espanhola, cujos dispositivos referentes a ordem da vocação hereditária são ora observados nas duas sucessões**. **1ª SUCESSÃO: AUTORA DA HERANÇA: MARIA ELZA RIBEIRO MARTINEZ**, espanhola, viúva de Manuel Franco Lopez, maior, nascida em 30/09/1920, do lar, filha de Manuel Ribeiro Vázquez e de Milagros Martínez Mourelo, portadora da carteira de identidade nº 1380679, expedida pelo IFP/RJ em 15/04/1957, inscrita no CPF/ME sob o nº 062.805.907-80, onde era residente e domiciliada na Calle General Pardiñas 78 3ºD, Madrid, 28006, falecida em 16 de maio de 2005 (16/05/2005), na Espanha, conforme certidão de Óbito registrada no volume 00277, pagina 171 da seção 3 do Registro Civil Único de Madrid, cuja cópia se arquiva nestas Notas, do que dou fé, , deixando duas únicas filhas, **MARIA ELZA FRANCO RIBEIRO e MARIA DEL PILAR FRANCO RIBEIRO,** suas únicas herdeiras, conforme dispõe o Capítulo IV do Código Civil Espanhol: *"Da ordem de suceder segundo a diversidade de linhas"*, Seção 1ª: *"Da Linha reta descendente"*, Artigo 930: *"A sucessão corres-*

ponde em primeiro lugar a linha reta descendente" e Artigo 931: *"Os filhos e seus descendentes sucedem a seus pais e demais ascendentes sem distinção de sexo, idade ou filiação"*; **DA NÃO EXISTÊNCIA DE TESTAMENTO:** A autora da herança não deixou testamento conhecido, tendo sido apresentada as certidões negativas de testamento expedida pelos cartórios do 5º e 6º Distribuidores desta cidade, relativas a testamento e certidão nacional do CENSEC, todas aqui arquivadas; **DA INVENTARIANTE:** A herdeira **MARIA ELZA FRANCO RIBEIRO**, devidamente qualificada acima, exercerá o *munus* da Inventariança, com poderes de inventariante, conforme artigo 11 da resolução nº 35 do CNJ de 24/04/07; **DA INEXISTÊNCIA DE OUTROS HERDEIROS:** Declaram as herdeiras a inexistência de outros herdeiros em comum, em nome do autor da herança; **DA NÃO EXISTÊNCIA DE HERDEIROS MENORES OU INCAPAZES:** Declaram as partes não existir herdeiros menores ou incapazes, tendo sido feitas todas as pesquisas e obtidas todas as certidões que atestem tal situação; **DA NÃO EXISTÊNCIA DE PROCESSO JUDICIAL:** Declaram as partes não existir processo judicial de inventário na pessoa da autora da herança; **DO ÚNICO BEM:** 50% (cinquenta por cento) da Loja "A" do prédio nº 410 da Rua Voluntários da Pátria, na freguesia da Lagoa, e sua correspondente fração ideal de 31/1.000 do respectivo terreno, cujas metragens, características e confrontações são as constantes da certidão de ônus reais objeto da matrícula nº 4.146, aberta no 3º Ofício de Registro Geral de Imóveis desta cidade, havido nos termos do formal de partilha da 5ª Vara de Órfãos e Sucessões da Comarca da Capital – RJ, com sentença prolatada em 24/05/1988, extraído dos autos de inventário de Manuel Franco Lopez, expedido em 08/06/1988, protocolado sob o nº 108.285. O imóvel está inscrito na municipalidade sob o nº 0.360.462-6, CL nº 08.384-0, tendo como valor atribuído à totalidade do imóvel para fins de partilha **R$ 1.000.000,00 (um milhão de reais), correspondendo o percentual inventariado R$ 500.000,00 (quinhentos mil reais); DA DECLARAÇÃO DE INEXISTÊNCIA DE OUTROS BENS:** Declaram as partes que desconhecem outros bens em nome da autora da herança a serem sobrepartilhados. **DA PARTILHA: MONTE TOTAL: R$ 500.000,00 (quinhentos mil reais); HERANÇA DAS HERDEIRAS: R$ 500.000,00 (quinhentos mil reais); CABENDO À CADA UMA: R$ 250.000,00 (duzentos e cinquenta mil reais); PAGAMENTO** que se faz à herdeira **MARIA ELZA FRANCO RIBEIRO**, acima qualificada, de sua herança, no valor de **R$ 250.000,00 (duzentos e cinquenta mil reais)**. **HAVERÁ:** 25% (vinte e cinco por cento) da Loja "A" do prédio nº 410 da Rua Voluntários da Patria, na freguesia da Lagoa, e sua correspondente fração ideal de 31/1.000 do respectivo terreno, cujas metragens, características e confrontações são as constantes da certidão de ônus reais objeto da matrícula nº 4.146, aberta no 3º Ofício de Registro Geral de Imóveis desta cidade, havido nos termos do formal de partilha da 5ª Vara de Órfãos e Sucessões da Comarca da Capital – RJ, com sentença prolatada em 24/05/1988, extraído dos autos de inventário de Manuel Franco Lopez, expedido em 08/06/1988, protocolado sob o nº 108.285. O imóvel está inscrito na municipalidade sob o nº 0.360.462-6, CL nº 08.384-0, tendo como valor atribuído ao percentual recebido **R$ 250.000,00 (duzentos e cinquenta mil reais). TOTAL R$ 250.000,00 (duzentos e cinquenta mil reais); PAGAMENTO** que se faz a **MARIA DEL PILAR FRANCO RIBEIRO**, acima qualificada, que falecida em 06 de maio de 2020 é neste ato pela inventariante de seu espólio, de sua herança, no valor de **R$ 250.000,00 (duzentos e cinquenta mil reais); HAVERÁ:** 25% (vinte e cinco por cento) da Loja "A" do prédio nº 410 da Rua Voluntários da Pátria, na freguesia da Lagoa, e sua correspondente fração ideal de 31/1.000 do respectivo terreno, cujas metragens, características e confrontações são as constantes da certidão de ônus reais objeto da matrícula nº 4.146, aberta no 3º Ofício de Registro Geral de Imóveis desta cidade, havido nos termos do formal de partilha da 5ª Vara de Órfãos e Sucessões da Comarca da Capital – RJ, com sentença prolatada em 24/05/1988, extraído dos autos de inventário de Manuel Franco Lopez, expedido em 08/06/1988, protocolado sob o nº 108.285. O imóvel está inscrito na municipalidade sob o nº 0.360.462-6, CL nº 08.384-0, tendo como valor atribuído ao percentual recebido **R$ 250.000,00 (duzentos e cinquenta mil reais). TOTAL R$ 250.000,00 (duzentos e cinquenta mil reais); DAS CERTIDÕES E DOCU-**

MENTOS APRESENTADOS: Foram-me apresentadas e arquivadas nestas notas as seguintes certidões: EM NOME DAS HERDEIRAS: Certidões casamento e nascimento e certidões de Interdições e Tutelas desta comarca, nelas nada constando; EM NOME DO IMÓVEL: Ônus Reais, Executivos Fiscais (9º Distribuidor) desta comarca, Certidão de Quitação Fiscal da Prefeitura desta cidade, comprovando que o imóvel está quite com seus impostos e tarifas até a presente data, tudo conforme guias e documentos que ficam aqui arquivados; EM NOME DA "DE CUJUS": Certidão dos Distribuidores da Comarca do Rio de Janeiro, referente a testamento (5º e 6º Distribuidores), Distribuidor da Comarca do Rio de Janeiro referente a Executivos Fiscais (9° Distribuidor), Justiça Federal neste Estado, Certidão Negativa de Débitos Trabalhistas e Certidão Negativa de Débitos Relativos aos Tributos Federais e à Dívida Ativa da União; EM NOME DO ESPÓLIO: Certidão do Distribuidor da Comarca do Rio de Janeiro referente a Executivos Fiscais (9° Distribuidor), sendo todas negativas; Foram apresentadas ainda as certidões de óbito e de casamento que ficam arquivadas nestas notas, do que dou fé; **DA CONSULTA AO CENSEC**: Não foram encontrados registro de lavratura de testamento público, aprovação de testamento cerrado ou revogação de testamento outorgado pela "***de cujus***", conforme consulta ao CENSEC, código de verificação código de verificação XHMV-LNTX-9GMZ-BYDM, assinada digitalmente por Martta Santos Queiroz, expedida em 01/06/2022, que fica aqui arquivada; **DA CONSULTA AO BIB**: Não foram encontradas registro de indisponibilidade de bens e de registro de escrituras, conforme consulta de nºs: ________________ e ________________, ambas emitidas em __/06/2022; **DA CONSULTA À BASE DE ÓBITOS**: Não foram encontrados registros de óbito em nome das herdeiras e advogado, em consulta ao Sistema MAS, conforme consultas que ficam aqui arquivadas; **DA CONSULTA AO CNIB**: Não foram encontrados registros de indisponibilidade em nome do **OUTORGANTE** em consulta ao CNIB, conforme consulta nº________________, realizadas em __/06/2022. **2ª SUCESSÃO: AUTORA DA HERANÇA: MARIA DEL PILAR FRANCO RIBEIRO**, espanhola, solteira, nascida em 14/05/1946, de prendas do lar, filha de Manuel Franco López e de Maria Elza Ribeiro Martínez, portadora da carteira de identidade BIJ126046, expedida pelo DNI da Espanha, inscrita no CPF/ME sob o nº 700.024.781-96, era residente e domiciliada na Calle Camilo José Cela nº 3, portal 10, piso 3ºA, Madrid, Espanha, falecida em 06 de maio de 2020 (06/05/2020), no estado civil de solteira, sem conviver em união estável, deixar descendentes ou ascendentes, conforme certidão de Óbito registrada no volume 00023, pagina 442 da seção 3 do Registro Civil Único de Madrid, cuja cópia se arquiva nestas Notas, do que dou fé, deixando como única herdeira sua irmã, Maria Elza Franco Ribeiro, sua única sucessora, conforme dispõe o Código Civil Espanhol no Capítulo IV: "***Da ordem de suceder segundo a diversidade de linhas***", Seção 3ª: "***Da sucessão do cônjuge e dos colaterais***", Artigo 943: "***A falta das pessoas compreendidas nas Seções que precedem, herdarão o cônjuge e os parentes colaterais na ordem que se estabelece nos artigos seguintes***" e Artigo 946: "***Os irmãos e os filhos de irmãos sucedem com preferência aos demais colaterais***": e um único bem imóvel; **DA NÃO EXISTÊNCIA DE TESTAMENTO:** A autora da herança não deixou testamento conhecido, tendo sido apresentada as certidões negativas de existência de testamento expedida pelos cartório do 5º e 6º Distribuidores desta cidade, relativas a testamento, e certidão nacional do CENSEC, abaixo reportada, todas aqui arquivadas **DA INVENTARIANTE:** A herdeira **MARIA ELZA FRANCO RIBEIRO**, devidamente qualificada acima, exercerá o *munus* da Inventariança, com poderes de inventariante, conforme artigo 11 da resolução nº 35 do CNJ de 24/04/07; **DA INEXISTÊNCIA DE OUTROS HERDEIROS:** Declara a herdeira desconhecer outros herdeiros em comum da autora da herança; **DA NÃO EXISTÊNCIA DE HERDEIROS MENORES OU INCAPAZES:** Declara a herdeira não existir herdeiros menores ou incapazes, tendo sido feitas todas as pesquisas e obtidas todas as certidões que atestem tal situação; **DA NÃO EXISTÊNCIA DE PROCESSO JUDICIAL:** Declara a herdeira não existir processo judicial de inventário na pessoa da autora da herança; **DO ÚNICO BEM:** 50% (cinquenta por cento) da Loja "A" do prédio nº 410 da Rua Voluntários da Pátria, na freguesia da Lagoa, e sua correspondente fração ideal de 31/1.000 do respectivo terreno, cujas metragens, características e confrontações são as constantes da certidão de ônus reais objeto da matrícula nº 4.146, aberta no 3º Ofício de Registro Geral de Imóveis desta cidade, dos quais 25% foram havidos nos termos do formal de partilha da 5ª Vara de Órfãos e Sucessões da Comarca da Capital – RJ, com sentença prolatada em 24/05/1988, extraído dos autos de inventário de Manuel Franco Lopez, expedido em 08/06/1988, protocolado sob o nº 108.285; e 25% do bem nos termos da presente escritura de inventário e partilha em virtude do falecimento de MARIA ELZA RIBEIRO MARTINEZ. O imóvel está inscrito na municipalidade sob o nº 0360.462-6, CL nº 08.384-0, tendo como valor atribuído ao percentual recebido **R$ 500.000,00 (quinhentos mil reais). TOTAL R$ 500.000,00 (quinhentos mil reais); <u>DAS CERTIDÕES E DOCUMENTOS APRESENTADOS</u>:** Foram-me apresentadas e arquivadas nestas notas as seguintes certidões: <u>EM NOME DA HERDEIRA:</u> Certidões de nascimento e certidões de Interdições e Tutelas desta comarca, nelas nada constando; <u>EM NOME DO IMÓVEL</u>: Ônus Reais, Executivos Fiscais (9º Distribuidor) desta comarca, Certidão de Quitação Fiscal da Prefeitura desta cidade, comprovando que o imóvel está quite com seus impostos e tarifas até a presente data, tudo conforme guias e documentos que ficam aqui arquivados; <u>EM NOME DA "DE CUJUS"</u>: Certidão dos Distribuidores da Comarca do Rio de Janeiro, referente a testamento (5º e 6º Distribuidores), Distribuidor da Comarca do Rio de Janeiro referente a Executivos Fiscais (9° Distribuidor), Justiça Federal neste Estado Certidão Negativa de Débitos Trabalhistas e Certidão Negativa de Débitos Relativos aos Tributos Federais e à Dívida Ativa da União; <u>EM NOME DO ESPÓLIO</u>: Certidão do Distribuidor da Comarca do Rio de Janeiro referente a Executivos Fiscais (9° Distribuidor), sendo todas negativas; Foram apresentadas ainda as certidões de óbito e de casamento que ficam arquivadas nestas notas, do que dou fé; **<u>DA CONSULTA AO CENSEC</u>**: Não foram encontrados registro de lavratura de testamento público, aprovação de testamento cerrado ou revogação de testamento outorgado pela "***de cujus***", conforme consulta ao CENSEC, código de verificação código de verificação UXJF-58CB-C-DYC-2P4X, assinada digitalmente por Martta Santos Queiroz, expedida em 01/06/2022, que fica aqui arquivada; **<u>DA CONSULTA AO BIB</u>**: Não foram encontradas registro de indisponibilidade de bens e de registro de escrituras, conforme consulta de nºs: ____________________ e ____________________, ambas emitidas em __/06/2022; **<u>DA CONSULTA À BASE DE ÓBITOS</u>** Não foram encontrados registros de óbito em nome das herdeiras e advogado, em consulta ao Sistema MAS, conforme consultas que ficam aqui arquivadas; **<u>DA CONSULTA AO CNIB</u>**: Não foram encontrados registros de indisponibilidade em nome do **OUTORGANTE** em consulta ao CNIB, conforme consulta nº ____________________________, realizadas em __/06/2022. **<u>DAS DECLARAÇÕES DO ADVOGADO:</u>** Pelo Dr. **<u>MARIO ROBERTO CARVALHO DE FARIA,</u>** já qualificado, me foi dito que, na qualidade de advogado e assistente das partes, assessorou e aconselhou seus constituintes, tendo conferido a correção da partilha e seus valores, bem como as certidões apresentadas, de acordo com a Lei. Pelos **OUTORGANTES** me foi dito que aceitam a presente como está feita e redigida. Certifico e porto por fé que os ITD's incidentes sobre o bem referentes as duas sucessões foram pagos à Secretaria Estadual de Fazenda do Estado do Rio de Janeiro através das declarações de Herança Escritura Pública nºs 2022-025966-00-8-00, referente à sucessão de MARIA ELZA RIBEIRO MARTINEZ e 2022-025973-00-4-00, referente à sucessão de MARIA DEL PILAR FRANCO RIBEIRO, e confirmados da seguinte forma: 1) Guia nº 2022-2-060213-5-00, paga em 18/05/2022, no valor de R$ 29.978,83, parte do bem 50%, referente a primeira sucessão, valor atribuído pela SEFAZ R$ 1.362.673,76, base de cálculo R$ 681.336,88, referente ao bem imóvel acima mencionado; 2) Guia nº 2022-2-060217-8-00, paga em 18/05/2022, no valor de R$ 34.066,84, parte do bem 50%, referente a segunda sucessão, valor atribuído pela SEFAZ R$ 1.362.673,76, base de cálculo R$ 681.336,88, referente ao bem acima mencionado. **<u>DA FINALIZAÇÃO</u>** – As partes requerem e autorizam o Oficial do Registro Imobiliário competente, bem como os demais órgãos a praticarem todos os atos que se fizerem necessários ao registro da presente. Feita e lhes sendo lida esta escritura, foi achada em tudo conforme, as partes aceitam e assinam. Declaram as herdeiras que nem elas nem a "de cujus" são ou já foram contribuintes obrigatórios da Previdência Social, na qualidade de empregadores, produtores rurais ou equiparado; Da presente será enviada nota ao distribuidor competente no prazo legal. Emitida DOI, conforme Instrução Normativa RFB nº 1239 de 17/01/2012, publicada no DOU de 18/01/2012, seção, página 25. **<u>ASSIM O DISSERAM</u>**, do que dou fé, me pediram que lhes lavrasse este instrumento que lhes sendo lido, em voz alta, aceitam, outorgam e assinam, dispensando as testemunhas instrumentárias, tal como faculta a legislação. Declaram mais, que se encontram em pleno exercício de sua personalidade e capacidade civil, não sofrendo as restrições previstas nos artigos 3º e 4º da lei 10.406 de 10/01/02, isentando o Cartório e o Escrevente de quaisquer responsabilidades decorrentes de sua capacidade de gerir sua pessoa e bens; direitos e deveres. Foram recebidos neste ato os emolumentos e contribuições devidos pelo presente, de conformidade com as tabelas: 07,1,I (R$2.540,41) + 07,1,I (R$2.540,41) + Arquivamento 01, item 04 (R$12,84) + Tab. 1, 5 (R$59,52) + PMCMV de 2% Lei 6370/12 (R$101,61) + 4% Lei 6.281/12 (R$206,12) + 5% FUNDPERJ Lei 4.664/2005 (R$257,65) + 5% FUNPERJ Lei 111/2006 (R$257,65) + 20% Lei 3.217/99 (R$1.030,63) + Distribuição (R$115,79) + ISS (R$271,05) + Consultas a Corregedoria BIB/CGJ (R$106,04) que deverão ser recolhidos nos prazos e formas legais. Eu, ______________, Raphael Rezende da Silva, Substituto, matrícula CGJ/RJ 94-22289, lavrei, li, encerro e assino o presente ato colhendo as assinaturas. E eu, ______________, Marcelle Mattos Ferreira Souza, Tabeliã Substituta, matrícula CGJ/RJ 94-16092, a subscrevo e assino. ESPÓLIO DE MARIA DEL PILAR FRANCO RIBEIRO – Herdeira. Representante) MARIA ELZA FRANCO RIBEIRO. (p.p) MARIO CARVALHO MARIA ELZA FRANCO RIBEIRO – Herdeira (p.p) MARIO CARVALHO . Dr. MARIO CARVALHO – OAB/RJ nº 9991.068-Advogado

CAPÍTULO LI
PLANEJAMENTO SUCESSÓRIO

O planejamento sucessório tem quatro objetivos principais: manter a harmonia no seio da família após o falecimento do autor da herança, propiciar aos herdeiros a prevenção de futuros litígios promovendo uma melhor utilização e distribuição do acervo hereditário, evitando a deterioração do patrimônio deixado pelo falecido e resguardar, principalmente, o cônjuge e os herdeiros de dificuldades financeiras imediatas no momento seguinte ao falecimento.

Outro objetivo a considerar é a possibilidade de diminuição dos impostos cobrados através de um planejamento fiscal.

Não pretendemos aqui fazer um trabalho minucioso e detalhado sobre todas as ferramentas a serem utilizadas para um planejamento sucessório, até porque não é o objetivo do livro, mas esclarecermos a utilização de cada uma.

As principais ferramentas utilizadas em nosso país são a doação, partilha em vida, constituição de sociedades (*holding* familiar) e, principalmente, o testamento, instrumento que entendo de grande valia.

No exterior os mais conhecidos instrumentos de planejamento são as sociedades *off shore* e os *trusts*.

Vejamos cada um deles:

DOAÇÃO

Através do contrato de doação as pessoas transferem, gratuitamente, seus bens para terceiros. A doação pode ser de bens móveis, semoventes ou imóveis.

Entendo que a doação somente deve ser considerada para pessoas que tenham um patrimônio razoável.

Tenho a experiência de clientes chegarem ao meu escritório desejando doar todo seu patrimônio para os filhos, evitando o processo de inventário que pode ser moroso, custoso e propiciar litígio entre os herdeiros.

Procuro alertá-los sobre uma situação que pode trazer graves inconvenientes no futuro.

A medicina, na parte física, evolui a passos largos possibilitando as pessoas viverem até os 100 anos ou mais.

A medida que o tempo passa, as pessoas mais gastam seus recursos com despesas de saúde e, menos arrecadam, pois, a maioria se encontra aposentada e poucos têm uma renda suficiente para manter um padrão digno de vida.

Nesse período, final da vida, é necessário possuir um patrimônio que permita ao idoso desfrutar de uma qualidade de vida condizente com aquela que sempre ostentou.

As pessoas ainda arguem que farão a doação com reserva de usufruto. Por vezes, os rendimentos dos imóveis locados, as obras necessárias para colocá-los em condições de locação ou, ainda, quando o imóvel está vazio são empecilhos para se obter uma renda necessária a boa qualidade de vida.

Se a pessoa tem um grande patrimônio, doar um imóvel para cada filho ou determinado valor, nada que desfalque de sobremaneira o patrimônio do doador, ajudando-os no início da vida, é bastante válido e saudável.

Na doação, também, pode ser utilizada a cláusula de reversão prevista no artigo 547, do Código Civil, para o caso do donatário falecer antes do doador. O bem doado retornará ao patrimônio deste. Não é uma solução prazerosa imaginar que o filho a quem você doou um bem venha a falecer primeiro.

CONSTITUIÇÃO DE UMA SOCIEDADE PARA ABRIGAR O PATRIMÔNIO

Muito em voga para um planejamento sucessório a constituição de uma sociedade para abrigo do patrimônio familiar. A constituição de uma sociedade está muito mais afeita ao direito societário do que ao orfanológico.

A escolha do tipo de sociedade, a elaboração do contrato social ou do estatuto e, principalmente, o que ocorrerá com a sociedade com o falecimento de um de seus sócios são pontos importantes na constituição de sociedades limitadas.

Dentre as vantagens que destacam é a desnecessidade de inventariar os bens individualmente que formam o patrimônio da sociedade, mas, somente as quotas que pertencerão ao inventariado.

O tema é complexo e envolve muitas variantes.

Penso que a constituição de uma sociedade com essa finalidade é interessante se o proprietário do patrimônio possuir uma fortuna razoável.

É uma ferramenta necessária, diria até obrigatória, para pessoas com grandes fortunas que atuam em variadas espécies de negócios e, que somente a constituição de sociedades tornará viável uma boa administração e manutenção do patrimônio.

A sociedade limitada parece ser a forma societária mais indicada, seu custo é menos oneroso e dispensa uma série de formalidades exigidas nas Sociedades Anônimas.

A constituição da sociedade envolve várias situações como a distribuição das cotas ou ações entre os herdeiros, a capacidade de cada herdeiro para administrar a sociedade ou mesmo o interesse em prosseguir com a sociedade após a morte do patriarca.

Pode ser que o filho não tenha capital suficiente para integralizar suas cotas e será necessário o patriarca fazer uma doação de recursos, que pode trazer implicações futuras.

Importa para o direito sucessório, a chamada cláusula de continuidade, também, conhecida, como cláusula *mortis*, que deverá ser redigida com o máximo cuidado, pois ela será o leme do prosseguimento da sociedade, possibilitando aos herdeiros que desejarem, a entrada na sociedade ou aos demais receberem os haveres correspondentes ao seu quinhão hereditário após a morte do sócio.

Ainda que a cláusula de continuação declare que as cotas do falecido serão partilhadas aos herdeiros, lembre-se que ninguém é obrigado a ser sócio de uma sociedade.

A entrada de vários herdeiros na sociedade, com interesses distintos, é o estopim para um litígio duradouro. Ressalte-se que um litígio societário é muito mais grave e complexo do que um litígio entre herdeiros no inventário.

No fator fiscal, destacam-se o objeto da sociedade para fins de incorporação de bens, a alíquota do imposto de renda incidente sobre dividendos ou rendimentos, distintas na pessoa física e jurídica. A reforma tributária que está tramitando no Congresso provavelmente modificará essas alíquotas, aumentando-as.

No caso de falecimento do sócio majoritário, não desejando os herdeiros assumir a condição de sócios, optando pelo recebimento dos haveres correspondentes as cotas do falecido, poderá obrigar a sociedade a se desfazer de grande parte do patrimônio para honrar suas obrigações.

Entretanto, não havendo discordância entre os herdeiros e adequando cada um a suas aptidões visando o progresso da sociedade, a constituição de uma sociedade pode atingir o objetivo.

PARTILHA EM VIDA

Prescreve o artigo 2.018, do Código Civil:

> **"É válida a partilha feita por ascendente por ato entre vivos ou de última vontade, contanto que não prejudique a legítima dos herdeiros necessários".**

O legislador previu dois tipos de partilha em vida: por ato entre vivos ou por ato *causa mortis* (testamento).

Por ato entre vivos, através de uma escritura de partilha em que o ascendente dispõe de todos ou alguns de seus bens aos seus descendentes. A escritura de partilha em vida assemelha-se a doação. O patrimônio é transferido imediatamente aos descendentes.

Ressalte-se que sendo o ascendente casado, dependendo do regime de bens, deverá seu cônjuge participar do ato.

A legítima dos herdeiros tem de ser respeitada.

Por testamento, que no meu entender é melhor, pois pode ser revogada ou modificada a qualquer momento, o testador estabelece no ato de última vontade a partilha dos bens entre seus descendentes, determinando os bens que integrarão o quinhão de cada um, como lhe permite o artigo 2.014 do Código Civil.

Assim, se o ascendente necessitar por qualquer razão vender bens, poderá fazê-lo, modificando posteriormente o testamento, adequando-o a anova realidade.

Destaque-se que, sendo o testamento um ato *causa mortis,* só produzirá efeitos após a morte do testador.

TRUST

Nosso país não admite a figura do *trust*, entretanto, nada impede que ele seja feito nos países que o aceitam, devendo ser sua instituição declarada à Secretaria da Receita Federal.

Como é comum e legalmente admitido em vários países, as pessoas podem constituir uma estrutura fiduciária denominada "trust' para gozarem de diversos benefícios fiscais que a lei local lhes assegura.

O *trust* é uma ferramenta utilizada, principalmente, pelas pessoas que possuem uma fortuna razoável.

É o instituto pelo qual uma pessoa, denominada "settlor" transfere parte ou a totalidade do seu patrimônio à outra, denominada "trustee", de modo que ele, Trustee, detentor dos ativos que lhe foram transferidos, administre-os conforme as determinações, denominadas "trust agreement", dadas pelo "settlor" em favor das pessoas físicas ou jurídicas beneficiadas, isto é, os "beneficiaries". Trata-se de um contrato entre o "settlor" e o "trustee".

Geralmente o "trustee" é um banco ou um escritório de advocacia especializado nesse tipo de negócio, sendo seu custo de manutenção considerável.

A transferência do patrimônio do 'settlor" para o "trustee" é feita através de doação, sujeita a todos os encargos fiscais.

Como dito, é utilizado por pessoas que possuem grandes fortunas.

Tramita na Câmara dos Deputados o Projeto de Lei n.4.758/2020 que regulamenta o *trust*. Não aborda a tributação entretanto institui o contrato de fidúcia, define o negócio fiduciário, quem são os participantes, em favor de quem pode ser estabelecido dentre outros pontos.

SOCIEDADES *OFFSHORE*

OFFSHORE é a sociedade legitimamente constituída em outro país, geralmente um "*paraíso fiscal*", (países ou locais onde as condições tributárias e fiscais são bastante atrativas a investidores estrangeiros), cujos principais benefícios são: a manutenção do sigilo dos titulares de suas ações ou cotas e um regime de tributação atrativo diferenciado do país de domicílio de seus sócios.

Por terem um percentual baixo de impostos e manterem sigilo total sobre dados bancários, muitos cidadãos e empresas (pessoa física ou jurídica) optam por utilizar no planejamento sucessório essa ferramenta para abrigar imóveis ou ativos financeiros detidos no exterior.

No Brasil existem diversos escritórios de advocacia especializados em constituir esse tipo de sociedade, indicando a melhor opção e quais países ou territórios propiciam melhores benefícios.

A manutenção de uma *offshore* importa despesas mensais ou anuais, dependendo do local onde se encontre.

Devem ser declaradas por seus sócios à Secretaria da Receita Federal.

REFERÊNCIAS

ALVIM, Agostinho. *Da doação*. São Paulo: Saraiva.

ARAUJO, Luciano Vianna. In: TEIXEIRA, Ana Carolina Brochado e NEVARES, Ana Luiz Maia (Coord.). *Direito da Sucessões*: problemas e tendências. São Paulo: Foco.

ARAUJO, Samuel Luiz. *O princípio da Igualdade e sua projeção no contrato de doação* , Ed. Narra Fabris.

BARBI, Celso Agrícola. *Comentários ao Código de Processo Civil*. Rio de Janeiro: Forense.

BARBOSA MOREIRA, Carlos Roberto. "Regime de bens e sucessão". *Revista do Ministério Público do Rio de Janeiro*, n. 56, 2015.

BARROS, Hermenegildo de. *Manual do Código Civil brasileiro*: Direito das sucessões. Rio de Janeiro: Jacintho Ribeiro dos Santos Editor, v. XVIII.

BEVILÁQUA, Clovis. *Código Civil brasileiro*. São Paulo: Saraiva. BURSADA, Wilson. *Direito sucessório interpretado pelos tribunais*. São Paulo: Jurídica Brasileira.

CARVALHO, Luiz Paulo Vieira de. *Direito Civil* – Questões fundamentais *na Parte Geral, no Direito de Família e no Direito das Sucessões*. Rio de Janeiro: Lumen Juris.

CASTRO, Amilcar. *Direito Internacional Privado*. Ed. Forense.

COELHO,Fábio Ulhoa. *A sociedade limitada no novo Código Civil*. Ed. Saraiva.

DAIBERT, Jefferson. *Direito das sucessões*. Rio de Janeiro: Forense.

DEGRAZIA, Evandro Rômulo. *Sonegados e colação*. A busca do equilíbrio sucessório. São Paulo: Lumen Juris.

DINIZ, Maria Helena. *Curso de direito civil brasileiro*. São Paulo: Saraiva.

DUPRAT, Carolina. *Manual de Derecho Sucessorio*. Ed. Peudeba.

FERREIRA, Pinto. *Tratado das heranças e dos testamentos*. São Paulo: Saraiva.

GOMES, Orlando. *Sucessões*. Rio de Janeiro: Forense.

GUIMARÃES, Carlos A. M.; FIDA, Orlando. *Inventários, arrolamentos e partilhas*. São Paulo: Leud.

MADALENO, Rolf. "*Sucessões*". São Paulo: Editora Gen/Forense.

MALAURIE, Philippe. *Les successions Les Libéralités*. 5. ed. Defrénois.

MALUF, Carlos Alberto Dabus. *Das cláusulas de inalienabilidade, incomunicabilidade e impenhorabilidade*. São Paulo: Saraiva.

MAXIMILIANO, Carlos. *Direito das sucessões*. Rio de Janeiro: Freitas Bastos.

MEIRA, J. Correia de. *Fideicomisso*. São Paulo: Saraiva.

MIRANDA, Pontes de. *Comentários ao Código de Processo Civil*. Rio de Janeiro: Forense.

MONTEIRO, Washington de Barros. *Curso de direito civil*: Direito das sucessões. São Paulo: Saraiva.

MORAES, Walter. *Teoria geral e sucessão legítima*. São Paulo: Ed. RT.

NEGRÃO, Theotonio. *Código Civil e legislação civil em vigor*. São Paulo: Saraiva.

NEVARES, Ana Luiza Maia. *A função promocional do testamento*. São Paulo: Editora Renovar, 2009.

NONATO, Orosimbo. *Estudos sobre sucessão testamentária*. Rio de Janeiro: Forense.

OLIVEIRA, Arthur Vasco Itabaiana de. *Tratado de direito das sucessões*. Rio de Janeiro: Freitas Bastos.

OLIVEIRA, J.M. Leoni Lopes. *Direito civil*: sucessões. São Paulo: Ed. Gen/Forense, 2019.

OLIVEIRA, Wilson de. *Direito de representação no direito sucessório*. São Paulo: Saraiva.

PAULA, Alexandre de. *O processo à luz da jurisprudência*. Rio de Janeiro: Forense, v. III.

PEREIRA, Caio Mario da Silva. *Instituições de direito civil*. Rio de Janeiro: Forense.

PITÃO, José Antonio de França. *Processo de Inventário*. Ed. Almedina.

RIZZARDO Arnaldo. *Contratos de Crédito Bancário*. Ed. Revista dos Tribunais.

ROSA, Eliasar. *Dicionário didático de direito das sucessões*. Rio de Janeiro: Lumen Juris.

SÁ , Domingos da Silva Carvalho. *Do Inventário, Descrever, Avaliar e Partir*. Ed. Almedina.

SANTOS, Ernani Fidélis dos. *Manual de direito processual civil*. São Paulo: Saraiva, v. III.

SANTOS, Humberto Theodoro dos. *Curso de direito processual civil*. Rio de Janeiro: Forense.

SANTOS, J. M. Carvalho. *Código Civil brasileiro interpretado*. Rio de Janeiro: Freitas Bastos.

SOARES, Orlando. *Inventários e partilhas*. São Paulo: Sugestões Literárias.

SOUZA, Rabindranath Capelo de. *Lições de direito das sucessões*. 3. ed. Coimbra: Coimbra Editora, v. II.

TEPEDINO, Gustavo. *Usufruto legal do cônjuge viúvo*. Rio de Janeiro: Forense.

TEPEDINO, Gustavo; BARBOZA, Heloisa Helena; MORAES, Maria Celina Bodin de. *Código Civil interpretado conforme Constituição da República* – Parte Geral e Obrigações. 3. ed. Renovar.

TORNAGHI, Hélio. *Comentários ao Código de Processo Civil*. Ed. Forense.

VELOSO, Zeno. *Testamentos de acordo com a Constituição de 1988*. Belém: Edições Cejup.

VENOSA, Silvio de Salvo. *Direito das sucessões*. São Paulo: Atlas. VIANNA, Marco Aurélio S. *Da ação de petição de herança*. São Paulo: Saraiva.

WALD, Arnoldo. *Curso de Direito Civil brasileiro*: Direito das sucessões. São Paulo: Ed. RT.

YAÑES, Gonçalo Figueiroa. *Persona, pareja y familia*. Santiago: Jurídica de Chile.